## क्या आप माँ बनने जा रही हैं...?

# मातृकला

प्रकाशक

F-2/16, अंसारी रोड, दरियागंज, नयी दिल्ली-110002
☎ 23240026, 23240027 • फैक्स: 011-23240028
*E-mail:* info@vspublishers.com • *Website:* www.vspublishers.com

क्षेत्रीय कार्यालय : हैदराबाद

5-1-707/1, ब्रिज भवन (सेन्ट्रल बैंक ऑफ इण्डिया लेन के पास)
बैंक स्ट्रीट, कोटी, हैदराबाद-500 095
☎ 040-24737290
*E-mail:* vspublishershyd@gmail.com

शाखा : मुम्बई

☎ 022-22098268
*E-mail:* vspublishersmum@gmail.com

फ़ॉलो करें:

किसी प्रकार सम्पर्क हेतु एसएमएस करें: **VSPUB to 56161**
हमारी सभी पुस्तकें **www.vspublishers.com** पर उपलब्ध हैं

© कॉपीराइट:
ISBN 978-93-505711-7-0
संस्करण: 2014

भारतीय कॉपीराइट एक्ट के अन्तर्गत इस पुस्तक के तथा इसमें समाहित सारी सामग्री (रेखा व छायाचित्रों सहित) के सर्वाधिकार प्रकाशक के पास सुरक्षित हैं। इसलिए कोई भी सज्जन इस पुस्तक का नाम, टाइटल डिजाइन, अन्दर का मैटर व चित्र आदि आंशिक या पूर्ण रूप से तोड़-मरोड़ कर एवं किसी भी भाष में छापने व प्रकाशित करने का साहस न करें, अन्यथा कानूनी तौर पर वे हर्जे-खर्चे व हानि के जिम्मेदार होंगे।

**मुद्रक:** परम ऑफसेटर्स, ओखला, नई दिल्ली-110020

# प्रकाशकीय

वी एण्ड एस पब्लिशर्स पिछले कुछ वर्षों से आत्मविकास, विज्ञान, जनविकास, सामान्य ज्ञान तथा चिकित्सा सम्बन्धी पुस्तकों का प्रकाशन करते आ रहे हैं। इसी कड़ी में जब हमारा ध्यान मातृत्त्व विषय की ओर गया तब हमने बाजार में इस विषय के ऊपर अच्छी पुस्तकों की कमी महसूस करते हुए नारी के लिए एक ज्ञानवर्द्धक एवं उपयोगी पुस्तक प्रकाशित करने का निश्चिय किया। मातृत्त्व का सुख प्राप्त करना प्रत्येक नारी के लिए बड़ा ही सुखद तथा गौरवपूर्ण अनुभव है लेकिन माँ बनने की प्रक्रिया में उसे कई प्रकार की परेशानियों का सामना भी करना पड़ता है। प्रस्तुत पुस्तक मातृत्त्व कला में हमने गर्भावस्था में होने वाले सभी शारीरिक और मानसिक परिवर्तन, उनकी देखभाल, समुचित आहार तथा अन्य कठिनाइयों जैसे- गर्भपात, प्रसव पीड़ा तथा शिशु पालन के दायित्व से जुड़ी सभी जानकारियों का विस्तारपूर्वक वर्णन किया गया है। पुस्तक आवश्यक जगहों पर मातृत्त्व से जुड़ी शारीरिक कार्यप्रणाली को स्पष्ट चित्रों से समझाया गया है। पुस्तक में गर्भावस्था से जुड़ी कुछ भ्रान्तियों के अनुत्तरित समाधान भी दिये गये हैं।

यद्यपि पुस्तक की भाषा सहज और सरल है, फिर भी हमने पुस्तक में लिखे गये क्लिष्ट शब्दों के साथ उसके अंग्रेजी रूपान्तर भी दिये गये हैं। पुस्तक के अंतिम भाग में गर्भवती को शिशु को स्तनपान कराने, बच्चों को रोगों से बचाने के लिए उनकी उचित देखभाल तथा परिवार नियोजन की जानकारी दी गयी है जिन्हें अपनाकर वह अगले बच्चे के जन्म में पर्याप्त अंतर रख सकें।

हमें पूर्ण विश्वास है कि यह पुस्तक सभी महिलाओं को गर्भावस्था एवं प्रसव के उपरान्त उनके देखभाल में उपयोगी सिद्ध होगी। पाठकों को यदि पुस्तक में कोई त्रुटि नजर आये तो हमें अपना बहुमूल्य सुझाव अवश्य भेजें।

आपकी सेवा में सदैव तत्पर!

# विषय-सूची

1. मातृत्त्व ................................................. 7
2. यौन अंगों की कार्य प्रणाली ........................... 13
3. गर्भावस्था के लक्षण .................................. 48
4. शारीरिक परिवर्तन .................................... 62
5. गर्भावस्था में देखभाल/खानपान ...................... 72
6. डॉक्टर से परामर्श ..................................... 96
7. गर्भावस्था की समस्याएँ एवं समाधान ............... 123
8. योगासन एवं व्यायाम ................................ 141
9. गर्भावस्था के दौरान सेक्स ........................... 148
10. गर्भपात ............................................... 154
11. प्रसव का समय ....................................... 174
12. प्रसव के पश्चात् माँ-शिशु की उचित देखभाल ....... 198
13. स्तनपान .............................................. 220
14. शिशु में होने वाले रोग व उपचार .................... 230
15. नवजात शिशु की मूल आवश्यकताएँ ................ 259
16. बाल-मृत्यु की समस्या ................................ 268
17. परिवार नियोजन ..................................... 270

# मातृत्त्व

'मातृत्त्व' शब्द बहुत ही विस्तृत और व्यापक अर्थ रखता है। यह एक नारी को पूर्णता प्रदान करता है। मातृत्त्व के अभाव में नारी का जीवन अधूरा है। भारतीय नारी को समाज तथा परिवार में सम्मान दिलाने में मातृत्त्व का बहुत बड़ा योगदान है। जो स्त्री मातृत्त्व को नहीं प्राप्त कर पाती है, उसे परिवार तथा समाज में हेय दृष्टि से देखा जाता है। मातृत्त्व की अपूर्णता के कारण उसका जीवन मंगलमय नहीं माना जाता है, फलस्वरूप मांगलिक कार्यों के लिये ऐसी स्त्री को शुभ नहीं माना जाता है। भारतीय नारी के लिये परिवार व समाज में प्रतिष्ठा पाने के लिये मातृत्त्व जरूरी है। मातृत्त्व को सृष्टि का आधार माना जाता है, क्योंकि इससे प्रजाति में निरंतरता बनी रहती है और समाज का अस्तित्त्व कायम रहता है।

'मातृत्त्व' शब्द में 'माँ' शब्द का समावेश है, जिसका तात्पर्य माता से है अर्थात् 'बच्चे को जन्म देने वाली स्त्री'। लेकिन यह 'माँ' शब्द तभी गरिमायुक्त माना जाता है जब कोई माँ जन्म देने के बाद अपने शिशु का पालन-पोषण उचित रूप से करती है जिससे वह बालक आगे चलकर एक सुयोग्य नागरिक बन सके। वही माँ 'सुजननी' कहलाती है, जो जन्म के उपरांत शिशु पर अपना सर्वस्व न्योछावर कर उसके जीवन को सुखी बनाने का प्रयत्न करती है तथा समाज के सुयोग्य नागरिक के रूप में उसका विकास करती है। अगर मातृत्त्व का अर्थ केवल सन्तानोत्पत्ति ही हो तो एक माँ तथा मादा जानवर में कोई अन्तर नहीं रह जायेगा, क्योंकि एक मादा जानवर भी अपने बच्चे को जन्म देती है। अतः सफल मातृत्त्व का अर्थ 'सुसंतान की प्राप्ति' तथा 'शिशु कल्याण' दोनों है।

## मातृकला क्या है? (What is Mothercraft)

मातृकला दो शब्दों से मिलकर बना है मातृ और कला। मातृ से तात्पर्य माता अथवा बच्चे को जन्म देने वाली स्त्री से है। 'मातृ' शब्द के साथ जुड़ा हुआ शब्द 'कला' इसे पूर्णता प्रदान करता है। 'कला' से तात्पर्य माँ की उन सभी योग्यताओं से है जिनके द्वारा वह संतान को जन्म देती है, उसके बाद उसका पालन-पोषण करती है जिससे बालक का सर्वांगीण विकास होता है। शिशु प्रकृति की एक अनमोल कृति है इसलिये इसे सजाना-सँवारना भी माता-पिता का ही उत्तरदायित्व है। शिशु को जन्म देकर ही अपने मातृत्त्व को सफल मान लेना तथा अपने कर्तव्य की इतिश्री समझ लेना उचित नहीं है। मातृत्त्व तभी सार्थक माना जाता है। जब संतान सुयोग्य बनकर परिवार एवं समाज दोनों के लिये कल्याणकारी सिद्ध हो।

आदर्श माँ बनने के लिए और संतान की उचित पालन-पोषण और सर्वांगीण विकास के लिये हर गर्भवती को 'मातृकला' एवं 'शिशु पालन' का विधिवत ज्ञान होना जरूरी है। वर्तमान समय में

जब औद्योगिक विकास के परिणामस्वरूप एकाकी परिवारों की वृद्धि अधिक संख्या में हो रही है, इस समय तो गर्भवतियों के लिये इसका ज्ञान होना बहुत जरूरी है जिससे कि वे स्वस्थ शिशु को जन्म दे सकें। पूर्व प्रसव तथा प्रसवकालीन कठिनाइयों से बचने के लिए भी मातृकला का ज्ञान होना आवश्यक है। प्रसव के बाद स्वयं की तथा शिशु की उचित रूप से देखभाल करने तथा विकास की विभिन्न अवस्थाओं में शिशु का सर्वांगीण विकास करने के लिए भी इस कला का ज्ञान होना जरूरी है। मातृ एवं शिशु के मृत्यु के आँकड़ों को देखने से ज्ञात होता है कि अन्य कारणों के साथ-साथ बाल एवं शिशु-मृत्यु का एक कारण 'मातृत्त्व सुरक्षा तथा शिशु-पालन के यथोचित ज्ञान' का अभाव भी है। वर्तमान में इस समस्या के समाधान एवं गर्भवतियों

### मातृत्व से वंचित क्यों होती हैं आधुनिक युवतियाँ?

संतानहीनता के कई कारण होते हैं। तकनीकी रूप से देखा जाए तो अंडाणु न बन पाना, फैलोपियन ट्यूब खराब होना, शुक्राणु के विकार तथा अन्य। करीब 15 से 30 प्रतिशत तक में कोई कारण नहीं पता चलता, इसे अनजानी निःसंतान कहते हैं। सर्वाधिक कारणों में शुक्राणुओं का विकार, फैलोपियन ट्यूब का खराब होना देखने में आता है और करीब 10 से 30 प्रतिशत युगलों के संतानहीनता के एक से ज्यादा कारण रहते हैं। इसके अलावा कुपोषण, तनाव, मोटापा, प्रदूषण आदि भी इस समस्या को बढ़ावा देते हैं। आजकल इस समस्या में बढ़ोतरी होती देखी गई है। देर से शादी, बढ़ते हुए यौन रोग, कार्यक्षेत्र में बढ़ता हुआ रसायनिक प्रदूषण और करियर की दौड़ में गर्भधान को टालना सभी इस बढ़ोतरी में उत्तरदायी हैं।

को सुखद मातृत्त्व प्राप्त करने के लिये यह जरूरी है कि उन्हें मातृकला तथा शिशु-पालन की जानकारी दी जाये, जिससे वे गर्भकालीन अवस्था में होने वाले विकास, सुरक्षा, सुरक्षित प्रसव एवं प्रसवोपरांत शिशु की उपयुक्त देखभाल के विषय में सही जानकारी प्राप्त कर सकें। वर्तमान समय में बालिकाओं को गृहविज्ञान की शिक्षा देकर मातृकला एवं शिशु पालन से सम्बन्धित बातों की जानकारी प्रदान की जा रही है।

## मातृकला का महत्त्व (Importance of Mothercraft)

मातृकला का प्रमुख महत्त्व निम्नलिखित हैं—

1. **सुरक्षित प्रसव व शिशु-विकास में उपयोगी**— मातृकला की जानकारी से एक माँ को यह जानकारी मिलती है कि सम्पूर्ण गर्भकालीन अवस्था में वह किस प्रकार का भोजन करे, किस प्रकार के वस्त्र पहने, किस तरह के व्यायाम करे, कैसा साहित्य पढ़े आदि, जिससे गर्भ में स्वस्थ शिशु का विकास हो एवं प्रसव के समय किसी भी तरह की कठिनाई उत्पन्न न हो।
2. **यौन शिक्षा प्रदान करना**— मातृकला के अध्ययन से बालिकाओं को यौन शिक्षा की जानकारी मिलती है, क्योंकि इसमें स्त्री-पुरुष के प्रजनन अंगों की रचना तथा बालिकाओं में होने वाले शारीरिक परिवर्तनों के विषय में पूरी जानकारी दी गई है।
3. **प्रसव पूर्व, प्रसवकालीन एवं प्रसवोपरांत देखभाल में सहायक**— मातृकला के अध्ययन से यह जानकारी मिलती है कि सुरक्षित प्रसव के लिये प्रसव से पूर्व किन सावधानियों की जरूरत होती है, प्रसव के समय किस वस्तुओं की जरूरत होती है जिससे माँ तथा शिशु को किसी प्रकार का संक्रमण न हो एवं वे स्वस्थ रहें। इसी प्रकार प्रसव के बाद माँ तथा शिशु की देखभाल किस प्रकार की जाये, इन सभी बातों की जानकारी भी प्राप्त होती है।
4. **नवजात शिशु के पालन-पोषण का ज्ञान**— मातृकला के अध्ययन से शिशु के पालन पोषण के विषय में ज्ञान प्राप्त होता है। शिशु-पालन के अन्तर्गत यह बताया जाता है कि नवजात शिशु

को किस प्रकार दूध पिलाना चाहिये, किस प्रकार उसके शरीर की सफाई करनी चाहिये, किस प्रकार व्यायाम करना चाहिये। स्वास्थ्य रक्षा के लिये कब-कब कौन से टीके लगवाने चाहिये, जिससे शिशु शारीरिक रूप से स्वस्थ रहे। शारीरिक विकास के साथ-साथ मानसिक, सामाजिक तथा संवेगात्मक विकास के लिये किन-किन बातों को ध्यान में रखना चाहिये, इन सभी बातों की जानकारी मातृकला एवं शिशु पालन के अध्ययन से प्राप्त होती है।

5. **बालक एवं बालिकाओं के व्यक्तित्त्व का निर्माण करना** बालक एवं बालिकाओं के सर्वांगीण विकास, चरित्र निर्माण एवं स्वस्थ आदतों के विकास में मातृकला तथा शिशु-पालन का ज्ञान मद्दगार होता है। क्योंकि मातृकला के अध्ययन से बालक एवं बालिकाओं के सामान्य व्यवहारों के विषय में माता-पिता को समझने में सुविधा होती है। अगर उससे बालक व बालिकाओं में कोई अनुचित आदतें अथवा व्यवहार विकसित होते हैं तो वे शीघ्र ही उनका समाधान कर उनमें अच्छी आदतों का विकास कर अच्छे चरित्र का निर्माण करती हैं। इससे बालक एवं बालिकाओं के सर्वांगीण विकास में मदद मिलती है।

6. **शिशु के सामान्य व संक्रामक रोगों के सम्बन्ध में जानकारी देकर, बचाव व उपचार में सहायता पहुँचाना** मातृकला का ज्ञान माता-पिता को यह बताता है कि किन-किन असावधानियों से शिशुओं को कौन-कौन से साधारण व संक्रामक रोग हो सकते हैं, इसके अलावा यह रोगों से बचाव तथा उपचार की जानकारी भी प्रदान करता है जिससे माता-पिता को शिशुओं की रोगों से रक्षा में मदद मिलती है। रोग न हो इसके लिये कौन से टीके कब लगवाये जायें, इसकी जानकारी भी मातृकला एवं शिशु-पालन के अध्ययन से प्राप्त होती है।

7. **बालिकाओं को भविष्य में अच्छी पत्नी, सफल गृहिणी तथा अच्छी माँ बनने में सहायता करना** मातृकला के अध्ययन से बालिकाओं को विभिन्न विषयों का ज्ञान प्राप्त होता है। जैसे — पूर्व प्रसव गर्भकालीन सुरक्षा, प्रसवकालीन तैयारी, सुरक्षित प्रसव के उपाय, नवजात शिशु की देखभाल, नवजात शिशु का भोजन, वस्त्र, व्यायाम, स्वास्थ्य रक्षा आदि। इन सभी बातों की जानकारी से एक बालिका भविष्य में अच्छी माँ और सुगृहिणी बन सकती है।

8. **माँ तथा शिशु की मृत्यु की समस्या के समाधान में सहायक** वर्तमान समय में भारतवर्ष में मातृ एवं शिशु-मृत्यु की समस्या विकराल रूप धारण कर चुकी है। यों तो इसके कई कारण हैं लेकिन उनमें से एक मातृकला का ज्ञान न होना भी है। मरने वाली स्त्रियों में ज्यादातर प्रसव के दौरान मर जाती हैं। इसी प्रकार शिशु-मृत्यु में भी उन बच्चों का प्रतिशत अधिक है, जिनकी गर्भावस्था में या जन्म के समय या जन्म के पश्चात् दो वर्ष के अन्दर ही मृत्यु हो जाती है। इस समस्या के समाधान में मातृकला एवं शिशु-पालन का ज्ञान मद्दगार हो सकता है, क्योंकि

**मातृत्व सुख प्राप्त करने वाली महिलाओं को दें स्तनपान की जानकारी?**

जो महिलाएँ पहली बार शिशु को जन्म देती हैं, उन्हें स्तनपान सम्बन्धी प्रमुख जानकारी पहले ही दे देनी चाहिए। जन्म के पश्चात बच्चे को सर्वप्रथम स्तनपान की ही आवश्यकता होती है। ज्यादातर महिलाओं को गर्भधारण से पहले ही ये ज्ञान होता है कि उन्हें अपने शिशुओं को स्तनपालन कराना होगा, अतः जन्म पूर्व कक्षाओं में, दैनिक प्रगति एवं प्रारंभिक स्तनपान के व्यवस्थापन के सम्बन्ध में बातचीत का समय लेना चाहिये।

मातृकला का ज्ञान उन सभी बातों की जानकारी देता है जिससे सम्पूर्ण गर्भकाल में माँ शारीरिक रूप से स्वस्थ रहे तथा गर्भ की सुरक्षा कर सके। सुरक्षित तथा सामान्य प्रसव के लिये आवश्यक जानकारी भी मातृकला के द्वारा दी जाती है। जन्म के बाद शिशु का किस प्रकार पालन-पोषण करें जिससे की वह समाज के सुयोग्य नागरिक एवं सुसंतान का दायित्व निर्वाह कर सके, इसकी जानकारी भी मातृकला के द्वारा दी जाती है।

9. **परिवार नियोजन को सफल बनाने में सहायक** मातृकला के ज्ञान से अप्रत्यक्ष रूप से परिवार नियोजन कार्यक्रम का प्रचार-प्रसार होता है। मातृकला का अध्ययन यह बताता है कि सुसंतान की प्राप्ति किस प्रकार करें। अगर माता-पिता में संतानोत्पत्ति के लिये सभी प्रकार की योग्यतायें नहीं हैं तो गर्भधारण न करें और तब तक के लिये कृत्रिम साधनों को अपनाकर परिवार नियोजित करें। प्राकृतिक रूप से भी किस प्रकार संयम द्वारा गर्भाधान को स्थगित किया जाता है, इस बात की भी जानकारी मातृकला के ज्ञान से होती है। इसके अलावा परिवार नियोजन के सभी कृत्रिम उपायों की जानकारी देकर लोगों के मन में परिवार नियोजन के प्रति विकसित गलत धारणाओं को दूर करने में भी यह सहायक है। मातृकला का अध्ययन इस बात की जानकारी देता है कि संतान को ईश्वरीय देन न मानें, बल्कि जब आप चाहेंगे तभी संतान की प्राप्ति कर सकते हैं।

10. **कुप्रथाओं और अंधविश्वासों को समाप्त करने में सहायक** मातृकला का ज्ञान मातृत्त्व एवं शिशु-पालन से सम्बन्धित नाना प्रकार के अंधविश्वासों तथा सामाजिक कुप्रथाओं को खत्म करने में सहायक है जैसे संतानहीन स्त्री को अमंगलकारी मानना, गर्भकालीन कष्टों और समस्याओं का सामान्य प्रक्रिया मानकर उनका उपचार न करना, प्रसव के समय तथा प्रसव के बाद एक माह तक गर्भवती माँ को अछूत मानकर पहनने तथा ओढ़ने बिछाने के लिये गंदे व पुराने वस्त्रों को देना, घर पर प्रसव कराना, भूत-प्रेत और हवा के डर से माँ तथा नवजात शिशु को एक माह तक अंधेरे तथा बंद कमरे में रखना, रोग होने पर घर में झाड़-फूँक कराना, संतान को ईश्वर की देन मानकर परिवार नियोजन के तरीकों को न अपनाना, गर्भवती स्त्री के भोजन पर ध्यान न देना आदि समस्याओं तथा कुप्रथाओं का निराकरण करने में मातृकला एवं शिशु-पालन का ज्ञान सहायक होता है।

11. **शिशुओं के सर्वांगीण विकास में सहायक** मातृकला का ज्ञान न केवल संतान की उत्पत्ति के तरीकों ही बताता है बल्कि यह माता-पिता को आवश्यक निर्देश भी देता है कि वे किस प्रकार अपने बच्चे का पालन-पोषण करें जिससे वह समाज तथा राष्ट्र के सुयोग्य नागरिक के रूप में विकसित होकर समाज तथा राष्ट्र की प्रगति में अपना योगदान दें।

12. **स्वस्थ मातृत्त्व पाने में सहायता** मातृकला के अध्ययन से एक स्त्री को यह जानकारी मिलती है कि सफल मातृत्त्व के लिये कौन-कौन सी योग्यतायें जरूरी हैं। नये जीव के विकास के लिये माँ में ही नहीं बल्कि पिता में भी जैविकीय योग्यतायें होना आवश्यक है। अगर कोई स्त्री माँ नहीं बन पाती है तो इसका कारण पुरुष की शारीरिक कमी भी हो सकती है। इसके अलावा आर्थिक तथा मनोवैज्ञानिक योग्यता भी स्वस्थ मातृत्त्व का एक भाग है। अगर स्त्री तथा पुरुष नये जीव को किसी कारणवश स्वीकार करने में असमर्थ हैं अथवा आर्थिक रूप से कमजोर होने कारण वे शिशु के पालन-पोषण में असमर्थ हैं तो इसका दुष्प्रभाव शिशु-विकास पर पड़ता है। अतः सफल मातृत्त्व के लिये आवश्यक योग्यताओं की जानकारी मातृकला के अध्ययन करने से ही प्राप्त होती है।

## मातृकला का क्षेत्र (Scope of Mothercraft)

मातृकला का क्षेत्र निम्नलिखित पहलुओं के तहत निर्धारित किया जा सकता है

1. **गर्भकालीन समस्याओं तथा उनके उपचार का अध्ययन** सामान्य रूप से गर्भकालीन कष्ट तथा समस्यायें गर्भावस्था के प्राकृतिक लक्षण हैं, जिनसे भयभीत होने की जरूरत नहीं बच्चों के पालन-पोषण करने है, मात्र कुछ सावधानियाँ अपेक्षित रहती हैं। मातृकला तथा बच्चे के पालन सम्बन्धी अध्ययन इन सभी समस्याओं एवं कष्टों की जानकारी देता है, साथ ही उनके निराकरण के विषय में भी बताता है। इसके अध्ययन से गर्भवती स्त्री मानसिक रूप से परेशान नहीं होती है तथा गर्भकालीन अवस्था को सामान्य प्रक्रिया मानती है।

2. **प्रसव पूर्व तैयारी का ज्ञान** मातृकला के अन्तर्गत प्रसव पूर्व की तैयारी यथा प्रसव के लिये जरूरी सामान, उचित डॉक्टर का चुनाव, प्रसव के लिये उचित स्थान का चुनाव, गर्भवती स्त्री एवं नवजात शिशु के लिये वस्त्रों का चुनाव आदि बातों का अध्ययन किया जाता है जिससे प्रसव के समय सुविधा रहती है।

3. **प्रसव प्रक्रिया और नवजात शिशु एवं प्रसूता की देखभाल का ज्ञान** मातृकला के तहत प्रसव प्रक्रिया, प्रसव पूर्व लक्षण और शिशु जन्म के पश्चात् नवजात तथा प्रसूता की देखभाल के विषय में अध्ययन किया जाता है।

4. **शिशुओं के पालन-पोषण के विभिन्न पहलुओं का ज्ञान** मातृकला शिशुओं के सर्वांगीण विकास के लिये, बाल विकास के विभिन्न पहलुओं का ज्ञान प्रदान करता है। इसके अध्ययन से बाल विकास के मूलभूत आवश्यकताओं तथा उनकी पूर्ति के विषय में ज्ञान प्राप्त होता है जिससे शिशुओं के सर्वांगीण विकास में मदद मिलती है।

5. **बाल-पोषण का ज्ञान** मातृकला के अन्तर्गत बाल-पोषण की विभिन्न विधियों की की जानकारी दी जाती है। उदाहरण के लिए दूध पिलाना, वस्त्र, स्वच्छता आदि। इस विद्या से बाल-पोषण में मदद मिलती है, जिससे शिशु का सर्वांगीण विकास सम्भव हो सके।

6. **शिशुओं में होने वाले सामान्य तथा संक्रामक रोगों का अध्ययन** मातृकला के अन्तर्गत बाल्यकाल में होने वाले विभिन्न प्रकार के सामान्य रोगों के लक्षणों, कारणों एवं उपचार के विषय में ज्ञान प्राप्त किया जाता है। इसके अलावा मातृकला के तहत स्वास्थ्य रक्षा के लिये टीकाकरण के विषय में भी जानकारी मिलती है, जिससे शिशुओं को संक्रामक रोगों से बचाने तथा उन्हें स्वस्थ रखने में मदद मिलती है।

7. **मातृ-शिशु समस्या का ज्ञान** मातृकला के तहत बढ़ती हुई मातृ-शिशु समस्या के कारणों तथा समाधान पर प्रकाश डाला जाता है। इसके ज्ञान से माता-पिता जागरूक होकर स्वयं इस समस्या के समाधान में सहयोग प्रदान कर सकते हैं।

8. **बाल-विकास के विभिन्न पहलुओं का ज्ञान** मातृकला के तहत बाल-विकास के विभिन्न पहलुओं का ज्ञान प्राप्त किया जाता है, यथा शारीरिक, मानसिक, और संवेगात्मक विकास आदि। इससे शिशुओं के सर्वांगीण विकास में मदद मिलती है।

9. **बाल-विकास की असामान्यताओं का ज्ञान** मातृकला के तहत बाल-विकास के विभिन्न क्षेत्रों में होने वाले शारीरिक व मानसिक दोषों, अस्वस्थ आदतों, व्यवहारात्मक समस्याओं, बाल अपराध एवं उनके कारण व निराकरण का अध्ययन किया जाता है। इससे माता-पिता को असामान्य बालक एवं बालिकाओं के पालन-पोषण में भी मदद मिलती है।

10. **परिवार कल्याण कार्यक्रम का ज्ञान**  मातृकला के तहत परिवार कल्याण की दृष्टि से परिवार नियोजन की उपयोगिता, परिवार को नियोजित करने का तरीका एवं परिवार कल्याण कार्यक्रम में संलग्न विभिन्न संस्थाओं तथा उनके क्रिया-कलापों का अध्ययन किया जाता है।
11. **मातृत्त्व के लिये जरूरी बातों का ज्ञान**  मातृकला के अन्तर्गत गर्भधारण करने से पूर्व जरूरी आवश्यकताओं का अध्ययन किया जाता है, जिससे उन्हें संतान के पालन-पोषण में मदद मिलती है।
12. **प्रजनन तंत्र का ज्ञान**  मातृकला के अन्तर्गत स्त्री और पुरुष के प्रजनन तंत्र की रचना एवं कार्यों की जानकारी मिलती है, जिससे गर्भाधान प्रक्रिया एवं यौन सम्बन्धों को सरलता से समझा जा सकता है।
13. **शिशु के गर्भकालीन विकास का ज्ञान**  मातृकला के तहत स्त्री और पुरुष के शारीरिक सम्बन्धों से सम्पन्न होने वाली 'गर्भाधान प्रक्रिया' और गर्भ में शिशु के विकास की सम्पूर्ण प्रक्रिया का अध्ययन किया जाता है जिससे गर्भकाल को सुरक्षित रखने में सहायता प्राप्त होती है। इसके अलावा गर्भावस्था के लक्षण एवं गर्भकालीन समस्याओं का अध्ययन किया जाता है।
14. **गर्भकालीन सुरक्षा का ज्ञान**  मातृकला के तहत इस बात का अध्ययन किया जाता है कि शिशु के समुचित विकास के लिये सम्पूर्ण गर्भकालीन अवस्था में कौन-कौन सी सावधानियाँ अपेक्षित हैं। उदाहरण के लिए गर्भवती स्त्री का भोजन, व्यायाम, निद्रा, स्वास्थ्य परीक्षण और मानसिक स्वास्थ्य आदि। इन सभी बातों के अध्ययन से गर्भवती को शारीरिक तथा मानसिक रूप से स्वस्थ रखकर स्वस्थ शिशु को जन्म देने में मदद मिलती है।

# 2

# यौन अंगों की कार्य प्रणाली

प्रकृति में विद्यमान सभी जीव अपने ही समान जीवों को जन्म देते हैं, इस प्रक्रिया को प्रजनन कहा जाता है। इस तरह प्रजनन एक ऐसी प्रक्रिया है जिसके द्वारा जीव अपने समान शिशु को जन्म देकर अपनी वंश परम्परा को कायम रखता है। प्रकृति के महत्त्वपूर्ण कार्यों में से प्रजनन भी एक महत्त्वपूर्ण कार्य है। प्रजनन के लिए प्रकृति ने हर विकसित जीव-जन्तु में नर एवं मादा जाति उत्पन्न की है तथा उनमें ऐसे अंग बनाए हैं जिनकी सहायता से उनमें माता-पिता के समान ही भ्रूण उत्पन्न होते हैं। मैथुन की क्रिया से नर किसी मादा के शारीरिक सम्बन्ध स्थापित कर उसके शरीर में गर्भ ठहराते हैं, जिससे नए जीव की सृष्टि आरंभ होती है। स्त्री तत्त्व एवं पुरुष तत्त्व को उत्पन्न करने वाले मुख्य अंग स्त्री में डिम्ब ग्रन्थि और पुरुष में अण्ड ग्रन्थि होते हैं। अण्ड ग्रन्थियों को वृषण के नाम से भी जाना जाता है।

## नर प्रजनन अंग (Male Reproduction)

सामान्य रूप से पुरुषों के जनन तंत्र में बाहरी और आन्तरिक ढाँचा होता है। बाहरी ढाँचे में लिंग और पुरुषों के अण्डकोश होते हैं। आन्तरिक ढांचे में अण्डग्रन्थि, शुक्रवाहिका, प्रोस्टेट, एपिडिडाइमस और शुक्राशय होता है।

चित्र : पुरुष प्रजनन तंत्र

**बाहरी ढाँचे के मुख्य लक्षण** लिंग पुरुष अंग है जिसका उपयोग मूत्रत्याग एवं सम्भोग के लिए किया जाता है। यह लचीले टिशू और रक्तवाहिकाओं से बना है। अण्डकोश लिंग के दोनों ओर स्थित बाहरी थैलियों की एक जोड़ी होती है जिसमें अण्डग्रन्थि होती है।

**आन्तरिक ढाँचे के मुख्य लक्षण** आन्तरिक ढाँचे में अण्डग्रन्थि, शुक्रवाहिका, एपिडिडाइमस और शुक्राशय होता है। अण्डग्रन्थि में वीर्य और टैस्टोस्ट्रोन नामक हॉरमोन उत्पन्न होते हैं। पूर्ण परिपक्वता प्राप्त करने तक वीर्य एपिडाइमस में संचित रहता है।

| नर प्रजनन अंग के दो मुख्य भाग हैं— |
|---|
| 1. वृषण कोश और |
| 2. शिश्न। |

शुक्रवाहिका वे नलियाँ हैं, जो वीर्य को शुक्राशय तक ले जाती हैं जहाँ पर लिंग द्वार से बाहर निष्कासित करने से पहले वीर्य को संचित किया जाता है। प्रोस्टेट पुरुषों की यौन ग्रन्थि होती है। यह लगभग एक अखरोट के माप का होता है, जो कि ब्लैडर और युरेथरा के गले को घेरे रहता है। युरेथरा वह नली है, जो ब्लैडर से मूत्र ले जाती है। प्रोस्टेट ग्रन्थि से हल्का सा खारा तरल पदार्थ निकलता है, जिस तरल पदार्थ में शुक्राणु रहता है।

## वृषण कोष (Testis Sac)

इसमें दो वृषण अथवा अण्डग्रन्थियाँ होती हैं। ये दोनों वृषण शिश्न की जड़ के नीचे रहते हैं। वृषण से एक नली उदर गुहा की ओर जाती है, जिसे शुक्रवाहिका कहते हैं। इसी के द्वारा वीर्य बाहर आता है। शुक्रवाहिनी दो विशेष थैलियों में जाकर मिलती है, जिन्हें शुक्राशय के नाम से जाना जाता है। इन थैलियों के ऊपर मूत्राशय स्थित रहता है तथा मूत्रमार्ग इन थैलियों के मध्य में से निकलता है। इन दो थैलियों से जो पतली नली निकलती है, वह मूत्रमार्ग के साथ मिल जाती है। इस नली को स्खलनीय नलिका भी कहते हैं। इस नली के आस-पास दो ग्रन्थियाँ स्थित होती हैं, जिन्हें प्रोस्टेट ग्रन्थियाँ कहते हैं। ये लट्टू के आकार की ग्रन्थि होती हैं जो मूत्राशय के नीचे स्थित होती हैं। इससे निकलने वाला रस कई पतली

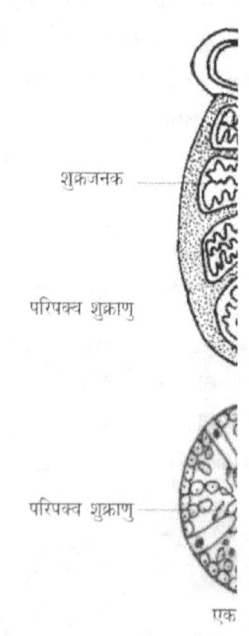

चित्र : वृषण कोष की आंतरिक

नलिकाओं द्वारा स्खलनीय नली में आकर वीर्य के साथ मिश्रित हो जाता है। प्रोस्टेट ग्रन्थि के नीचे मूत्रमार्ग के दोनों ओर मटर के दाने के आकार की दो ग्रन्थियाँ होती है जिसका रंग पीला होता है। इसमें एक विशेष प्रकार का रस बनता है। यह रस पतली नलिकाओं द्वारा प्रवाहित होकर वीर्य के साथ मिल जाता है।

वीर्य वृषणों में बनने वाला एक विशेष प्रकार का तरल पदार्थ है। इसमें लाखों शुक्राणु

## यौन अंगों की कार्य प्रणाली

होते हैं। शुक्राणु अत्यन्त सूक्ष्म होते हैं, जिन्हें सूक्ष्मदर्शी यन्त्र द्वारा देखा जा सकता है। इनका निर्माण वृषणों में ही होता है। निर्माण के बाद शुक्राणु शुक्रवाहिनी के द्वारा शुक्राशय में जमा हो जाते हैं, जो स्खलनीय नलिका द्वारा बाहर निकलता है। इस प्रकार नर में मूत्र एवं वीर्य के निष्कासन का एक ही रास्ता होता है। प्रोस्टेट ग्रन्थि का रस वीर्य के गाढ़ेपन को कम करके उसे तरल बनाता है। यह रस वीर्य को रंग भी देता है।

## वृषण की संरचना

वृषण में कई पतली मुड़ी हुई नलिकाएँ एक विशेष प्रकार के संयोजक तन्तुओं के द्वारा जुड़ी रहती हैं। इनको सेमिनिफेरस अथवा शुक्रजनक प्रणालिकाओं के नाम से जाना जाता है। ये गुच्छों के रूप में भरी रहती हैं। सारी ग्रन्थि में लगभग 1,000 नलिकाएँ होती हैं जिनकी लम्बाई 35 सेमी. से 70 सेमी. तक होती है। इन्हें खोलकर बिछाने से 800 मीटर से अधिक लम्बी लाइन बन जायेगी। ये नलिकाएँ ऊपर की ओर जाकर एक मोटा-सा उपाण्ड (Epididymis) बना देती हैं। यह वृषण के नीचे की ओर मुड़ती हैं तथा इसका व्यास शनैः-शनैः कम होने लगता है। यह उदर के भीतर पहुँचकर शुक्राशय में प्रवेश करती है। इस नलिका को शुक्रवाहिनी कहते हैं।

वृषण के भीतर कोष्ठों में स्थित सूक्ष्म नलिकाएँ ही शुक्राणुओं को पैदा करती हैं। इन सूक्ष्म नलिकाओं में दो तरह की कोशिकाएँ पाई जाती हैं एक गोल अथवा घनाकार और दूसरी स्तंभकार। गोल कोशिकाएँ शुक्राणुओं की उत्पत्ति करती हैं, दूसरी दण्डाकार कोशिकाएँ केवल आश्रय देते हैं। गोल कोशिकाओं को सरटोली कोशिका भी कहते हैं। ये विशेष प्रकार के विकास क्रम द्वारा शुक्राणु में बदल जाती हैं, अतः इन्हें शुक्रोत्पादक कोष भी कहते हैं। दण्डाकार कोशिकाओं की लम्बाई 11 मिली. होती है, जिन्हें स्परमेटोनिया कहते हैं।

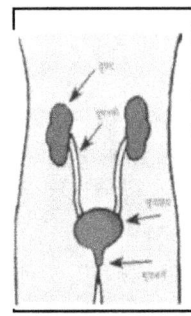

### जानें अण्डग्रन्थि से सम्बन्धित समस्याएँ

#### अण्डग्रन्थि के क्षेत्र में पीड़ा के सामान्य कारण

पीड़ा के सामान्य कारण हो सकते हैं
1. घाव
2. अण्डग्रन्थि में ऐंठन
3. अण्डग्रन्थि में कैंसर।

### अण्डग्रन्थि का ऐंठन

यह वह स्थिति है जब कि वीर्य नली जिस सहारा देने वाली नली से अण्डग्रन्थि जुड़ी होती है, उसी पर वे मुड़ जाती है जिससे कि अण्डग्रन्थि में रक्त की आपूर्ति कट जाती है। ऐसे में अण्डकोश नीलवर्ण से बैंगनी रंग में बदल जाता है और बहुत पीड़ा देता है। यह रोग की आपातस्थिति है, ऐसी स्थिति उत्पन्न होने पर एक दम बताना चाहिए।

### अण्डग्रन्थि में कैंसर का खतरा पैदा करने वाली चीजें

अण्डग्रन्थि में कैंसर की सम्भावना बढ़ जाती है। इनमें जन्मजात समस्या जैसे कि नीचे न होने वाली अण्डग्रन्थि का पारिवारिक इतिहास, अण्डकोश में चोट लगने का इतिहास शामिल हैं।

### अण्डग्रन्थि में कैंसर के सम्भावित प्रारम्भिक संकेत

प्रारम्भिक स्थिति में हो सकता है कि कोई संकेत न मिले क्योंकि इसमें दर्द नहीं होता। कई रोगी उसे हानिविहीन भी समझ सकते हैं और अपने फिजिशियन का ध्यान उधर ले जाने में देर कर देते हैं। लक्षणों में शामिल हैं (1) अण्डग्रन्थि मे छोटा, दर्द विहीव लम्प, (2) अण्डग्रन्थि का बढ़ना (3) अण्डग्रन्थि में भारीपन (4) अण्डग्रन्थि में पीड़ा (5) अण्डग्रन्थि की अनुभूति में बदलाव (6) पुरुष की छातियों और निप्पलों का बढ़ जाना (7) अण्डकोश में अचानक तरल पदार्थ या रक्त का भर जाना।

## वृषण के कार्य

वृषण के दो मुख्य कार्य होते हैं (1) शुक्राणुओं का निर्माण तथा (2) पुरुष हार्मोन का उत्पादन।

**(1) शुक्राणुओं का निर्माण** सबसे पहले विशेष तरह के कोष के रूप में शुक्राणु पैदा होते हैं जिसको स्पर्मेटोसाइट कहते हैं। यह दो भागों में विभाजित होता है जिन्हें स्पर्मेटिड्स कहते हैं। प्रत्येक स्पर्मेटिड में 24 गुणसूत्र पाए जाते हैं। इसमें अपचयात्मक विभाजन होता है। प्रत्येक स्पस्पर्मेटिड एक स्वतन्त्र शुक्राणु में परिवर्तित हो जाता है। कुछ स्पर्मेटिड में ल गुणसूत्र तथा कुछ में ग गुणसूत्र पाए जाते हैं। लगभग एक क्यूबिक सेण्टीमीटर वीर्य में छः करोड़ शुक्राणु होते हैं।

शुक्राणु बहुत ही सूक्ष्म होते हैं। इनका आकार पतला, लम्बा और सर्पाकार होता है। इसका आगे का भाग सिर कहलाता है, जो आगे से नुकीला होता है तथा जिसके चारों ओर जीवद्रव्य की एक पतली परत रहती है। सिर के पीछे का भाग ग्रीवा कहलाता है। उसके बाद एक लम्बी पूँछ होती है जिसकी सहायता से शुक्राणु द्रव में तैरता रहता है तथा आगे की ओर गतिशील रहता है। सिर इसका महत्त्वपूर्ण भाग है, जो संयोग के समय अण्डक के भीतर प्रविष्ट हो जाता है। शुक्राणु की लम्बाई 1/10 मिली मीटर होती है।

**(2) पुरुष हार्मोन का उत्पादन** टेस्टोस्टीरोन का उत्सर्जन वृषण से होता है। यह स्टीराइड समूह के अन्तर्गत आता है। एक दूसरे प्रकार का हार्मोन भी जिसे एण्ड्रो स्टीरोन कहते हैं, वृषण से निकलता है। ये हार्मोन पुरुषत्त्व को बनाए रखने में मददगार होता है। पीयूष ग्रन्थियों से निकलने वाला पुटिका उत्तेजक हार्मोन भी वृषण पर प्रभाव डालता है। यह शुक्रोत्पादक कोशों पर क्रिया करके उसके विकास में मदद करता है। पीयूष ग्रन्थ को निकाल देने पर वृषण सूखकर छोटे-छोटे हो जाते हैं।

# यौन अंगों की कार्य प्रणाली

## शुक्राशय

यह मूत्राशय के पीछे स्थित होता है। ये दो फूले हुए कोश होते हैं। इनकी लम्बाई लगभग 5 सेमी. होती है। इनमें शुक्र प्रणाली आकर खुलती है और इनसे एक नलिका प्रोस्टेट ग्रन्थि में होकर मूत्र मार्ग में पहुँचती है और स्त्री के गर्भाशय के द्वार पर पहुँच जाता है।

## शिश्न (Penis)

यह पुरुष का वह प्रजनन अंग है, जो संभोग क्रिया में भाग लेता है। जब पुरुष को यौन उत्तेजना होती है तो उसके शिश्न की नसों में खून भर जाता है। शिश्न बड़े आकार का होकर सख्त और कड़ा हो जाता है। उत्तेजना की चरम स्थिति में वीर्यपात हो सकता है और यदि इस दौरान पुरुष का शुक्राणु, स्त्री के अंडाणु से मिल जाता है तो स्त्री गर्भवती हो जाती है।

यह मैथुन का भाग है, जिसे तीन भागों में बांटा जा सकता है। शिश्न का आकार लम्बे दण्डों के समान होता है तथा इसके मूल से अग्रभाग तक चले जाते हैं। इन्हें दण्डिकाएँ भी कहा जाता है। दो दण्डिकाएँ पास-पास स्थित होते हैं जिन्हें शिश्न रक्तधर काय के नाम से जाना जाता है। तीसरी दण्डिका से होकर मूत्रमार्ग, मूत्राशय से निकलकर शिश्न के अन्त तक चला आता है जिसे शिश्न मूत्रकर काय कहते हैं।

ये दण्डिकाएँ उच्छायी ऊतकों की बनी होती हैं। इन ऊतकों के मध्य में रिक्त स्थान भी होता है जो कोशिकाओं तथा सूक्ष्म धमनियों से घिरे रहते हैं। इनमें रक्त भरा रहता है, जो संकुचित होकर शिरा का मुँह बन्द कर देती है। इस प्रकार की सरंचना के कारण ही शिश्न का उच्छयन होता है अर्थात् उच्छयन के समय कोशिकाओं से अधिक रस आने लगता है तथा रिक्त स्थानों में भर जाता है जबकि शिरा का मुँह बन्द होने के कारण रक्त बाहर नहीं निकल पाता है। इससे शिश्न फूलकर कड़ा हो जाता है। उच्छयन की क्रिया नाड़ियों द्वारा भी नियन्त्रित रहती है। अनुकम्पी नाड़ियों में से होकर जो श्रोणि नाड़ी के द्वारा आते हैं, वे उत्तेजना होने पर रक्त के प्रवाह की गति को तीव्र करती है। मैथुन की क्रिया की समाप्ति पर परानुकम्पी नाड़ियों के आदेश से शिरा का मुँह खुलता है, रक्त बाहर निकल जाता है जिससे शिश्न पुनः ढीला हो जाता है।

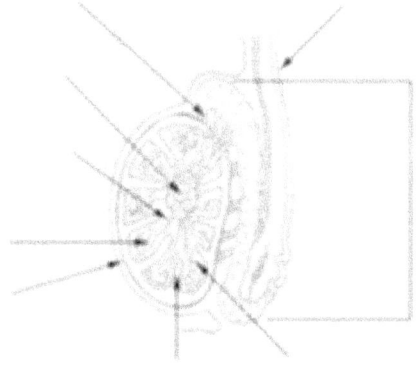

## वीर्य

वीर्य वह द्रव्य है जिसमें शुक्राणु तैरते हैं तथा पोषण प्राप्त करते हैं। वीर्य श्वेत रंग का गाढ़ा लसदार पदार्थ है जो पुरुष के मूत्र मार्ग से निकलता है। इसका मुख्य अवयव शुक्राणु है। इसमें कई द्रव्य मिले रहते हैं। शुक्राशय में भी एक द्रव निकल कर वीर्य के साथ मिल जाता है। यह द्रव शुक्राणुओं के जीवन के लिए जरूरी है। शिश्न का प्रमुख कार्य मूत्र तथा वीर्य का निष्कासन है। वीर्यपात के दौरान वीर्य शुक्राणुओं के साथ पुरुष के शिश्न से बाहर निकलते हैं।

## पेशाब की नली

यह वह नलिका है, जो मुत्राशय से शुरू होकर शिश्न के अग्र-भाग से एक छिद्र के माध्यम से बाहर निकालता है। इस नलिका के द्वारा यह ध्यान देने वाली बात है कि पेशाब और वीर्य दोनों एक साथ बाहर नहीं निकल सकते।

### गीले सपने क्या होते हैं?

सोते समय लिंग से वीर्य का अनियन्त्रित रूप से निकल जाना गीला सपना कहलाता है। इस तरल पदार्थ का रंग क्रीम जैसा या रंगविहीन होता है। सपनों में यौन उत्तेजना होने पर या कम्बल, पलंग अथवा भरे हुए मूत्राशय से रगड़ लगने पर शारीरिक उत्तेजना से गीले सपने आते हैं। किशोरावस्था में शरीर में होने वाले बहुत से परिवर्तनों में गीले सपने को होना भी स्वाभाविक हैं। यदि किसी को गीले सपने न आते हों तो इसका यह अर्थ नहीं कि कुछ गलत है।

## स्त्री प्रजनन अंग (Female Reproduction)

औरतों के जनन तंत्र में बाहरी (जननेन्द्रिय) और आन्तरिक ढाँचा होता है। बाहरी ढाँचे में मूत्राशय (वल्वा) और योनि होती है। आन्तरिक ढाँचे में गर्भाशय, अण्डाशय और ग्रीवा होती है।

चित्र : मादा जनन तंत्र

# यौन अंगों की कार्य प्रणाली

**बाहरी ढाँचे के मुख्य लक्षण** बाहरी ढाँचे में मूत्राशय (वल्वा) और योनि होती है। मूत्राशय (वल्वा) बाहर से दिखाई देने वाला अंश है जबकि योनि एक मांसल नली है जो कि गर्भाशय और ग्रीवा को शरीर के बाहरी भाग से जोड़ती है। योनि से ही मासिक धर्म का रक्त-स्राव होता है और यौनपरक सम्भोग के काम आती है, जिससे बच्चे का जन्म होता है।

**आन्तरिक ढाँचे के मुख्य लक्षण** आन्तरिक ढाँचे में गर्भाशय, अण्डाशय और ग्रीवा होता है। गर्भाशय जिसे सामान्यतः कोख भी कहा जाता है, उदर के निचले भाग में स्थित खोखला मांसल अवयव है। गर्भाशय का मुख्य कार्य जन्म से पूर्व बढ़ते बच्चे का पोषण करना है। ग्रीवा गर्भाशय का निचला किनारा है। यह

> स्त्री प्रजनन अंगों को दो भागों में बाँटा गया है—
> बाह्य प्रजनन अंग और आन्तरिक प्रजनन अंग।
> 1. बाह्य प्रजनन अंग
>    क. मुख्य ओष्ठ,
>    ख. लघु ओष्ठ,
>    ग. योनिद्वार,
>    घ. भगशेफ एवं
>    ङ. हाइमन।
> 2. आन्तरिक प्रजनन अंग
>    क. योनि,
>    ख. गर्भाशय,
>    ग. अण्ड वाहिनियाँ एवं
>    घ. अण्डाशय।

योनि के ऊपर स्थित होता है और लगभग एक इंच लम्बा होता है। ग्रीवा से रजोधर्म का रक्तस्राव होता है और जन्म के समय बच्चे के बाहर आने का यह मार्ग है। यह वीर्य के लिए योनि से अण्डाशय की ओर ऊपर जाने का रास्ता भी है। अण्डाशय वह अवयव है जिसमें अण्डा उत्पन्न होता है, यह गर्भाशय की नली के अन्त में स्थित रहता है।

## बाह्य प्रजनन अंग

### मुख्य ओष्ठ

मुख्य ओष्ठ दो परतों की बनी होती है। इनके संयोजक तन्तु एवं वसीय तन्तुओं में स्वेद ग्रन्थियाँ पाई जाती हैं। पुरुषों में पाए जाने वाले वृषण कोश के जैसा ही ये तहें कार्य करती हैं। ये सब एक पतली त्वचा से आच्छादित रहती हैं। मुख्य ओष्ठ में रोम नहीं पाए जाते हैं बल्कि रोम बाहर की ओर ही पैदा होते हैं।

### लघु ओष्ठ

लघु ओष्ठ त्वचा की चपटी तह है जिसमें संयोजक तन्तु अधिक तथा वसीय तन्तु नहीं के बराबर पाए जाते हैं। लघु ओष्ठ पीछे की ओर जाकर जुड़ते हैं। लघु ओष्ठ एक पतले परदे की मदद से जुड़े रहते हैं, जिसे फोरशेट कहते हैं। यह प्रथम प्रसव के समय टूट जाता है। इनका कार्य योनिद्वार की रक्षा करना है।

### योनिद्वार

लघु ओष्ठ के मध्य के स्थान को प्रघाण (Vestibute) कहते हैं जिसमें बाह्य मूत्र मार्ग एवं योनिद्वार पाए जाते हैं। योनिद्वार शिशन के प्रवेश, मासिक स्राव के निष्कासन एवं प्रसव के लिए जरूरी है।

## भगशेफ

प्रघाण के ऊपर के भाग में भगशेफ पाया जाता है जिसमें उच्छायी तन्तु पाए जाते हैं। पुरुष के जैसा स्त्रियों में भी बार्थोलीन ग्रन्थियाँ पाई जाती हैं। इनमें से एक विशेष प्रकार का श्लेष्मिक स्राव होता है। भगशेफ में नाड़ियों का जाल होता है, जो संभोग के समय उत्तेजना पैदा करता है जिससे श्लेष्मिक स्राव की मात्रा बढ़ती है।

## हाइमेन

योनिद्वार पर हाइमेन पाया जाता है। यह एक पतला महीन परदा होता है।

### वल्वल पीड़ा और कष्ट

वल्वल क्षेत्र में पीड़ा, खुजली, जलन एवं उत्तेजना का कारण जननेन्द्रिय में संक्रमण (इनफैक्शन) हो सकता है या डरमैटईटिस, एक्जीमा जैसी त्वचा के असंक्रामक रोग हो सकते हैं।

### त्वचा के असंक्रामक रोग जो कि वल्वल को पीड़ा या कष्ट देते हैं, उनके कारण होते हैं

औरत की वल्वा में त्वचा परक ऐसा रोग भी हो सकता है, जो कि संक्रामक नहीं होता और सम्भोग के साथी को नहीं लगाता। जांघिए को धोने के लिए जो साबुन, दुर्गन्धनाशक और प्रक्षालक काम में लाया जाता है उससे जलन की बहुत सम्भावना रहती है।

### वल्वा की त्वचा के रोगों का उपचार

उपचार के लिए सामान्यतः ऐसी स्टीरॉयड क्रीम एवं प्रशासक औषधियों का उपयोग किया जाता है, जो कि चिकनी हो और ऐसा मरहम लिया जाता है, जो कि त्वचा को उत्तेजित करने वाला न हो। जख्म को और फटी चमड़ी को नरम बनाने और आराम दिलाने के लिए इनका उपयोग किया जा सकता है और वल्वा की सफाई के लिए साबुन की जगह इनका उपयोग कर सकते हैं। क्रीम और लोशन के रूप में ये मिलते हैं और कैमिस्ट से बिना डॉक्टर से पर्ची लिखाये भी मिल जाती हैं।

### वल्वल त्वचा की देखभाल महिला स्वयं करें

यदि आपको यह समस्या है या उसका अंदेश है तो तंग माप के टाइटस या ट्राउसर मत पहनें। सिन्थैटिक जांघिये न पहनें और सूती कपड़े के भी ऐसे जांघिए पहनें जो बहुत कसे हुए न हों। त्वचा को साफ करने के लिए हल्के साबुन का इस्तेमाल करें।

### वल्वा में सूजन का सबसे अधिक सामान्य कारण

वल्वा में सूजन के सबसे सामान्य कारण को बार्थोलिनस काइसटिस कहा जाता है। बार्थोलिन ग्रन्थियाँ बहुत ही छोटी दो ग्रन्थियाँ हैं, जो कि योनि द्वार के दोनों ओर होती हैं। उस ग्रन्थि में छोटी नलियाँ होती हैं। अगर वे त्वचा के अणु या स्राव से बन्द हो जायें तो उसमें पुष्टि बन सकती है (तरल द्रव्य से भरी थैली)। यह पुष्टि मटर के दाने से लेकर गोल्फ की बॉल जैसी हो सकती है।

### बार्थोलिन काइसटस का उपचार

इसका उपचार बहुत सी बातों पर निर्भर रहता है, पुष्टि का आकार, कितना पीड़दायक है, क्या संक्रमित है और आप का डॉक्टर कौन सी उपचार विधि को चुनता है। कुछ तो एंटीबायोटिक के खाने मात्र से ठीक हो जाते हैं। कभी-कभी डॉक्टर उसमें एक नली डालने का निश्चय कर सकते

हैं। (मोटे धागे जैसी) यह नली 2 से 4 हफ्ते तक उसी जगह पर रहती है। इससे तरल पदार्थ बाहर बह जाता है और इससे योनि के दोनों पक्षों पर एक छोटा सा छेद हो जाता है। 2-4 हफ्ते में उस नली को निकाल दिया जाता है।

## आन्तरिक प्रजनन अंग

प्रमुख स्त्री आन्तरिक प्रजनन अंग का विवरण निम्नलिखित है

### योनि

योनि एक पेशीय, तन्तुयुक्त आच्छद होता है। इसमें शिराओं का गुच्छा पाया जाता है। यह बहुत ही लचीला होता है। सामान्य हालत में यह सिकुड़ा हुआ अनेक तहों का बना होता है। आच्छद के संकुचन तथा विमोचन का कार्य ज्यादातर ऐच्छिक होता है। इसमें स्तरित शल्की उपकला तन्तु मौजूद होते हैं। बाह्य कोष श्लेष्मा पैदा नहीं करते हैं, लेकिन वे अपने अन्दर विद्यमान ग्लाइकोजन को जीवाणुओं की प्रतिक्रिया के बाद लैक्टिक अम्ल में बदलकर बाहर छोड़ते हैं। इससे योनि की प्रतिक्रिया सदा अम्लीय बनी रहती है और वह संक्रमण से बची रहती है। इसका मुख्य कार्य शिश्न के प्रवेश के लिए प्रावधान उत्पन्न करना तथा शुक्राणुओं के एकत्रित होने के लिए, अल्प अवधि के लिए जगह बनाना होता है। योनि के उपकला तन्तु दवाइयों को भी शोषित कर सकते हैं।

### गर्भाशय

गर्भाशय ऊपर से पर्युदर्या (संयोजी उत्तक ;ब्नददमबजपअम ज्ञेनमद्ध से बनी परत) से ढका रहता है। इसके बाद एक पेशीय तह पाई जाती है, जिसको गर्भाशय पेशीस्तर कहते हैं। इसमें तीन प्रकार की पेशियाँ होती हैं   (क) लम्बाकार पेशी, (ख) अधिक बड़ी जिसमें पेशियों का रज्जुक अथवा तार विकर्णवत होते हैं और (ग) अत्यल्प पेशियाँ होती हैं। गर्भाशय पेशीस्तर के बाद गर्भाशय अन्तःस्तर पाया जाता है जिसमें नलिकायुक्त ग्रन्थियाँ एक नरम तह के नीचे पाई जाती हैं।

गर्भाशय को तीन भागों में विभाजित किया जाता है   (1) फण्डस, (2) संकीर्ण संयोजक तथा (3) ग्रीवा। गर्भाशय के ऊर्ध्व भाग को फण्डस कहते हैं। यहाँ से अण्डवाहिनियाँ आरम्भ होती हैं। संकीर्ण संयोजक की चौड़ाई 0.5 सेमी. होती है। यहाँ से माँसपेशियों का अनुपात कम होता जाता है। ग्रीवा का आकार गोल-सा होता है जिसका व्यास 3 सेमी. होता है। ये सब एक श्लेष्मिक झिल्ली से ढका रहता है। साधारणतया गर्भाशय योनि के ऊपर 90 डिग्री के कोण पर झुका रहता है। नीचे से यह योनि की माँसपेशियों पर टिका होता है।

**गर्भाशय के कार्य**   इसका मुख्य कार्य मासिक स्राव करना है। यह गर्भावस्था के समय अण्डाणु प्रवेश के लिए तथा भ्रूण धारण या स्थापन के लिए स्थान बनाता है। भ्रूण के पोषण के लिए पर्याप्त मौका प्रदान करना तथा प्रसव के समय अपनी पेशियों के संकुचन एवं विमोचन के कार्य से भ्रूण को बाहर निकालने में मदद करना भी इसी का कार्य है।

---

### ग्रीवा परक कैंसर

#### ग्रीवा परक कैंसर का खतरा

जिन महिलाओं को ग्रीवा परक कैंसर का खतरा रहता है वे हैं (1) जिनके सम्भोग के कई साथी होते हैं (2) जो किशोरावस्था या बीस वर्ष की कम आयु से यौनपरक सम्भोग शुरू कर देती हैं। (3) जिनकी जननेन्द्रिय पर मस्से रह चुके हों या यौन सम्बन्धों से फैलने वाले संक्रामक रोगों से लम्बे समय से ग्रस्त हों।

#### ग्रीवा परक कैंसर के लक्षण

प्रारम्भिक स्थिति में, ग्रीवा-परक कैंसर के कोई लक्षण दिखाई नहीं देते। लक्षण तब दिखते हैं जब कैंसर के सैल आस-पास की कोशिकाओं में घुसना शुरू कर देते हैं। सबसे सामान्य लक्षण हैं- असामान्य स्राव। नियमित माहवारी पीरियडस के बीच रक्तस्राव शुरू हो सकता है या खत्म हो सकता है अथवा सम्भोग के बाद भी हो सकता है। माहवारी रक्तस्राव पहले की अपेक्षा लम्बी अवधि तक हो सकता है और सामान्य से भारी भी हो सकता है। योनि से होने वाले स्राव का बढ़ जाना ग्रीवा परक कैंसर का एक कारण होता है। ये लक्षण कैंसर के भी हो सकते हैं एवं स्वास्थ्य सम्बन्धी किसी अन्य समस्या के कारण भी हो सकते हैं। डॉक्टर ही सही कारण बता पाते हैं। अगर इनमें से कोई भी लक्षण दिखाई पड़ें तो महिला डॉक्टर के पास जाना जरूरी होता है।

#### ग्रीवा परक कैंसर से बचाव

हाँ, ग्रीवा परक कैंसर बचा जा सकता है, यदि हम ग्रीवा से होने वाले स्राव स्मीयर या पांप स्मीयर का नियमित टेस्ट करवाते रहें तो ग्रीवा में होने वाले बदलाव का जल्दी पता चल जायेगा जिससे इलाज सम्भव है।

## ग्रीवा का स्मीयर (मैल) या पैप स्मीयर टेस्ट

महिला की ग्रीवा के स्वास्थ्य का परीक्षण करने के लिए यह एक सरल सा परीक्षण है। इसे स्मीयर टेस्ट इसलिए कहते हैं कि डॉक्टर या नर्स ग्रीवा से थोड़ा सा सैम्पल लेते हैं और उसे शीशे की स्लाइड पर (स्मीयर) पोत देते हैं ताकि माइक्रोस्कोप से उसका अध्ययन कर सकें।

### स्मीयर टेस्ट किसे करवाना चाहिए?
सम्भोग करने वाली महिलाओं को हर 3 से 5 साल के भीतर स्मीयर टेस्ट करवाना चाहिए।

### सम्भोग न करने वाली महिला के लिए स्मीयर टैस्ट करवाने की जरूरत
सम्भोग न करने वाली महिलाओं में ग्रीवा परक कैंसर अत्यन्त दुर्लभ है, इसलिए अधिकांश संस्तुतियाँ यही कहती हैं कि सम्भोग के बिना महिला को इस टेस्ट की जरूरत नहीं।

### पैप स्मीयर करने का तरीका
हल्का गर्म वक्षण यन्त्र योनि में डाला जाता है ताकि दोनों दीवारों को अलग करके डॉक्टर ग्रीवा को देख सके। लकड़ी की चिमटी (जिह्वा दबाने वाली चिमटी से भी पतली) को ग्रीवा में घुमाया जाता है और स्मीयर को शीशे की पट्टी पर डाल दिया जाता है।

### स्मीयर टैस्ट करवाने का श्रेष्ठ समय
एक माहवारी पीरियड से दूसरे-पीरियड के ठीक आधे या बीचों-बीच वाले दिन यह टेस्ट करवाना सबसे श्रेष्ठ है। इस समय ग्रीवा से सैल का सैम्पल लेना बड़ा सरल होता है।

### ग्रीवा परक कैंसर से बचाव के लिए वैक्सीन
हाँ, ग्रीवा परक कैंसर के 70 प्रतिशत रोगियों को होने वाले हार्मोन पैपिल्लोमा नामक वाइरस से बचाव के लिए अब (एच.पी.वी.) वैक्सीन उपलब्ध हो गई है।

### एच.पी.वी. वैक्सीन किसे देना चाहिए?
यह वैक्सीन 9 से 26 वर्ष की आयु की लड़कियों और महिलाओं के लिए होता है। वाइरस होने से पहले दिए जाने पर यह काम करता है।

### एच.पी.वी. वैक्सीन देने का तरीका
यह वैक्सीन तीन महीने में इंजैक्शन द्वारा दी जाती है।

### शरीर पर उसके क्या प्रभाव हो सकते हैं?
इसमें दर्द, सूजन, खुजली, इंजैक्शन वाली जगह पर लाली, बुखार चक्कर और घबराहट हो सकती है।

### ग्रीवा परक कैंसर से बचाव के लिए वैक्सीन लेने वाले हर किसी का क्या बचाव हो सकता है?
हो सकता है कि यह वैक्सीन हर किसी को बचा न सके और ग्रीवा पर कैंसर के सभी प्रकारों का इससे बचाव नहीं होता, इसलिए नियमित रूप से इसका परीक्षण होते रहना जरूरी है।

## *अण्डवाहिनियाँ*

ये माँसपेशीय नलिकाएँ हैं, जो गर्भाशय के ऊपर के भाग के दोनों ओर पाई जाती हैं। इनका दूसरा भाग अण्डाशय से जुड़ा रहता है। अन्दर की ओर श्लेष्मिक झिल्ली होती है। अण्डवाहिनी को चार भागों में बाँटा जा सकता है। बाहर वाले भाग को वायुकोष्टिका कहते हैं जिसमें अँगलियों जैसी उभरी हुई संरचना पाई जाती है। ये संरचनाएं अण्डाशय के पास होते हैं। तुम्बिका

अण्डवाहिनियों का सबसे लम्बा भाग होता है। इसकी दीवारें पतली और लचीली होती है। अन्तराली अथवा अन्तराकाशी भाग छोटा, संकरा एवं गर्भाशय की ऊपरी दीवार से जुड़ा हुआ होता है। वायुकोष्टिका का आन्तरिक व्यास अन्य तीनों से बड़ा तथा अन्तराकाशी भाग का व्यास सबसे छोटा लगभग 1 एम. एम. होता है।

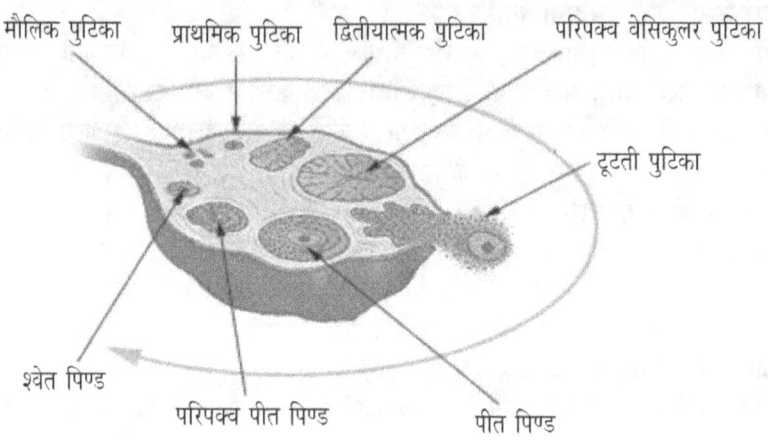

चित्र :

आन्तरिक श्लेष्मिक झिल्ली के साथ उपकला तन्तु भी पाए जाते हैं, जो श्लेष्मा भी स्रावित करते हैं। यह गर्भाशय की ओर प्रवाहित होता है। इस श्लेष्मा में प्रोटीन अधिक होता है जिससे बाद में युग्मनज अपना पोषण प्राप्त करता है।

दोनों अण्डाशय पुरुष के वृषणों के समान ही कार्य करते हैं। ये अण्डाकार होते हैं। सतह असमान होती है तथा रंग भूरापन लिए हुए गुलाबी। किशोरावस्था में इनकी लम्बाई 3.5 सेमी., चौड़ाई 2.0 सेमी., मोटाई 4.0 सेमी. तथा वजन 7.0 ग्राम. होता है। 60 वर्ष की अवस्था होने पर ये संकुचित हो जाते हैं, इनका रंग श्वेत हो जाता है तथा वजन आधे से भी कम रह जाता है। अण्डवाहिनियों का मुख्य कार्य, अण्डक तथा शुक्राणु के मिलने के लिए स्थान बनाना होता है। हर आर्तव चक्र के समय अण्डक अण्डवाहिनी से होते हुए गर्भाशय में प्रवेश करता है।

### ग्रीवा परक कैंसर

**किन महिलाओं को अण्डकोश का कैंसर होने का खतरा होता है?**

अण्डकोश के कैंसर के निश्चित कारणों की जानकारी नहीं है। फिर भी, शोधकार्यों से पता चलता है कि निम्नलिखित कारण रोग की सम्भावनाओं को बढ़ा सकते हैं। (1) पारिवारिक इतिहासः जिस महिला के प्रथम सम्बन्धी (माँ, बहन, बेटी) अण्डकोश के कैंसर रोग से ग्रस्त रह चुकी हों, उन्हें यह रोग हो जाने का बड़ा खतरा रहता है। (2) आयु वृद्धि के साथ ही इसकी सम्भावनाएँ बढ़ती हैं। सामान्यतः अण्डकोश के कैंसर पचास वर्ष से ऊपर की महिलाओं को होते हैं, साठ से ऊपर वालों को सबसे अधिक खतरा रहता है। (3) जिन

महिलाओं की कोई सन्तान नहीं होती उन्हें इस कैंसर की सम्भावना अधिक अधिक रहती है।

### अण्डकोश के कैंसर के लक्षण क्या हैं?

अण्डकोश के कैंसर के लक्षण वही हैं, जो कि अण्डकोश की सुसाध्य स्थितियों के होते हैं, जैसे माहवारी में बाधा, पेट में दर्द। कभी-कभी लक्षण अस्पष्ट भी हो सकते हैं, जैसे कि दस्त लगना या वजन घटना आदि। इसलिए मरीज को डॉक्टर के पास नियमित रूप से जाते रहना चाहिए।

### अण्डकोश में कैंसर के उपचार के क्या विकल्प हैं?

अण्डकोश के कैंसर वाले रोगियों के लिए उपचार के विकल्प और परिणाम इस पर निर्भर रहते हैं कि निदान से पहले वह किस प्रकार का कैंसर था और कितना फैल चुका था।

### अण्डकोश के कैंसर से बचाव के लिए क्या कोई स्क्रीनिंग टेस्ट है?

अण्डकोश के कैंसर का प्रारम्भिक स्थिति में ही निदान कर पाने वाला कोई स्क्रीनिंग टेस्ट अभी तक नहीं बना है।

## *अण्डाशय*

साधारण रूप से अण्डाशय दो तरह के होते हैं। हर अण्डाशय में से अण्डाणु निकलकर अण्डवाहिनी में प्रवेश करता है। ये अण्डवाहिनियाँ पेशीय गोल नलियाँ होती हैं, स्थान के अनुसार ये भिन्न-भिन्न प्रकार की होती हैं। अण्डाशय चपटे बादाम के आकार के होते हैं, जो गर्भाशय के दोनों ओर स्थित होते हैं। इनका मुख्य कार्य है अण्डाणु को विकसित करना तथा उन्हें तक पहुँचाना। ये आन्तरिक स्थानीय हार्मोन का स्राव भी पैदा करते हैं। यथा ईस्ट्रोजन, प्रोजस्टीरोन आदि। अण्डाशय के बाह्य आवरण में छोटे-छोटे स्पष्ट पुटिकाय अथवा आशय पाए जाते हैं। इन्हें ग्राफी पुटक कहते हैं। जन्म के समय अण्डाशयों में लगभग 2,00,000 पुटक तक पाए जाते हैं।

अनुप्रस्थ काट से अण्डाशय के दो भाग दिखाई पड़ते हैं वल्कुट तथा मध्यांश। मध्यांश अथवा मेडूला में कई रक्त नलिकाएँ होती हैं जिनमें शिराएँ तथा धमनियाँ दोनों ही होती हैं। इनके अलावा अरेखित पेशीय तन्तु भी पाए जाते हैं।

### अण्डकोष की पुष्टि

अण्डकोष के अन्दर या ऊपर जब सूजन हो जाती है या कुछ उग आता है तो उसे अण्डकोष की पुष्टि (Endorsment) कहते हैं। यह सख्त भी हो सकती है और तरल भी।

### अण्डकोष की पुष्टि में क्या कैंसर की सम्भावना रहती है?

अण्डकोष में उग आने वाले पदार्थ अधिकतर कैंसर के नहीं होते।

### अण्डकोष की पुष्टि के लक्षण क्या हैं?

अण्डकोष की पुष्टि के निम्नलिखित लक्षण हो सकते हैं- (1) अण्डकोष की पुष्टि में अधिकतर औरतों को किन्हीं लक्षणों की अनुभूति नहीं होती, विशेषकर अगर वे छोटे हों। (2) कुछ पुष्टि बड़ी हो जाती हैं तो हो सकता है कि उदर में सूजन पैदा करें। (3) पुष्टि कहाँ पर है, कितनी

बड़ी है उसके अनुसार ही मूत्राशय या मल पर दबाव पड़ता है और हो सकता है कि आपको जल्दी-जल्दी (टायलेट) शौचालय में जाना पड़े। (4) आपको पेट में कुछ कष्ट हो सकता है और सम्भोग भी कष्टदायक या पीड़ा भरा हो सकता है। (5) इसका महावारी पीरियड पर भी प्रभाव पड़ सकता है, रक्त स्राव अनियमित हो सकता है, पहले के सामान्य प्रवाह से भारी या हल्का हो सकता है। (6) चेहरे या शरीर पर अधिक बाल आ सकते हैं। (7) आवाज भारी हो सकती है।

### अण्डकोश की पुष्टि का उपचार क्या है?
कभी-कभी पुष्टि बनती है और अपने आप गायब भी हो जाती है जबकि कभी-कभी उसे शल्यक्रिया द्वारा निकालना पड़ सकता है। आपका डॉक्टर आपको उसकी सभी सम्भावनाओं के सम्बन्ध में समझाएगा।

### पौलीकायस्टिक ओवरी सिन्ड्रोम (पी.सी. ओस) क्या होता है?
पौलीकायस्टिक का सामान्य अर्थ है 'बहुत सी पुष्टियाँ' जो कि अल्ट्रासाऊण्ड स्कैन से अण्डकोश पर दिख जाती है।

### पी.सी. ओस के लक्षण क्या हैं?
पी.सी. ओस के लक्षणों में शामिल हैं (1) महावारी पीरियड की अनियमितता या बिल्कुल न होना (2) अनुर्वरकता (3) शरीर पर अनपेक्षित बाल (4) मुँहासे (5) वजन बढ़ना (6) पेट में तकलीफ।

### पी.सी. ओस का उपचार क्या है?
पी.सी. ओस का उपचार हार्मोनपरक दवाओं या शल्यक्रिया द्वारा हो सकता है। उपचार किस प्रकार किया जाए इसका निर्णय डॉक्टर ही कर सकता है।

# यौवनारम्भ (Puberty)

यौवनारम्भ वह समय है जबकि शरीरपरक एवं यौनपरक लक्षण विकसित हो जाते हैं। हॉर्मोन में होने वाले बदलाव के कारण ऐसा होता है। ये बदलाव आप को प्रजनन के योग्य बनाते हैं।

**यौवनारम्भ का समय** हर किसी में यह अलग-समय पर शुरू होता है और अलग अवधि तक रहता है। यह जल्दी से जल्दी 9 वर्ष और अधिक से अधिक 13-14 वर्ष की आयु तक प्रारम्भ हो जाता है। यौवन विकास की यह कड़ी सामान्यतः 2 से 5 वर्ष तक की होती है। कुछ किशोरियों में दूसरी हम उम्र, दूसरी लड़कियों से पहले यौवन विकास पूरा भी हो जाता है।

**लड़कियों में यौवनारम्भ के लक्षण** शरीर की लम्बाई और नितम्बों का आकार बढ़ जाता है। जननेन्द्रिय के आस-पास, बाहों के नीचे और योनि के आस-पास बाल दिखने लगते हैं। शुरू में बाल नरम होते हैं पर बढ़ते-बढ़ते कड़े हो जाते हैं। लड़की का रजोधर्म या माहवारी शुरू हो जाती है जो कि योनि में होने वाला मासिक रक्तस्राव होता है, यह पाँच दिनों तक चलता है, जनन तंत्र पर हॉर्मोन के प्रभाव से ऐसा होता है। त्वचा तैलीय हो जाती है जिससे चेहरे पर मुँहासे निकल आते हैं।

**यौवनारम्भ के दौरान स्तनों में बदलाव** स्तनों का विकास होता है और इस्ट्रोजन नामक स्त्री हॉर्मोन के प्रभाव से बढ़ी हुई चर्बी के वहाँ एकत्रित हो जाने से स्तन बड़े हो जाते हैं।

# यौन अंगों की कार्य प्रणाली

**यौवनारम्भ के परिणाम स्वरूप औरत के प्रजनन अंगों में बदलाव** जैसे ही यौवनारम्भ की प्रक्रिया शुरू होती है, शरीर के अन्दर हारमोन बनने लगते हैं जनन अंगों में बदलाव शुरू लगते हैं। योनि पहले की अपेक्षा गहरी हो जाती है और कभी-कभी युवतियों को अपनी जांघिया (पैन्टी) पर कुछ गीला-गीला महसूस हो सकता है जिसे कि यौनिक स्राव कहा जाता है। गर्भाशय लम्बा हो जाता है और गर्भाशय का अस्तर घना हो जाता है। अण्डकोश बढ़ जाते हैं और उसमें अण्डे के अणु उगने शुरू हो जाते हैं और हर महीने होने वाली 'अण्डोत्सर्ग' ;व्अनसंजमद्ध की विशेष घटना की तैयारी में विकसित होने लगते हैं।

## प्रजनन की कार्यप्रणाली (Process of Reproduction)

स्त्री प्रजनन-चक्र के दो प्रमुख अंग होते हैं (1) अण्डाशयी चक्र तथा (2) गर्भाशयी चक्र। अण्डाशयी चक्र को पुनः दो भागों में बाँटा गया है (क) पुटकीय चक्र तथा (ख) पीतपिण्ड प्रावस्था अथवा लूटिअल चक्र।

## अण्डाशयी चक्र

अण्डाशयी चक्र को दो भागों में बाँट कर अध्ययन कर सकते हैं (1) पुटकीय चक्र, (2) लूटिअल चक्र।

### *पुटकीय चक्र*

पुटकीय चक्र की परिपक्वता के पूर्व की अवस्था में उसमें आद्यजनन कोशिकाएँ पाई जाती हैं जिनमें अण्डाणु एक चपटे पतले उपकला तन्तु के स्तर से आवृत रहते हैं। अण्डाशय के अधिकतर भाग में वल्कुट होता है, जिसमें आद्यजनन कोशिकाएँ भरी रहती हैं। ये आपस में एक कोशिकीय संयोजक तन्तु के आवरण से पृथक् रहती हैं। परिपक्वता के समय चपटे उपकला तन्तु, घनाकार षट्फलक का आकार ले लेते हैं, जो क्रम प्रसरण या प्रचुरोद्भवन के बाद अण्डक के चारों ओर कई परतें बनाते हैं। इसके पश्चात् पुटक उपकला में छोटे-छोटे कोटर उत्पन्न हो जाते हैं, जिनमें द्रवीय पदार्थ भरा रहता है। इसको पुटिका द्रव कहते हैं। जैसे-जैसे पुटक का विकास होता है; वैसे-वैसे उसका आकार द्रव्य के इकट्ठा होने से बढ़ने लगता है तथा अण्डाशय के ऊपर के दबाव या धक्के के कारण आ जाता है। अब यह एक तनी हुई पुटी के समान दिखाई देता है। जब अन्तः पुटकीय दबाव बढ़ने लगता है तथा बाह्य पुटकीय कोशिकाओं का अंशतः नाश होने लगता है तब पुटक का संविदाकरण होता है। इसी को अण्डोत्सर्ग कहते हैं। द्रवीय पदार्थ के दबाव से अण्डक बाहर निकलकर पर्युदर्या गुहा (Peritorieal Cavity) में प्रवेश करता है।

यही पूर्ण परिपक्व मानव अण्डक है, जो सभी शारीरिक कोशिकाओं में सबसे बड़े आकार का होता है जिसका व्यास 130 माइक्रोन होता है। उसमें जीवद्रव्य होता है। बाह्य आवरण पतले परत का बना होता है। जीवद्रव्य में अनेक कणिकाएँ होती हैं, जिनमें पोषण के लिए आवश्यक तत्त्व होते हैं। पुटक से निष्कासित होकर अण्डक अपने में एक ध्रुवीय काय विकसित करता है। अण्डक एवं द्रव्य के निष्कासन के बाद पुटक निपात होता है। उसका छिद्र शीघ्र बन्द हो जाता है। अण्डक के निष्कासन तक की अवस्था को पुटकीय प्रावस्था कहते हैं। इसके साथ ही अण्डाशयी चक्र समाप्त हो जाता है और पीत, पिण्ड प्रावस्था आरम्भ होती है। अण्डक के निष्कासन के बाद पुटक पीत, पिण्ड में बदलता है।

## लूटिअल चक्र

लूटिअल चक्र में चार अवस्थायें होती हैं। पहली अवस्था में क्रम प्रसरण के उपरांत दानेदार कणिकाएँ आकार में बड़ी होती हैं। दूसरी अवस्था में रक्त नलिकाओं की वृद्धि होती है। तीसरी अवस्था परिपक्वता की होती है, इसमें यह परिपक्व होता है। चौथी अवस्था में अपह्रास या व्यय जनन बदलाव आरंभ हो जाता है। चौथी अवस्था के उपरांत कोशिकाओं से स्राव की मात्रा एवं गति कम हो जाती है तथा लूटिअल कोश में वसा का जमना रुक जाता है। अब धीरे-धीरे लूटिअल कोश नष्ट होकर

सिकुड़ने लगते हैं। पीत-पिण्ड पूर्व स्थिति में धूसर रंग का होता है लेकिन चौथी अवस्था के बाद केरोटीन के कारण इसका रंग पीला पड़ जाता है।

पीत-पिण्ड से दो प्रकार के हार्मोन का स्राव होता है प्रोजेस्टीरोन तथा ईस्ट्रोजन। अण्डोत्सर्ग के उपरांत पीत पिण्ड की सक्रियता नौ दिनों में अधिकतम हो जाती है। उर्वरण के बाद पीत-पिण्ड का अपह्रास नहीं होता, बल्कि अधिक क्रियाशील हो जाता है।

## गर्भाशयी चक्र

गर्भाशयी चक्र में मूल रूप से मासिक चक्र आता है। यह चक्र प्रजनन प्रक्रिया के लिये बहुत ही महत्त्वपूर्ण होता है। सम्पूर्ण मासिक चक्र की अवधि 28 दिनों की होती है। इस अवधि में गर्भाशय के अन्तः स्तर में सृजनात्मक तथा विघटनात्मक बदलाव आते हैं। इसकी तीन प्रमुख अवस्था होती है (1) ऋतु स्राव के बाद की सृजनात्मक अवस्था, (2) मासिक स्राव के पूर्व की अवस्था एवं (3) आर्तव प्रावस्था, जिसमें ऋतु स्राव और विघटनात्मक बदलाव आते हैं। इस अवस्था को रजोधर्म की संज्ञा भी दी जाती है।

ऋतु स्राव के ठीक बाद गर्भाशय का अन्तःस्तर मात्र 1 मिली मीटर का होता है। ग्रन्थियाँ संकरी, उपकला तन्तु षट्फलक के रूप में तथा अल्प मात्रा में होती हैं। 10 दिन के बाद, क्रम प्रसरण के कारण, गर्भाशयी अन्तःस्तर धीरे-धीरे बढ़ने लगता है तथा उसकी मोटाई 5 मिली मीटर तक पहुँच जाती है। इसके बाद के 10-12 दिन को आर्तव स्राव पूर्व की अवस्था कहते हैं। इस अवस्था में अन्तःस्तर की मोटाई बढ़ते-बढ़ते 8 मिली मीटर तक हो जाती है। इस अवस्था में ग्रन्थियों में स्राव भर जाता है और उनका आकार काग पेंच जैसा बन जाता है। स्राव में अधिकतर ग्लाइकोजन तथा श्लेष्मा होते हैं। जिस प्रकार घावों में श्वेत रक्त कण भरते हैं, उसी प्रकार अन्तःस्तर में भी लूटिअल कोशिकाएँ भर जाती हैं। आर्तव पूर्व का अन्तःस्तर कई बातों में गर्भावस्था के समय के पतनिका के जैसा दिखाई देता है। इसके बाद चार-पाँच

दिनों तक आर्तव की अवस्था रहती है जिसमें अन्तःस्तर के तन्तु नष्ट होने लगते हैं और छोटे-छोटे टुकड़ों में निष्कासित होते हैं। तीन दिन में ही गहरी परतों से निर्माणात्मक कार्य प्रारम्भ हो जाता है तथा गर्भाशय की तह उपकला तन्तु के पतले परत से ढक जाती है। अगर उर्वरण, आर्तव अवस्था से पहले हो जाता है, तब ऋतु स्राव नहीं होता है तथा पतनिका का निर्माण तीव्र गति से होने लगता है।

---

### अंग भ्रंश (प्रोलैप्स)

अण्डाशय, मूत्राशय, मूत्रमार्ग और मलाशय जैसे जननेन्द्रिय अंगों का योनि में गिर जाने का अर्थ है अंग भ्रंश।

#### अंग भ्रंश के कारण क्या हैं?

जननेन्द्रिय की मांसपेशियों में कमजोरी के कारण अंग भ्रंश होता है जो कि (1) बार-बार बच्चे के जन्म (2) वृद्धावस्था (3) फ्राइब्रायड के कारण मूत्राशय में थक्के आ जाने से (4) मोटापे या (5) रीढ़ की हड्डी में घाव होने से हो जाती है।

#### अंग भ्रंश के सामान्य लक्षण क्या हैं?

हर प्रकार के अंग भ्रंश में ये लक्षण दिखाई दे सकते हैं- (1) जननेन्द्रिय में भारीपन का बोध होता है या लगता है कि वहाँ कुछ उग आया है (2) पीठ के निचले भाग में दर्द होता है, जो लेटने पर ठीक हो जाता है। (3) पेट के निचले भाग में दर्द या दबाव (4) सम्भोग के समय पीड़ा या बेहोशी (5) मूत्र-प्रवाह को रोक पाने में असमर्थता या बहता मूत्र।

#### अंग भ्रंश के उपचार के लिए क्या साधन उपलब्ध हैं?

थोड़े से अंग भ्रंश का उपचार इन साधनों से हो सकता है- (1) जननेन्द्रिय का व्यायाम (2) गिरे हुए अंग को उसके स्थान पर रखने के लिए जननेन्द्रिय में पेसरी डालना। अंग भ्रंश की गम्भीर स्थिति में अनेक प्रकार की शल्य क्रियाएँ ही उसका समाधान कर पाती हैं।

---

# प्रजनन प्रक्रिया पर हार्मोन का प्रभाव
## (Effects of Reproduction Process on Hormones)

अण्डाशयी हार्मोन को तीन प्रकारों में बाँटा जा सकता है

**(1) गोनेडोट्रोपि हार्मोन** यह हार्मोन अण्डाशय की क्रियाशीलता को प्रभावित करता है। इसे जनन ग्रन्थि प्रेरक या जनन प्रभावी हार्मोन की संज्ञा भी दी जाती है।

**(2) ईस्ट्रोजन सम्बन्धी हार्मोन** ईस्ट्रोजन सम्बन्धी हार्मोन गर्भाशय की क्रियाओं को नियन्त्रित करता है।

**(3) प्रोजेस्टेशलन प्रगर्भावधि सम्बन्धी हार्मोन** यह गर्भाशय पर नियन्त्रण कर उसको गर्भावस्था के लिए प्रस्तुत करता है। इसे ईस्ट्रोजन को निष्क्रिय करने वाला हार्मोन माना जाता है।

उपर्युक्त हार्मोन की सक्रियता में अग्र-पीयूष ग्रन्थि के हार्मोन की मदद अनिवार्य होती है। अण्डाशय से अपरा तथा कुछ सीमा तक अधिवृक्क प्रान्तस्था में भी इससे मिलती है।

(1) गोनेडोट्रोपिन अथवा जनन ग्रन्थि प्रेरक के अन्तर्गत पुटक उद्दीपन हार्मोन पीतपिण्ड उद्दीपन हार्मोन तथा लेक्टोजेनिक दुग्धजनक हार्मोन आते हैं। लेक्टोजेनिक हार्मोन प्रोलैक्टीन पूर्व दुग्धोत्पत्ति तथा ल्यूटोट्रोपिन के रूप में कार्य करते हैं। पुटकीय उद्दीपन हार्मोन का प्रमुख कार्य वृद्धि करना तथा पुटकों की परिपक्वता में सहायता करना होता है। पीतपिण्ड उद्दीपक हार्मोन अन्तराकाशी कोशों की वृद्धि के लिए जरूरी होता है। FSH (Follicle Stimulating Hormones) तथा LH (Luteinizing Hormone) दोनों मिलकर अण्डाशय के वजन की वृद्धि में, ईस्ट्रोपिन के उत्पादन में तथा पुटकों की परिपक्वता में महत्त्वपूर्ण कार्य करते हैं। पूर्व दुग्धोत्पत्ति हार्मोन दुग्ध निर्माण में मदद करता है, ल्यूटोट्रोपिन हार्मोन, स्तन के उपकला तन्तु पर सीधे क्रिया करता है और LH (Luteinizing Hormone) पीतपिण्ड के कार्यों को अधिक समय तक बढ़ाए रखता है।

अण्डाशय से उत्पादित दोनों हार्मोन गर्भाशय, नलिकाएँ, योनि, स्तन आदि के तन्तुओं की अभिवृद्धि में महत्त्वपूर्ण भूमिका निभाते हैं। आर्तव के पश्चात् गर्भाशयी अन्तःस्तर का निर्माण ईस्ट्रोजन द्वारा ही होता है। पीतपिण्ड के द्वारा प्रोजेस्टीरोन स्रावित होता है। यह पीत पिण्ड प्रावस्था के समय अण्डोत्सर्ग को रोकता है और गर्भावस्था के समय पिट्यूटरी ग्रन्थि द्वारा गोनेडोट्रोपिन की क्रिया में अवरोध पहुँचाता है। यह स्तन के तन्तुओं की वृद्धि में भी मदद करता है।

पिट्यूटरी ग्रन्थियों का उद्दीपन स्थानीय लैंगिक हार्मोन के स्राव पर निर्भर करता है। इसके कारण अण्डाशयों के आकार में वृद्धि होती है। इससे अण्डाशयों में विद्यमान कई ग्राफी पुटकों की परिपक्वता होती है और वे अण्डाशय की ऊपरी परत पर आ जाते हैं। इस समय ईस्ट्रोजन का स्राव बढ़ जाता है, जो कि रक्त में मिलकर गर्भाशय, योनि, स्तन आदि को उत्तेजित करता है। गर्भाशयी अन्तःस्तर का क्रम प्रसरण एवं एक पुटिक के संविदारण से अण्डक का निष्कासन, ल्यूटिन कोश का विकास आदि हार्मोन पर निर्भर रहते हैं। पीतपिण्ड से उत्पन्न प्रोग्रेस्टीरोन अति वृद्धि युक्त अन्तःस्तर को उत्तेजित कर उसे स्राव की प्रावस्था में लाता है तथा जब धीरे-धीरे कम हो जाता है तब आर्तव की अवस्था शुरू होती है। आशय यह है कि लैंगिक चक्र की दो प्रावस्थाएँ होती हैं — पूर्व अण्डोत्सर्ग तथा उत्तर अण्डोत्सर्ग की अवस्था। अण्डोत्सर्ग ही इन दोनों को अलग करता है। पहली अवस्था को पुटकीय चक्र कहते हैं जिसमें अण्डाशयी पुटकों से ईस्ट्रोजन स्रावित होकर अण्डोत्सर्ग को नियन्त्रित करता है। दूसरी अवस्था जिसको पीत पिण्डावस्था कहते हैं, में पीतपिण्ड से प्रोजेस्टीरोन निकलकर अण्डोत्सर्ग को नियन्त्रित तथा प्रभावित करता है।

(2) ईस्ट्रोजन स्त्री सम्बन्धी द्वितीयक लैंगिक विशेषताओं के विकास में सहायक होता है। योनि का पूर्ण विकास इस प्रकार के हार्मोन पर ही निर्भर करता है क्योंकि योनि के उपकला तन्तु की सक्रियता की वृद्धि के लिए तथा सतही कोशिकाओं में ग्लाइकोजन के जमाने के लिए, योनि की प्रतिक्रिया को अम्लीय बनाए रखने के लिए, यह हार्मोन बहुत जरूरी होता है। योनि के रक्त प्रभाव को बढ़ाने में भी यह मददगार होता है। ईस्ट्रोजन से ही गर्भाशयी अन्तःस्तर का प्रचुरोद्भवन तथा ग्रन्थियों की वृद्धि का उद्दीपन सम्भव होता है। यह हार्मोन गर्भाशय की रक्तनलिकाओं को स्वस्थ बनाए रखने के अलावा अपरिपक्व गर्भाशय में गर्भाशय की अतिशय वृद्धि को प्रभावित करती है। साठ वर्ष की अवस्था के बाद ईस्ट्रोजन का अल्प स्राव, गर्भाशय को सिकुड़ने का मौका प्रदान करता है। ग्रीवा के उपकला तन्तु द्वारा श्लेष्मा का स्राव ईस्ट्रोजन के कारण ही होता है। ईस्ट्रोजन की अनुपस्थिति में अन्तःस्तर का निर्माण नहीं हो पाता है।

(3) प्रोजेस्टीरोन का मुख्य कार्य गर्भाशय में होता है लेकिन इससे योनि और अण्डवाहिनियाँ भी प्रभावित होती है। अण्डवाहिनियों के उपकला तन्तु प्रोजेस्टीरोन हार्मोन से प्रभावित होकर

श्लेष्मा स्रावित करते हैं, जो अण्डक को वाहिनियों द्वारा गर्भाशय तक ढकेलता है। यह हार्मोन गर्भाशयी अन्तः स्तर की मोटाई को बढ़ाता है। अन्य शारीरिक तन्तुओं पर भी यह हार्मोन अपना प्रभाव डालता है, जिससे उनमें वसा एकत्रित करने की क्षमता बढ़ जाती है।

## अण्डक के निर्माण की प्रक्रिया

पुरुष की वृषण ग्रन्थियों के जैसा ही स्त्री में अण्डाशय होते हैं, जो अण्डक को पैदा करते हैं। ये 2 सेमी. लम्बे तथा 1 सेमी. चौड़े होते हैं। ये श्रोणि में गर्भाशय के दोनों ओर स्थित होते हैं। इनका आकार बादाम के जैसा और रंग भूरा होता है। इनके ऊपर उपकला तन्तु की परत होती है, जो उत्पादक उपकला तन्तु कहलाता है। इस कला की कोशिकाएँ उत्पादक कोश बनाती हैं जिन्हें ग्राफीन पुटिका कहते हैं अर्थात् एक कोशिका मध्य में स्थित रहती है, जिसके चारों ओर अन्य कोशिकाएँ दो स्तरों में रहकर मध्य कोशिका को घेर लेती हैं। इसे ही ग्राफी पुटिका कहते हैं, यही आगे चलकर अण्डक का रूप ग्रहण कर लेती है।

आर्तव के बाद ये उत्पादक कोश बड़े हो जाते हैं और उनमें एक द्रव भर जाता है। मध्यस्थ कोशिका अब अण्डक में बदल कर वृद्धि करने लगती है। कोश के भीतर अब द्रव बनने से वह आस-पास की कोशिकाओं के साथ बाहरी भाग से अलग हो जाती है। इसे लिकर फालिक्युलाई कहते हैं। धीरे-धीरे द्रव की मात्रा बढ़ने लगती है, जिससे कोश का आकार बढ़ता है तथा वह सतह की ओर चलने लगता है। अन्तोगत्वा कोश फट जाता है और अण्डक बाहर निकल आता है। कोश के फटने से कुछ रक्त स्राव होता है, जो खाली स्थान में भरकर जम जाता है। इसमें धीरे-धीरे पीले रंग की एक वसायुक्त पदार्थ के कण एकत्र होने लगते हैं। यह ही पीतपिण्ड कहलाता है।

अण्डक वहाँ से निकलकर अण्डवाहिनियों में जाता है, जहाँ पर शुक्राणु के संयोग से गर्भ ठहरता है। शुक्राणु के न मिलने पर यह नष्ट हो जाता है।

## शुक्राणुओं के निर्माण की प्रक्रिया

सबसे पहले पूर्णजनन कोश आद्यजनन कोशिश में बदलकर दो भागों में बँट जाता है जिनको द्वितीयक शुक्राणु कोशिका कहते हैं। हर द्वितीयक शुक्राणु कोशिका फिर से दो भागों में बँट जाता है जिनको शुक्राणु पूर्व कहते हैं। इनमें प्रत्येक स्पर्मेटिड एक-एक शुक्राणु बनाता है। इनमें से दो में $X$ गुणसूत्र तथा दो में $Y$ गुणसूत्र पाए जाते हैं। जब शुक्राणु अण्डक के साथ निषेचित होता है तब यह युग्मनज का रूप ग्रहण कर लेता है।

## अण्डाणु और शुक्राणु में होने वाले कोशिका विभाजन

सामान्य रूप से शारीरिक कोशों में एक गाढ़ा अस्थिर तरल पदार्थ पाया जाता है जिसको जीवद्रव्य कहते हैं। यह कलि के जैसा होता है। उसमें एक गोल पदार्थ होता है, जिसे केन्द्रक कहते हैं। इसका एक पतला परत भी होता है, जिसमें क्रोमेटिन पाया जाता है। सूत्री विभाजन के समय, जो कि 30 मिनट से 3 घण्टे तक चलता है, 46 गुणसूत्र पाए जाते हैं। लेकिन लैंगिक कोश के सूत्री विभाजन के समय समसूत्री के स्थान पर अर्द्धसूत्री विभाजन होता है। कहने का तात्पर्य यह है कि अण्डक के विकास की अवधि में उसका अर्द्धसूत्री विभाजन होता है जिसमें 2 जोड़े गुणसूत्र आधे में विभाजित हो जाते हैं। इस तरह युग्मनज में 23 जोड़े गुणसूत्र होते हैं। 23 गुणसूत्रों में से एक ऐसा गुणसूत्र होता है, जो लिंग का निर्धारण करता है। गुणसूत्रों में उत्पत्तिमूलक तत्त्व अथवा जीन पाये जाते हैं। अण्डाणु में केवल $X$ प्रकार के ही गुणसूत्र होते हैं। जबकि शुक्राणु में $X$ तथा $Y$ दोनों तरह के गुणसूत्र पाये जाते हैं। जब शुक्राणु का

विभाजन होता है तब एक में X तथा दूसरे में Y गुणसूत्र होता है। जब अण्डाणु के X के साथ शुक्राणु का Y गुणसूत्र मिलता है तब लड़का पैदा होता है। इसके विपरीत शुक्राणु का X गुणसूत्र अण्डाणु के X गुणसूत्र के साथ मिलता है तो लड़की पैदा होती है। इस तरह पुरुष के शुक्राणु ही बच्चे के लिंग का निर्धारक होता है अण्डाणु नहीं।

### अण्डकोत्सर्ग (Ovulation) क्या है?

एक अण्डकोश से निकलने वाले अण्डे के अणु को अण्डोत्सर्ग कहते हैं। औरत के माहवारी चक्र के मध्य के आस-पास महीने में लगभग एक बार यह घटना घटती है। अण्डकोश से निकलने के बाद, अण्डा अण्डवाही नली में जाता है और वहाँ से फिर गर्भाशय तक पहुँचने की चार-पाँच दिन तक की यात्रा शुरू करता है। अण्डवाही नली लगभग पाँच इंच लम्बी होती है और बहुत ही तंग होती है इसलिए यह यात्रा बहुत धीमी होती है। अण्ड का अणु प्रतिदिन लगभग एक इंच आगे बढ़ता है।

## रजो-स्राव चक्र (Menstruation Cycle)

शुरू में पिट्यूटरी ग्रन्थियों द्वारा अल्प मात्रा में गोनेडोट्रोपिन हार्मोन रक्त में छोड़ा जाता है, जो परिभ्रमण की मदद से अण्डाशय तक पहुँच कर उसे सक्रिय करता है। इससे पुटकीय उद्दीपन हार्मोन के कारण कुछ पुटक परिपक्व होने लगते हैं और उनके चारों ओर तन्तुओं का पतला आवरण बनने लगता है, जिससे अब ईस्ट्रोजन का स्राव शुरू हो जाता है। तीन चार दिन में ही ईस्ट्रोजन का स्राव अपनी महत्तम स्थिति तक पहुँच जाता है जिससे पीतपिण्ड उद्दीपन हार्मोन का स्राव उसी समय बढ़ जाता है एवं सोलह से चौबीस घण्टों की अवधि में ही अण्डोत्सर्ग हो जाता है। पीतपिण्ड उद्दीपन हार्मोन की मात्रा का अधिक होना अण्डोत्सर्ग की अवधि में बहुत जरूरी होता है। पुटक अब एक अण्डक को विकसित करके निपात की अवस्था में पहुँच जाता है। उसके कुछ कोश पीले रंग में बदलने वाले प्रोजेस्टीरोन हार्मोन स्रावित करने लगते हैं। उनमें कम प्रसरण होता है और उनमें पीतपिण्ड पैदा होता है। अण्डोत्सर्ग के पाँच दिनों के बाद प्रोजेस्टीरोन का स्राव अपनी महत्तम सीमा पर पहुँच जाता है तथा इन दोनों के मिश्रण के प्रभाव से पिट्यूटरी ग्रन्थियों पर भी नकारात्मक प्रतिक्रिया पैदा होती है। अब पुटकीय उद्दीपन हार्मोन और पीतपिण्ड उद्दीपन हार्मोन का स्राव कम हो जाता है। अगर सात दिन के भीतर-भीतर अण्डक का निषेचन अथवा उर्वरण नहीं हो पाता है तो पीतपिण्ड का धीरे-धीरे ह्रास होने लगता है। इससे ईस्ट्रोजन तथा प्रोजेस्टीरोन का स्राव भी घट जाता है। जब उपर्युक्त दोनों स्थानीय हार्मोनों के स्राव में कमी आ जाती है? तब गर्भाशयी अन्तःस्तर के लिए पर्याप्त

### रजोधर्म क्या है?

10 से 15 वर्ष आयु की लड़की के अण्डकोश हर महीने एक विकसित अण्डा उत्पन्न करना शुरू कर देते हैं। वह अण्डा अण्डवाही नली (फालैपियन ट्यूब) के द्वारा नीचे जाता है जो कि अण्डकोश को गर्भाशय से जोड़ती है। जब अण्डा गर्भाशय में पहुँचता है, उसका अस्तर रक्त और तरल पदार्थ से गाढ़ा हो जाता है। ऐसा इसलिए होता है कि यदि अण्डा उर्वरित हो जाए, तो वह बढ़ सके और शिशु के जन्म के लिए उसके स्तर में विकसित हो सके। यदि उस अण्डे का पुरुष के वीर्य से मेल न हो तो वह स्राव बन जाता है जो कि योनि से निष्काषित हो जाता है।

पोषण तथा सहारा नहीं मिल पाता है। इससे अण्डोसर्ग के चौदह दिन बाद ही अन्तःस्तर विघटित होने लगता है और रक्त नलिकाएँ संविदारित अथवा फट जाती हैं और रक्त स्राव होने लगता है। इसी को रजोधर्म कहते हैं। अब पीतपिण्ड से

> **माहवारी चक्र की सामान्य अवधि क्या है?**
>
> माहवारी चक्र महीने में एक बार होता है, सामान्यतः 28 से 32 दिनों में एक बार।

हार्मोन का स्राव पूर्णतः रुक जाता है जिससे पिट्यूटरी ग्रन्थियाँ उत्तेजित होकर पुटकीय उद्दीपन हार्मोन का स्राव करने लगती हैं, जो कि रक्त के साथ प्रवाहित होकर अण्डाशय में विद्यमान आद्यजनन कोशिकाओं को उत्तेजित करने लगते हैं।

'ऋतु-स्राव' तब होता है जब प्रागभर्वधि अन्तःस्तर, रक्त के साथ मिलकर एक विशेष आवर्त चक्र पर आधारित होकर गर्भाशय से विसर्जित होता है। इसे 'गर्भस्थानपन की असफलता' भी कह सकते हैं। इस स्राव की मात्रा 10 मिली. से 120 मिली. तक होती है औसतन 50 मिली. तक होती है। यह 24 से 34 दिन में एक बार हो सकता है। औसतन 28 दिन एवं यह स्राव से 8 दिन तक रहता है।

> **मासिक धर्म/माहवारी की सामान्य कालावधि क्या है?**
>
> हालाँकि अधिकतर मासिक धर्म का समय तीन से पाँच दिन रहता है परन्तु दो से सात दिन तक की अवधि को सामान्य माना जाता है।

ऋतु-स्राव की अवधि में सतही तथा मध्यभाग के अन्तःस्तर का विसर्जन एवं संविदारण होता है और गहरा अथवा आधारी स्तर बचा रहता है। ऊपर के स्तरों में से अन्तःस्तरीय ग्रन्थियाँ, श्वेत रक्त कण, अन्य रस आदि का विसर्जन होता है। रक्त नलिकाओं के फटने से रक्त बहता रहता है लेकिन कुछ भागों में शरीर रक्त को थक्का बनाने का प्रयास भी करता है। इसको रोकने के लिए फ्राइब्रिनोसिन नामक रस पैदा होता है जिससे रक्त गहरे रंग के थक्कों से मुक्त होकर तरल पदार्थ के रूप में विसर्जित होता है। गर्भाशयी पेशियों के संकुचन तथा विमोचन की क्रियाओं द्वारा ही रक्त योनि के रास्ते से निकल जाता है।

पाँच दिनों के बाद गर्भाशयी अन्तःस्तर के ऊपरी तथा मध्य स्तर संविदारित हो जाते हैं और आधारित स्तर पर ग्रन्थि तत्त्व एवं रक्त के थक्के आच्छादित होकर अपने ऊपर श्वेत रक्त कणों की परत को जमाने में मदद पहुँचाते हैं। तीन दिन में गर्भाशय का पूर्णरूप से सुधार हो जाता है। अब धीरे-धीरे अन्तः स्तर का कम प्रसरण होने लगता है। तीन से सात दिन की अवधि में गर्भाशय के उपकला तन्तु का स्तर पतला होता है और ग्रन्थियाँ कम होती हैं। हार्मोन के स्राव के साथ-साथ अन्तःस्तर में विधायक बदलाव आने लगते हैं तथा वह 1 से 3 मिमी. मोटाई तक बढ़ जाता है। चौदह दिनों के उपरान्त फिर से अण्डोत्सर्ग होता है। इस समय ग्रीवा में पाए जाने वाले कोशों का कम प्रसरण होता है तथा एक पतले श्लेष्मा युक्त तरल पदार्थ को ये स्रावित करते हैं। इस रस में सोडियम, क्लोराइड तथा पोटैशियम क्लोराइड लवण होते हैं। कभी-कभी अण्डोत्सर्ग के समय पेट के अधोभाग में पीड़ा भी हो सकती है, जो 12 घण्टे तक रहती है। कई बार पीड़ा के साथ ही साथ अल्पमात्रा में रक्त का स्राव होना भी सम्भव है। हार्मोन्स के प्रभाव से सामान्य रूप से स्त्रियों में रजोधर्म से पूर्व चिड़चिड़ाहट, आलस्य, कब्ज, एकाग्रता का अभाव आदि लक्षण पैदा हो सकते हैं। अनेक स्त्रियों की आँखों के नीच कालिमा, मुँह पर मुँहासे अथवा दाग आदि भी इस अवस्था में दिखाई देते हैं। वजन में वृद्धि, सिरदर्द, स्तनों का भारीपन जो पीड़ादायक भी हो सकता है आदि लक्षण भी रजोधर्म से पूर्व स्त्रियों में प्रकट होते देखे जाते हैं। कुछ स्त्रियों में ऋतुस्राव से पूर्व तथा मध्य में लैंगिक इच्छा भी अधिक हो जाती है। मुख्यतः ईस्ट्रोजन की अधिकता इसका कारण है।

## माहवारी सम्बन्धी समस्याएँ (Menstruation Problems)

**पीड़ादायक माहवारी**   पीड़ा दायक माहवारी मे निचले उदर में ऐंठनभरी पीड़ा होती है। किसी औरत को तेज दर्द हो सकता है या मन्द चुभने वाला दर्द हो सकता है। इनसे पीठ में दर्द हो सकता है। दर्द कई दिन पहले भी शुरू हो सकता है और माहवारी के एकदम पहले भी हो सकता है। माहवारी का रक्त स्राव कम होते ही सामान्यतः यह खत्म हो जाता है।

**पीड़ादायक माहवारी का घर पर उचित उपचार**   निम्नलिखित उपचार हो सकता है कि आपको पर्चे पर लिखी दवाओं से बचा सकें

1. अपने उदर के निचले भाग (नाभि से नीचे) गर्म सेक करें। ध्यान रखें कि सेंकने वाले पैड को रखे-रखे सो मत जाएं।
2. गर्म जल से स्नान करें।
3. गर्म पेय ही पियें।
4. निचले उदर के आस-पास अपनी अंगुलियों के पोरों से गोल-गोल हल्की मालिश करें।
5. सैर करें या नियमित रूप से व्यायाम करें और उसमें श्रोणि को घुमाने वाले व्यायाम भी करें।
6. साबुत अनाज, फल और सब्जियों जैसे मिश्रित कार्बोहाइड्रेट्स से भरपूर आहार लें पर उसमें नमक, चीनी, मदिरा एवं कैफीन की मात्रा कम हो।
7. हल्के परन्तु थोड़े-थोड़े अन्तराल पर भोजन करें।
8. ध्यान अथवा योग जैसी विश्राम परक तकनीकों का प्रयोग करें।
9. नीचे लेटने पर अपनी टांगे ऊंची करके रखें या घुटनों को मोड़कर किसी एक ओर सोयें।

**पीड़ादायक माहवारी के लिए डॉक्टर से परामर्श**   यदि स्व-उपचार से लगातार तीन महीने में दर्द ठीक न हो या रक्त के बड़े-बड़े थक्के निकलते हों तो डॉक्टर से परामर्श लेना चाहिए। यदि माहवारी होने के पाँच से अधिक दिन पहले से दर्द होने लगे और माहवारी के बाद भी होता रहे तब भी डॉक्टर के पास जाना चाहिए।

**माहवारी से पहले की स्थिति के लक्षण**   माहवारी होने से पहले (पीएमएस) के लक्षणों का नाता माहवारी चक्र से ही होता है। सामान्यतः ये लक्षण माहवारी शुरू होने के 5 से 11 दिन पहले शुरू हो जाते हैं। माहवारी शुरू हो जाने पर सामान्यतः लक्षण बन्द हो जाते हैं या फिर कुछ समय बाद बन्द हो जाते हैं। इन लक्षणों में सिर दर्द, पैरों में सूजन, पीठ दर्द, पेट में मरोड़, स्तनों का ढीलापन अथवा फूल जाने की अनुभूति होती है।

**पी.एम.एस. (माहवारी से पहले बीमारी) के कारण**   पी.एम.एस. का कारण जाना नहीं जा सका है। यह अधिकतर 20 से 40 आयु वर्ग की औरतों में होता है, एक बच्चे की मां या जिनके परिवार में कभी कोई दबाव में रहा हो या पहले बच्चे के होने के बाद दबाव के कारण कोई महिला बीमार रही हो, उन्हें होता है।

**पी.एम.एस. (माहवारी के पहले की बीमारी) का घर पर इलाज**   पी.एम.एस के स्व-उपचार में शामिल है

1. नियमित व्यायाम करना जिसमें प्रतिदिन बीस मिनट से आधे घंटे तक, तेज चलना और साईकिल चलाना भी शामिल है।
2. आहारपरक उपाय में साबुत अनाज, सब्जियों और फलों की मात्रा बढ़ाने तथा नमक, चीनी एवं कॉफी की मात्रा घटाने या बिल्कुल बन्द करने से लाभ हो सकता है।

## यौन अंगों की कार्य प्रणाली                                35

4. दैनिक डायरी बनायें या रोज का रिकार्ड रखें कि लक्षण कैसे थे, कितने तेज थे और कितनी देर तक रहे। लक्षणों की डायरी कम से कम तीन महीने तक रखें। इससे डॉक्टर को न केवल सही निदान ढूँढने में मदद मिलेगी, उपचार की उचित विधि बताने में भी सहायता मिलेगी।
5. उचित विश्राम भी महत्त्वपूर्ण है।

### भारी माहवारी स्राव

यदि लगातार छह घन्टे तक हर घंटे सैनेटरी पैड स्राव को सोख कर भर जाता है तो उसे भारी पीरियड कहा जाता है।

**भारी माहवारी स्राव के सामान्य कारण**   भारी माहवारी स्राव के सामान्य कारणों में शामिल हैं
1. गर्भाशय के अस्तर में कुछ निकल आना, जिसे अपक्रियात्मक गर्भाशय रक्त स्राव कहा जाता है। जिस की व्याख्या नहीं हो पाई है।
2. थायराइड ग्रन्थि की समस्याएँ
3. रक्त के थक्के बनने का रोग
4. अंतरा गर्भाशय उपकरण
5. दबाव।

### लम्बी माहवारी

लम्बी माहवारी वह है, जो कि सात दिन से भी अधिक चले।

**लम्बे माहवारी पीरियड के सामान्य कारण**   (1) अण्डकोष में पुटि (2) कई बार कारण पता नहीं चलता तो उसे अपक्रियात्मक गर्भाशय रक्त स्राव कहते हैं (3) रक्त स्राव में खराबी और थक्के रोकने के लिए ली जाने वाली दवाईयां (4) दबाव के कारण माहवारी पीरियड लम्बा हो सकता है।

### अनियमित माहवारी

अनियमित माहवारी वह होता है जिसमें अवधि एक चक्र से दूसरे चक्र तक लम्बी हो सकती है या वे बहुत जल्दी-जल्दी होने लगते हैं या असामान्य रूप से लम्बी अवधि से बिल्कुल बिखर जाते हैं।

**किशोरावस्था के पहले कुछ वर्षों में अनियमित होना**   शुरू में पीरियड अनियमित ही होते हैं। हो सकता है कि लड़की को दो महीने में एक बार हो या एक महीने में दो बार हो जाए, समय के साथ-साथ वे नियमित होते जाते हैं।

**अनियमित माहवारी के कारण**   जब पीरियड असामान्य रूप में जल्दी-जल्दी होते हैं तो उनके कारण होते हैं   (1) अज्ञात कारणों से इंडोमिट्रोसिस हो जाता है जिससे जननेंद्रिय में पीड़ा होती है और जल्दी-जल्दी रक्त स्राव होता है। (2) कभी-कभी कारण स्पष्ट नहीं होता तब कहा जाता है कि महिला को अपक्रियात्मक गर्भाशय रक्तस्राव है। (3) अण्डकोष की पुष्टि (4) दबाव।

सामान्य पाँच दिन की अपेक्षा अगर माहवारी रक्त स्राव दो या चार दिन के लिए चले तो चिन्ता की कोई जरूरत नहीं। समय के साथ पीरियड का स्वरूप बदलता है, एक चक्र से दूसरे चक्र में भी बदल जाता है।

**भारी, लम्बे और अनियमित माहवारी होने पर क्या करना चाहिए**   (1) माहवारी चक्र का रिकार्ड रखें- कब खत्म हुए, कितना स्राव हुआ (कितना पैड में काम आए उनकी संख्या नोट करें और वे कितने भीगे थे) और अन्य कोई लक्षण आप ने महसूस किया हो तो उसे भी शामिल करें। (2) यदि तीन महीने से ज्यादा समय तक समस्या चलती रहे तो डॉक्टर से परामर्श करें।

**माहवारी का अभाव** यदि सोलह वर्ष की आयु तक माहवारी न हो तो उसे माहवारी का अभाव कहते हैं। कारण है (1) औरत के जनन तंत्र में जन्म से होने वाला विकास (2) योनि (योनिच्छद) के प्रवेश द्वार की झिल्ली में रास्ते की कमी (3) मस्तिष्क की ग्रन्थियों में रोग।

# माहवारी में सफाई का ध्यान रखें
## (Keep Cleaning During Menstruation)

एक बार माहवारी शुरू हो जाने पर, आपको सैनेटरी नैपकीन या रक्त स्राव को सोखने के लिए किसी पैड का उपयोग करना होगा। रूई की परतों से पैड बनाए जाते हैं, कुछ में दोनों ओर अलग से तने लगे रहते हैं, जो कि आपके जांघिये के किनारों पर मुड़कर पैड को उसकी जगह पर बनाए रखते हैं और स्राव को बह जाने से रोकते हैं।

### सैनेटरी पैड

भारी व हल्की माहवारी के लिए अनेक अलग-अलग मोटाई के पैड होते हैं, रात और दिन के लिए भी अलग-अलग होते हैं। कुछ में दुर्गन्ध नाशक या निर्गन्धीकरण के लिए पदार्थ डाले जाते हैं। सभी में नीचे एक चिपकाने वाली पट्टी लगी रहती है जिससे वह आपके जांघिये से चिपका रहता है।

**पैड का उपयोग करने का तरीका** पैड का उपयोग बड़ा सरल है, गोंद को ढकने वाली पट्टी को उतारें, पैड को अपने जांघिए में दोनों जाँघों के बीच दबाएं (यदि पैड में विंग्स लगे हैं तो उन्हें पैड पर जाँघों के नीचे चिपका दें)

**पैड को बदलने का तरीका** श्रेष्ठ तो यही है कि हर तीन या चार घंटे में पैड बदल लें, भले ही रक्त स्राव अधिक न भी हो, क्योंकि नियमित बदलाव से कीटाणु नहीं पनपते और दुर्गन्ध नहीं बनती। स्वभाविक है, कि यदि स्राव भारी है, तो आप को और जल्दी बदलना पड़ेगा, नहीं तो वे जल्दी ही बिखर जाएगा।

**पैड को फेंकने का तरीका** पैड को निकालने के बाद, उसे एक पॉलिथिन में कसकर लपेट दें और फिर उसे कूड़े के डिब्बे में डालें। उसे अपने टॉयलेट में मत डालें क्योंकि वे बड़े होते हैं, सीवर की नली को बन्द कर सकते हैं।

# असामान्य यौनिक स्राव (Uncommon Venereal Flow)

ग्रीवा से उत्पन्न श्लेष्मा (म्युकस) का बहाव योनिक स्राव कहलाता है। अगर स्राव का रंग, गन्ध या गाढ़ापन असामान्य हो अथवा मात्रा बहुत अधिक जान पड़े तो हो सकता है कि रोग हो।

### किन परिस्थितियों के कारण सामान्य यौनिक स्राव में वृद्धि होती है?

सामान्य यौनिक स्राव की मात्रा में निम्नलिखित स्थितियों में वृद्ध हो सकती है- यौनपरक उत्तेजना, भावात्मक दबाव और अण्डोत्सर्ग (माहवारी के मध्य में जब अण्डकोश से अण्डे का सृजन और विसर्जन होता है)

### असामान्य यौनिक स्राव के क्या कारण होते हैं?

असामान्य यौनिक स्राव के ये कारण हो सकते हैं (1) यौन सम्बन्धों से होने वाला संक्रमण (2) जिनके शरीर की रोधक्षमता कमजोर होती है या जिन्हें मधुमेह का रोग होता है उनकी योनि में सामान्यतः फंगल/यीस्ट नामक संक्रामक रोग हो सकता है।

### असामान्य यौनिक स्राव से कैसे बचा जा सकता है?

यौनिक स्राव से बचने के लिए (1) जननेन्द्रिय क्षेत्र को साफ और शुष्क रखना जरूरी है। (2) योनि

## यौन अंगों की कार्य प्रणाली

को बहुत भिगोना नहीं चाहिए (जननेन्द्रिय पर पानी मारना) बहुत सी महिलाएं सोचती हैं कि माहवारी या सम्भोग के बाद योनि को भरपूर भिगोने से वे साफ महसूस करेंगी। वस्तुतः इससे यौनिक स्राव और भी बिगड़ जाता है क्योंकि उससे योनि पर छाये स्वस्थ बैक्टीरिया मर जाते हैं जो कि वस्तुतः उसे संक्रामक रोगों से बचाते हैं (3) दबाव से बचें। (4) यौन सम्बन्धों से लगने वाले रोगों से बचने और उन्हें फैलने से रोकने के लिए कंडोम का इस्तेमाल अवश्य करना चाहिए। (5) मधुमेह का रोग हो तो रक्त की शर्करा को नियंत्रण में रखाना चाहिए।

**असामान्य यौनिक स्राव के लिए क्या डॉक्टर से सम्पर्क करना चाहिए?**

हाँ, शीघ्र ही डॉक्टर से परामर्श लेना चाहिए। वे आपके लक्षणों की जानकारी लेंगे, जननेन्द्रिय का परीक्षण करेंगे और तदनुसार उपचार बतायेंगे।

## उर्वरण (Fertilization)

सामान्य रूप से अण्डोत्सर्ग के 48 घण्टों के भीतर ही उर्वरण होता है। वीर्य में कई हजार शुक्राणु पाए जाते हैं, जो संभोग के बाद ग्रीवा तथा योनि के ऊपर के भाग तक पहुँच जाते हैं। इनको सक्रिय बने रहने के लिए तरल माध्यम की जरूरत होती है। अपनी पूँछ की मदद से, तरल माध्यम द्वारा, शुक्राणु गर्भाशय तथा अण्डवाहिनियों तक पहुँच जाते हैं। अण्डवाहिनियों में अण्डक प्रतीक्षारत रहता है। सामान्य रूप से केवल एक ही शुक्राणु अण्डक में प्रवेश कर पाता है। 3 मिली. वीर्य में 2000 से 3000 लाख शुक्राणु पाए जाते हैं। ये शुक्राणु 2 दिन तक ही

सक्रिय रहते हैं। इसके बाद इनका नाश हो जाता है। अण्डक में प्रवेश कर लेने के बाद शुक्राणु का सिर अण्डक के केन्द्रक के आवरण से हट जाता है। इसके अनन्तर कुछ घण्टों के भीतर ही युग्मनज का समसूत्री विभाजन होने लगता है, जो शीघ्र विभाजन में मदद करता है। युग्मनज में कुल गुणसूत्रों की संख्या फिर से 46 हो जाती है।

निम्नलिखित सात अवस्थाओं से गुजरकर युग्मनज गर्भाशयी अन्तःस्तर में प्रवेश करता है

### उर्वरण क्या है?

सम्भोग के परिणामस्वरूप जब पिता के वीर्य का शुक्राणु माँ के अण्डे से जा मिलता है तो उसे उर्वरण कहते हैं। जब वह डिम्ब अणु अण्डवाही नली में होता है तभी यह उर्वरण घटित होता है। शिशु के सृजन के लिए अण्डे और वीर्य का मिलना जरूरी है। जब ऐसा होता है, तब औरत गर्भवती हो जाती है।

1. खण्डी भवन
2. तरल संचयन
3. कोरक पुटी का रोपण तथा भ्रूण के आवरण का विभेदन
4. भ्रूण का विभिन्न अंगों व तन्त्रों में विभाजित होना
5. ऊतकजनन
6. प्रत्येक अंगों का विभेदन
7. लैंगिक विभेदन।

## खण्डी भवन (Segmentatic House)

सामान्य रूप से युग्मनज, उर्वरण के 5-6 दिन बाद अण्डवाहिनी की पेशियों के संकुचन विमोचन से गर्भाशय तक पहुँच जाता है परन्तु गर्भाशय में स्थित होने से पहले युग्मनज के केन्द्रकों का खण्डी भवन होता है। यह 4, 8, 16, 32..... कोशों में बँटकर तूतक बनता है। इस स्थिति में आने के लिए उसे 3 दिन लगते हैं। इसके मध्य भाग में बड़े आकार के एवं सतह पर छोटे आकार के कोश पाए जाते हैं।

## तरल संचयन (Liquid Storage)

उपर्युक्त दो तरह के कोशों के मध्य तरल पदार्थ एकत्रित होने लगता है। अब इसको कोरक पुटी कहते हैं। सतही कोश भ्रूण के विकास में सक्रिय भाग नहीं लेते हैं लेकिन युग्मनज के गर्भाशय की दीवारों पर चिपकाने में सहायता करते हैं। आन्तरिक कोशों से ही भ्रूण, पीतक कोश (Vitteline Sac) और उल्व (Amnion) बनते हैं।

इन आन्तरिक कोशों के अन्दर की ओर घनाब कोश होते हैं जिनको अन्तःत्वचा कहते हैं। यहीं आद्य पीतक कोश का निर्माण होता है। अब बाकी कोश स्तम्भ के रूप में व्यवस्थित हो जाते हैं जिसको भ्रूण की बाह्यचर्म कहते हैं। उपर्युक्त दोनों स्थितियाँ युग्मनज में तभी हो जाती हैं जबकि वह अण्डवाहिनी में ही रहता है।

कोरकपुटी के बाहर के कोशों को पोषक तत्व के नाम से जाना जाता है। इसमें आस-पास के पतनिका के उपकला तन्तु को निगल लेने और पचा लेने की क्षमता होती है। अण्डवाहिनी की पेशियों की क्रिया के कारण धीमी हो जाती है तथा धीरे-धीरे युग्मनज छठे दिन गर्भाशय तक पहुँच जाता है।

## कोरकपुटी (Korkcyst) का रोपण

सामान्य रूप से कोरकपुटी का रोपण गर्भाशय के ऊपर वाले भाग की दीवारों पर ही होता है। यह एक आक्रामक पराश्रयी के जैसा सक्रिय रूप से कार्य करने लगता है। गर्भाशय के अन्तःस्तर के उपकला तन्तुओं को बहुत जल्दी निगलने लगता है और अन्तःस्तर पतनिका में प्रवेश करने लगता है। इसका थोड़ा भाग गर्भाशय में उभरा रहता है एवं अन्य भाग अन्तःस्तर में अन्दर की ओर धँस जाता है। उल्व गुहा में तरल पदार्थ भरने लगता है। युग्मनज के प्रवेश से उत्पन्न मातृ सम्बन्धी कोशों की चोट से रोपण का स्थान और बढ़ जाता है, जिससे भ्रूण को पोषण प्राप्त होता है। जरायु से अँगलियों जैसे अंकुर बढ़ने लगते हैं जिनको शोषणांकुर कहते हैं। ये शीघ्र ही बढ़ने लगते हैं। इनकी शाखा प्रशाखाएँ पैदा होने से तदनन्तर शोषण का क्षेत्रफल बढ़ जाता है। माता के रक्त के कण भी भ्रूण के तरल पदार्थों में प्रवेश कर जाते हैं।

## भ्रूण का विभिन्न अंगों में विभाजित होना

कुछ कोश व्यवस्थित रूप में आकर देहवृन्त (Body Stalk) बनते हैं, जो बाद में नाभिरज्जु बन जाते हैं। भ्रूण के तीनों स्तर-यथा-बाह्य अन्तःत्वचा तथा मध्य जनस्तर उसके विभिन्न अंगों के निर्माण में सहायक होते हैं। बाह्य त्वचा से भ्रूण के नाड़ी संस्थान और बालों की उत्पत्ति होती है। अन्तःचर्म से पाचन प्रणाली के तन्तु, ग्रन्थियाँ, यकृत, अग्नाशय, प्रणाली विहीन ग्रन्थियाँ बनती हैं और मध्य जनस्तर से त्वचा, कंकाल, संयोजक तन्तु, रक्त परिभ्रमण संस्थान, मूत्र संस्थान, प्रजनन संस्थान, अस्थि एवं मांसपेशियों का निर्माण होता है। आरंभ में सिर अन्य शारीरिक भागों की तुलना में बड़ा रहता है लेकिन चौथे सप्ताह के बाद उसका आकार सामान्य हो जाता है। सातवें सप्ताह तक गर्दन को पहचाना जा सकता है तथा पूँछ सा दिखाई देने वाला भाग अदृश्य हो जाता है। सातवें सप्ताह के बाद भ्रूण मानव शिशु का रूप धारण करता है।

थोड़े में कहा जा सकता है कि युग्मनज, तुतक (Tutak) के बाद स्थूल गर्भाशयी अन्तःस्तर में अपने शोषणांकुर की मदद से प्रवेश करता है। ऊपर का भाग अपरा बनता है तथा अन्दर का भ्रूण पट्टिका होता है जिससे भ्रूण उत्पन्न होता है। कोशों से विभिन्न अंग एवं संस्थान निर्मित होते हैं। भ्रूण के चारों ओर स्थान बनने लगता है, जो भ्रूण को अन्य भागों से अलग करता है। उस रिक्त स्थान में तरल पदार्थ भरने लगता है। नीचे वाला भाग सतह से जुड़ा रहता है, जो कि एक संकुचित मार्ग जैसा होता है। सर्वप्रथम देहवृन्त बनता है, उसके बाद 'नाभिरज्जु' बनता है। ऊपर के भाग में 'अपरा' पाया जाता है।

## ऊतकजनन

प्रोजेस्टीरोन के प्रभाव से सम्पूर्ण गर्भाशयी अन्तःस्तर पतनिका (Decidua) में परिवर्तित हो जाता है। इसके तीन मुख्य घटक होते हैं  (क) पाती आधार (ख) पाती संपुट (ग) पाती पार्श्व। पाती आधार बाद में अपरा बनता है। पाती संपुट युग्मनज के अन्य भागों को आवृत्त करता है। पाती पार्श्व गर्भाशय के आन्तरिक आवरण को आच्छादित करता है। गर्भाशय की पेशियों पर उपकला तन्तु का एक स्तर होता है जिस पर पतनिका पाया जाता है। दूसरे मास में पतनिका की मोटाई अधिकतम होती है तथा इस अवधि में इसका विकास भी सबसे अधिक होता है। पतनिका, कोरक पुटी के प्रवेश के लिए उचित स्थान उपलब्ध कराने के अलावा एक गद्दे का भी कार्य करता है। जरायु में तीन मुख्य घटक पाए जाते हैं। जैसे  उपकला तन्तु का आवरण, संयोजक तन्तुओं का स्तर एवं रक्त नलिकाओं का जाल। कोशिकाओं का आधार देने वाला स्तर संयोजक तन्तुओं का बना होता है। नाभि धमनी तथा शिरा का अन्तिक भाग ही कोशिकाओं के रूप में जरायु पर पाया जाता है। तीसरे माह के बाद जरायु की रक्त नलिकाओं में विशेष बदलाव आ जाता है जिससे उसका सतह मुलायम हो जाता है।

गर्भाशयी ग्रन्थियाँ भी पतनिका में पाई जाती हैं। लगातार गर्भाशयी संकुचन से रक्त नलिकाओं में दाब बना रहता है, जो विमोचन के माह के बाद गर्भपात होने का डर कम करता है क्योंकि अब अपरा अन्तःस्तर से सरलता से पृथक् नहीं हो सकता है।

---

### परिपक्व भ्रूण की विशेषताएँ

1. 20 सप्ताह की अवधि में भ्रूण की लम्बाई 25.0 सेमी. हो जाती है। इस समय त्वचा अधिक अपारदर्शक होता है तथा सम्पूर्ण शरीर पर महीन बाल आच्छादित होते हैं।

2. 24 सप्ताह की अवधि में भ्रूण की लम्बाई 32.0 सेमी. हो जाती है। इस समय पलकें अलग होती हैं, भौंह एवं पलकों के बाल दिखाई देते हैं तथा त्वचा सिकुड़ी हुई झुर्रीदार होती है।
3. 8 सप्ताह की अवधि में भ्रूण की लम्बाई 2.5 सेमी. होती है। इस समय भ्रूण का नाक, बाह्य कान, उँगलियों की जड़ों का निर्माण हो चुका होता है तथा सिर छाती पर टिका हुआ होता है।
4. 12 सप्ताह की अवधि में भ्रूण की लम्बाई लगभग 9.0 सेमी होती है। इस समय भ्रूण का बाह्य कानों का स्पष्ट आकार, पलकें जुड़ी हुई और गर्दन अलग दिखती है।
5. 16 सप्ताह की अवधि में भ्रूण की लम्बाई लगभग 18.0 सेमी. होती है। इस समय बाह्य लिंग की पहचान हो सकती है एवं उसकी त्वचा पारदर्शी तथा लाल होती है।

## प्रत्येक अंगों का विभेदन

भ्रूण के अंगों के विभेदन के लिए तथा भ्रूण के विकास के लिए (1) उल्व कोश, (2) नाभिरज्जु तथा (3) अपरा अत्यावश्यक होते हैं। इनसे होकर रक्त भ्रूण तक पहुँचता है। अतः भ्रूण में रक्त परिभ्रमण का अध्ययन भी जरूरी होता है।

### *उल्व कोश* (Amnion Cyst)

उर्वरण के 7 वें दिन युग्मनज के बाह्य त्वचा कोशों एवं भ्रूण पट्टिका के बीच एक रिक्त स्थान बनने लगता है, जो धीरे-धीरे बढ़कर उल्व गुहा बनती है। इसमें तरल पदार्थ भरने लगता है जिसको उल्व सतह कहते हैं। 50 वें दिन तक यह गुहा इतनी बढ़ जाती है कि जरायु के साथ मिल जाती है तथा भ्रूण को पूर्णतः आच्छादित कर लेती है। इससे भ्रूण सरलता से उल्व तरल में तैरता रहता है और भारहीन अनुभव करता है। भ्रूण नाभिरज्जु के साथ ही जुड़ा रहता है। उल्व तरल सामान्य रूप से आविल होता है क्योंकि उसमें भ्रूण की त्वचा से निकले ठोस पदार्थ एवं उल्व उपकला तन्तु के कण भी पाए जाते हैं। कभी-कभी उल्व तरल हरे रंग का भी होता है, अगर उसमें भ्रूण के मलमूत्र मिल गए हों। ठोस पदार्थों के अन्तर्गत महीन बाल कोश, भ्रूण की त्वचा सम्बन्धी पदार्थ आदि पाए जाते हैं। उल्व तरल 10 वें मास तक 800 मिली. होता है। 20 सप्ताह में 300 मिली. और 30 सप्ताह में 600 मिली. होता है अर्थात् प्रति सप्ताह 30 मिली. बढ़ता जाता है। तरल पदार्थ में कार्बनिक, आकर्बनिक एवं कोशिकीय तत्त्व पाए जाते हैं जिनमें से मुख्य हैं Sodium Cloride, Urea, Sugar, Protein, Lecithin, Creatinine आदि। Steroid and Nonsteroid hormones तथा Enzymes भी इस तरल पदार्थ में पाए जाते हैं। मधुमेह की अवस्था में इसमें Glucose भी पाया जाता है। प्रसव से पहले उल्व तरल में भ्रूण का मूत्र अधिक मात्रा में पाया जाता है। प्रसव से पहले उल्व तरल में ज्यादा भाग भ्रूण का मूत्र ही होता है। 200 मिली. बच्चे की नाक एवं गले के स्राव होते हैं। कई बार यह तरल पदार्थ बच्चे की पाचन प्रणाली में पहुँच कर शोषित होकर रक्त में मिल जाता है। सामान्य रूप से माता के द्वारा ये दूषित पदार्थ शोषित होकर निष्कासित हो जाते हैं। अगर बच्चे द्वारा अधिक मात्रा में यह तरल पदार्थ पी लिया जाता है तो उसके सिर का आकार असामान्य ढँग से बढ़ जाता है।

# यौन अंगों की कार्य प्रणाली

## उल्व तरल के प्रमुख कार्य

1. यह भ्रूण को यान्त्रिक आघातों से बचाता है।
2. गर्भाशयी पेशियों के संकुचन विमोचन की क्रिया से उत्पन्न दबाव को समान बनाए रखना तथा भ्रूण की गतिशीलता और संचालन के लिए पर्याप्त स्थान उपलब्ध कराना भी उल्व तरल का ही कार्य है।
3. इसके द्वारा भ्रूण का तापमान भी माता के तापमान समान ही बना रहता है। अतः भ्रूण को सर्दी के दिनों में भी पर्याप्त ताप माता के द्वारा मिल जाता है।
4. प्रसव के समय मार्ग को विस्तृत करने एवं तरल पदार्थ का कार्य भी उल्व तरल ही करता है।
5. प्रसव से पहले उल्व कोश के फट जाने से तरल पदार्थ योनि मार्ग को भर देता है। यहाँ वह जीवाणु नाशी का कार्य करता है।

**संरचना** उल्व की पाँच तहें होती हैं। आन्तरिक तह घनाब उपकला तन्तु से बनी होती है, दूसरी तह आधारीय परत होती है, जो कि संयोजक तन्तुओं की बनी होती है। इसका कार्य अन्य तहों को जोड़ना है। तीसरी सतह उल्व झिल्ली को शक्ति प्रदान करता है। चौथी तन्तु कोरक स्तर शत्रुनाशक गुणों से युक्त ढ़ीला जाल होता है। पाँचवाँ स्तर ढ़ीले संयोजक तन्तुओं का बना होता है। उल्व के लिए रक्त नाड़ी सम्बन्धी अथवा लसिका की पूर्ति नहीं होती है। यह नाभिरज्जु के साथ घनिष्ठता के साथ जुड़ा रहता है।

## नाभिरज्जु

यह भ्रूण को अपरा के साथ जोड़ने का कार्य करता है। नाभिरज्जु की नलिकाएँ संख्या में तीन होती हैं दो धमनियाँ तथा एक शिरा। इसकी औसत लम्बाई 14'' से 24'' होती है। नलिकाएँ आपस में बल खाए हुए (Twisted) होती हैं। सामान्य रूप से धमनियाँ शिरा को आच्छादित रखती हैं। यह वार्टन की जैली नामक भ्रूण संयोजक तन्तुओं की बनी होती है। जब नाभि धमनियों से अपचायिक रक्त भ्रूण से अपरा तक पहुँचता है तब शिरा द्वारा भ्रूण के लिए ऑक्सीकृत रक्त की पूर्ति होती है। नाभिरज्जु की मोटाई छोटी अंगुली के बराबर होती है लेकिन कहीं-कहीं पर गाँठे अथवा सूजन पाई जाती है। कहने का तात्पर्य यह है कि नाभिरज्जु की मोटाई सभी जगह एक समान नहीं होती है। गाँठे शिरा के फूल जाने से बनती हैं। सामान्य रूप से रज्जु शिशु के आस-पास पड़ी रहती है लेकिन कई बार गर्भस्थ शिशु उल्व तरल में तैरते हुए रज्जु के मध्य में से गुजर कर गाँठे पैदा कर सकता है। इन गाँठों के अधिक कस जाने पर शिशु की मृत्यु होना भी संभव है। गले के आस-पास गाँठों भरी रज्जु के कस जाने से मृत्यु हो सकती है।

## अपरा

जब पोषक तत्व पतनिका में प्रवेश करता है तब जरायु के अंकुर माता की रक्त नलिकाओं से प्रत्यक्ष रूप से सम्पर्क स्थापित कर लेता है। इसके बाद पोषक तत्व दो भागों में बँटा होता है आन्तरिक कोशीय स्तर तथा बाह्य स्तर। इनमें कोशीय आवरण की अनुपस्थिति होती है। आन्तरिक स्तर के कम प्रसरण से पतनिका के गहरे भाग तक पोषक तत्व पहुँच जाता है। अब जरायु के शोषणांकुरों की संख्या भी बढ़ने लगती है तथा यह अपरा का रूप ले लेता है। सबसे पहले पोषक तत्व के चारों ओर जरायु के अंकुर पाए जाते हैं लेकिन जैसे-जैसे भ्रूण का विकास होता है, नीचे वाले भाग को छोड़कर अन्य भागों से शोषणांकुर कम अथवा गायब होने लगते हैं और मुलायम हो जाते हैं। नीचे वाले भाग में अंकुर की संख्या बढ़कर

अपरा बन जाता है। सोलहवें सप्ताह तक अपरा का आकार तथा व्यास दोनों बढ़ जाते हैं। प्रसव के समय तक अपरा का व्यास 20 सेमी. तथा मोटाई 2.5 सेमी. होती है। दोनों ओर उसकी मोटाई कम होती है लेकिन इसका मध्य भाग सबसे स्थूल होता है। उसका वजन 500 ग्राम होता है लेकिन उसका भ्रूण के वजन के साथ प्रत्यक्ष सम्बन्ध होता है। अपरा को दो भागों में विभक्त किया जा सकता है भ्रूण सम्बन्धी तथा मातृ सम्बन्धी। अपरा का शिशु की ओर की तह मुलायम होती है। रक्त नलिकाएँ उस तह के नीचे दिखाई देती हैं। ये जहाँ से नाभिरज्जु आरम्भ होती है, वहाँ से चारों ओर शाखा-प्रशाखाओं का जाल बनाकर फैल जाती है। मातृ सम्बन्धी पार्श्व अत्यन्त कठोर तथा स्पंजी होता है जिसमें असंख्य शोषणांकुर पाए जाते हैं। अपरा का रंग मन्द लाल होता है जिस पर धूसर रंग का मलिन आवरण होता है और अपरा के साथ ही साथ प्रसव के बाद निकल जाता है। नाभिरज्जु अपरा के ठीक मध्य में भ्रूण के पार्श्व से जुड़ता है। अपरा वास्तव में वह स्थान है जिसमें माता के रक्त का सरोवर पाया जाता है। यह मातृ सम्बन्धी पार्श्व में पतनिका पट्टियों द्वारा एवं शोषणांकुर से जुड़ा होता हैं। यहाँ से शिशु को पोषण और अन्य आवश्यकताएँ पूरी होती है। हर शोषणांकुर की प्रशाखाओं के बीच के स्थान में रक्त कोशिकाओं का जाल पाया जाता है जहाँ से अंकुर अवशोषण का कार्य करते हैं।

जब भ्रूण 20 सप्ताह का होता है तब अपरा में प्रति मिनट 300 मिली. रक्त प्रवाहित होती रहती है। 40 सप्ताह में माता के रक्त की मात्रा अपरा में 600 मिली. प्रति मिनट होती है। अपरा का वजन सामान्य रूप से शिशु के वजन का 1/7 भाग होता है। अपरा की परतों को चार भागों में बाँट सकते हैं पतनिका, उल्व, जरायु तथा वास्तविक अपरा। गर्भाशयी अन्तःस्तर में युग्मनज के प्रवेश के उपरांत कुछ भाग पोषकारक के साथ मिल जाते हैं जिसे पतनिका कहते हैं। भ्रूण के पार्श्व से निकलने वाले पदार्थ जरायु कहलाते हैं। कुछ अंकुर भ्रूण को उचित स्थान पर जमाने का कार्य करते हैं, उनको बन्धक अंकुर कहते हैं। वास्तविक अपरा में रक्त का तालाब पाया जाता है।

## *अपरा के कार्य*

1. भ्रूण का श्वसन,
2. पोषक पदार्थ का अवशोषण,
3. निकृष्ट पदार्थों का निष्कासन तथा
4. हार्मोन की उत्पत्ति।

अपरा सामान्य रूप से गर्भाशय के ऊपर के भाग, फण्डस में स्थित होता है। निकृष्ट पदार्थ जो भ्रूण द्वारा त्यागा गया है, सर्वप्रथम शोषणांकुर की अन्तिम कड़ी तक पहुँच कर माता की रक्त नलिकाओं में निष्कासित हो जाता है। कार्बोज, वसा एवं प्रोटीन, लवण, विटामिन और ऑक्सीजन जैसे पोषक तत्त्व इसके विपरीत दिशा वाले अंकुरों से प्रवाहित होते हैं। भ्रूण का हिमोग्लोबिन अत्यधिक मात्रा में ऑक्सीजन ग्रहण करने की क्षमता रखता है। भ्रूण की ऑक्सीजन की माँग कम से कम होती है क्योंकि उसको शारीरिक ताप को बनाए रखने की जरूरत नहीं पड़ती है। माता तथा शिशु के रक्त परिभ्रमण को एक पतले कोशों का बना 0.002 मिमी. मोटा आवरण अलग रखता है। अपरा का आवरण जटिल संरचना से युक्त होता है। कुछ तत्त्व बिना बदले उससे अवशोषित हो जाते हैं। उदाहरण के लिए वसा, ग्लाइकोजन, लोहा आदि का संग्रह हो जाता है। अन्य तत्त्वों को भ्रूण की आवश्यकता के अनुसार बदल कर शोषित करता है तथा कुछ अंशों का कभी भी शोषण नहीं होता है। मानव अपरा के आवरण की सोडियम के प्रति संवेदनशीलता बढ़ जाती है। पोषक तत्व में प्रोटीन, वसा, कार्बोज के पाचन एवं उपापचय सम्बन्धी तथा ऑक्सीजन परस्पर दबाव के कारण विनियमित हो जाते हैं, लेकिन फेफड़ों के विसरण की तुलना में अपरा के विसरण की गति कम होती है। अपरा में वसा में घुलनशील विटमिनों का संग्रह होता है। पानी में घुलनशील विटमिनों का संग्रह अपरा में नहीं हो पाता है। भ्रूण के रक्त में तथा अपरा में माता के रक्त की तुलना में अधिक कैल्शियम की सान्द्रता पाई जाती है। इसमें कुछ दवाइयाँ भी प्रवाहित हो जाती हैं, जैसे पोटेशियम ब्रोमाइड, नींद की दवा, आरसेनिक, पारा, सीसा, पेनिसिलिन, क्वीनीन, मार्फिया, क्लोरोफार्म व अन्य विष। इससे शिशु का विकास अवरूद्ध होता है। टेट्रासाइक्लीन शिशु के दाँत एवं हड्डियों पर प्रभाव डालती है। गर्भावस्था में एक्सरे का प्रयोग यथासम्भव नहीं करना चाहिए। जीवाणुओं का अपरा द्वारा भ्रूण तक पहुँचना सामान्य रूप से असम्भव होता है लेकिन वाइरस वहाँ तक आसानी से पहुँच जाते हैं।

अपरा द्वारा हार्मोन्स की उत्पत्ति भी होती है, जो गर्भावस्था की अवधि पर नियन्त्रण रखते हैं। इनमें प्रमुख हैं जरायु सम्बन्धी गोनेडोट्रोपिन, ईस्ट्रोजन, प्रोजेस्टीरोन आदि। ये हार्मोन पतनिका के भरण-पोषण के लिए और गर्भाशय एवं स्तनों के विकास के लिए जरूरी होते हैं।

अपरा एक उपापचय का अंग भी होता है। यह कार्य अपरिपक्व भ्रूण द्वारा नहीं हो पाता है। भ्रूण के रक्त की तुलना में माता के रक्त में ग्लूकोज की सान्द्रता अधिक होती है क्योंकि भ्रूण द्वारा ग्लूकोज का उपयोग अधिक शीघ्रता से होता है। भ्रूण के रक्तवारी में लोहे की सान्द्रता माता के रक्तवारी के लोहे की तुलना में अधिक होती है। हार्मोन्स में भी ईस्ट्रोजन, एण्ड्रोजन और थाइरोक्सीन अपरा की अर्ध पारगम्य झिल्ली द्वारा सरलता से निकल जाते हैं जबकि इन्सुलिन, पैराथाइरोक्सीन हार्मोन, पश्च पीयूष ग्रन्थि हार्मोन द्वारा भ्रूण तक नहीं पहुँच पाते हैं। जैसे-जैसे गर्भावधि बढ़ती है वैसे-वैसे अपरा की संवेदनशीलता भी बढ़ती है क्योंकि पोषक तत्व पतली दीवार वाला बन जाता है और शोषणांकुर भी महीन लेकिन अधिक प्रशाखाओं में बँट जाता है। अपरा से अन्तरण इस बात पर निर्भर करता है कि माता के रक्त का प्रवाह अंकुरों के बीच के भाग में कितना है, शोषणांकुरों की संख्या कितनी तथा अन्तर-अंकुरों के बीच का दबाव कितना है? जहाँ से रक्त परिभ्रमण होता है, शोषणांकुरों का कुल क्षेत्रफल लगभग 11 मीटर होता है।

अपरा के द्वारा ईस्ट्रोजन का स्राव अधिक होता है। इसके अलावा लैक्टोजन, रिलेक्सीन भी अपरा द्वारा स्रावित होते हैं, जो कि पेशियों के विमोचन के लिए जरूरी है। गर्भावस्था में रक्त तथा मूत्र में ईस्ट्रोजन की सान्द्रता बढ़ जाती है।

अपरा के उपापचयन क्षमता की गति की एक विकसित गुर्दे अथवा यकृत के साथ तुलना कर सकते हैं। हाइड्रोजन, आयोडीन, बाई कार्बोनेट एवं लेक्टीक अम्ल का भी अन्तरण अपरा द्वारा होता है जिससे माता एवं शिशु के अम्ल-क्षार सन्तुलन का घनिष्ठ सम्बन्ध होता है। माता के रक्त की अम्लीयता के बढ़ने पर शिशु की मृत्यु हो जाने की भी सम्भावना होती है।

कुछ पोषक तत्त्व जो माता के रक्त में अधिक मात्रा में पाए जाते हैं, सक्रिय रूप से अन्तरण होते हैं। अपरा में विद्यमान प्रकिव द्वारा जटिल योगिकों से सरल पदार्थों में बदलने एवं पुनः संश्लेषण करने की क्षमता पाई जाती है।

अपनी ऊर्जा की माँगों की पूर्ति के लिए भ्रूण माता के ग्लूकोज के संग्रह पर ही पूर्णतः निर्भर रहता है इसलिए भ्रूण को ग्लूकोज पर निर्भर पराश्रयी भी कह सकते हैं। ग्लूकोज को वह अतिशीघ्र प्रयोग में लाता है जिससे भ्रूण के रक्त में ग्लूकोज की मात्रा माता के रक्त ग्लूकोज के स्तर की तुलना में 2/3 भाग ही होती है। इससे ग्लूकोज का अन्तरण आसानी से हो जाता है। अतिरिक्त ग्लूकोज को अपरा ग्लाइकोजन तथा वसा में परिवर्तित करके संग्रहित कर लेता है। यकृत, अस्थिपेशियों और हृदय में ग्लाइकोजन का तथा संसफलक एवं हृदय के आस-पास वसा का संग्रह होता है। ये संग्रह ऊर्जा के स्रोत के रूप में जन्म के उपरांत शारीरिक तापमान को बनाए रखने में एवं उपापचय के कार्यों के लिए प्रयोग किये जाते हैं।

## भ्रूण में रक्त संचार

अपरा में विद्यमान माता के शुद्ध ऑक्सीकृत रक्त नाभिरज्जु की शिरा के द्वारा भ्रूण की नाभि तक पहुँचती है तथा यकृत के निचले हिस्से से जाकर जुड़ती है और निम्न महाशिरा में प्रवेश करती है। इसके बाद यकृतीय शिरा जिसमें अपरा से प्राप्त ऑक्सीकृत रक्त शिरा नाल तक पहुँचता है। सामान्यतः भ्रूण की पोषक माँगें माता के आहार से प्राप्त तत्त्वों से ही पूरी हो जाती है लेकिन अगर माता का आहार अपर्याप्त तथा असन्तुलित होता है तो भ्रूण अपनी आवश्यकताओं की पूर्ति के लिए माता की अस्थियाँ, तन्तु एवं पेशियों से उन पोषक तत्त्वों को प्राप्त कर लेता है।

## भ्रूण का विकास

सामान्य रूप से 5 वें सप्ताह तक भ्रूण की लम्बाई 5 मिमी. तक हो जाती है। आरंभ में सिर का आकार शरीर के अन्य भागों से बड़ा होता है लेकिन इस समय तक सिर का आकार शरीर के लगभग बराबर हो जाता है। 6 सप्ताह के उपरांत भ्रूण में मनुष्य की बाह्य विशेषताएँ उभर आती है। 8-9 सप्ताह में उसकी लम्बाई 30 मिमी. होती है। 12 वें सप्ताह में भ्रूण की लम्बाई 8-9 सेमी (3'' 3 1/2'') होती है, जो कि उसकी नाभिरज्जु की लम्बाई के लगभग बराबर होती है। लम्बाई के बारे में जानने के लिए सरल तरीका यह है कि पहले पाँच माह उस महीने की संख्या से ही गुणा करें। उदाहरण के लिए चार महीनों में लम्बाई $4 \times 4 = 16$ सेमी. होती है। अन्तिम 5 माह के लिए महीने की संख्या को 5 से गुणा करें। जैसे 6 महीने में लम्बाई $6 \times 5 = 30$ सेमी. हो जाती है। भ्रूण की उम्र जानने के लिए लम्बाई एक ऐसा पैमाना होता है जिस पर वजन की तुलना में अधिक विश्वास किया जा सकता है। 7 वें माह से पहले अगर भ्रूण का जन्म होता है तो उसको गर्भपात कहते हैं। 7 वें माह के बाद उसको अपरिपक्व शिशु कहते हैं। प्रसव के अन्तिम सप्ताहों में भ्रूण का वजन तथा लम्बाई बढ़ जाती है और रंग गहरा गुलाबी हो जाता है। सिर के बाल काले तथा पूरे शरीर पर बाल बारीक और सुनहरे रंग के हो जाते हैं। जन्म के समय शिशु की लम्बाई सामान्य रूप से 50 सेमी. तथा वजन 7-7 1/2 पौण्ड होता है। लड़कियों की तुलना में लड़कों का वजन अधिक होता है। अपरिपक्व शिशु का वजन कम,

झुर्रीदार हल्के लाल रंग की त्वचा, कम वसीय तन्तु, बाल छोटे-छोटे, नाखून छोटे तथा खोपड़ी के अग्रभाग खुले होते हैं। जन्म के बाद धीरे-धीरे शिशु हिलता है एवं रोना आरंभ करता है। अपरिपक्व शिशु के विपरीत परिपक्व शिशु की त्वचा अधिक मुलायम होती है। उसमें वसीय तन्तु अधिक पाये जाते हैं। उसका रंग गुलाबी होता है। करोटिसीवन बन्द होते हैं लेकिन कालान्तराल में दोनों ही प्रकार के शिशुओं में, चाहे वह परिपक्व हो या अपरिपक्व खुले होते हैं। परिपक्व शिशु जन्म के बाद तीव्र गति से हिलता एवं रोता है। अगर माता की उम्र 25 से 35 वर्ष के मध्य की है तो सामान्य रूप से बच्चे भारी पैदा होते हैं। बहुत कम उम्र की माताएँ कम वजनदार बच्चों को जन्म देती हैं।

भ्रूण के तीन मुख्य स्तर होते हैं — बाह्य, अन्तःत्वचा और मध्य जनस्तर। भ्रूण के विभिन्न अंगों के निर्माण में ये स्तर महत्त्वपूर्ण कार्य करते हैं। मध्य जनस्तर से ही मूत्र एवं प्रजनन संस्थान का निर्माण होता है। 16 वें सप्ताह में भ्रूण 18 सेमी. लम्बा हो जाता है तथा उसके बाह्य लिंग की पहचान सरलता से हो जाती है।

# यौन सम्बन्धों द्वारा संचारित संक्रामक रोग (Transfer of Infectious Diseases by Venereal Relations)

यौन सम्बन्धों से फैलने वाले किसी भी रोग - समूह के लिए एस.टी.डी. अर्थात यौन सम्बन्धों द्वारा संचरित रोग शब्दों का उपयोग किया जाता है।

## यौन सम्बन्धों द्वारा संचारित रोग फैलने का तरीका

योनि सम्भोग, मौखिक सम्भोग और गुदापरक सम्भोग जैसे अन्तरंग यौन सम्पर्क से एस.टी.डी. एक व्यक्ति से दूसरे व्यक्ति तक पहुंचते हैं।

## एस.टी.डी. के लक्षण

एस.टी.डी. के लक्षणों में निम्नलिखित शामिल हैं — (1) औरतों में योनि के आस-पास खुजली और अथवा योनि से रक्त-स्राव (2) पुरुषों में लिंग से रक्त-स्राव (3) सम्भोग के समय अथवा मूत्र त्याग के समय पीड़ा (4) जननेन्द्रिय के आस-पास पीड़ाविहीन लाल जख्म (5) मुलायम त्वचा के रंग वाले मस्से जननेन्द्रिय के आस-पास हो जाते हैं। (6) गुदा परक सम्भोग करने वालों को गुदा के अन्दर और आस-पास पीड़ा (7) असामान्य छूत के रोग, न समझ आने वाली थकावट, रात को पसीना और वजन का घटना।

## क्या यह सम्भव है कि किसी व्यक्ति को एस.टी.डी. हो और उसे पता न हो?

पुरुषों में तो एस.टी.डी. के लक्षण सामान्यतः दिख जाते हैं तो वे जागरूक हो जाते हैं कि उनके यौन परक अंग संक्रमित हो गए हैं। जबकि औरतों के संक्रमण के लक्षण दिखाई नहीं देते जबकि रोग लग चुका होता है।

## एस.टी.डी. से अन्य स्वास्थ्य सम्बन्धी समस्याएँ

हाँ, प्रत्येक एस.टी.डी. से अलग प्रकार की स्वास्थ्य सम्बन्धी समस्याएं होती हैं — कुल मिलाकर उनसे ग्रीवा परक कैंसर और अन्य कैंसर हो सकते हैं। जिगर के रोग, अन- उर्वरकता, गर्भ सम्बन्धी समस्याएं और अन्य कष्ट हो सकते हैं। कुछ प्रकार के एस.टी.डी.एच. आई वी. एड्स की सम्भावनाओं को बढ़ा देते हैं।

## एस.टी.डी. की आशंका होने पर क्या करना चाहिए?

यदि आपको आशंका हो कि आप को एस.टी.डी. है तो मदद लेने से शरमाओ मत। डॉक्टर के पास जाओ और एस.टी.डी. की जाँच के लिए हो या अगर आप पुरुष हैं तो त्वचा विशेषज्ञ के पास जाओ स्त्री हैं तो स्त्री रोग विशेषज्ञ के पास जाएँ। लक्षणों की उपेक्षा मत करो और न ही यह इन्तजार कि

करें आप चले जाएंगे। एस.टी.डी. रोग बहुत आम है और बहुत छूत फैलाने वाले होते हैं, अगर जल्दी पकड़ में आ जाए तो आसानी से ठीक भी हो सकते हैं।

### एसटीडी की रोकथाम के तरीके

एस.टी.डी. से अपने आप को बचाया जा सकता है (1) स्वयं एक विवाह सम्बन्ध निभाना और यह सुनिश्चित करना कि साथी भी उसे निभाये (2) पुरुषों द्वारा लेटैक्स कंडोम के प्रयोग से छूत का भय कम हो जाता है अगर सही प्रयोग किया जाए। ध्यान रखें, हमेशा सम्भोग के समय उसका उपयोग करें। महिलाओं के कंडोम उतने प्रभावशाली नहीं हैं जितने पुरुषों के यदि पुरुष उपयोग न करे तो स्त्री को अवश्य करना चाहिए।

## एच. आई. वी/एड्स (HIV/AIDS)

एड्स का अर्थ है अर्जित रोधन अभाव संलक्षण एड्स एच.आई.वी. (मानव की रोधनक्षमता को कमजोर करने वाला वायरस) से होता है जो कि शरीर की रोधनक्षमता पर प्रहार करता है जिसका काम शरीर को छूत या संक्रामक रोगों से बचाना होता है। इस सुरक्षा कवच के बिना एड्स वाले लोग भयानक छूत के रोगों और कैंसर आदि से पीड़ित हो जाते हैं।

### यह कैसे फैलता है?

एक संक्रमित व्यक्ति से एच.आई.वी. के छूत दूसरे व्यक्ति तक वीर्य, योनि स्राव अथवा रक्त के देने-लेने से पहुँचती है। यह (1) यौन परक सम्भोग (2) एक इंजैक्शन की सूई का दूसरे व्यक्ति के लिए प्रयोग करने से (3) एक संक्रमित माँ से उसके बच्चे को जन्म या उसके आस-पास के समय में पहुँचाता है।

### एच.आई.वी. किस प्रकार से नहीं फैलता?

प्रतिदिन के सामाजिक सम्पर्कों से एच.आई.वी. दूसरे तक नहीं पहुँचता जैसे कि (1) एक ही टॉयलेट का प्रयोग (2) बर्तनों की साझेदारी (3) सामाजिक अभिव्यक्ति जैसे हाथ मिलाना, गले मिलना आदि (4) मच्छर जैसे कीड़ों के काटने या पालतू पशुओं से (5) खाँसी/छींकों से।

### टैटू लगवाते हुए, शरीर में कोई छेद कराते हुए या नाई के पास जाने में क्या एच आई वी की छूत लगने का कोई खतरा होता है?

यदि रक्त से सने औजारों को एक ग्राहक से दूसरे ग्राहक को लगाने से पहले रोगाणुविहीन न किया जाए तो एच.आई.वी. का छूत लगने का खतरा रहता है। एक बार प्रयोग करके फेंक दिए जाने वाले ब्लेडों का इस्तेमाल करके इससे बचा जा सकता है।

### क्या चुम्बन द्वारा एच.आई.वी. संक्रमण होता है?

एच.आई.वी. से संक्रमित लोगों के मुख की लार में हालाँकि वाइरस हो सकता है पर लार से एच. आई.

वी. का संक्रमण नहीं होता। यदि सम्भोग के साथियों के मुँह में कुछ कटा हो या दाने हो या मसूड़ों से खून आ रहा हो तो हो सकता है कि संक्रमित खून दूसरे में चला जाये इसलिए गहन चुम्बन से परहेज करना चाहिए।

### यदि मुझे एच.आई.वी. है तो कैसे पता चलेगा?

एक बहुत ही साधारण सी रक्त की जाँच होती है, उसे कराने से पता चलता है। इसे एच.आई.वी. ऐन्टीबॉडी टेस्ट कहते हैं। ऐन्टीबॉडी पैदा करके आपका शरीर वाइरस की उपस्थिति के प्रति प्रतिक्रिया करता है। इन ऐन्टीबॉडी को ढूँढ़ निकालने वाले टेस्ट से पता चलता है कि आप संक्रमित हैं।

### एच.आई.वी. टेस्टिंग में 'विंडो पीरियड' क्या होता है?

रक्त में दिखाई देने में इन ऐन्टीबॉडी को 14 सप्ताह या उसे भी अधिक समय लगता है। इस दौरान अगर टेस्ट करवाया जाये तो उसमें वे नहीं दिखेंगे जब कि वास्तव में आप वाइरस से प्रभावित हो सकते हैं।

### एच.आई.वी. और एड्स में क्या अन्तर है?

एड्स एच.आई.वी. संक्रमण की अत्यन्त विकसित स्थिति है।

### संक्रमण के एकदम बाद क्या लक्षण प्रकट होते हैं?

एच.आई.वी. एड्स से संक्रमित होने पर कई लोगों में कोई लक्षण दिखाई नहीं देते। वाइरस के सम्पर्क में आने के कई दिन या हफ्तों के बाद कुछ लोगों में फ्लू जैसा बीमारी के लक्षण दिखाई पड़ते हैं। वे बुखार, सिरदर्द, थकावट और गले की बड़ी हुई ग्रन्थियों की शिकायत करते हैं। एड्स के ये लक्षण सामान्यतः कुछ सप्ताह बाद अपने आप गायब भी हो जाते हैं।

### रोग को पनपने में कितना समय लगता है?

इसके पनपने का समय हर व्यक्ति में अलग-अलग लगता है। यह स्थिति कुछ महीनों से लेकर दस साल तक चल सकती है। इस अवधि में वाइरस सक्रिय होकर गुणीभूत होता जाता है और रोधनक्षमता के कोशिका को नष्ट कर देता है, शरीर में संक्रमणों से जूझने वाले सीडी 4 या टी 4 सैल को नष्ट कर देता है।

### एच आई वी/एड्स के लक्षण क्या हैं?

एक बार जब शरीर की रोधन क्षमता कमजोर हो जाती है, एच.आई.वी/एड्स से संक्रमित व्यक्ति में निम्नलिखित लक्षण दिखाई देते हैं (1) ऊर्जा की कमी (2) वजन घटना (3) बार-बार बुखार और पसीना (4) देर तक या बार-बार होने वाली फंगल की छूत (5) देर तक रहने वाला डायरिया (6) कुछ समय के लिए विस्मृति (7) मुख, जननेन्द्रिय और गुदा में फोड़े (8) खाँसी और श्वास फूलना।

### मुझे एच.आई.वी. या एड्स हो गया है। मुझे क्या करना चाहिए?

अगर आपको ऐसा लगता है या कोई लक्षण दिखाई देते हैं तो डॉक्टर के पास जाएँ। हो सकता है आप के रक्त की जाँच की जाए। सकारात्मक (पॉजीटिव) रिपोर्ट का अर्थ है कि आपके रक्त में वायरस लग गया है और शारीरिक सम्पर्क में आने से दूसरी भी इस बीमारी से संक्रमित हो सकते हैं।

### इसका उपचार किस प्रकार किया जा सकता है?

एच.आई.वी. के संक्रमण और एड्स का कोई उपचार नहीं है, इसका वायरस शरीर में जीवन भर रहता है। उनमें से एक है ए.जेड.टी. जो कि एच.आई.वी. बढ़ने को रोक देता है पर इसका कोई इलाज नहीं है जबकि अन्य संक्रामक रोगों तथा कैंसर के इलाज की दवाएँ उपलब्ध हैं।

# 3
## गर्भावस्था के लक्षण

सामान्य रूप से गर्भावस्था 13 से 50 वर्ष तक की अवस्था में हो सकता है। सामान्य रूप से गर्भावस्था 40 सप्ताह अथवा 280 दिन की मानी जाती है। गर्भावस्था की गणना रजोस्राव चक्र के अन्तिम दिन से प्रसव के दिन तक की जाती है। गर्भावस्था की पहचान कुछ विशेष संकेतों तथा लक्षणों द्वारा की जाती है। लक्षण और संकेत, दोनों को सम्मिलित करके डॉक्टर गर्भावस्था की पहचान करता है। संकेत और लक्षणों को तीन भागों में विभक्त किया जा सकता है, जैसे विधायक संकेत, सम्भाव्य संकेत तथा पूर्वकल्पित या व्यक्तिगत संकेत।

विधायक संकेत चौथे मास के बाद ही पहचान में आते हैं। भ्रूण के हृदय की गति को सुनना एवं गिनना, परीक्षण द्वारा भ्रूण की सक्रिय गतिशीलता का ज्ञान, एक्सरे द्वारा भ्रूण के कंकाल को पहचानना आदि विधायक संकेत के अन्तर्गत आते हैं। सम्भाव्य संकेतों को बहुत जल्द पहचाना जा सकता है। पेट के भाग का बढ़ जाना, गर्भाशय की आकृति, आकार एवं बनावट में परिवर्तन, ग्रीवा में परिवर्तन, गर्भाशय की पेशियों का लगातार, पीड़ा रहित, अनियमित प्रकुंचन, भ्रूण की स्थिति की रूपरेखा को निर्धारित करना, वजन का बढ़ना आदि संभाव्य संकेत के अन्तर्गत आते हैं। मासिक धर्म का रुक जाना, स्तनों का बढ़ना, पीड़ा होना, चूचुकों के रंग में परिवर्तन आना, उल्टी आना, जी का मिचलाना, गर्भ स्पन्दन या भ्रूण का हिलना, योनि एवं ग्रीवा का रंग नीला होना, बार-बार मूत्र त्याग करना आदि पूर्वकल्पित या व्यक्तिगत संकेत के अन्तर्गत आते हैं।

गर्भावस्था की पहचान अवधि के अनुसार दो तरह से की जाती है
1. प्रथम 5 माह के संकेत एवं लक्षण,
2. द्वितीय 5 माह के संकेत एवं लक्षण।

## गर्भावस्था के लक्षण (Symptoms of Pregnancy)

### प्रथम 5 माह की अवधि के लक्षण

**(1) मासिक चक्र का रुक जाना** मासिक चक्र के रुकने के कई कारण हैं। जैसे संवेगात्मक तनाव, हार्मोन का असंतुलन, स्थानीय गर्भाशयी स्थिति, वातावरण या परिवेश में बदलाव, नाड़ी विकास आदि। लेकिन यदि किसी स्त्री का रजोधर्म नियमित रहा हो और अचानक मासिक चक्र रुक जाए तो गर्भ की संभावना बढ़ जाती है। बच्चे को दूध पिलाते समय भी ऋतु स्राव नहीं होता है। यदि मासिक धर्म के रुकने के साथ ही साथ, स्तनों का बढ़ना, बार-बार मूत्र त्याग करना आदि लक्षण भी मौजूद हों तो स्त्री के गर्भवती होने की प्रबल संभावना होती है।

## गर्भावस्था के लक्षण

**(2) जी मिचलाना और उल्टी आना** जी मिचलाना और उल्टी आना गर्भवती स्त्री के सामान्य लक्षण हैं। प्रातःकाल गर्भवती स्त्री का जी मिचलाना व उल्टी आना सामान्य सी बात है। गर्भ धारण करने के उपरान्त छठे सप्ताह से बारहवें सप्ताह तक यह लक्षण अत्यन्त सामान्य है। लेकिन चौदहवें सप्ताह के बाद यह लक्षण विलीन होते देखे गए हैं। जी मिचलाना व उल्टी आने का एक कारण यह भी हो सकता है कि रक्त में शोनेडोट्रोपिन-जरायु युक्त हार्मोन के प्रभाव से आमाशय की गतिविधियों पर नियन्त्रण कम हो जाता है। अधिक वमन से रक्त गाढ़ा पड़ने लगता है और अम्लीयता की स्थिति उत्पन्न हो सकती है। इस समय निर्जलीकरण की स्थिति भी उत्पन्न हो सकती है। अतः यदि दो से अधिक बार वमन होता है तो इस स्थिति को असामान्य समझकर तुरन्त डॉक्टर की सलाह लेना उचित होगा। यह लक्षण 50% स्त्रियों में ही पाया जाता है। इसमें जिह्वा साफ होती है और स्वास्थ्य भी साधारण होता है। यह लक्षण सुबह के अतिरिक्त दोपहर के भोजन के पश्चात् भी देखा जा सकता है।

**(3) स्तनों के आकार और आकृति में बदलाव** गर्भवती स्त्री के स्तनों के आकार व आकृति में बदलाव आता है जैसे, स्तनों के आकार में वृद्धि होती है, वे नरम होने लगते हैं और इनमें कभी-कभी पीड़ा भी होती है। इस अवस्था में स्तनों के आकार बड़े हो जाते हैं और चुचूकों का रंग गहरा होने लगता है। शिराओं का जाल बढ़ने लगता है और इनमें गाँठे पड़ने जैसा अनुभव होने लगता है लेकिन वास्तव में छूने पर अपेक्षाकृत नरम प्रतीत होते हैं। चुचूकों के रंग का गहरा होना स्थायी होती है। कभी-कभी चुचूकों से साफ पीले रंग के तरल पदार्थ का स्राव भी होता है। गर्भावस्था में पेट के आकार की वृद्धि से पहले ही स्तनों के वृद्धि को देखा जा सकता है।

**(4) बार-बार मूत्र त्यागना** गर्भाधान के प्रथम बारह सप्ताह तक बढ़ते हुए गर्भाशय का भार मूत्राशय पर पड़ने के कारण गर्भवती स्त्री को बार-बार मूत्र त्यागने की इच्छा होती है। यह क्रिया रात्रि की तुलना में दिन में अधिक बार होती है, क्योंकि खड़े होने की स्थिति में बढ़ते गर्भाशय का भार मूत्राशय पर पड़ता है। मूत्राशय की श्लेष्मिक झिल्लियों की भरे होने से भी अधिक बार मूत्र त्यागने की इच्छा का अनुभव होता है। बार-बार मूत्र त्यागने की क्रिया से स्त्री को असुविधा और पीड़ा का अनुभव होता है।

**(5) पेट का बढ़ना** गर्भाशय के आकार में वृद्धि होने से पेट का बढ़ना सहज ही है लेकिन आँतों के फूल जाने से भी पेट बढ़ जाता है। इसके अतिरिक्त अण्डाशय की पुटी ट्यूमर या वसा के जमने से भी पेट बढ़ने लगता है।

**(6) भ्रूण की सक्रियता** भ्रूण की सक्रियता का अनुभव गर्भाधान के लगभग 20 वें सप्ताह बाद अनुभव किया जाता है। ऐसा लगता है कि उदर में कोई सजीव वस्तु गतिशील है। प्रथम बार उसे बेहोशी हो सकती है और उसका जी भी मिचला सकता है। 'जी मिचलाना' का सम्पूर्ण गर्भविधि में विद्यमान रहना भी सम्भव है। भ्रूण की इस गतिशीलता की तिथि का विशेष महत्त्व होता है, क्योंकि इससे प्रसव के दिन के बारे में निश्चित रूप से कहा जा सकता है।

## अन्तिम 5 मास की अवधि के लक्षण

**(1) स्तनों के आकार और भार में वृद्धि** गर्भावस्था के अन्तिम पाँच मासों में स्तनों का भार अधिक बढ़ जाने के कारण गर्भवती स्त्री को अत्यधिक असुविधा अनुभव होती है। ऐसा ग्रन्थियों के विकसित होने के कारण ही होता है।

(2) **अन्तःउदरीय रक्तचाप का बढ़ना**  इस अवस्था में अन्तःउदरीय रक्तचाप में वृद्धि होती है। इस वृद्धि के कारण ही पेशियों में पीड़ादायक संकुचन होने लगते हैं। इस अवधि में पैरों में सूजन का आना तथा योनिमार्ग एवं पैरों की शिराओं का फूल जाना भी सम्भव होता है।

(3) **श्वास लेने में असुविधा**  गर्भावस्था की इस अवधि में मध्य पेट पर अधिक दबाव पड़ने से श्वास लेने में कठिनाई होती है। इससे उथले श्वास या हवा की भूख उत्पन्न हो सकती है तथा हृदय की धड़कन भी बढ़ जाती है।

(4) **हल्कापन का अनुभव**  प्रसव के दो अथवा तीन सप्ताह पहले लक्षणों में एकदम से परिवर्तन आता है। इसको हल्का होने का अनुभव कहते हैं। इस स्थिति में भ्रूण का सिर नीचे की ओर उतरता है, इससे उदरीय चाप कम हो जाता है। इससे राहत महसूस होती है।

## गर्भावस्था के संकेत (Signs of Pregnancy)

### प्रथम 5 माह की अवधि के संकेत

गर्भवती स्त्री के प्रथम 5 मास की अवधि में उत्पन्न कुछ प्रमुख संकेतों के आधार पर डॉक्टर स्त्री को गर्भवती घोषित करता है जो इस प्रकार हैं

(1) **गर्भाशय के परिवर्तनों से उत्पन्न संकेत**  गर्भाशय के आकार की वृद्धि से चिकित्सक को यह पता चल जाता है कि स्त्री गर्भवती है। गर्भवती होने के बाद गर्भाशय का आकार गोल हो जाता है और वह पहले की तुलना में अधिक नरम हो जाता है। इस स्थिति का मुख्य कारण रक्त प्रवाह का बढ़ना होता है। ग्रीवा एवं योनि मार्ग का नीला होना तथा दोनों का अधिक नरम होना भी गर्भवती होने का संकेत है। गर्भाशय का अग्रभाग जिसे कण्डस कहा जाता है, 16 वें सप्ताह से 22 वें सप्ताह के बीच नाभि तक पहुँच जाता है। इस अवधि में इसके नाभि तक न पहुँच सकने की स्थिति में यह समझ लेना चाहिए कि भ्रूण या तो कुपोषण का शिकार बन गया है अथवा मृत हो गया है। परीक्षण द्वारा ही यह पता किया जा सकता है कि गर्भाशय की पेशियों में पीड़ा रहित प्रकुंचन होने लगती है जो कि 30 सेकण्ड तक रहती हैं।

(2) **भ्रूण की उपस्थिति से उत्पन्न संकेत**  लगभग सोलहवें सप्ताह तक भ्रूण के आकार की अपेक्षा उल्व की मात्रा अधिक होती है जिससे पेट पर हाथ रखकर योनि परीक्षण करने से भ्रूण का उछलना स्पष्ट पता चल जाता है। इसको गोल ताड़ना कहते हैं। चौबीसवें सप्ताह के बाद भ्रूण के विभिन्न भागों का, उसकी गतिशीलता का पता लग जाता है। इस समय स्टेथोस्कोप द्वारा भ्रूण के हृदय की धड़कन भी सुन सकते हैं। यह माता के हृदय की गति से दुगुनी होती है। कहने का आशय यह है की यह धड़कन प्रति मिनट 120 से 160 बार होती है।

(3) **स्तनों एवं त्वचा के परिवर्तनों से उत्पन्न संकेत**  चिकित्सक स्तन ग्रन्थियों के किनारे पर बन आये गाँठ का अनुभव करके तथा चुचुकों के रंग के गहरापन का निरीक्षण करके भी गर्भ होने की स्थिति की सूचना दे सकने में समर्थ होता है। बारहवें सप्ताह में चुचुकों की वर्णकता तथा इनसे साफ पीले रंग के तरल पदार्थ के स्त्राव द्वारा भी स्थिति की जानकारी करना आसान हो जाता है। इस अवस्था में स्त्री के अन्तर स्तनों पर शिराएँ दिखाई देने लगती हैं और निशान भी बन जाते हैं।

### अन्तिम 5 माह की अवधि के संकेत

चिकित्सकों ने अपने निरीक्षण के बाद गर्भावस्था के अन्तिम पाँच माह में निम्नलिखित संकेतों की जानकारी दी है

## गर्भावस्था के लक्षण

(1) **भ्रूण के हृदय की धड़कन को अनुभव करके उसकी गणना करना** — भ्रूण के हृदय की धड़कन सामान्यतः प्रति मिनट 120 से 160 बार होती है। आधुनिक काल में भ्रूण के हृदय की गति को एवं भ्रूण की गतिशीलता को जानने के लिए एक नए उपकरण अल्ट्रासोनिक डिटेक्टर का प्रयोग हो रहा है। सन् 1965 ई. में श्री डोनाल्ड नामक वैज्ञानिक ने इस उपकरण का आविष्कार किया था। नियमित मासिक धर्म के दस दिन बाद ही इस उपकरण की सहायता से पता लगाया जा सकता है कि गर्भ ठहर गया है या नहीं। यदि उत्तर सकारात्मक होता है तो यह भी ज्ञात किया जा सकता है बच्चा अकेला है या जुड़वाँ। यह उपकरण यद्यपि महंगा है तथापि संकट की सम्भावना की स्थिति में इसकी सहायता उपयोगी सिद्ध होती है।

(2) **भ्रूण की गतिशीलता का प्रत्यक्षीकरण** — इस अवधि में चिकित्सक पेट तथा योनि का परीक्षण करके भ्रूण की स्थिति के बारे में जानकारी दे सकता है।

(3) **भ्रूण की बाह्य परिधि का पता करना** — डॉक्टर गर्भावस्था के अन्तिम पाँच माह में उदर पर हाथ द्वारा परीक्षण करके भ्रूण की परिधि का पता लगा सकता है।

(4) **अन्य परीक्षण** — इस अवधि में गर्भवती स्त्री के सुबह के मूत्र के परीक्षण से चिकित्सक यह पता लगा लेता है कि उसमें जरायु गोनेडोट्रोपिन हार्मोन विद्यमान है या नहीं। उसको जब नर चूहों के शरीर में इन्जेक्ट किया जाता है तब कुछ ही घण्टों में चूहों की ग्रन्थियों में सक्रियता पाई जाती है। गर्भवती स्त्री के रक्त में भी इस जरायु गोनेडोट्रोपिन की उपस्थिति होती है। इस परीक्षण को चौथे सप्ताह करके भी निश्चित रूप से कहा जा सकता है कि स्त्री गर्भवती है या नहीं। जब गर्भवती स्त्री के मूत्र की ऐसे रक्त वारी के साथ प्रतिक्रिया की जाती है जिसमें एण्टी कोरिओनिक गोनेडोट्रोपिन पाया जाता है, तब वह अदापीन हो जाता है। यदि स्त्री गर्भवती नहीं है तो मूत्र के मिलाने पर लाल रक्त कण परस्पर चिपक जाते हैं तथा पीले भूरे रंग का अवक्षेप देते हैं।

कुछ चिकित्सक गर्भावस्था का पता लगाने के लिए स्त्री को अधिक मात्रा में हार्मोन ईस्ट्रोजन तथा प्रोजेस्टीरोन देते हैं जिससे स्त्री के, गर्भवती न होने की अवस्था में अल्प समय में ही रक्त स्राव हो जाता है। रक्त स्राव न होने की दशा में यह स्पष्ट हो जाता है कि स्त्री गर्भवती है। आजकल यह परीक्षण सुरक्षित नहीं माना जाता क्योंकि इस प्रकार के परीक्षण से गर्भपात होने की प्रबल सम्भावना होती है।

## गर्भ परीक्षण (Pregnancy Test)

गर्भ परीक्षण में रक्त अथवा मूत्र में उस विशिष्ट हारमोन को परखा जाता है, जो गर्भवती होने पर ही महिला में रहता है। ह्यूमक कोरिओनिक गोनाडोट्रोपिन (एच सी जी) नामक हारमोन को गर्भ हारमोन भी कहते हैं जब निषेचित अण्डा गर्भाशय से जुड़ जाता है तो आपके शरीर में एच.सी.जी. नामक गर्भ हारमोन बनता है। सामान्यतः गर्भधारण के छह दिन बाद ऐसा होता है।

## घर में गर्भ परीक्षण (एच.पी.टी.)

यह गर्भ परीक्षण स्वयं अपने घर पर सुगमता पूर्वक किया जा सकता है। यह एक सर्वसुलभ परीक्षण कीमत 40-50 रुपये होती है। महिला को एक साफ शीशी में अपना 5 मिली मूत्र लेना होता है और परीक्षण के लिए किट में दिए गए विशिष्ट पात्र में दो बूंद मूत्र डालना होता है। उसके बाद कुछ मिनट तक इन्तजार करना होता है। अलग-अलग ब्रान्ड के किट इन्तजार का समय अलग-अलग है। समय बीतने पर रिजल्ट विंडो पर देखें। यदि एक लाईन या जमा का चिन्ह देखे तो समझ लें कि आपने गर्भ

धारण कर लिया है। लाईन हल्की हो तो भी कोई फर्क नहीं पड़ता। हल्की हो या स्पष्ट अर्थ सकारात्मक माना जाता है।

एक बार पीरियड न होने पर कितनी जल्दी एच.पी.टी. से सही सही परिणाम प्राप्त कर सकते हैं? बहुत से एच.पी.टी. पीरियड के निश्चित तिथि तक न होने पर 99 प्रतिशत उसी दिन सही परिणाम बताने का दावा करते हैं। एच.पी.टी. से नकारात्मक परिणाम पाकर भी क्या गर्भ धारण की सम्भावना हो सकती है? हाँ, इसलिए अधिकतर एच.टी.पी. महिलाओं को कुछ दिन या सप्ताह बाद पुनः परीक्षण करने का सुझाव देते हैं।

## रक्त और पेशाब की जाँच

एक स्वस्थ महिला को प्रत्येक माह मासिक-स्राव (माहवारी) होता है। गर्भ ठहरने के बाद मासिक-स्राव होना बँद हो जाता है। इसके साथ-साथ दिल का खराब होना, उल्टी होना, बार-बार पेशाब का होना तथा स्तनों में हल्का दर्द बना रहना आदि साधारण शिकायतें रहती हैं। इन शिकायतों को लेकर महिलाएँ, स्त्री रोग विशेषज्ञ के पास जाती हैं। डॉक्टर महिला के पेट और योनि की जाँच करती है और बच्चेदानी की ऊँचाई को देखती है। गर्भधारण करने के बाद बच्चेदानी का बाहरी भाग मुलायम हो जाता है। इन सभी बातों को देखकर डॉक्टर महिला को माँ बनने का संकेत देता है। इसी बात को अच्छे ढंग से मालूम करने के लिए डॉक्टर रक्त या मूत्र की जाँच के लिए राय देता है।

गर्भवती महिलाओं के रक्त और मूत्र में एच.सी.जी. होता है जो कौरिऔन से बनता है। ये कौरिऔन ओवल बनाती है। ओवल का एक भाग बच्चेदानी की दीवार से तथा नाभि से जुड़ा होता है। इसके शरीर में पैदा होते ही रक्त और मूत्र में एच.सी.जी. आ जाता है। इस कारण महिला को अगले महीने के बाद से माहवारी होना रुक जाता है। एच.सी.जी. की जाँच रक्त या मूत्र से की जाती है। साधारणतया डॉक्टर मूत्र की जाँच ही करा लेते हैं। जाँच माहवारी आने के तारीख के दो सप्ताह बाद करानी चाहिए ताकि जाँच का सही परिणाम मालूम हो सके। यदि जाँच दो सप्ताह से पहले ही करवा लिया जाए तो परिणाम हाँ या नहीं में मिल जाता है। यह वीकली पजीटिव कहलाता है।

## सामान्य परीक्षण

**सामान्य गर्भावस्था में भी किन-किन रोगों का परीक्षण नियमित रूप से किया जाता है?**

लगभग सभी सामान्य गर्भों के दौरान एड्स, हैपेटिटिस-बी, सिफलिस, आर.एच. अनुपयुक्तता और रूबेला का नियमित परीक्षण किया जाता है। गर्भकाल में अलग-अलग समय पर रक्त के सैम्पल लेकर डॉक्टर इन स्थितियों का परीक्षण करते हैं।

**जन्मजात रोगों के सम्बन्ध में कब चिन्ता करनी चाहिए?**

आपके बच्चे को जन्मजात रोगों का खतरा अधिक हो सकता है, यदि वह निम्नलिखित तीन कारणों में से किसी में आता है

1. पहले बच्चे में जन्मजात रोग।
2. परिवार में जन्मजात विकारों का इतिहास जिनके दोहराये जाने की सम्भावना रहती है।
3. यदि माँ की उम्र 35 वर्ष से अधिक हो तो बच्चे में अभावपरक संलक्षणों का खतरा बढ़ जाता है।

**क्या सामान्य रक्त परीक्षणों से जन्मजात विकारों को परखा जा सकता है?**

अध्ययन से पता चलता है कि प्रसव पूर्व होने वाली रक्त की जाँचों से 90 प्रतिशत जन्मजात विकारों का पता नहीं चल पता है। जाने जा सकने योग्य 10 प्रतिशत जन्मजात रोगों के लिए अलग से चार प्रकार के टेस्ट हैं एमनियोसेन्टीसिस, करौलिक विलि सैम्पलिंग, अल्फा फैटो प्रोटीन (ए एफ पी) जैसे टेस्ट और अल्ट्रासाउण्ड स्कैनस।

# गर्भस्थ शिशु का विकास (Prenatal Development)

गर्भकालीन अवस्था गर्भाधान से लेकर शिशु जन्मपूर्व तक की सम्पूर्ण अवस्था को मानी जाती है, जो कम से कम 180 दिन और अधिक से अधिक 334 दिन की होती है।

## गर्भित डिम्ब का आरोपण तथा वृद्धि

गर्भाधान के 24 घन्टों के अन्दर ही गर्भित अण्डाणु के विकास की क्रिया प्रारंभ हो जाती है। विकास क्रम में एक कोशिका एक से दो, दो से चार, चार से आठ इसी क्रम में बढ़ती जाती है, जो लगभग 9 माह में सम्पूर्ण मानव शिशु के रूप में विकसित हो जाती है। कोशिका वृद्धि की सबसे बड़ी विशेषता यह होती है कि प्रत्येक नयी कोशिका गुण व रूप में अलग-अलग भागों, जैसे अस्थियों माँसपेशियों, त्वचा, तांत्रिकाओं आदि का निर्माण करती है। लगभग नौ दिनों तक गर्भित अण्डाणु में यह कोशिका विभाजन की क्रिया चलती रहती है। 9 से 10 वें दिन के बीच यह गर्भित अण्डाणु खिसककर गर्भाशय में पहुँच जाता है और गर्भाशय की दीवार में गहराई से चिपक जाता

### गर्भकालीन विकास की विशेषतायें

गर्भकालीन विकास में निम्न विशेषतायें पायी जाती हैं

1. यह अवस्था गर्भाधान से लेकर जन्म के पूर्व तक चलती है।
2. इस अवस्था में अन्य अवस्थाओं की तुलना में विकास की गति बहुत तीव्र होती है।
3. इस अवस्था में मुख्यतः शारीरिक विकास ही होता है।
4. समस्त शरीर रचना, भार, आकार तथा आकृतियों का निर्माण इसी अवस्था में होता है।

है, इस क्रिया को आरोपण कहते हैं। इस समय शिशु माँ पर अपने पोषण के लिये आश्रित हो जाता है।

आरोपण क्रिया के दौरान गर्भित अण्डाणु की ऊपरी परत फटकर असमान आकार ग्रहण कर लेती है। यह परत उसे गर्भाशय की दीवार से चिपकाये रखने का कार्य करती है। अब इसमें दो परतें होती हैं। बाह्य परत कोरिऑन तथा अंदर वाली परत एम्नीऑन कहलाती है। प्रथम तीन सप्ताह के अन्दर कोरिऑन में उंगलियों जैसे नुकीले उभार बन जाते हैं। इन उभारों में से कुछ ही दिनों में रुधिर वाहिनियाँ बन जाती हैं जिनमें से कुछ रुधिर वाहिनियाँ मिलकर नाभि धमनी और नाभि शिरा का निर्माण करती हैं। दो नाभि धमनियाँ तथा एक नाभि शिरा मिलकर नाभि रज्जु का निर्माण करती हैं।

गर्भाशय की दीवार में जिस स्थान पर गर्भित अण्डाणु आरोपित होता है वहाँ की दीवार का पृष्ठ भाग गर्भनाल के रूप में विकसित होता है। इसे अपरा भी कहते हैं। सम्पूर्ण गर्भकालीन अवस्था में यह बढ़कर लगभग 15 से 18 सेमी. व्यास की तथा 450 ग्राम भार की हो जाती है। शिशु जन्म के समय यह स्वतः ही गर्भाशय की दीवार से अलग हो जाती है। गर्भनाल माँ के रक्त से शिशु को पोषित करने का कार्य करती है। गर्भनाल का निर्माण शिशु और माँ दोनों के ही शरीर के भागों से होता है। इसमें गर्भाशय की दीवार की भीतरी परत तथा गर्भित अण्डाणु की बाह्य परत कोरिऑन सम्मिलित रहती है।

चौथे माह से गर्भस्थ शिशु का पोषण नाभि रज्जु की दो धमनियों द्वारा होने लगता है। नाभि धमनियाँ शुद्ध रक्त माँ के शरीर से लेकर गर्भनाल तक पहुँचाती हैं जिससे शिशु का पोषण होता है। अतः भ्रूण का पोषण नाभि रज्जु द्वारा गर्भनाल से रक्त प्राप्त करके होता है।

रक्त के साथ-साथ ऑक्सीजन भी गर्भस्थ शिशु माता से ही प्राप्त करता है, कार्बन डाइ-ऑक्साइड नाभि रज्जु द्वारा माता के रक्त को शिशु तक पहुँचाती हैं तथा नाभि शिरायें भ्रूणीय अशुद्ध रक्त को गर्भनाल में पहुँचाती हैं।

प्रारम्भ से ही भ्रूण की आंतरिक परत एम्नीऑन झिल्ली के अंदर पीले रंग का तरल पदार्थ का भरना आरंभ हो जाता है, जो शिशु को चारों ओर से घेरे रहता है। इसका प्रमुख कार्य शिशु को बाह्य आघातों से बचाना है। यह तरल पदार्थ गर्भाशय के तापमान को एक सा बनाये रखता है। प्रसव के समय यह थैली फट जाती है जिससे प्रसव आसान हो जाता है।

## गर्भकालीन विकास की अवस्थायें

गर्भकालीन अवस्था में विकास की गति बहुत तीव्र होती है। इसलिए अध्ययन की सुविधा की दृष्टि से इसे तीन भागों में विभक्त किया गया है।

1. डिम्बावस्था।
2. भ्रूणावस्था।
3. गर्भस्थ शिशु की अवस्था।

### *डिम्बावस्था*

डिम्बावस्था को बीजावस्था का भी नाम दिया गया है। यह अवस्था गर्भधान से लेकर दो सप्ताह तक चलती है। इस अवस्था में गर्भस्थ जीव अण्डे के आकार का होता है, इसे जाइगोट कहते हैं। इसका आकार आलपिन के सिर के समान होता है और इसके अंदर लगातार कोशिका विभाजन की क्रिया चलती रहती है लेकिन ऊपर से इसके स्वरूप में कोई बदलाव नहीं आता है। लगभग एक सप्ताह तक यह अण्डाकार जीव गर्भाशय की दीवार से चिपक जाता है। इस क्रिया को आरोपण कहते हैं। यह क्रिया गर्भधान के 10 दिन के पश्चात् होती है। आरोपण क्रिया में थायरॉइड और पिट्यूटरी ग्रंथि मददगार होती है।

अगर माँ के शरीर में थायराइड तथा पिट्यूटरी ग्रंथियाँ अपना कार्य ठीक तरह से नहीं करती हैं तो आरोपण क्रिया सम्पन्न नहीं हो पाती है। परिणामस्वरूप जाइगोट अपना पोषण स्वयं अधिक दिनों तक न कर पाने के कारण मृतप्राय हो जाता है जिससे आगे का विकास समाप्त हो सकता है।

आरोपण क्रिया के क्रम में जाइगोट की ऊपरी परत फट कर असमान आकार ले लेती है और यही उसे गर्भाशय से चिपकाये रखने का कार्य करती है। यहीं से गर्भनाल की रचना शुरू हो जाती है। गर्भनाल से ही डिम्ब माता के रक्त से अपना पोषण करता है।

### *भ्रूणावस्था*

यह गर्भकालीन विकास की दूसरी अवस्था है, जो तीसरे सप्ताह से लेकर दूसरे मास के अंत तक चलती है। गर्भकालीन विकास की दृष्टि से यह अत्यन्त महत्त्वपूर्ण अवस्था है क्योंकि समस्त शरीर रचना, आकार तथा आकृतियों का निर्माण इसी अवस्था में होता है। इस अवस्था के अन्त तक भ्रूण मानव आकृति प्राप्त कर लेता है। इस अवस्था में विकास की गति बहुत तीव्र होती है जिससे भ्रूण के अंदर अनेकों महत्त्वपूर्ण परिवर्तन होते हैं। शरीर के सभी प्रमुख अंगों का निर्माण इसी अवस्था में होता है। दूसरे माह के अंत तक भ्रूण का स्वरूप नवजात शिशु के समान नहीं होता है। सिर का आकार अन्य अंगों की अपेक्षा बड़ा होता है, कान भी सिर से काफी नीचे प्रतीत होते हैं, नाक में भी केवल एक छिद्र होता है और माथा काफी चौड़ा दिखायी देता है।

भ्रूणावस्था में जो भी विकास होता है वह तीन परतों से होता है। कोशिका विभाजन की निरन्तरता से डिम्ब तीन परतों में बँट जाता है। प्रथम परत बाह्य परत कहलाती है। इससे त्वचा, बाल नाखून, दाँत त्वचा, त्वचा ग्रंथियाँ तथा नाड़ी मण्डल का निर्माण होता है। द्वितीय परत मध्य परत कहलाती है। इससे त्वचा के भीतरी भाग माँसपेशियों का निर्माण होता है। तीसरी परत आंतरिक परत कहलाती है। इससे सम्पूर्ण पाचन तंत्र, फेफड़े, यकृत तथा विभिन्न ग्रंथियों का निर्माण होता है।

**भ्रूणावस्था का महत्त्व**   प्राणी के विकास की दृष्टि से भ्रूणावस्था अत्यधिक महत्त्वपूर्ण अवस्था है। इस अवस्था में होने वाला विकास जीवनपर्यन्त तक विकास के विभिन्न क्षेत्रों को प्रभावित करता है क्योंकि समस्त शरीर रचना, आकार तथा आकृतियों का निर्माण इसी अवस्था में होता है। इसलिये यदि इस अवस्था के विकास में कोई रूकावट आ जाती है या किसी अंग का विकास नहीं हो पाता है तो बाद के विकास क्रम में उसका विकसित होना संभव नहीं होता है। अतः इस अवस्था में गर्भवती महिलाओं को विशेष सावधानी रखने की आवश्यकता होती है। अनुपयुक्त तथा असंतुलित भोजन, मानसिक तनाव, संवेगात्मक आघात, रोग व चोट, गर्भकालीन एक्सरे, गर्भकालीन औषधियाँ सभी भ्रूण के विकास को प्रभावित करती हैं। अतः गर्भवती महिलाओं को चाहिये कि वह संतुलित व पौष्टिक भोजन लें, संवेगात्मक तनावों से बचें तथा भ्रूण को हानि पहुँचाने वाली सभी परिस्थियों से बचें। असावधानी से गर्भपात हो जाता है।

भ्रूणावस्था में नाभिनाल का विकास भी तीव्र गति से होता है। प्रारंभ में यह पतले धागे के समान होती है परन्तु धीरे-धीरे यह अंगूठे की मोटाई के आकार की हो जाती है। एक ओर यह भ्रूण से तथा दूसरी ओर यह नाभि रज्जु से जुड़ी रहती है।

भ्रूणावस्था में ही भ्रूण के चारों ओर थैली का निर्माण हो जाता है। इसमें तरल पदार्थ भरा होता है जिसे उल्व कहते हैं। यह तरल पदार्थ भ्रूण को चोट आदि से बचाता है। शिशु विकास के साथ-साथ इस सुरक्षात्मक थैली का आकार भी बढ़ता जाता है। इस थैली में भरा हुआ तरल

पदार्थ प्रसव के समय शिशु को गर्भ द्वार से बाहर आने में मद्दद करता है। नाभिनाल तथा नाभि रज्जु शिशु को ऑक्सीजन, पानी और भोजन रक्त के द्वारा पहुँचाती है। नाभिनाल छलनी का भी कार्य करती है।

## गर्भस्थ शिशु की अवस्था

गर्भकालीन विकास की तीसरी तथा आखिरी अवस्था गर्भस्थ शिशु की अवस्था कहलाती है। यह तीसरे माह के प्रारंभ से जन्म लेने के पूर्व तक होती है। यह अवस्था निर्माण की नहीं अपितु विकास की होती है क्योंकि भ्रूणावस्था में जिन-जिन अंगों का निर्माण हो जाता है, उन्हीं का विकास इस अवस्था में होता है। इस अवस्था के प्रारंभ होने से अंत तक प्रत्येक माह गर्भस्थ शिशु के भार तथा लम्बाई में निरंतर वृद्धि होती रहती है।

**तीसरा माह** तीसरे महीने से प्रत्येक महीने गर्भस्थ शिशु के भार तथा आकार में वृद्धि होती रहती है। तीसरे माह के अंत तक लम्बाई 6 सेमी. तथा भार 3/4 औंस हो जाता है। हाथ तथा पैरों में अँगुलियाँ बन जाती हैं तथा समस्त शरीर पर पतली मुलायम गुलाबी रंग की त्वचा आ जाती है। गर्भ का पोषण अब गर्भनाल से नाभि रज्जु द्वारा होने लगता है।

**चौथा माह** चौथे माह में शिशु का सिर अधिक बड़ा हो जाता है तथा सिर पर छोटे-छोटे बाल भी आ जाते हैं। इस समय शिशु की लम्बाई 11-13 सेमी. तथा भार 110 ग्राम हो जाता है। हाथ पैर की उँगलियों में नाखून बन जाते हैं तथा कमर स्पष्ट हो जाती है तथा मसूड़ों के अंदर दाँतों के विकास की प्रक्रिया प्रारंभ हो जाती है। गर्भवती के पेट का आकार कुछ बड़ा हो जाता है।

**पाँचवाँ माह** पाँचवें माह में शिशु की लम्बाई 20 सेमी. तथा भार 300 ग्राम हो जाता है। हृदय की धड़कन प्रारंभ हो जाती है। माँसपेशियाँ सक्रिय हो जाती हैं जिससे शिशु की क्रियाशीलता में वृद्धि हो जाती है। समस्त आंतरिक अंग भी अपना कार्य प्रारंभ कर देते हैं।

**छठा माह** छठवें माह में त्वचा रोंयेदार हो जाती है तथा शिशु शरीर पर तरल पदार्थ एकत्रित होने लगता है। इस अवस्था में सिर का विकास भी तीव्र गति से होता है। सिर जो कि तीसरे माह के अंत तक सम्पूर्ण शरीर का 1/3 भाग होता है, वह छठवें माह के अंत तक सम्पूर्ण शरीर का 1/2 भाग हो जाता है।

**सातवाँ माह** सातवें माह में शिशु माँ के पेट में स्थिर हो जाता है और जन्म लेने तक उसी स्थिति में पड़ा रहता है।

**आठवाँ माह** आठवें माह में शिशु का वजन 5 पौंड तथा लम्बाई 18 इंच हो जाती है। त्वचा लाल तथा झुर्रीदार हो जाती है। समस्त अस्थियों का निर्माण कार्य पूर्ण हो जाता है, किन्तु शरीर पर वसा भी एकत्र होने लगती है। हृदय, फेफड़े तथा नाड़ी मण्डल अनुपात में आ जाते हैं और अपना कार्य प्रारंभ कर देते हैं।

**नौवाँ माह** नवें माह में शिशु की त्वचा पर स्वभाविक रंग आ जाता है। सिर पर घने बाल आ जाते हैं। इस समय से शिशु गर्भाशय में धीरे-धीरे नीचे की ओर खिसकने लगता है और जन्म तक इसी स्थिति में रहता है। शिशु के जन्म के लिये 275 से 280 दिन की आवश्यकता होती है।

## गर्भस्थ शिशु का क्रमिक शारीरिक विकास

गर्भस्थ शिशु का क्रमिक शारीरिक विकास निम्नलिखित तरह से होता है

# गर्भावस्था के लक्षण

(1) **गर्भधान के उपरांत** इस समय इसका आकार आलपिन के सिर के समान होता है। यह धीरे-धीरे आगे गर्भाशय की ओर खिसकता है। 3 से 5 दिन में यह गर्भाशय तक पहुँच जाता है। इस समय अपना पोषण स्वयं ही करता है।

(2) **6 दिन बाद** डिंब कोशिका विभाजन की क्रिया से बहुकोशिकीय हो जाता है और गर्भाशय की दीवारों से सम्बन्ध स्थापित कर लेता है। यह क्रिया आरोपण कहलाती है। गर्भाशय की रक्त कोशिकाओं के साथ सम्बन्ध हो जाने से अब डिंब अपना पोषण माँ के शरीर से करता है।

(3) **9-10 दिन** डिंब की बाह्य सुरक्षात्मक परत समाप्त हो जाती है और डिंब के चारों ओर छोटी-छोटी अँगुलियों के समान उभारदार संरचनायें बन जाती हैं, जो गर्भनाल की रचना करती हैं।

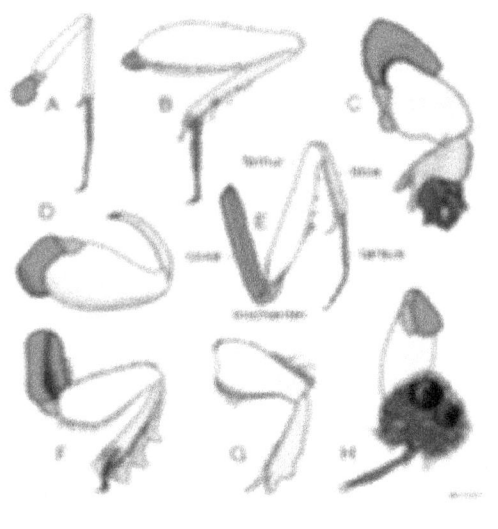

(4) **दूसरा सप्ताह** बहुकोशिकीय डिंब तीन अलग-अलग परतों में विभक्त हो जाता है।

(5) **तीसरा सप्ताह** कोशिकाओं का समूह विकृत आकार का हो जाता है और शिशु के विभिन्न अंगों का निर्माण कार्य प्रारंभ हो जाता है। सिर तथा मस्तिष्क का विकास तीव्र गति से होता है, आँखों की जगह गड्ढे बन जाते हैं।

(6) **चौथा सप्ताह** इस अवस्था में इसका आकार लगभग 0.4 सेमी. तक हो जाता है। विकास की गति तीव्र, हृदय, यकृत, पाचन तंत्र, मस्तिष्क तथा फेफड़ों का निर्माण प्रारंभ हो जाता है। इस समय माँ को यह अनुभूति होती है कि वह गर्भवती है।

(7) **पाँचवाँ सप्ताह** इस समय इसका आकार लगभग 1 सेमी. तक हो जाता है। भ्रूण कमान की तरह झुक जाता है और देखने में अर्द्ध चन्द्राकार दिखायी देता है। रीढ़ की अस्थि का बनना प्रारंभ हो जाता है। अन्य अंगों की तुलना में सिर के विकास की गति तीव्र जाती है। इस अवस्था में हाथ पैर का बनना प्रारंभ हो जाता है।

(8) **छठा सप्ताह** इस अवस्था में लम्बाई लगभग 2.5 सेमी. तक हो जाती है। हाथ तथा पैर में उंगलियाँ बनना प्रारंभ हो जाता है। छोटी सी पूँछ भी बन जाती है। इस अवस्था में हृदय की धड़कन भी आरंभ हो जाती हैं।

(9) **सातवाँ सप्ताह** इस अवस्था में कान तथा पलकों का बनना प्रारंभ हो जाता है। इस समय मानव स्वरूप स्पष्ट हो जाता है। आन्तरिक अंगों का विकास भी प्रारंभ हो जाता है।

(10) **आठवाँ सप्ताह** इस अवस्था में गर्भनाल और सुरक्षात्मक झिल्ली पूरी तरह विकसित हो जाती है। इस अवस्था में झिल्ली के समान पदार्थ भी स्रावित होने लगती है, जिसमें शिशु तैरता रहता है। इस अवस्था में आँखें तथा नाक का बनना प्रारंभ हो जाता है।

# गर्भावस्था के लक्षण

(11) **तीसरा माह** इस समय इसका आकार लगभग 14.2 ग्राम तक हो जाता है। लम्बाई लगभग 6.5 सेमी. तक हो जाती है। इस समय आकार में वृद्धि होती है। पूँछ समाप्त हो जाता है, शरीर पर पतला पारदर्शी त्वचा चढ़ जाता है। पेट के आकार में भी वृद्धि होती है।

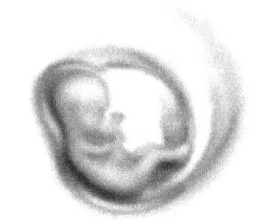

(12) **चौथा माह** इस समय वजन लगभग 113.6 ग्राम तक हो जाता है। इसकी लम्बाई लगभग 10-12.5 सेमी. तक हो जाती है। इस समय हाथ तथा पैर की अँगुलियों का पूर्ण विकास होता है, नाखून बनना प्रारंभ हो जाता है, सिर सीधा तथा पीठ झुकी हुई संरचना में होती है, सिर पर एक दो बाल भी उग जाते हैं, मसूड़ों में दाँतों का विकास भी प्रारंभ हो जाता है, बाह्य जननांगों का निर्माण भी शुरू हो जाता है, फेफड़ों का निर्माण भी हो जाता है, लेकिन ये श्वसन के लिये तैयार नहीं होते हैं। इस समय माँसपेशियों की क्रियाशीलता भी प्रारंभ हो जाती है।

(13) **पाँचवाँ माह** इस समय इसका वजन लगभग 298 ग्राम होता है तथा लम्बाई लगभग 20 सेमी. तक होती है। इस समय भ्रूण की हलचल भी प्रारम्भ हो जाती है, माँ के पेट के आकार में वृद्धि होने लगती है। इस अवस्था में शिशु की हृदय की धड़कन को आसानी से स्टेथोस्कोप द्वारा सुना जा सकता है। माँ के द्वारा भ्रूण की हलचल का अनुभव भी किया जा सकता है।

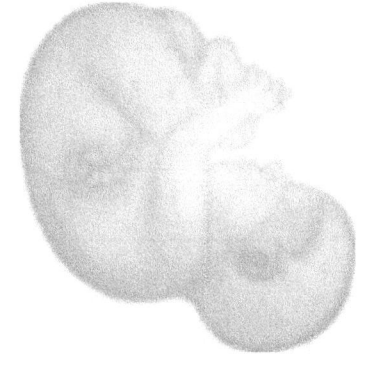

(14) **छठा माह** इस अवस्था में इसका वजन लगभग 600 ग्राम तक होता है। इसकी लम्बाई 30 सेमी. तक होती है। इस समय लम्बाई में तेजी से वृद्धि होती है। गतिशीलता में भी वृद्धि होती है। इस समय भ्रूण जल्दी-जल्दी अपनी स्थिति में परिवर्तन करता है, वह दायें-बायें, ऊपर-नीचे गति करता रहता है। इस अवस्था में सिर पर बाल आ जाते हैं।

(15) **सातवाँ माह** इस समय इसका वजन लगभग 1.1 किग्रा. होता है तथा लम्बाई 35 सेमी. होती है। आँखें खुल जाती हैं, फेफड़े पूरी तरह तैयार हो जाते हैं, भ्रूण की क्रियाशीलता में कमी, भ्रूण एक स्थिति में स्थिर हो जाता है, अधिकांशतः सिर नीचे और पैर ऊपर रहते हैं, जन्म लेने तक इसी स्थिति में रहता है। भ्रूण स्वतंत्र जीवन के लिए तैयार हो जाता है। अगर किसी कारण से 7 माह में शिशु का जन्म हो जाता है तो वह उचित देखभाल के द्वारा जीवित रह सकता है।

(16) **आठवाँ माह** इस समय उसका वजन लगभग 1.9 किग्रा. होता है तथा लम्बाई लगभग 40 सेमी. होती है। इस समय शरीर पर रोंयेदार बाल आ जाते हैं, त्वचा का रंग लाल हो जाता है।

(17) **नौवाँ माह** इस समय उसका वजन लगभग 2.75 किग्रा. होता है तथा लम्बाई लगभग 45 सेमी. होती है। इस समय सिर पर घने बाल आ जाते हैं, त्वचा के नीचे वसा एकत्र होने

लगता है। ऊपरी त्वचा लाल तथा झुर्रीदार होती है लेकिन अस्थियों का विकास पूर्ण लेकिन लचीली होती है।

(18) **नौवें माह की समाप्ति तक** इस समय उसका वजन लगभग 3.7 किग्रा. होता है तथा लम्बाई लगभग 50 सेमी. होती है। इस समय शरीर के सभी अंगों का पूर्ण विकास हो चुका होता है और शिशु धीरे-धीरे नीचे गर्भाशय में खिसकना प्रारम्भ कर देता है, जिससे गर्भाशय का दबाव मूत्राशय पर पड़ता है तथा गर्भवती को बार-बार पेशाब की शिकायत होती है।

## गर्भकालीन विकास को प्रभावित करने वाले तत्त्व (Elements Affecting Gestational Development)

शिशु के गर्भकालीन विकास की प्रक्रिया पर अनेक तत्त्वों का प्रभाव पड़ता है जैसे गर्भवती स्त्री का आहार, गर्भवती स्त्री का स्वास्थ्य, माता-पिता की उम्र, माँ की संवेगात्मक अनुभूतियाँ आदि।

1. **माँ का आहार** माँ के आहार का गर्भस्थ शिशु के विकास पर बहुत अधिक प्रभाव पड़ता है। इसलिए गर्भवती स्त्री को संतुलित आहार ग्रहण करना चाहिए।
2. **माँ का स्वास्थ्य** गर्भस्थ शिशु माँ के स्वास्थ्य से प्रभावित होता है। अतः गर्भवती के स्वास्थ्य की उचित देखभाल करनी चाहिए।
3. **मादक द्रव्य तथा तम्बाकू** गर्भवती को मादक द्रव्य एवं तम्बाकू का सेवन नहीं करना चाहिए। ये गर्भस्थ शिशु के स्वास्थ्य पर प्रतिकूल प्रभाव डालते हैं।
4. **माँ की संवेगात्मक अनुभूतियाँ** अगर स्त्री गर्भावस्था में प्रसन्न रहती है, उसे किसी तरह का भय नहीं रहता है तो गर्भस्थ शिशु का विकास भी ऐसा ही होता है।
5. **माता-पिता की उम्र** अधिक उम्र के माता-पिता की संतान का स्वास्थ्य अच्छा नहीं रहता है। वे प्रायः अस्वस्थ होते हैं जबकि कम उम्र के माता-पिता की संतान बौद्धिक एवं शारीरिक दोनों रूप से स्वस्थ होते हैं।
6. **जन्म का महीना** गर्भकालीन विकास को जन्म का महीना भी प्रभावित करता है। जिस शिशु का जन्म गर्भ के 7 वें या 8 वें महीने में हो जाता है वे प्रायः अस्वस्थ रहते हैं।

# 4
# शारीरिक परिवर्तन

गर्भ-धारण की प्रक्रिया पुरुष और स्त्री के सम्भोग के उपरान्त होती है। इसके लिए आवश्यक है कि पुरुष द्वारा स्त्री की योनि के माध्यम से गर्भाशय में शुक्राणुओं को प्रवेश कराया जाए। गर्भाशय में शुक्राणु स्त्री के डिम्ब (Ovum) को निषेचित करते हैं। निषेचन कि प्रक्रिया के बाद भ्रूण स्त्री के गर्भ में रहता है और एक निश्चित समय तक विकसित होता है। यह समय लगभग 240 से 260 दिनों का होता है। इस समय की गणना स्त्री के रजोस्राव के अन्तिम दिन से की जाती है। उसके पश्चात स्त्री के गर्भ से शिशु बाहर आता है। यह प्रक्रिया वंश परम्परा को कायम रखने के लिए जरूरी है। मनुष्य में एक निश्चित उम्र तक ही प्रजनन करने की क्षमता होती है। उसके बाद यह क्षमता समाप्त हो जाती है। प्रजनन क्षमता की प्राप्ति पूर्व किशोरावस्था में प्राप्त हो जाती है। उसके बाद लगभग 45 से 50 वर्ष तक रहती है। यह एक अनुमान है। स्वास्थ्य, जलवायु आदि के अनुसार इसमें परिवर्तन भी हो सकते हैं। गर्भ-धारण यौन क्रिया का परिणाम होता है। इसमें नर व मादा के प्रजनन अंगों की महत्त्वपूर्ण भूमिका होती है।

सामान्यतः औरतें माहवारी के न होने को गर्भधारण की सम्भावना से जोड़ती हैं, परन्तु गर्भधारण की प्रारम्भिक स्थिति में अधिकतर महिलाएँ अन्य लक्षण एवं चिन्हों का अनुभव भी करती हैं इनमें शामिल हैं (1) स्तनों में सूजन महसूस करना, ढीलापन या दर्द (2) घबराहट एवं उल्टी जिसे कि पारम्परिक रूप से प्रातःकालीन बीमारी से जोड़ा जाता है। (3) बार-बार मूत्र त्याग (4) थकावट (5) खाने की चीज से जी मितलाना या तीव्र चाहत (6) मूड में उतार चढ़ाव (7) निप्पल के आस-पास का रंग गहरा हो जाना (8) चेहरे के रंग का काला पड़ना।

एक बार माहवारी का न होना सामान्यतः गर्भ धारण का चिन्ह होता है, हालाँकि किसी-किसी महिला को उस समय के आस-पास कुछ रक्त स्राव हो सकता है या धब्बे लग सकते हैं। हाँ, जिस औरत की माहवारी नियमित नहीं रहती उस को यह पता लगने से पहले कि वास्तव में माहवारी नहीं हुई अन्य प्रारम्भिक लक्षणों से पता चल सकता है।

### पहले सप्ताह में माँ के शरीर में होने वाले परिवर्तन

1. गर्भाशय (Uterus) में दर्द महसूस हो सकता है, खासकर स्तनपान कराने पर यह दर्द शुरू हो सकता है, क्योंकि इससे गर्भाशय सिकुड़ने लगता है। स्तनों में दर्द भी महसूस हो सकता है।

2. स्तनों का आकार बढ़ जाता है। गर्भधारण करने के दूसरे या तीसरे दिन से आकार बढ़ने लगता है, जो थोड़ा असुविधाजनक हो सकता है। पेट मुलायम लगता है।

## शारीरिक परिवर्तन

3. प्रसव के बाद कुछ सप्ताह बाद तक योनि स्राव होता है। शुरुआत में यह स्राव लाल रंग का होता है। कुछ दिनों बाद रंग भूरा-गुलाबी होता है और धीरे-धीरे यह और भी हल्का होता चला जाता है। इस दौरान सेनिटरी टॉवेल का इस्तेमाल कर सकती हैं।
4. कई महिलाएँ प्रसव के बाद कुछ दिनों तक काफी रुआँसा महसूस करती हैं। ऐसा हार्मोन के स्तर में परिवर्तन के कारण होता है और यह प्रसव के बाद के अवसाद से भिन्न अवस्था है।
5. सामान्य प्रसव के दौरान मांसपेशियों में खिंचाव के कारण पेशाब रोकने में परेशानी हो सकती है। हँसते, खाँसते या छींकते हुए पेशाब छूट जाता है। इसे नित्य-कर्म पर नियंत्रणहीनता (Incontinence) कहा जाता है।
6. प्रसव के बाद माँ के लिए आराम और पौष्टिक भोजन बहुत जरूरी होते हैं। चिकित्सक की सलाह लेकर व कुशल प्रशिक्षक की देखरेख में व्यायाम भी शुरू करना चाहिए।

गर्भवती स्त्री के शरीर में निम्नलिखित आन्तरिक परिवर्तन होता है

## पेट की दीवारों एवं श्रोणि जोड़ों में होने वाले बदलाव (Changes Occur in Stomach walls and Pelvic Joint)

गर्भावस्था के दौरान गर्भाशय का विकास होता है। गर्भाशय के लिए स्थान बनाने में पेट की दीवारें विकसित होकर फैलती जाती हैं। प्रसव के बाद भी कुछ सीमा तक यह फैली ही रह जाती हैं। इस प्रयत्न में त्वचा के लचीले तन्तुओं के फट जाने से पेट पर लम्बे धारीदार निशान पड़ जाते हैं। इस अवस्था में श्रोणि जोड़ों के स्नायु ढीले एवं नरम हो जाते हैं। गर्भावस्था में इन जोड़ों की गतिशीलता में वृद्धि भी देखने को मिलता है।

## पेशी-कंकाल में होने वाले बदलाव

गर्भावस्था में ऐच्छिक माँसपेशियों का स्वरक कम हो जाता है। इससे कभी-कभी कंधे की मेखला का नीचे उतरना भी सम्भव है। इसका प्रभाव श्वसन संस्थान पर भी होता है। बढ़ते हुए गर्भाशय के फलस्वरूप गर्भावस्था में शरीर का संतुलन बनाए रखने में कठिनाई होती है। इससे पीठ में दर्द होने लगता है। उदर की पेशियों के अधिक फैलने से उनमें ढीलापन आ जाता है। इसका प्रभाव गुदा द्वार के आस-पास की रक्त नलिकाओं पर भी देखा जाता है।

### बढ़ता हुआ गर्भाशय (बच्चेदानी)

पहले तीन महीनों में गर्भाशय की वृद्धि केवल श्रोणि (पेडू) तक ही सीमित होती है। सिर्फ आन्तरिक जाँच से ही इसका पता चल सकता है। छठे से आठवें हफ्ते में गर्भस्थ गर्भाशय की साफ पहचान की जा सकती है। यह मुलायम और बड़ा हो जाता है। गर्भावस्था वाले गर्भाशय में गर्भाशय ग्रीवा मुलायम होता है। पहले तीन महीनों (बारह हफ्तों) के बाद गर्भाशय श्रोणि के (जघन हड्डी) के ऊपर की ओर बढ़ने लगता है। चौथे महीने में पेट में मुलायम बच्चेदानी महसूस की जा सकती है। गर्भाशय की वृद्धि लगातार होती रहती है। गर्भाशय के आकार के हिसाब से हम गर्भकाल का पता लगा सकते हैं। छठे महीने तक गर्भाशय नाभि तक पहुँच जाता है। नौवें महीने तक यह छाती के तल तक पहुँचता है।

## श्वसन क्रियाओं में बदलाव (Changes in Breathing Activities)

गर्भावस्था में ऑक्सीजन का उपभोग 10-32 प्रति मिनट तक बढ़ जाता है। इससे श्वसन क्रिया में उथलापन आ जाता है। जैसे-जैसे गर्भावस्था का समय बढ़ता जाता है वैसे-वैसे श्वसन क्रिया का उथलापन भी बढ़ता जाता है। इस अवस्था में मध्यपेट की क्रिया में बाधा पड़ने से श्वसन का कार्य छाती तक ही सीमित रहता है। परिणाम स्वरूप उदर की पेशियाँ श्वसन क्रिया में सक्रिय भाग नहीं ले पाती हैं। इस उथले श्वास का कारण रक्त प्रवाह में विद्यमान प्रोजेस्टीरोन भी हो सकता है।

इन परिवर्तनों के अतिरिक्त पितरंजक तथा कोलेस्टोरोल अधिक निर्मित होने लगते हैं और यकृत को अधिक कार्य करना पड़ता है। इस अवस्था में भ्रूण के यकृत में लोहे का संग्रह अधिक होता है।

## गर्भाशय, ग्रीवा एवं योनिमार्ग में बदलाव (Changes in Uterus, Cervix and Vaginal Opening)

गर्भावस्था में हार्मोन्स का प्रभाव प्रजनन मार्ग के तन्तुओं पर ज्यादा पड़ता है। गर्भावस्था के पेशीय तन्तु, पूर्व स्थिति की अपेक्षा गर्भवधि में लम्बाई में 15 गुना बढ़ जाते हैं। गर्भाशय का भार 50 ग्राम से 950 ग्राम तक बढ़ जाता है। दूसरे माह के अन्त तक गर्भाशय का आकार नाशपाती के जैसा ऊपर से विस्तृत एवं नीचे सामान्य हो जाता है। आठवें सप्ताह तक इसका व्यास 2 इंच, बारहवें सप्ताह तक 3.5 से 4 इंच और सोलहवें सप्ताह तक 6 इंच बढ़ जाता है। गर्भाशय का अग्रभाग 24 वें सप्ताह तक नाभि के ऊपर तक पहुँच जाता है। गर्भावस्था के अन्तिम माह में गर्भाशय अपनी उच्चतम सीमा पर पहुँच कर निचली पसलियों तक पहुँच जाता है। इसी अन्तिम मास में गर्भाशय का अग्रभाग पुनः नीचे की ओर गिरता है। गर्भाशय अब एक श्रोणि अंग न रहकर एक बड़ी माँसपेशीय थैली का आकार ले लेता है, जिसमें भ्रूण, अपरा, उल्व तरल आदि को शरण प्राप्त होती है। इसके आकार में परिवर्तन के मुख्य कारण प्रत्येक पेशीय तन्तु की गुणन क्रिया, प्रत्येक तन्तु के आकार में वृद्धि, अधिक फैलाव और गर्भाशयी रक्त नलिकाओं के आकार में बहुत अधिक वृद्धि आदि है। अधिक प्रसरण से गर्भाशयी दीवारों की पेशियाँ पतनी पेशी को ऊपर की तरफ धकेलता है। गर्भिणी के सीधे खड़े होने पर भारी गर्भाशय का निम्न महाशिरा पर दबाव पड़ता है जिससे रक्त प्रवाह में बाधा आती है। पेशियों के आकार का बढ़ना ईस्ट्रोजन और प्रोजेस्टीरोन के कारण होता है।

गर्भाशयी पेशियों के तीन मुख्य स्तर होते हैं (क) बाह्य पेशीय आवरण (ख) आंतरिक स्तर पेशी जाल (ग) इन दोनों के मध्य से रक्त नलिकाएं विभिन्न दिशाओं से प्रवेश करती हैं। गर्भावधि में सामान्य रूप से विशेष प्रकार का पेशीय संकुचन पाया जाता है। जिसकी गति पहले अनियमित होती है लेकिन बाद में नियमित हो जाती है। इस संकुचन का कारण एक विशेष प्रकार का हार्मोन होता है। यह हार्मोन सामान्यतः पेशीय कोशों में पाया जाता है। इसकी साँद्रता के बढ़ने से अस्थि पेशियों की यांत्रिक संकुचन की क्रियाएँ बढ़ जाती है एवं रक्त प्रवाह की मात्रा भी बढ़ जाती है।

कुछ गर्भाशयी परिवर्तन भी होते हैं जैसे पतनिका का विकास, माँसपेशी स्तर की वृद्धि, नलिकाओं का फैलाव, ग्रीवा का नरम होना आदि। गर्भाशयी अन्तः स्तर की वृद्धि का कारण हार्मोन उत्तेजन के अतिरिक्त पेशियों का फैलाना भी है जिससे वृद्धि के लिए उत्तेजना मिलती है। प्रथम कुछ सप्ताहों में संयोजन तन्तुओं एवं पेशियों के ऊतकों में सक्रिय समसूत्री कोष विभाजन होता है। इससे गर्भाशय का आकार अति शीघ्र बढ़ता है। अन्तिम सप्ताहों में गर्भाशय का आकार कोश विभाजन से न होकर प्रत्येक कोश के आकार के बढ़ने से बढ़ता है। सम्पूर्ण गर्भावधि में विशेष प्रकार के गर्भाशयी संकुचन पाए जाते हैं जो प्रसव के संकुचन से मिलते जुलते हैं लेकिन ये पूर्णतः अनैच्छिक एवं पीड़ारहित होते हैं।

गर्भाशय की अपेक्षा ग्रीवा का आकार कम बढ़ता है। ग्रीवा के मार्ग की ग्रन्थियों का आकार बढ़ता है, ग्रीवा नरम हो जाती है और हल्के नीले रंग की दिखाई देती है। ग्रन्थियाँ श्लेष्मा से भर जाती है। जिसको श्लेष्मा डॉट भी कहते हैं। ग्रीवा के नीले रंग का कारण शिराओं का घनापन होता है। रक्त नलिकाओं का जाल बढ़ जाता है और कुछ सीमा तक ग्रीवा में सूजन भी आ जाती है।

ग्रीवा के मार्ग में पाए जाने वाले स्तम्भाकार उपकला तन्तु ग्रीवा की सूजन के परिणाम स्वरूप योनि के स्राव से सरलता से प्रभावित हो जाते हैं। ग्रीवा के परिवर्तन का प्रमुख कारण ईस्ट्रोजन है जो कि ग्रीवा के संयोजक तन्तुओं को अधिक आर्द्रता ग्राही बनाकर, जोड़ने वाले अम्लीय म्यूकोपॉली सैक्रेइड को ढीला बनाते हैं। इससे प्रसव के समय ग्रीवा सरलता से विस्फारित हो जाती है।

योनिमार्ग की श्लेष्मिक झिल्ली अधिक मोटी होती है एवं पेशियाँ भी बढ़ जाती है। ईस्ट्रोजन के कारण इनमें भी परिवर्तन होते हैं। गर्भावस्था में योनि मार्ग का रंग भी हल्का नीला हो जाता है और योनि की दीवारें ढीली एवं नरम हो जाती है। स्राव की प्रतिक्रिया अम्लीय होती है जो संक्रमण की सम्भावनाओं को कम करता है। योनि मार्ग की शिराएँ कुछ शरीर वैज्ञानिक कारणों से अधिक फूल जाती है।

# स्तनों में होने वाले बदलाव (Changes in Breast)

गर्भावस्था में स्तनों की ग्रन्थियों का आकार बढ़ जाता है जो संयोजक तन्तुओं के जाल को प्रभावित करता है। स्तनों की सतह की पालिका तनावपूर्ण हो जाती है। इस अवस्था में स्तनों पर कुछ गाँठें दिखाई देती हैं लेकिन स्पर्श करने पर नरम लगते हैं। चुचुक तथा उसके आस-पास का भाग गहरे काले रंग का हो जाता है और अब चुचुकों को दबाने से साफ पीले रंग का स्राव निकलता है। इन पर 10 से 20 तक छोटी वर्णरहित ग्रन्थिकाएँ उत्पन्न हो जाती है। यह वसामय ग्रन्थियों की बहुत अधिक वृद्धि के कारण उत्पन्न होते हैं। स्तनों में रक्त नलिकाओं की शाखाओं प्रशाखाओं में भी वृद्धि होती हैं और शिराएँ विस्फारित हो जाती है। इससे स्तनों पर धारियाँ दिखाई देने लगती हैं। उपयुक्त परिवर्तन अग्रपीयूष ग्रन्थियों से निकलने वाले प्रोलेक्टीन के उद्दीपन के परिणामस्वरूप दिखाई देते हैं। ईस्ट्रोजन के कारण चुचुकों का दृढ़ होना, सक्रियता आदि लक्षण उत्पन्न होते हैं। स्तनों की सतह पर होने वाली सूजन के कारण गर्भवती को कभी-कभी पीड़ा और चुभने जैसा अनुभव होता है।

इस अवस्था में प्रत्येक स्तन का आयतन, सामान्य स्थिति के आयतन से लगभग एक तिहाई तक बढ़ जाता है। चुचुकों से होने वाला साफ पीले रंग का स्राव बारहवें सप्ताह से शुरू होने लगता है। इसको कोलेस्ट्रम कहते हैं। इसमें वसा, जल, आल्ब्यूमिन, लवण तथा कोलोस्ट्रम के कोश पाए जाते हैं। इस अवस्था में चुचुकों का क्षेत्रफल भी बढ़ जाता है तथा अधिक अच्छायी या ऊर्ध्वशोषी होता है।

> **स्तनों में होने वाले बदलाव**
>
> गर्भावस्था की आरम्भिक अवस्था से ही स्तन बढ़ने लगते हैं। सबसे पहले भारीपन लगता है। फिर निपल के पास की गुलाबी त्वचा काली पड़ने लगती है। ये सारे बदलाव ऐस्ट्रोजन के कारण होते हैं। महिला खुद स्तनों के बदलावों को महसूस कर सकती है।
>
> बाद की गर्भ की तुलना में स्तनों में बदलाव पहली गर्भ में ज्यादा स्पष्ट होते हैं। पहली गर्भावस्था के दौरान इनके आकार में जो वृद्धि हुई होती है उसमें से थोड़ी वैसी ही बनी रहती है। यहाँ तक की निपल का रंग भी वैसा ही बना रहता है।

## हार्मोन्स स्राव में बदलाव (Changes in Hormones)

अपरा के हार्मोन पत्निका का भरण पोषण करते हैं, प्रजनन अंगों की कोशिकाओं की मात्रा बढ़ाते हैं तथा स्तनों की ग्रन्थि के कोशों के कम प्रसरण को भी बढ़ाते हैं। गर्भावस्था में ACTH, थाइरोट्रोपिन की क्रियाशीलता बढ़ जाती है तथा अधिवृक्क ग्रन्थियों से स्रावित कार्टिकोस्टीरोन हार्मोन की मात्रा बढ़ जाती है जिससे पेट पर निशान बढ़ जाते हैं। इस अवस्था में उच्च रक्तचाप, मूत्र में ग्लूकोज की मात्रा भी बढ़ जाती है। हार्मोन के कारण वजन भी बढ़ सकता है। गर्भावस्था में थाइराइड का आकार बढ़ जाता है जो मुख्यतः कलिन के निक्षेपण के कारण होता है। इसके अतिरिक्त गर्भावस्था में आयोडिन का निष्कासन गुर्दों के द्वारा अधिक मात्रा में होता है। परिणामस्वरूप रक्तवारी में आयोडिन की मात्रा कम हो जाती है।

## उपापचय की क्रिया में होने वाले बदलाव (Changes Occur in Activity of Metabolism)

गर्भावस्था में भ्रूण द्वारा अधिक पोषण एवं ऑक्सीजन की माँग, गर्भाशय की वृद्धि एवं विकास तथा स्तनपान कराने के लिए आवश्यक तैयारी के कारण माता की अपचयात्मक एवं पोषक माँगों में वृद्धि होती है। पाचन प्रणाली की माँसपेशियाँ ढीली पड़ जाती हैं जिससे गर्भावस्था में कई कठिनाइयाँ उत्पन्न हो जाती हैं। आमाशयिक स्राव का कम हो जाना तथा आहार का आमाशय में अधिक देर पड़े रहना इनमें प्रमुख हैं। प्रसव के पहले तो 48 घंटे तक आहार आमाशय में पड़ा रहता है। आँतों की धीमी गति के कारण अवशोषण पर अच्छा प्रभाव पड़ता है लेकिन कब्ज होने की सम्भावना बनी रहती है। गर्भावस्था के प्रारम्भिक सप्ताहों में रक्त में जरायुजन्य ग्रोनेडोट्रोपिन की उपस्थिति के कारण, मनोवैज्ञानिक भी हो सकता है। लेकिन अधिक वमन की मात्रा एवं गति नाड़ी दौर्बल्य के कारण होती है। गर्भावस्था के 14 वें सप्ताह के बाद भूख अच्छी लगती है। प्रोजेस्टीरोन के मुलायम पेशियों पर विमोचन प्रभाव के कारण आँतों की पेशियों में शिथिलता आ जाती है। आमाशय की कार्डियक संवरणी के ढीली होने से छाती में जलन अनुभव होती है।

गर्भवती स्त्री का वजन सामान्य की अपेक्षा अधिक हो जाता है। वजन में 7 से 17 किग्रा. की वृद्धि तक हो सकती है। इसका कारण है, भ्रूण का 3.5 किग्रा अपरा का 0.5, उल्व तरल 0.5 किग्रा गर्भाशय का 1 किग्रा. स्तनों का वजन 1 किग्रा बढ़ना। इस प्रकार कुल वजन में 6.5 किग्रा. वृद्धि हो जाती है। अन्य शारीरिक तन्तुओं की वृद्धि से वजन में 5.5 किग्रा तक वृद्धि हो जाती है। तरल पदार्थों के एकत्रित होने

# शारीरिक परिवर्तन

से 1.5 किग्रा. तथा शारीरिक वसा एवं प्रोटीन की वृद्धि से भी वजन पर प्रभाव पड़ता है। अपरा के हार्मोन्स से भी वजन में वृद्धि होना सम्भव है।

गर्भावस्था में आधारीय उपापचयन (BMR) 10 से 25% तक बढ़ जाता है। मूत्र में ग्लूकोज की मात्रा बढ़ती है लेकिन रक्त में ग्लूकोज की मात्रा सामान्य बनी रहती है क्योंकि वृक्कीय नलिकाओं द्वारा ग्लूकोज का पुनः शोषण नहीं हो पाता है। प्रोटीन की माँग, भ्रूण की वृद्धि, अपरा, गर्भाशय तथा स्तनों के विकास के कारण बढ़ जाती है।

गर्भावस्था के बढ़ने के साथ-साथ आमाशय की स्थिति बदलकर अधिक क्षैतिज बनने लगती है। महाप्राचीरा पेशी पर दवाब पड़ने से कार्डियक संवरणी की क्षमता कम हो जाती है जिससे अम्ल युक्त आहार पुनः भोजन नली से मुँह तक आ जाता है। अम्ल के कारण छाती में जलन महसूस होती है। लेकिन आमाशयिक रस में सामान्य रूप से अम्लीयता कम हो जाती है। बड़ी आँतों द्वारा पानी का पुनः अवशोषण बढ़ जाता है और आँतों की पेशियों की क्रियाशीलता अथवा गतिशीलता कम हो जाती है। जिससे गर्भावस्था में कब्ज होना एक साधारण सी बात हो जाती है।

### गर्भ के प्रारम्भिक दिनों में घबराहट और उल्टी

गर्भ की प्रारम्भिक स्थिति से सम्बधित घबराहट और उल्टी दिन और रात में किसी भी समय हो सकती है।

### गर्भ सम्बन्धित घबराहट और उल्टी से कैसे निपटना चाहिए?

मितली को रोकने एवं सहज करने के लिए कुछ निम्नलिखित टिप्स की आजमायें (1) थोड़ी-थोड़ी देर के बाद थोड़ा-थोड़ा खायें, दिन में तीन बार मुख्य भोजन लेने की अपेक्षा इसे थोड़ा-थोड़ा कर 6-8 बार ले लें। (2) मोटापा बढ़ाने वाले तले हुए और मिर्ची वाले पदार्थ न लें। (3) जब जी मितलाये तब स्टार्च वाली चीजें खायें जैसे रस्क या टोस्ट। अपने बिस्तर के पास ही कुछ ऐसी चीजें रख लें ताकि सुबह बिस्तर से उठने से पहले खा सकें। अगर अधिक रात को जी मितलाये तो उन चीजों को लें (4) बिस्तर से धीरे-धीरे उठें। (5) घबराहट होने पर नींबू चूसने का प्रयास करें।

### मितली के लिए क्या डॉक्टर से परामर्श लेना चाहिए?

यदि आपको लगे कि उल्टी बहुत ज्यादा हो रही है तो डॉक्टर से सलाह लेनी चाहिए। अत्यधिक उल्टी से शरीर के अन्दर का पानी खत्म हो सकता है, ऐसी स्थिति में अस्पताल में भर्ती करने की जरूरत पड़ सकती है।

## रक्त परिसंचरण में होने वाले बदलाव (Changes Occur in Blood Circulation)

गर्भावस्था में रक्त की मात्रा 30% तक बढ़ जाती है। हृदय की क्रिया में भी वृद्धि होती है। रक्त के कणों की अपेक्षा रक्तवारी का आयाम बढ़ जाता है। कुल हिमोग्लोबिन की मात्रा में अधिकता पाई जाती है लेकिन शरीर में रक्त अल्पता की स्थिति उत्पन्न हो जाती है। अतः अतिरिक्त लोहा (आयरन) साँद्र रूप से लेना चाहिए। गर्भावस्था में स्वेत रक्त कणों की संख्या में भी वृद्धि होती है।

लेकिन रक्त में कैल्शियम की मात्रा कम हो जाती है। फाईबिनोजन, बिम्बाणु की वृद्धि होती है। रक्त चाप प्रकुंचन 110 से 120 रहता है तथा अनुशिथिलन 65 से 80 रहता है। यदि यह रक्तचाप 140/90 तक पहुँच जाता है तो पूर्व गर्भाक्षेपक की स्थिति उत्पन्न हो जाती है। 200-250 के बाद वाली स्थिति को गर्भक्षेपक कहते हैं। रक्तचाप का बढ़ना 30 वें सप्ताह के बाद ही सामान्यतः होता है। टाँगों की शिराएँ फूल जाती है। क्योंकि बढ़ते हुए गर्भाशय का दवाब इन पर पड़ता है। अतः शिराओं का प्रसरण होने की सम्भावना रहती है। नाड़ी की गति भी कुछ सीमा तक बढ़ जाती है क्योंकि हृदय की क्रियाशीलता में वृद्धि होती है। इस समय नाड़ी की गति लगभग प्रति मिनट 78 बार होती है। गुर्दों की ओर रक्त का प्रवाह बढ़ता है तथा त्वचा के नीचे पाई जाने वाली कोशिकाएँ अधिक फूल जाती हैं जिससे हाथ-पैर गर्म रहते हैं।

## मूत्र नलिकाओं में होने वाले बदलाव (Changes Occur in Uretus)

गर्भावस्था में गुर्दों की तरफ अधिक रक्त प्रवाहित होने लगता है जिससे कोशिका गुच्छ के या निस्संदन फिल्टरन की गति 50% तक बढ़ जाती है और अधिक यूरिया या यूरिक अम्ल का निष्कासन होने लगता है। इसके अलावा इस अवस्था में ग्लूकोज के पुनः अवशोषण की गति कम हो जाती है जिससे मूत्र में यदि ग्लूकोज की उपस्थिति हो तो इसको कोई असामान्य बात नहीं माननी चाहिए। मूत्र नलिकाओं की पेशियों के तन्तु प्रोजेस्टीरोन के कारण इस अवस्था में फूल जाते हैं परिणामस्वरूप मूत्रवाहिनी के ढीले होने और वक्र होने का भय रहता है। सामान्य रूप से 11% गर्भवती स्त्रियाँ एक विशेष प्रकार के अण्डाणु को विसर्जित करती हैं जिनमें तीव्र संक्रमण होने की सम्भावना होती है।

मूत्र त्याग करने की संख्या में वृद्धि लगभग 12 सप्ताह तक हो जाती है। इसका मूल कारण, बढ़ते हुए गर्भाशय का भार मूत्राशय पर पड़ना है।

**गर्भावस्था में बार-बार मूत्र त्याग की जरूरत क्यों पड़ती है?**
गर्भ की प्रारंभिक स्थिति में बढ़ते हुए गर्भाशय से ब्लैडर दबता है। इसी से बार-बार मूत्रत्याग करना पड़ता है।

## त्वचा के कार्यों में होने वाले बदलाव (Changes Occur in Skin Activities)

गर्भावस्था में स्वेद ग्रन्थियों एवं वसामय ग्रन्थियों की क्रियाशीलता बढ़ जाती है। इसके अलावा गर्भावस्था में शरीर के कुछ भागों पर, जैसे मुँह में, गालों पर, नाक पर, चूचक के आस-पास तथा माथे पर, भूरे रंग की वर्णकता और वर्णकण हो जाते हैं। इसका मूल कारण होता है एक विशेष प्रकार का हार्मोन जो कि रक्त में प्रवाहित होता रहता है। गर्भावस्था में रक्त में अधिवृक्क ग्रन्थियों के रस के अधिक प्रवाह के फलस्वरूप त्वचा का लचीला स्तर अलग हो जाता है और पेट की त्वचा का तनन यांत्रिक क्रिया से हो जाता है। सामान्य रूप से यह तनन नाभि के नीचे की ओर ज्यादा होता है। जाँघों पर भी त्वचा का तनन देखा जा सकता है। त्वचा के तनन के ये निशान 5 से 6 सेमी लम्बे तथा 0.5 सेमी चौड़े होते हैं। प्रारम्भिक अवस्था में ये निशान गुलाबी रंग के होते हैं लेकिन बाद में फीके होकर रेशमाय हो जाते हैं। ये प्रसव के बाद भी बने रहते हैं।

# शारीरिक परिवर्तन

## नाड़ी संस्थान में होने वाले बदलाव

सामान्य रूप से गर्भावस्था में स्वभाव में चिड़चिड़ापन आ जाता है, नींद कम आती है, आलस्य छाया रहता है। इस अवस्था में असामान्य इच्छाएँ जैसे विशेष पदार्थों को खाने की इच्छा आदि उत्पन्न होती रहती है। परिणामस्वरूप चिन्तातुर रहने और भय के कारण, गर्भिणी के तन में कम्पन, अधिक पसीने का स्राव, सिरदर्द, हृदय की गति का बढ़ना, रक्तचाप का बढ़ना, उल्टी (वमन) आना, मुँह का सूखा-सूखा रहना, सामान्य से अधिक बार मल-मूत्र का त्याग करना और नींद का कम आना आदि लक्षण देखे जाते हैं। कभी-कभी तो गर्भावस्था में जीवन के प्रति निराशा, एकाग्रता का अभाव और आत्महत्या करने तक का भाव गर्भवती स्त्री के मन में पैदा होते हैं।

> **गर्भ की दूसरी त्रिमस्टर के लक्षण एवं चिन्ह**
>
> दूसरी स्थिति में (1) मित्तली और थकावट कम हो जाती है। (2) पेट बढ़ जाता है (3) वजन बढ़ता है (4) पीठ दर्द (5) पेट पर फैलाव के निशान (6) चेहरे का रंग बदलना।

> **गर्भ धारण की तीसरी त्रिमस्टर के लक्षण एवं चिन्ह**
>
> तीसरी स्थिति में निम्नलिखित लक्षण एवं चिन्ह उभरते हैं (1) बच्चे के बढ़ने से दबाव के कारण श्वास लेने में कठिनाई बढ़ जाती है। (2) जल्दी-जल्दी मूत्र त्याग (3) छाती में जलन वाली दर्द (4) कब्ज (5) सूजे हुए ढीले स्तन (6) अनिद्रा (5) पेट में मरोड़।

## आम शिकायतें

### सुबह वाली मितली

गर्भावस्था में सुबह होने वाली तकलीफ हार्मोनों के कारण होती है और यह तीसरे से चौथे महीने तक आते-आते ठीक हो जाती है। सुबह-सुबह कुछ सूखा (जैसे बिस्कुट या रोटी) खा लेने से मितली में राहत मिलती है। कई बार में थोड़ा-थोड़ा खाने से पेट की तकलीफ से बचा जा सकता है। अगर इन उपायों से काम न चले तो सूतशेखर गोली दें। अगर इससे भी फायदा न हो तो डॉक्टर की मदद लें।

**घरेलु इलाज** एक चम्मच चीनी डालकर अनार का रस लें। एक मुट्ठी मुरमुरे को एक लीटर उबले हुए पानी में डालें और इसे ठण्डा होने दें। इसमें स्वादानुसार नमक व चीनी मिलाएँ और इस मिश्रण को हर 2-3 घण्टों में घूँट-घूँट पिएँ। इससे सुबह होने वाली तकलीफ में आराम मिलता है।

**होमियोपैथी** कालकारिया कार्ब, फैरम फोस, लायकोपोडिअम, नैट मूर, नक्स वोमिका, फॉस्फोरस, पलसेटिला, सेपिया, सिलिसिआ और सल्फर में से कोई एक दवा चुन लें। आप फैरम फोस, काल फोस, काली सल्फ और सिलिका में से एक दवा भी चुन सकते हैं।

### अम्लता

आमाशय में जलन या अम्लता भी गर्भावस्था की एक आम शिकायत है। यह शिकायत आखिरी तीन महीनों में सबसे ज्यादा होती है क्योंकि इस समय तक बढ़ता हुआ गर्भाशय आमाशय को दबाने लगता है।

एक कप सादा दूध या हल्का खाना खाने से जलन में आराम मिल सकता है। दूध पीने के तुरन्त बाद लेटें नहीं। लेटते समय सिर को थोड़ा ऊँचा उठाकर रखें ताकि खाना वापस ग्रासनली (हलक) में वापस न जाए। अगर इन तरीकों से फायदा न हो तो आप एंटी एसिड गोलियों का इस्तेमाल कर सकते हैं। गर्भवती महिला को मिर्च और मसाले कम खाने चाहिए।

## बार-बार पेशाब जाने की इच्छा होना

पहले तीन महीनों में गर्भाशय द्वारा मूत्राशय (पेशाब की थैली) को दबाने के कारण बार-बार पेशाब जाने की इच्छा होती है। यह शिकायत आमतौर पर अपने आप ठीक हो जाती है क्योंकि बच्चेदानी बढ़कर श्रोणी से उपर उभरती है। इससे मूत्राशय को पर्याप्त स्थान मिलता है।

## पेशाब रुक जाना

पहले 2 से 3 महीनों में भारी बच्चेदानी द्वारा मूत्रमार्ग को दबाने से पेशाब रुक जाती है। ऐसे में जलन और मूत्रमार्ग का संक्रमण होने की सम्भावना होती है। यह शिकायत भी अपने आप तीसरे से चौथे महीने में ठीक हो जाती है। कुछ मामलों में रबर की मूत्रनली (कॅथेटर) लगाने की जरूरत पड़ सकती है। इसके लिए थोड़े से प्रशिक्षण और अनुभव की जरूरत होती है। इसमें पूरी सफाई की जरूरत होती है ताकि संक्रमण न हो जाए। कभी-कभी अस्पताल में दाखिल किए जाने की भी जरूरत होती है।

## कब्ज

भारी बच्चेदानी से गुदा के दब जाने के कारण कभी-कभी कब्ज संभव है। ज्यादा देर पेट के अन्दर रहने के कारण मल सूखकर कड़ा हो जाता है। हार्मोनों के प्रभाव के कारण आंतों के संचलन में कमी आने के कारण यह होता है। इस तकलीफ को दूर करने के लिये खूब सारी सब्जियाँ खाएँ। इससे मल की मात्रा बढ़ेगी। अधिक पानी पियें। विरेचक दवाओं के इस्तेमाल से बचें क्योंकि इनसे गर्भपात होने का खतरा होता है। इसबगोल और द्रवीय पैराफीन सौम्य होने के कारण आमतौर पर उपयोगी रहते हैं।

---

**गर्भ के दौरान कब्ज से छुटकारा**

कुछ गर्भवती महिलाओं का अर्धांश इस कब्ज से पीड़ित रहता है। कुछ सामान्य उपचार के साधन हैं। (1) 1-2 गिलास जूस सहित कम-से-कम 8 गिलास पानी पियें।(2) अपने भोजन में अनाज, कच्चे फल और सब्जियों की मात्रा अधिक करें उन में फाइबर अधिक हो (3) हर रोज व्यायाम करें-सैर करना व्यायाम की अच्छी शैली है। व्यायाम एवं अच्छी शारीरिक स्थिति व्यक्ति को उसका पेट साफ रखने में मदद देती है। (4) अगर कब्ज बार-बार होने लगे तो डॉक्टर की सलाह से कोई कब्ज निवारक दवा दें।

---

## मसूड़े सूजना

गर्भवती महिलाओं में यह हार्मोनों से होता है। इसके लिए किसी भी इलाज की जरूरत नहीं है। यह बच्चे के जन्म के बाद अपने आप ठीक हो जाता है। गर्भावस्था में सारे समय मुँह की सफाई का ध्यान रखें। दिन में दो बार दंतमंजन करे, कम-से-कम एक बार गुनगुने नमक पानी से कुल्ला करें। (एक कप पानी में एक छोटी चम्मच नमक)

## उभरी हुई शिराएँ और बवासीर

बढ़ा हुआ गर्भाशय पेट की मुख्य शिराओं पर दबाव डालता है। इसलिए पैर की शिराएँ सूज जाती हैं। बवासीर भी इसी कारण से होता है। शिराओं का सूजना भी एक अस्थाई तकलीफ है। इसके लिए किसी भी इलाज की जरूरत नहीं होती। लेटते समय पैरों के तले तकिया लगाकर थोड़ा उठाकर रखने से शिराएँ खाली हो जाती हैं और चैन पड़ जाता है। अगर बवासीर ज्यादा तकलीफ देता हो तो खाने में घी-तेल की मात्रा बढ़ा दें।

> **गर्भ के दौरान मसूड़ों का सूजना या उनसे रक्त आना**
>
> कुछ गर्भवती महिलाओं का अर्धाश इस कब्ज से पीड़ित रहता है। कुछ सामान्य उपचार के साधन हैं। (1) 1-2 गिलास जूस सहित कम से कम 8 गिलास पानी पियें। (2) अपने भोजन में अनाज, कच्चे फल और सब्जियों की मात्रा अधिक करें उन में फाइवर अधिक हो (3) हर रोज व्यायाम करें-सैर करना व्यायाम की अच्छी शैली है। व्यायाम एवं अच्छी शारीरिक स्थिति व्यक्ति को उसका पेट साफ रखने में मदद देती है। (4) अगर कब्ज बार बार होने लगे तो डॉक्टर की सलाह से कोई कब्ज निवारक दवा दें।

## पीठ्दर्द

पेट में बढ़ते बच्चे के हड्डी बनने के लिए माँ के खून से कैल्शियम जाता है, अगर खून में यह पर्याप्त न हो, तो इस माँ के हड्डियों से निकाला जाता है। कैल्शियम की कमी से हड्डियों में से कैल्शियम निकल जाता है। गर्भावस्था के दौरान या उसके बाद पीठ का दर्द इसी कारण से होता है। रोज के भोजन में बहुत ज्यादा कैल्शियम नहीं होता। इसलिए आहार में दूध, मटर, हड्डी समेत माँस मछली, आदि शामिल करने चाहिए क्योकि इनमें काफी कैल्शियम होता है। इसके अलावा भी प्रतिदिन कैल्शियम गोली लेने की जरूरत पड़ती है।

बच्चे के जन्म से छ: महीने पहले से छ: महीने बाद तक माँ को कैल्शियम की गोली लेना जरूरी है। ऐसा इसलिए क्योंकि बच्चे की हड्डियों के बनने के लिए भी कैल्शियम की जरूरत होती है।

## योनि से सफेद पानी (प्रदर)

योनि में से सफेद पानी निकलना गर्भावस्था में बढ़ जाता है। इसके लिए तब तक किसी इलाज की जरूरत नहीं होती जब तक यह योनि संक्रमण या योनि की कोई और बीमारी न हो। योनि में संक्रमण होने पर साथ में खुजली और जलन भी होगी।

## पेशाब के रास्ते में संक्रमण

पहले तीन महीनों में गर्भाशय द्वारा मूत्रमार्ग को दबाने से पेशाब रुक जाता है। इससे संक्रमण होने का खतरा होता है। गर्भवती महिला को सलाह दें कि वो जितनी ज्यादा बार हो सके पेशाब करे। संक्रमण से जलन होती है। ज्यादा पानी पीने से आमतौर पर यह जलन ठीक हो जाती है। सोडे का पानी पीने से भी फायदा होता है। यह पेशाब के अम्लीयता को कम कर देता है। अगर बुखार है तो यह संक्रमण का लक्षण है। इसके लिए ऐमोक्सीसलीन से इलाज किया जाना चाहिए। पेशाब में संक्रमण होने से समय से पहले प्रसव होने का डर रहता है।

# 5
# गर्भावस्था में देखभाल/खानपान

सामान्य स्त्रियों की पोषण की माँग दो बातों पर निर्भर करती है आधारी उपापचयन की दर तथा उसके श्रम पर। सामान्य रूप से आधारीय उपापचयन की दर 1500 कैलोरी प्रतिदिन होती है तथा परिश्रम के लिए 1800 कैलोरी प्रतिदिन की आवश्यकता होती है। गर्भावस्था में आधारीय उपापचयन की दर 10% तक बढ़ जाती है। क्योंकि भ्रूण की गतिविधियों के बढ़ने से ऑक्सीजन का उपयोग भी बढ़ जाता है। इससे गर्भवती स्त्री को कुल मिलाकर प्रतिदिन 2500 कैलोरी की आवश्यकता होती है। परिश्रम के लिए सामान्य से अधिक कैलोरी बढ़ाने की आवश्यकता नहीं होती है क्योंकि जैसे-जैसे गर्भावस्था आगे बढ़ती है वैसे-वैसे दैहिक परिश्रम कम होने लगता है। बढ़ते हुए शिशु, अपरा, गर्भाशय एवं स्तनों के लिए इसके विपरीत अधिक ऊर्जा की माँग होती है। गर्भावस्था जीवन की एक महत्त्वपूर्ण अवस्था है, जिसमें महिला को न सिर्फ अपना, बल्कि अपने होने वाले शिशु के स्वास्थ्य का भी ख्याल रखना होता है। गर्भावस्था में उचित खुराक, आराम, व्यायाम, चिकित्सकीय देखभाल, जाँचों और जरूरत पड़ने पर कुछ दवाओं की जरूरत होती है। इन सभी पहलुओं पर ध्यान देना आवश्यक है।

गर्भावस्था के प्रारंभिक तीन महीनों में कई महिलाओं को मॉर्निंग सिकनेस या मितली आने की शिकायत होती है। इस अवधि में सुबह बिस्तर से निकलने से पहले ही सूखा बिस्किट खा लें। थोड़ी बहुत चाय-कॉफी और हल्का खाना, फल, सलाद खाते रहें। बच्चे के समुचित विकास के लिए माँ की खुराक में ज्यादा कैलोरी, प्रोटीन, आयरन और कैल्शियम आवश्यक है। आमतौर पर भारतीय शाकाहारी होते हैं। इसलिए खुराक में प्रोटीन की आपूर्ति के लिए दालों और अंकुरित अनाज भी खाना आवश्यक है। यदि चार-पाँच प्रकार की दालें मिलाकर बनाएँ तो और अच्छा है। इनके अलावा मूँगफली, छोले, राजमा, भुने चने और हो सके तो सूखे मेवे का नियमित सेवन करना चाहिए। सोयाबीन भी प्रोटीन का बहुत अच्छा स्रोत है।

महिलाओं में लौह तत्व की कमी से एनीमिया होना भी बहुत अधिक पाया जाता है। इससे बचने के लिए हरी पत्तेदार सब्जियाँ, फल, सलाद खाना आवश्यक है। आयरन की गोली अवश्य लें। विटामिन-सी के सेवन से आयरन का अच्छी तरह से अवशोषण होता है। कैल्शियम के लिए आहार में रोज प्रचुर मात्रा में दूध, दही या मट्ठा होना चाहिए। कमी अधिक हो तो कैल्शियम की गोली भी लेना चाहिए। हर गर्भवती महिला को रात में कम-से-कम आठ घंटे की नींद जरूर लेना चाहिए। साथ ही दिन में भी एक-दो घंटा आराम की जरूरत है। गर्भावस्था में रोजमर्रा का हल्का-फुल्का काम किया जा

सकता है, लेकिन भारी काम से पूरी तरह परहेज करें। साथ ही उचित व्यायाम करना आवश्यक है। गर्भावस्था के व्यायाम की जानकारी स्त्री रोग विशेषज्ञ से ले सकते हैं। विशेषज्ञ से सलाह लिए बगैर अपने मन से व्यायाम न करें। बेहतर होगा कि व्यायाम योग्य प्रशिक्षक की मौजूदगी में करें।

### गर्भवती स्त्री के आहार के सम्बन्ध में कुछ महत्त्वपूर्ण बातें—

1. कार्बोज का मुख्य स्रोत अनाज होता है। गर्भावस्था में कार्बोज का अनुपात कुछ कम कर देना चाहिए क्योंकि प्रोटीन की मात्रा के बढ़ने से कैलोरी की मात्रा भी बढ़ जाती है। गर्भावस्था में 400 ग्राम कार्बोज साधारणतः स्त्री ले सकती है जिससे 1600 कैलोरी ऊर्जा प्राप्त होती है।
2. वसा ऊर्जा का द्वितीय स्रोत है लेकिन इसका संगठन असंतृप्त वसा अम्ल तेल का बना होना चाहिए। यह प्रतिदिन 10 ग्राम से अधिक नहीं होना चाहिए।
3. गर्भावस्था में अधिक उल्टी होने से शरीर में कार्बोज की कमी आ सकती है, उस स्थिति में वसा का विघटन ऊर्जा के लिए तीव्र गति से होने लगता है। इससे रक्त में अम्लीयता बढ़ती है जो कुछ सीमा तक मूत्र द्वारा निष्कासित हो जाती है। इस अवस्था में प्रोटीन की माँग अन्य तत्वों की अपेक्षा अधिक बढ़ जाती है। वह भी विशेषकर बीसवें सप्ताह के बाद जब भ्रूण की वृद्धि तीव्र गति से होने लगती है।
4. सामान्य उपापचयात्मक एवं रक्षात्मक कार्यों के सम्पादन के लिए खनिज-लवण एवं विटमिनों की जरूरत होती है। लौह तत्त्व की माँग गर्भावस्था में अधिक होती है, परिणामस्वरूप अधिकतर गर्भवती स्त्रियों में रक्ताल्पता पाई जाती है। पोषण हीनता के मुख्य परिणाम असमय प्रसव, गर्भकालीन विषाक्तता, भ्रूण की मृत्यु और प्री-एक्लाम्पसिया आदि हैं। अतः गर्भावस्था में अच्छे और संतुलित पोषक तत्त्व ग्रहण करना महत्त्वपूर्ण होता है।
5. गर्भिणी के लिए आहार सामान्य रूप से पका हुआ होना चाहिए। अधिक चटपटा और मसालेदार आहार गर्भावस्था में हानिकारक होता है। अधिक चावल एवं आलू, शक्कर, मक्खन तथा घी का प्रयोग वर्जित है। गर्भावस्था में कब्ज की शिकायत होना एक सामान्य सी बात है अतः हरी पत्तेदार सब्जी, चोकर सहित आटा तथा छिलके वाली दाल का उपयोग लाभदायक होता है। यदि गर्भिणी दूध लेना पसन्द न करे तो दूध के बने पदार्थ जैसे पनीर, दही, आइसक्रीम, खोया आदि देना चाहिए। ताजा फल और सब्जियों का प्रयोग भोजन में विशेष लाभप्रद होता है। तरल पदार्थों का सेवन पर्याप्त मात्रा में करना तथा विटामिन और लौहतत्त्व (आयरन) का उपयोग साँद्र रूप में करना गर्भवती स्त्री के लिए आवश्यक है।

## खानपान (Fooding)

गर्भावस्था में गर्भस्थ शिशु के शरीर निर्माण हेतु अतिरिक्त पौष्टिक तत्त्वों की आवश्यकता होती है। गर्भवती महिलाओं को संतुलित पौष्टिक आहार की जरूरत होती है। उनके आहार में प्रोटीन, विटामिन्स और मिनरल्स शामिल होना चाहिए। गर्भावस्था के अंतिम तीन महीनों में आयरन, फोलिक एसिड की एक गोली रोज लेना जरूरी है। इसकी कमी से नवजात शिशु में कटे तालू और कटे होंठों की समस्या पैदा हो जाती है। दाल, चावल, सब्जियाँ, रोटी और फलों को रोज के आहार में शामिल करें।

सुबह-शाम दूध पीना न भूलें। गर्भस्थ शिशु का शरीर जब बढ़ रहा होता है तब वह अपनी सभी जरूरतें माता के शरीर से लेकर पूरी करता है। फोलिक एसिड को फोलेट भी कहते हैं। यह कई तरह के आहार में विटामिन बी के रूप में विद्यमान होता है। चूँकि आहार से गर्भवती महिला की लौह तत्वों की आपूर्ति नहीं हो पाती, इसलिए आयरन, और फोलिक एसिड की गोलियाँ खाना जरूरी है।

सामान्य महिला को जहाँ रोजाना 2100 कैलोरी चाहिए, वहीं गर्भवती महिला को 2500 कैलोरी की जरूरत होती है। स्तनपान कराने वाली महिला को 3000 कैलोरी प्रतिदिन चाहिए। 10 प्रतिशत कैलोरी प्रोटीन से तथा 35 प्रतिशत कैलोरी वसा यानी तेल, घी और मक्खन से तथा 55 प्रतिशत कैलोरी कार्बोहाइड्रेट से आना चाहिए।

---

**क्या करें—**

गर्भवती महिलाओं को गहरे हरे रंग की सब्जियाँ जरूर खाना चाहिए। दलिया या साबुत अनाज से बनी रोटियाँ भी अपने आहार में शामिल करना चाहिए। मैदे का उपयोग कम से कम करें। संतरा, अंगूर और केले को रोज की खुराक में शामिल करें। सभी तरह की दालें, बीन्स, दूध और दही रोज के आहार में रहना चाहिए। सूखे मेवे विटामिन्स और खनिजों के भरपूर स्रोत होते हैं। गर्भवती महिलाओं को कॉफी, चाय और कार्बोनेटेड ड्रिंक्स की मात्रा में कमी करना चाहिए। कोला पेय में कैफीन की मात्रा अधिक होती है।

---

## गर्भावस्था और पोषण का स्तर

गर्भावस्था के दौरान गर्भवती महिला के पोषण आवश्यकताओं का इस बात से गहरा सम्बन्ध होता है कि उसका गर्भधान के पूर्व पोषण स्तर कैसा रहता है, क्योंकि सुपोषित महिला के पास विभिन्न पोषक तत्वों का एक रिजर्व स्टॉक रहता है, जो गर्भावस्था के दौरान किसी तत्व की कमी होने पर कुपोषण से जच्चा-बच्चा दोनों की रक्षा करता है।

अतः यह कहा जा सकता है कि गर्भधारण के पूर्व अच्छा पोषण स्तर बनाए रखना गर्भधारण की एक अनिवार्य आवश्यकता है। गर्भावस्था के पूर्व महिला का वजन क्या है इसका सीधा प्रभाव गर्भस्थ शिशु के वजन पर पड़ता है।

सामान्य से कम वजन की महिलाएँ प्रायः कम वजन के शिशु को जन्म देती हैं, भले ही गर्भावस्था के दौरान उनका पोषण ठीक रहा हो और उनके वजन में भी सामान्य रूप से वृद्धि हुई हो। सामान्य

से अधिक वजन की महिलाओं में गर्भावस्था के दौरान विभिन्न जोखिम बढ़ जाते हैं एवं गर्भावस्थाजन्य डायबिटीज होने का खतरा भी बढ़ जाता है।

## गर्भावस्था में रखें खास ख्याल

हरी एवं पत्तेदार सब्जियों एवं ताजे फलों का सेवन नियमित रूप से करें। इससे कब्ज से छुटकारा मिलता है।

यदि सुबह जी मिचलाता है या उल्टियाँ होती है तो भूख लगने से पहले कुछ खाएँ, थोड़ी-थोड़ी मात्रा में कई बार खाएँ, खूब सारा पानी पियें, अच्छी नींद लें और रिलैक्स करें।

सुबह एकदम से बिस्तर से न उठें।

बिस्तर से उठने से पहले बिस्किट अथवा हल्के नाश्ते को बीस मिनट में लें।

फिर उठकर आराम से नाश्ता करें। संतुलित आहार के साथ नियमित रूप से आयरन एवं विटामिनों का सेवन करें। दवाइयाँ इत्यादि समय से लें।

खाने के बाद कुछ देर के लिए सीधे बैठें अथवा घूमें। इससे पेट में जलन अथवा बदहजमी से छुटकारा मिलेगा। सोने से पहले भारी भोजन न करें।

यदि पेट में जलन अथवा बदहजमी की शिकायत रहती हो तो तले हुए, चिकनाईयुक्त, मिर्च-मसाले वाले भोजन, मटन, चॉकलेट, कॉफी, पेपरमिंट, चाइनीज अथवा जंक फूड का कम से कम प्रयोग करें।

## गर्भावस्था में पोषण की आवश्यकताएँ

गर्भावस्था में ग्रहण किया जाने वाला आहार अन्य दिनों की अपेक्षा अधिक संतुलित तथा पोषक होना चाहिए क्योंकि इसकी अनुपस्थिति में माँ के स्वास्थ्य के साथ बच्चे का स्वास्थ्य भी प्रभावित होता है, गर्भावस्था में पोषण की आवश्यकता निम्न कार्यों के लिये विशेष तौर पर अनिवार्य होती है

1. भ्रूण के विकास के लिये
2. प्रसव व स्तनपान समय के लिये पौष्टिक तत्त्वों का समूह
3. सामान्य स्वास्थ्य के लिये
4. गर्भाशय, गर्भनाल, प्लेसेन्टा व स्तन के विकास के लिये।

उपरोक्त बिन्दुओं का वर्णन निम्नवत हैं

1. **भ्रूण विकास व वृद्धि के लिये**   भ्रूण का गर्भ में बहुत तेजी से वृद्धि और विकास होता है। भ्रूण अपनी वृद्धि के लिए सभी आवश्यक पोषक तत्व माँ के शरीर से प्राप्त करता है। यदि माँ का आहार अपर्याप्त होगा तो भ्रूण के पोषक तत्वों की आपूर्ति के लिए माँ के उत्तक टूटकर उसे पोषक तत्व प्रदान करेंगे और यह माँ और बच्चे दोनों के लिए उचित नहीं होगा। अतः दैनिक भोजन में माँ तथा गर्भस्थ शिशु दोनों की आवश्यकताओं का ध्यान रखना जरूरी है।

2. **प्रसव के लिये तत्त्वों का संग्रह**   माता के शरीर में ही कुछ पौष्टिक तत्त्वों का संग्रह हो जाता है जो शिशु के जन्म के समय माँ तथा शिशु दोनों की सुरक्षा करते हैं। उदाहरण के लिये-शरीर में संग्रहित वसा स्तनपान काल में ऊर्जा प्रदान करती है।

3. **सामान्य स्वास्थ्य के लिए**   संतुलित आहार लेने वाली सामान्य स्त्री जिसके शरीर में पोषक

तत्त्वों का पर्याप्त भंडार है अपेक्षाकृत सहज गर्भावस्था से गुजर सकती है। सामान्य स्त्री का उचित पोषण उसकी आयु और श्रम पर निर्भर करता है। उसकी इन्हीं सामान्य आवश्यकताओं को बढ़ती हुई आवश्यकताओं में शामिल करना चाहिए।

4. **गर्भावस्था, गर्भनाल व स्तन विकास के लिये** प्लेसेण्टा और गर्भनाल के विकास के साथ-साथ गर्भाशय तथा उसकी सहयोगी माँसपेशियों का आकार बड़ा हो जाता है तथा दुग्ध निर्माण की तैयारी हेतु स्तनों का आकार बढ़ जाता है। शरीर में विभिन्न द्रव्यों की भी बढ़ोत्तरी होती है। गर्भावस्था में इन सबकी वृद्धि के कारण भार बढ़ता है जिसके परिणामस्वरूप पोषण अनिवार्य हो जाता है।

गर्भकाल तीन भागों में वर्गीकृत किया जा सकता है।

1. पहला त्रिमास    0-3 महीने
2. दूसरा त्रिमास    3-6 महीने
3. तीसरा त्रिमास   6-9 महीने

इन तीनों त्रिमासों में वजन में लगातार वृद्धि होती है। परन्तु यह देखा गया है कि दूसरे तथा तीसरे त्रिमास में ही वजन में अधिकतम वृद्धि होती है। पहले त्रिमास में भ्रूण काफी छोटा होता है तथा उसकी आहार सम्बन्धी आवश्यकताएँ महत्त्वपूर्ण नहीं होती। इसलिए इस अवधि में माँ के लिए पोषक तत्वों की अतिरिक्त मात्रा देने की सलाह नहीं दी जाती। अधिकांश पोषक तत्वों की आवश्यकता दूसरे त्रिमास से ही बढ़ती है।

आई. सी. एम. आर द्वारा सन् 1990 में गर्भवती महिलाओं के लिये पोषण तत्वों की जिन मात्रा का निर्धारण किया गया उसे निम्नलिखित सारणी के माध्यम से देखा जा सकता है।

| क्र.सं | पोषक तत्व | प्रस्तावित दैनिक मात्रा |
|---|---|---|
| 1 | नियासीन (कि.ग्रा.) | +0.2 |
| 2. | थायमीन (मि.ग्रा.) | +0.2 |
| 3 | फोलिक अम्ल ($\mu$ ग्रा.) | 400 |
| 4 | राइबोफ्लेबिन (मि.ग्रा.) | +0.2 |
| 5 | ऊर्जा (कि. कैलोरी.) | +300 |
| 6 | कैल्शियम (मि.ग्रा.) | 1000 |
| 7 | प्रोटीन (ग्राम) | +15 |
| 8 | लौह तत्त्व (मि.ग्रा.) | 38 |
| 9 | विटामिन 'ए' रेटिनाल | 600 |
|   | कैरोटीन (ग्राम.) ($\mu$ ग्रा.) | 2400 |
| 10 | विटामिन 'बी'$_{12}$ (ग्राम.) | 1 |
| 11 | एस्कार्विक अम्ल (मि.ग्रा.) | 40 |

**गर्भावस्था में ध्यान देने योग्य बातें** गर्भावस्था में निम्नलिखित बातों पर विशेष ध्यान देना चाहिए।

1. पर्याप्त मात्रा में तरल पदार्थों को शामिल करना चाहिए।

## गर्भावस्था में देखभाल / खानपान

2. जलन तथा भारीपन जैसी शिकायतें, जो प्रायः गर्भावस्था में हो जाती हैं, से बचने के लिए वसायुक्त पदार्थ और मिर्च मसालों का प्रयोग कम कर देना चाहिए।
3. कब्ज को रोकने के लिए अधिक रेशेयुक्त पदार्थ जैसे-फल, सब्जियाँ, साबुत अनाज / दालें चोकर-युक्त आटा आदि अधिक मात्रा में शामिल करने चाहिए।
4. गर्भवती स्त्री को अधिक तेज सुगन्ध वाले, तीखे मसालेदार और बासी व्यंजन नहीं देने चाहिए।
5. गर्भवती स्त्री को तनाव रहित वातावरण में भोजन परोसना चाहिए और साथ ही यह सुनिश्चित करें कि हर आहार के बाद वह पर्याप्त विश्राम करे।
6. गर्भावस्था के दौरान सुबह के समय होने वाली परेशानियाँ, जैसे जी मिचलाना, उल्टी या चक्कर आना आदि को दूर करने के लिए गर्भवती स्त्री को सुबह चाय के साथ कार्बोज युक्त पदार्थ, जैसे बिस्कुट, रस्क आदि देना चाहिए।
7. मुख्य आहारों के मध्य पेय पदार्थ, जैसे नींबू-पानी, लस्सी, नारियल पानी आदि कुछ देर के अन्तराल में लेते रहना चाहिए। इससे कब्ज की शिकायत से भी बचा जा सकता है।

---

**गर्भ का पहला महीना**

मातृत्व प्राप्त करना नारी के लिए सर्वोत्तम उपलब्धि होती है, क्योंकि मातृत्व का उपलब्ध होना नारी जीवन की सर्वश्रेष्ठ उपयोगिता है। गर्भवती होना नारी का सौभाग्य होता है, गर्भ नौ माह तक चिकित्सा होती है, जिसे नौ मास चिकित्सा कहते हैं। गर्भकाल अवधि की उपेक्षा, लापरवाही व अनुचित ढंग से गुजार देना गर्भवती नारी ही नहीं आने वाले शिशु के लिए भी हानिकारक होता है।

**यहाँ प्रथम महीने में क्या किया जाए व गर्भ की देखभाल किस तरह की जाए, इसकी जानकारी दी जा रही है।**

जब गर्भावस्था के लक्षण प्रकट हों, उसे प्रथम माह मानकर स्त्री को मिश्री मिला दूध पीना चाहिए। 1 चम्मच मक्खन, 1 चम्मच मिश्री और स्वादानुसार काली मिर्च मिलाकर चाट लें। पानी के नारियल का सफेद भाग चबा-चबाकर खाएँ। अंत में 1-2 चम्मच सौंफ खूब देर तक चबा-चबाकर खा लें। इसके प्रभाव से गर्भस्थ शिशु का शरीर भी पुष्ट और सुडौल होता है। बच्चा गौरवर्ण पैदा होता है।

---

## गर्भावस्था में विशेष आहार की आवश्यकता

1. कैल्शियम व फॉस्फोरस
2. जल तथा रेशीय पदार्थ
3. प्रोटीन
4. आयोडीन तथा जिंक
5. विटामिन
6. ऊर्जा
7. लौह तत्त्व

उपरोक्त तत्त्वों का विवरण निम्नलिखित है

**1. कैल्शियम व फॉस्फोरस** गर्भवती के शरीर में कैल्शियम व फॉस्फोरस की आवश्यकता भ्रूण की

हड्डियों और दाँतों के निर्माण के लिए बहुत बढ़ जाती है। शरीर में कैल्शियम का अवशोषण भी बढ़ जाता है जो शरीर की बढ़ी हुई माँग को पूरा करने के लिए होता है। स्तन्यकाल में कैल्शियम और फॉस्फोरस की आवश्यकता काफी बढ़ जाती है। अतः आहार में इनकी मात्रा बढ़ा देनी चाहिए ताकि ये खनिज दूध में पर्याप्त मात्रा में स्रावित हो सकें। स्तन्यकाल में दूध की उत्पत्ति के लिए माता के शरीर में प्रयाप्त कैल्शियम का भंडार गर्भावस्था में ही संग्रहित हो जाना चाहिए नहीं तो इसकी कमी को बाद में पूरा करना काफी कठिन हो जाता है। आहार में इसके अतिरिक्त आवश्यकता की पूर्ति के लिए दूध और दूध से बने पदार्थों का होना अति आवश्यक है। यदि भोजन में कैल्शियम की मात्रा काफी हो तो फॉस्फोरस की कमी नहीं रहती। यदि माता के शरीर में कैल्शियम संग्रहित न हो और आहार भी कैल्शियम युक्त न हो तो भी माता के दूध की कैल्शियम की मात्रा कम नहीं होती। अतः उस कमी को पूरा करने के लिए माता के शरीर की अस्थियाँ तथा दाँतों से कैल्शियम दूध में स्रावित होता है, जिससे वह कमजोर हो जाते हैं।

2. **जल तथा रेशीय पदार्थ** जल व रेशे शरीर को व्यवस्थित रखने में सहायता करते हैं। छिलकेयुक्त अनाज, दालें, हरी पत्तेदार सब्जियों से शरीर को रेशे की मात्रा काफी मिलती है जिससे मल निष्कासन में आसानी रहती है व गर्भवती महिलाओं को कब्ज की शिकायत नहीं होती।

3. **प्रोटीन** गर्भवती महिलाओं की प्रोटीन आवश्यकताओं की तुलना सामान्य महिलाओं से कीजिए। भारतीय चिकित्सा अनुसंधान समिति द्वारा दी गई आहार प्रोटीन आवश्यकता के अनुसार गर्भवती महिला को प्रतिदिन 15 ग्राम अतिरिक्त प्रोटीन की आवश्यकता होती है। यह प्रोटीन उसे दूध, दूध से बने पदार्थों, सोयाबीन, दालें व दलहन, अंडे व माँस से मिल सकती है।

गर्भावस्था में निम्नलिखित शिशु का विकास गर्भ से ही प्रारम्भ हो जाता है।

गर्भस्थ शिशु को गर्भवती महिला द्वारा पोषण मिलता है। भ्रूण में आहार की आवश्यकताएँ महिला से अधिक महत्त्वपूर्ण होती है अर्थात यदि महिला के आहार में पौष्टिक तत्वों की कमी है, तब भी भ्रूण की पौष्टिक आवश्यकता पूरी होती है। ये आवश्यकता महिला में संचित पौष्टिक तत्वों से पूरी होती है। उदाहरण के लिए यदि महिला के आहार में कैल्शियम की मात्रा कम है तो भी शिशु को कैल्शियम महिला के संचित कैल्शियम से मिलती रहेगी और माता के कैल्शियम की मात्रा कम हो जाएगी। अतः गर्भवती महिला की स्थिति से महिला व शिशु दोनों के स्वास्थ्य पर प्रभाव पड़ता है। एक स्वस्थ व सेहतमंद महिला एक सेहतमंद व स्वस्थ शिशु को जन्म देती है जबकि कम सेहतमंद महिला कम स्वस्थ बच्चे को जन्म देती है।

गर्भवती को वही भोजन चाहिए जो उसके अपने लिए व गर्भस्थ शिशु की जरूरतों को पूरा करे। इसका अर्थ यह नहीं है कि उसको दो व्यक्तियों की मात्रा जितना भोजन करना चाहिए। वैसे गर्भधारण करने के प्रारंभिक तीन महीनों में उसे कुछ अधिक मात्रा में भोजन जरूर करना चाहिए।

गर्भ के समय महिला की पौष्टिक आवश्यकताएँ बढ़ जाती हैं, क्योंकि उसके शरीर में बहुत-से परिवर्तन होते हैं, जैसे गर्भस्थ शिशु का तेज विकास, गर्भनाल का विकास (जिसके द्वारा महिला से शिशु को आहार व ऑक्सीजन प्राप्त होती है), तरल पदार्थ की संरचना, जिससे बच्चे को दुर्घटना से सुरक्षा मिलती है, स्तनों व गर्भ ऊतकों का विकास, रक्त में बढ़ोतरी, बच्चे के दाँतों व रक्त के उचित विकास के लिए पोषक तत्वों का संरक्षण।

4. **आयोडीन तथा जिंक** गर्भावस्था के दौरान दो प्रकार के खनिज तत्त्व आयोडीन व जिंक का विशेष महत्व होता है। जिंक की आवश्यकता वृद्धि तथा प्रोटीन के संश्लेषण के लिए और

# गर्भावस्था में देखभाल/खानपान

आयोडीन की आवश्यकता भ्रूण की शारीरिक और मानसिक वृद्धि को नियंत्रित करने के लिए होती है। आयोडीन की कमी होने से नवजात शिशु मानसिक रूप से अपंग या शारीरिक रूप से कमजोरी का शिकार हो जाता है।

5. **विटामिन** अकसर महिलाएँ परिवार का तो ध्यान रखती हैं, लेकिन खुद की देखभाल के प्रति उदासीन रहती हैं। लेकिन महिलाओं को खासतौर से गर्भवती महिलाओं को पर्याप्त मात्रा में पोषक तत्वों की आवश्यकता होती है। इनमें से एक है विटामिन। आइए जानते हैं कि गर्भवती महिलाओं को कितनी मात्रा में विटामिन्स की जरूरत होती है।

**विटामिन ए** की आवश्यकता भी गर्भावस्था में बढ़ जाती है, क्योंकि यह भावी शिशु की शारीरिक वृद्धि, त्वचा व श्लेष्मिक झिल्ली के स्वास्थ्य के लिए आवश्यक है। यह महिला एवं गर्भस्थ शिशु की आँखों को स्वस्थ रखने हेतु एक जरूरी विटामिन है एवं सामान्य रूप से इसकी 800 माइक्रोग्राम मात्रा गर्भावस्था के पूर्व एवं गर्भावस्था के दौरान लिया जाना आवश्यक है। यह फल-फूल, मछली, माँस आदि में प्रचुर मात्रा में उपस्थित होता है।

बी समूह के विटामिन थायमीन, राइबोफ्लेविन तथा नियासीन की आवश्यकता ऊर्जा की आवश्यकता के बढ़ने के साथ-साथ बढ़ जाती है। इनकी प्रचुरता से गर्भवती स्त्री में जी मिचलाना, उल्टी होना या कब्ज आदि की शिकायतें नहीं होती। गर्भावस्था के दौरान फोलिक अम्ल की मात्रा बढ़ाकर 400 माइक्रोग्राम कर देनी चाहिए।

विटामिन बी-1 11 से 15 मिलीग्राम,
विटामिन बी-2 13 से 16 एमजी,
विटामिन बी एवं सी 15 से 22 मिलीग्राम,
विटामिन बी-12 - 2 से 22 एमसीजी,

**विटामिन डी** कैल्शियम और फॉस्फोरस के अवशोषण में सहायक होता है, जिससे उनकी बढ़ती हुई माँग को पूरा किया जा सकता है। गर्भावस्था में विटामिन डी की मात्रा केवल सूर्य की किरणों से ही पूरी नहीं होती बल्कि इसके लिए आहार में दूध या दूध से बने पदार्थ, हरी सब्जियाँ आदि सम्मिलित करना आवश्यक है।

विटामिन-डी 200 से 400 आययू,
विटामिन-ई 8 मिलीग्राम,
विटामिन-के 60 मिलीग्राम।

6. **ऊर्जा** निरंतर विकास के लिए ऊर्जा की आवश्यकता होती है। गर्भवती स्त्रियों की कैलोरी आवश्यकता सामान्य से 300 कैलोरी अधिक होती है जो सामान्य महिला की आवश्यकता से 13% अधिक होती है। किंतु कैलोरी की आवश्यकता आयु, कद, वजन, क्रियाशीलता व गर्भ की स्थिति के अनुसार बदल सकती है। प्रारंभिक तीन महीनों में कैलोरी की आवश्यकता आमतौर पर नहीं बढ़ती, परंतु दूसरी तिमाही में ऊर्जा की आवश्यकता बढ़ जाती है तथा तीसरी तिमाही में क्रियाशीलता कम होने के कारण कुछ घट जाती है।

7. **लौह तत्व** दूध लोहे (आयरन) का अच्छा साधन नहीं है, अतः माता को लोहा अधिक देने से बच्चे को अतिरिक्त लोहा नहीं मिलता परन्तु पर्याप्त मात्रा में लोहा माता के अपने स्वास्थ्य के लिए आवश्यक है। इसकी पूर्ति के लिए आहार में हरी पत्तेदार सब्जियाँ, अण्डे व चोकर सहित आटे का इस्तेमाल करना चाहिए।

## गर्भवती महिला के लिए प्रस्तावित खाद्य पोषक तत्व

नाम : अर्चना                               आयु : 30 वर्ष
गर्भ की स्थिति : द्वितीय तिमाही              क्रिया : मध्यम
खानपान : शाकाहारी E

| आहार आवश्यकताएँ | | प्रस्तावित आहार आवश्यकताएँ | |
|---|---|---|---|
| दूध | 325 मि. लि. | | |
| चीनी | 40 ग्राम | | |
| घी, तेल | 35 ग्राम | | |
| हरी पत्तेदार सब्जियाँ | 150 ग्राम | कैल्शियम | 1000 मि. ग्राम |
| फल | 30 ग्राम | | |
| अन्य सब्जियाँ | 75 ग्राम | लौह तत्त्व | 30 मि. ग्राम |
| कंदमूल | 75 ग्राम | विटामिन 'ए' | 2400 कैरोटीन |
| अनाज | 400 ग्राम | कैलोरीज | 2525 |
| दालें | 70 ग्राम | प्रोटीन | 65 ग्राम |

| आहार | मीनू | मात्रा |
|---|---|---|
| सुबह की चाय | चाय | 1 कप |
| | बिस्कुट | 2 |
| सुबह का नाश्ता | मक्खन, डबल रोटी | 2 स्लाइस |
| | टिक्की (हरी चटनी के साथ) | 2 |
| | दूध | 1 कप |
| मध्याह्न | संतरा | 1 |
| | मटर पोहा | 1 कटोरी |
| दोपहर का भोजन | उबले चावल | 1 प्लेट |
| | चपाती | 2 |
| | अरहर दाल | 1 कटोरी |
| | मेथी आलू सब्जी | 1 कटोरी |
| | प्याज टमाटर रायता | 1/2 कटोरी |

| आहार | मीनू | मात्रा |
|---|---|---|
| शाम की चाय | मूँगफली की चिक्की | 2 टुकड़े |
| | दूध | 1 कप |
| रात का भोजन | चपाती | 2 |
| | न्यूट्रीनीगेट सब्जी | 1 कटोरी |
| | फूलगोभी सब्जी | 1 कटोरी |
| | सिवई की खीर | 1 कटोरी |

> **गर्भावस्था में क्या खाएं, क्या ना खाएं**
>
> **खान-पान पर दें विशेष ध्यान** गर्भावस्था के दौरान महिलाओं को विटामिन, प्रोटीन, आयरन युक्त भोजन लेना चाहिए। हरी पत्तेदार सब्जियाँ, दूध, फल, जूस का सेवन नियमित रूप से करना चाहिए। ऐसे समय में फास्ट फूड, आॅयली, स्पाइसी फूड नहीं लेना चाहिए। इस दौरान फोलिक एसिड, डीएचए टेबलेट भी अनिवार्य रूप से लेना चाहिए।
>
> **सावधानी जरूरी** अधिक उम्र में गर्भावस्था के दौरान महिलाओं को विशेष सावधानी रखनी चाहिए। ऐसे समय में थाइराइड, ब्लडप्रेशर, शुगर का रेग्युलर चेकअप कराते रहें। बच्चे के विकास की जानकारी के लिए समय-समय पर सोनोग्राफी अवश्य करायें। कोई भी समस्या आने पर तुरंत डॉक्टर से संपर्क करें। इस दौरान जितना हो सके ज्यादा दूरी के सफर से बचना चाहिए।
>
> **सब्जियाँ** आठ से नौ सप्ताह में शिशु की आँख का विकास होता है, इसलिए इन्हें भोजन में प्राथमिकता दें। इसमें पाए जाने वाले विटामिन ए और सी के साथ अन्य विटामिन्स, मिनरल्स और फाइबर कब्ज को दूर करने में मददगार होते हैं। विटामिन सी युक्त जैसे गोभी, ग्रीन बीन्स और टमाटर बॉडी को कैल्शियम प्रदान करते हैं।

## संतुलित आहार का नियोजन

आहार को मोटे तौर पर उसकी पोषण शक्ति या मूल्य के अनुसार, निम्नलिखित 11 समूहों में विभाजित किया जा सकता हैं 1. अनाज और ज्वार बाजरा, 2. दालें (फलियाँ), 3. गिरियाँ और तिलहन, 4. सब्जियाँ, 5. फल, 6. दूध और दुग्ध पदार्थ, 7. अण्डे, 8. मांस, मछली और अण्डे, 9. वसा और तेल, 10. शकर एवं अन्य स्टार्चयुक्त लेने के लिये आहार तथा, 11. मिर्च एवं मसाले, संतुलित आहार विभिन्न भोज्य पदार्थों की पोषण शक्ति की जानकारी नीचे दी जा रही है।

### *अनाज और ज्वार बाजरा*

विश्व के अधिकांश देशों के लोगों का यही मुख्य आहार है। इसकी मुख्य वजह अधिक मात्रा में उपलब्धता, प्राप्ति में आसानी, कम कीमत का होना है। चूँकि सामान्य वर्ग की क्रयशक्ति कम होती है इसलिए उसकी क्रयक्षमता सिर्फ इन मोटे अनाजों तक ही सीमित रहती है। इस श्रेणी में चावल, गेहूँ के अलावा ज्वार, बाजरा, रागी आदि आते हैं। भारत और विकासशील देशों के अधिकांश गरीब लोग अपने 70 से 80 प्रतिशत तक आहार में इन्हीं पदार्थों का उपयोग करते हैं, इनमें प्रोटीन की मात्रा 6 से 12 प्रतिशत और B-विटामिन जैसे थायमिन, नियासिन, पेन्टोथेनिक एसिड, विटामिन और अन्य खनिज अच्छी मात्रा में पाये जाते हैं। इसलिए इन अनाजों के द्वारा गरीब वर्ग की कैलोरी, प्रोटीन और अन्य पोषक तत्वों की 70 से 80 प्रतिशत तक आवश्यकताओं की पूर्ति हो जाती है, रागी को छोड़कर शेष सभी अनाजों में कैल्शियम साधारण से लेकर सामान्य मात्रा तक मिल जाता है, रागी में सर्वाधिक कैल्शियम पाया जाता है इससे लगभग 0.4 प्रतिशत कैल्शियम पाया जाता है। अनाजों में विटामिन A, D, और C पर्याप्त मात्रा में नहीं होते हैं। पीली मक्का में केरोटीन (प्रोविटामिन A) अच्छी मात्रा में पाया जाता है। भारत के गरीब लोग धानियों (फूलों) का उपयोग नाश्ते के रूप में करते है।

## दालें

देश में दालों का अधिक उपयोग उत्तरी राज्यों के अलावा बिहार और उत्तर प्रदेश और मध्य प्रदेश में होता है।

सूची दालों में प्रोटीन की मात्रा 1.9 से 24 प्रतिशत तक होती है। इनमें B-विटामिन और खनिज भी अच्छी मात्रा में पाये जाते हैं लेकिन इनमें विटामिन A, D, और C की मात्रा बहुत कम होती है। दालों से अनाज में जो कमियाँ हैं उनकी पूर्ति अच्छी तरह से हो जाती है। सिंके हुए चने और मटर कम आय वर्ग में नाश्ते के रूप में प्रयुक्त किये जाते हैं, हरे चने, हरे मटर आदि में विटामिन C पर्याप्त मात्रा में पाया जाता है।

## गिरी और तिलहन

गिरी और तिलहन में (केवल खोपरे को छोड़कर) 18 से 40 प्रतिशत तक प्रोटीन पाये जाते हैं, ये प्रोटीन के मुख्य स्त्रोत है। सोयाबीन में 40 प्रतिशत प्रोटीन होता है। यह प्रोटीन का सबसे मुख्य स्त्रोत है। इनमें से कुछ गिरियाँ और तिलहन, वसा, विटामिन B और विटामिन E और कुछ खनिजों के बहुत अच्छे स्त्रोत हैं। उदाहरण के लिए इनमें फॉस्फोरस और आयरन बहुत अच्छी मात्रा में पाया जाता है। लेकिन इनमें विटामिन A, D, और C नहीं पाया जाता है।

तिल्ली में कैल्शियम की प्रचुर मात्रा पाया जाता है, लेकिन यह तिल्ली के छिलकों में कैल्शियम ऑक्सेलेट के रूप में पाया जाता है। चूँकि गिरियों और तिलहनों में वसा और प्रोटीन अच्छी मात्रा में पाये जाते हैं। इसलिए इनका उपयोग वैकल्पिक दूध (Milk Substitue) बनाने में किया जा सकता है। इस प्रकार का दूध शिशुओं को पिलाया जा सकता है। यह दूध उन क्षेत्रों में भी काम में लाया जा सकता है जहाँ दूध पर्याप्त मात्रा में नहीं मिलता।

## सब्जियाँ

पोषकीय तत्त्वों के मामले में रूणिजनों की भूमिका महत्त्वपूर्ण है। पोषकीय तत्त्वों की दृष्टि से सब्जियाँ

तीन वर्गों में विभाजित की जा सकती है- 1. हरी पत्ते वाली सब्जियाँ, 2. कन्द और मूल तथा 3. अन्य सब्जियाँ।

**हरी पत्ते वाली सब्जियाँ:** हरी पत्ते वाली सब्जियों में केरोटीन (प्रो विटामिन A) बहुत अच्छी मात्रा में पाया जाता है। इनमें कैल्शियम, रिबोफ्लेविन, फोलिक एसिड, और विटामिन C भी अच्छी मात्रा में पाये जाते हैं। यदि वयस्क व्यक्ति 100 ग्राम और बालक 50 ग्राम हरी पत्ते वाली सब्जियाँ प्रतिदिन है तो इससे केरोटीन, फोलिक एसिड, विटामिन C की पूर्ति और कैल्शियम तथा रिबोफ्लेविन को आंशिक पूर्ति हो सकती है। सरंक्षणात्मक भोज्य पदार्थों में ये सबसे सस्ते हैं।

**कन्द मूल:** इस वर्ग के मुख्य भोज्य पदार्थ हैं-आलू, शकरकन्द, कसावा, गाजर, घुइंया आदि, सामान्यतौर पर इनमें स्टार्च अच्छी मात्रा में पाया जाता है। इनमें प्रोटीन की मात्रा बहुत कम होती है। आलू इसका अपवाद है। आलू में प्रोटीन अच्छी मात्रा में पाया जाता है, गाजर और पीले शकरकन्द में केरोटीन की अच्छी मात्रा मिल जाती है। लेकिन आलू, शकरकन्द, कसावा में केरोटीन नहीं पाया जाता है। इस वर्ग के पदार्थों में प्रोटीन बहुत कम मात्रा में मिलता है और इसलिये इनका पूरक आहार के रूप में ही उपयोग किया जा सकता है। अफ्रीका, एशिया और लैटिन अमेरिका के देशों में बाल वर्ग में कसावा का बहुत उपयोग किया जाता है, इसी का परिणाम यह है कि इन देशों में कैलोरी प्रोटीन कुपोषण के उदाहरण भारी मात्रा में देखने में आते हैं।

**अन्य सब्जियाँ:** इस वर्ग में कई सब्जियों को शामिल किया जाता है इनमें से कुछ में विटामिन C अच्छी मात्रा में पाया जाता है। पीले कद्दू में केरोटीन अच्छी मात्रा में पाया जाता है।

## फल

सामान्यतौर पर फलों में विटामिन C अच्छी मात्रा में पाया जाता है। इनमें से कुछ में जैसे आम और पपीते में केरोटीन भी अच्छी मात्रा में पाया जाता है।

आँवले और अमरूद में विटामिन C भारी मात्रा में पाया जाता है। फलों में ये सबसे सस्ते फल हैं। टमाटर, नींबू, संतरा, पपीता, अनन्नास, काजू आदि में भी विटामिन C पर्याप्त मात्रा में पाया जाता है। सेब, केला और अंगूर में विटामिन C बहुत कम मात्रा में होता है।

## दूध से बने खाद्य पदार्थ

दूध अनादिकाल से शिशुओं के आहार तथा बालकों और वयस्कों के पूरक आहार के रूप में काम में लाया जाता है। विटामिन C, D, और आयरन को छोड़कर दूध सर्वगुण सम्पन्न आहार हैं, दूध प्रोटीन, जैविक दृष्टि से बहुत मूल्यवान है। गाय के एक लीटर दूध से 35g प्रोटीन, 35g वसा, 1g कैल्शियम, 1.5g रिबोफ्लेविन, 1500 I.U. विटामिन A और अच्छी मात्रा में B विटामिन और खनिज आदि प्राप्त होते हैं। भैंस का दूध भारत, पाकिस्तान और मिस्र में व्यापक रूप से काम में लाया जाता है। इसमें वसा की मात्रा गाय के दूध की तुलना में दुगुनी होती है।

**पूर्ण वसा दुग्ध चूर्ण (Full Fat Milk Powder):** सम्पूर्ण वसा सहित बनाया गया दूध का पाउडर गाय के दूध से 8 गुना उत्तम होता है। इसमें लगभग 26 प्रतिशत प्रोटीन और 26 प्रतिशत वसा होती है। इसमें 7 गुना गरम पानी मिलाकर इसे फिर दूध के रूप में तैयार कर काम में लाया जा सकता है।

**वसा रहित दुग्ध चूर्ण (Skimmed Milk Powder):** यह सप्रेटा दूध से जिसमें से वसा अलग कर ली जाती हैं तैयार किया जाता है। इसमें वसा और विटामिन A बिल्कुल नहीं होते, यह ताजे सप्रेटा दूध से 10 गुना उत्तम होता है, इसमें 35 प्रतिशत प्रोटीन होते हैं। यह बालकों के पूरक आहार के रूप में काम में लाया जा सकता है लेकिन यह शिशुओं को नहीं पिलाया जाना चाहिये।

## अण्डा

मुर्गी के अण्डों में सर्वोत्कृष्ट गुणों वाला जैविक प्रोटीन 13 प्रतिशत और 13 प्रतिशत वसा होती है। इसमें विटामिन A और कुछ विटामिन पर्याप्त मात्रा में पाये जाते हैं। इनमें विटामिन D की सामान्य मात्रा होती है। लेकिन विटामिन C बिल्कुल नहीं होता, मुर्गी और बत्तख के अण्डों की रासायनिक सरंचना एक जैसी होती है। अण्डे की सफेदी में 12 प्रतिशत प्रोटीन कुछ विटामिन B होते हैं, लेकिन इनमें वसा और विटामिन A बिलकुल नहीं होता। अण्डे के पीले भाग जर्दी में 15 प्रतिशत प्रोटीन, और 27 प्रतिशत वसा होती है। इसमें विटामिन A अच्छी मात्रा में और आयरन साधारण मात्रा में होता है। इसलिये यह शिशुओं के पूरक आहार के रूप में काम में लाया जा सकता है।

## माँस, मछली और अन्य भोजन

पूरक पोषक आहार के रूप में इसकी उपयोगिता निर्विवाद है। चूँकि इसके असीमित मात्रा में उपलब्धता तथा इनके उपयोग काफी हद तक कृषि आहार पर दबाव कम करता है।

**माँस:** माँस में उच्च जैविक किस्म का प्रोटीन (18 से 22 प्रतिशत तक) होता है। इसमें विटामिन B साधारण मात्रा में पाया जाता है। इसमें विटामिन A, C और क बिल्कुल नहीं होते हैं।

**मछली:** मछलियों में उच्च जैविक किस्म का प्रोटीन (18 से 22 प्रतिशत तक) होता है। इनमें B विटामिनों की सामान्य मात्रा पाई जाती है। मछलियों में विटामिन A और D की सामान्य मात्रा पाई जाती है। बड़ी मछलियों में फॉस्फोरस पाया जाता है लेकिन कैल्शियम नहीं होता है। यदि छोटी मछलियों को हड्डियों के सहित खाया जाये तो उनसे कैल्शियम की अच्छी मात्रा प्राप्त होती है।

**यकृत (Liver):** यकृत में 18 से 20 प्रतिशत तक प्रोटीन और विटामिन A और B कॉम्पलेक्स अच्छी मात्रा में होते हैं। यह विटामिन का सबसे उत्तम प्राकृतिक स्रोत हैं।

**वसा और तेल:** वसा और तेल मुख्य रूप से ऊर्जा के स्रोत के रूप में कार्य करते हैं। इनसे आवश्यक वसीय अम्ल भी प्राप्त होते हैं। मक्खन, घी और वनस्पति विटामिन A के अच्छे स्रोत है। (लगभग

गर्भावस्था में देखभाल/खानपान                                                          85

2500 I.U. प्रति 100 ग्रा.) सामान्य वनस्पति तेलों में केरोटीन या विटामिन A नहीं होता, इनमें से कई विटामिन E के अच्छे स्रोत हैं।

**शक्कर एवं अन्य कार्बोहाइड्रेट आहार:** कार्बोहाइड्रेट आहारों में प्रमुख गन्ने की शक्कर, गुड़, ग्लूकोस, शहद, शरबत, कस्टर्ड पाउडर, अरारोट का मैदा और साबुनदाना हैं। ये मुख्य रूप से ऊर्जा के स्रोत के रूप में काम करते हैं। शहद और गुड़ में बहुत थोड़ी मात्रा में खनिज और विटामिन होते हैं।

**मसाले और मिर्च :** सामान्य आहार में मसाले और मिर्च का कोई पोषण मूल्य नहीं होता लेकिन इनका मुख्य उपयोग भोजन को सुस्वादु बनाने के लिए किया जाता है। इनमें कुछ आवश्यक तेल (Essential Oils) होते हैं। जो इन्हें रूचिकर बनाते हैं।

### पेय पदार्थ

खाद्य पदार्थों के अलावा कुछ पेय पदार्थ भी हैं जिनका चलन है और ये हमें ऊर्जा प्रदान करते हैं। मूल रूप से पेय पदार्थ को तीन वर्गों में वर्गीकृत किया जा सकता है

(1) **मादक पेय**     जैसे व्हिस्की, रम, ब्रान्डी, ताड़ी आदि।
(2) **अमादक पेय**    जैसे  कॉफी, चाय, कोको आदि।
(3) **मृदु पेय**     जैसे  सोडावाटर, कोकोकोला, विम्टो, लेमन आदि।

(1) **मादक पेय**  मादक पेय का सक्रिय घटक एथिल अल्कोहल है। बीयर में 5.6 प्रतिशत अल्कोहल और 11 औंस कैलोरी होती है। जिन, ब्रांडी, रम एवं व्हिस्की में 33.45 प्रतिशत अल्कोहल और 66.90 औंस कैलोरी होती है। प्रमुख वाइन जैसे  शेम्पेन, बरगंडी, क्लेरेट आदि में 10.13 प्रतिशत अल्कोहल और 20.30 औंस कैलोरी होती है। पुष्प वाइन जैसे  शेरी, पोर्ट आदि में 17.23 प्रतिशत अल्कोहल और 34.48 औंस कैलोरी होती है। अरेक या देशी शराब में 40 प्रतिशत अल्कोहल और 66.90 औंस कैलोरी होती है। ताड़ी में 2.3 प्रतिशत अल्कोहल और 10 औंस कैलोरी होती है।

(2) **अमादक पेय**  प्रमुख अमादक पेय हैं कॉफी, चाय कोको आदि। कॉफी में मूल रूप से केफीन, वाष्पशील तेल और टेनिक अम्ल रहते हैं। केफीन तन्त्रिका तन्त्र को उद्दीप्त करता है। जब कॉफी के बीजों को भूना जाता है तब टेनिक अम्ल नष्ट हो जाता है, प्रोटीन स्वंदित हो जाते हैं और मधुर महक बिखरती है।

चाय भी एक प्रमुख अमादक पेय है। इसके दो मुख्य प्रकार हैं  हरी और काली। हरी चाय चीन, जापान और असम में बहुत अधिक लोकप्रिय है, क्योंकि यह काली चाय की तुलना में अधिक कड़क है। चाय में केफीन लगभग 2.6 प्रतिशत, टेनिक अम्ल  6.12 प्रतिशत, थियोफीलीन  सूक्ष्ममात्रा और आवश्यक वाष्पशील तेल  5 प्रतिशत विद्यमान होता है। पानी में पत्तों को उबालकर चाय बनती है। जब दूध मिलाया जाता है तब दूध का केसीन टेनिक अम्ल के साथ मिलकर हानिरहित मिश्रण तैयार कर देती है।

कोको फलियों से प्राप्त होती है। कोको में थियोब्रोमिन और केफीन रहते हैं। इसमें वसा खूब होता है।

(3) **मृदु पेय**  सोडावाटर, कोकाकोला, विम्टो, लेमन आदि प्रमुख मृदुल पेय पदार्थ हैं। मृदु पेय के मुख्य घटक हैं, कार्बन-डॉइ-आक्साइड, शक्कर, साइट्रिक अथवा टार्टेरिक अम्ल, रंग और गंध के कारक आदि।

## आहारों का कार्यात्मक वर्गीकरण

पोषकीय आहार मानव शरीर को अनेक तरीके लाभान्वित करते हैं। इनके मानव के उपयोग करने के आधार पर तीन विस्तृत भागों में वर्गीकृत (श्रेणी) किया जा सकता है। 1. ऊर्जा प्रदान करने वाले आहार, 2. शरीर निर्माण करने वाले आहार और 3. सुरक्षात्मक आहार।

**ऊर्जा प्रदान करने वाले आहार** इस वर्ग में वे आहार जिनमें कार्बोहाइड्रेस और वसा भारी मात्रा में होते हैं तथा शुद्ध वसा और कार्बोहाइड्रेटस शामिल किये जाते हैं, अनाज, कन्द मूल, सूखा मेवा और वसा प्रमुख ऊर्जा देने वाले आहार हैं, अनाज से ऊर्जा के अतिरिक्त प्रोटीन, खनिज और विटामिन भी प्राप्त होते हैं।

**शरीर निर्माण करने वाले आहार (Body Building Foods)** प्रोटीन से परिपूर्ण आहार को शरीर बनाने वाले आहार कहा जाता है। इन्हें दो बड़े वर्गों में विभाजित किया जा सकता है। 1. दूध, मांस, अण्डे और मछली, जिनमें उच्च किस्म का जैविक प्रोटीन पाया जाता है। और 3. दालें, तिलहन, गिरी, कम तेल वाले तिलहनों का आटा जिनमें मध्यम मूल्य के प्रोटीन पाये जाते हैं।

**सुरक्षात्मक आहार (Protective Foods)** वे आहार जिनमें प्रोटीन, विटामिन और खनिज अच्छी मात्रा में पाये जाते हैं, सुरक्षात्मक आहार कहे जाते हैं। सुरक्षात्मक आहार को दो बड़े भागों में विभाजित किया जा सकता है 1. वे आहार जिनमें उच्च जैविक मूल्य के प्रोटीन, खनिज और विटामिन पाये जाते हैं। दूध, अण्डे, मछली और यकृत आदि इस वर्ग के उदाहरण हैं। 2. वे आहार जिनमें केवल कुछ विटामिन और खनिज ही अच्छी मात्रा में पाये जाते हैं, हरी पत्ते वाली सब्जियाँ और कुछ फल इसके उदाहरण हैं।

**संतुलित आहार का नियोजन (Planning of Balanced Diet)** वह आहार जिसमें सभी आहार वर्ग जैसे ऊर्जा देने वाले आहार, शरीर संवर्धन करने वाले आहार और सुरक्षात्मक आहार उचित प्रमाण में हों, जिससे कि व्यक्ति को सभी पोषक तत्व न्यूनतम मात्रा में प्राप्त हो जायें। संतुलित आहार विभिन्न आयु वर्ग, लिंग भेद, शारीरिक कार्य, आर्थिक स्थिति और शारीरिक स्थिति के लिये अलग-अलग होंगे। उदाहरणार्थ, गर्भावस्था और दुग्धस्त्रावण, विभिन्न आयु वर्गों के लिए संतुलित आहार अध्याय 15 से 19 तक दिये गये हैं।

**कीमती संतुलित आहार (Balanced Diet at High Cost)** इस प्रकार के संतुलित आहार में दूध, अण्डे, मांस, मछली और फलों की माँग की पर्याप्त मात्रा होगी, अनाज, दाल, गिरी और वसा साधारण मात्रा में होंगे।

**सममूल्य संतुलित आहार (Balanced Diet at Moderate Cost)** इस प्रकार के संतुलित आहार में दूध, मछली, मांस, फल और वसा सामान्य मात्रा में आर अनाज, दाल, गिरी और हरी पत्ते वाली सब्जियाँ पर्याप्त मात्रा में होंगी।

---

**वजन की चिंता न करें—**

गर्भवती महिला को वजन बढ़ने की चिंता नहीं करना चाहिए। यही वजह है कि कई स्त्री-रोग विशेषज्ञ पहली विजिट के बाद गर्भवती महिला का वजन लेना बंद कर देती हैं, क्योंकि इससे आगे के निदान पर कोई फर्क नहीं पड़ता। जाहिर है कि गर्भवती महिला का वजन उसके सामान्य वजन से अधिक ही होगा। ऐसे में चिंता की कोई जरूरत नहीं है। महिलाएँ डिलेवरी के चंद महीनों बाद नियमित कसरत और रख-रखाव से अपना वजन सामान्य कर सकती हैं।

**सस्ता संतुलित आहार (Balanced Diet at Low Cost)** इस प्रकार के संतुलित आहार में दूध, अण्डे, माँस, मछली और वसा कम मात्रा में और अनाज, दाल, गिरी और हरी पत्ती वाली सब्जियाँ पर्याप्त मात्रा में होंगी।

### संतुलित आहार तालिका

| खाद्य समूह | शाकाहारी |
|---|---|
| अनाज | 400 ग्राम |
| दालें | 85 ग्राम |
| कन्दमूल | 85 ग्राम |
| अन्य ताजी सब्जियाँ | 85 ग्राम |
| फल | 85 ग्राम |
| शक्कर और गुड़ | 60 ग्राम |
| मक्खन, घी, तेल व हरे शाक | 125 ग्राम |
| अन्य वसायुक्त पदार्थ | 60 ग्राम |
| दूध | 300 ग्राम |
| मूंगफली | 30 ग्राम |

यह आहार सामान्य क्रियाशील मनुष्य के लिये हैं, इसके द्वारा 3000 कैलोरीज व अन्य पोषक तत्व जैसे प्रोटीन 90 ग्राम, वसा 90 ग्राम, कार्बोहाइड्रेट 450 ग्राम एवं पर्याप्त मात्रा में खनिज पदार्थ तथा विटामिन्स प्राप्त होते हैं।

इस प्रकार का संतुलित आहार मानव की भोजन की आवश्यकता पूर्ति करने के साथ शारीरिक वृद्धि प्रतिरोधात्मक शक्ति का विकास करने के साथ-साथ पौष्टिकता से परिपूर्ण है।

### गर्भावस्था में जरूरी अवसर आहार

गर्भावस्था के दौरान आहार को लेकर हमारे देश में कई भ्रांतियाँ हैं। अक्सर कहा जाता है कि फलाँ चीज मत खाना, नहीं तो बच्चे का रंग काला हो जाएगा। कई समाजों में अनेक तरह के फल और सब्जियाँ गर्भवती महिलाओं के आहार में शामिल ही नहीं किए जाते हैं। अक्सर केले इसलिए नहीं खाने दिए जाते हैं कि इससे गर्भस्थ शिशु को जन्म लेने के बाद सर्दी-जुकाम बना रहेगा। मछली खाने से रोका जाता है, क्योंकि इससे गर्भस्थ शिशु को सफेद दाग होने की आशंका जताई जाती है।

## सामान्य देखभाल (Common Care)

## स्वास्थ्य परक आहार पर बल देना

अपने अजन्मे बच्चें के पोषण की आप एकमात्र स्रोत हैं, आपके खाने की प्रवृत्ति का बच्चे के स्वास्थ्य और कुशलता पर काफी प्रभाव पड़ता है। बड़ी हुई जरूरत को पूरा करने के लिए आप के शरीर को पर्याप्त पोषण की जरूरत होती है।

## गर्भवती माँ को कैलोरी की जरूरत

गर्भवस्था के प्रारम्भिक महीनों में आप को अपने आहार में बदलाव लाने की जरूरत नहीं है। गर्भ के बढ़ने के साथ-साथ आप को कैलोरी की मात्रा में लगभग 300 अतिरिक्त कैलोरिज जोड़ लेने की जरूरत पड़ सकती है। ऐसा सामान्यतः दूसरे और तीसरे ट्रिमस्टर में होता है। यही आप अधिक खाते हैं तो आपका ही वजन बढ़ेगा न कि आपके बच्चे का। इसलिए ध्यान रखें कि आप बरगर, तले पदार्थ, बिस्कुट जैसे कैलोरी बढ़ाने वाले पदार्थ न लें। वस्तुतः आप को जरूरत होती है - प्रोटीन कार्बोहाइड्रेटस, मिनरल तथा विटामिन युक्त भोजन की जैसे चपाती, दालें, सोया, दूध, अण्डे और सामिष भोजन, मेवे, हरे पत्तों वाली सब्जियाँ और ताजे फल।

## गर्भवती महिला के लिए सन्तुलित भोजन

गर्भकाल के दौरान आप के आहार में निम्नलिखित वस्तुएँ होने चाहिए
1. 3 बार श्रेष्ठतम प्रोटीन - अण्डा, सोयाबीन, सामिष।
2. 2 बार विटामिन सी युक्त पदार्थ - रसीले फल, टमाटर
3. 4 बार कैल्शियम प्रधान पदार्थ (गर्भकाल में 4 बार स्तनपान में 5 बार) जैसे दूध, दही।
4. 3 बार हरी पत्तों वाली और पीली सब्जियाँ या फल पालक, बथुआ, छोले, सीताफल, पपीता, गाजर।
5. 1/2 बार अन्य फल एवं सब्जियाँ     बैंगन, बन्दगोभी
6. 4-5 बार साबुत अनाज और मिश्रित कार्बोहाइड्रेटस - चपाती चावल
7. 8-10 गिलास पानी

## डॉक्टर के परामर्श के अनुसार आहारपरक दवाएँ

एक गर्भवती महिला को अपने आहार में विटामिन, आयरन और कैल्शियम की जरूरत पड़ती है। आयरन फोलिक और कैल्शियम की गोलियाँ सभी सरकारी स्वास्थ्य केन्द्रों में मुफ्त उपलब्ध रहती हैं। ये दवाएँ आमतौर पर सुविधा से उपलब्ध होती हैं कौन सी दवा लेनी है इसका सुझाव डॉक्टर से लेना चाहिए।

## स्वस्थ गर्भ में वजन का बढ़ना

महिला का वजन औसतन 11 से 14 किलो के बीच बढ़ना चाहिए।
ट्रिमस्टर के अनुसार वजन बढ़ने का आदर्श स्वरूप इस प्रकार है।
1. पहला ट्रिमस्टर - 1 से 2 किलो
2. दूसरा ट्रिमस्टर 5 से 7 किलो
3. चार से पाँच किलो।

## कम पोषक तत्व वाले खाद्य पदार्थों की तीव्र इच्छा को कैसे वश में करें?

गर्भावस्था के दौरान आहार को लेकर हमारे देश में कई भ्रांतियाँ हैं। अकसर कहा जाता है कि फलाँ चीज मत खाना, नहीं तो बच्चे का रंग काला हो जाएगा। कई समाजों में अनेक तरह के फल और सब्जियाँ गर्भवती महिलाओं के आहार में शामिल ही नहीं किए जाते हैं। अकसर केले इसलिए नहीं खाने दिए जाते हैं कि इससे गर्भस्थ शिशु को जन्म लेने के बाद सर्दी-जुकाम बना रहेगा। मछली खाने से रोका

जाता है, क्योंकि इससे गर्भस्थ शिशु को सफेद दाग होने की आशंका जताई जाती है।

> **यदि किसी विशिष्ट अखाद्य पदार्थ को खाने की अनोखी इच्छा जगे तो कोई क्या करें?**
>
> डॉक्टर से परामर्श लेना चाहिए क्योंकि हो सकता है कि उस में कोई पोषण परक विकार पैदा हो रहा हो।

## छाती में जलन से बचाव

छाती की जलन से बचने के लिए (1) बार-बार परन्तु थोड़ा-थोड़ा खायें, दिन में 2-3 बार खाने की अपेक्षा 5-6 बार खायें। भोजन के साथ अधिक मात्रा में तरल पदार्थ न लें। (2) वायु-विकार पैदा करने वाले, मसालेदार या चिकने भोजन से बचें। (3) सोने से पहले कुछ खायें या पियें नहीं (4) खाने के दो घन्टे बाद ही व्यायाम करें। (5) शराब या सिगरेट न पियें। (6) बहुत गर्म या बहुत ठन्डे तरल पदार्थ न लें।

## गर्भावस्था की आसान देखभाल

1. गर्भावस्था में हलका-फुलका भोजन खाने से बच्चा तंदुरुस्त होता है।
2. होने वाली शांतिप्रिय संतान के लिए गर्भिणी स्त्री का वातावरण शांतिप्रिय होना चाहिए।
3. माता-पिता का रंग काला है तो गर्भावस्था के पाँचवें माह से नारी को दो नारंगी नित्य सेवन करना चाहिए। इससे बच्चा गोरा होगा।
4. पेट में पानी हो तो दो गोले नारियल का पानी नित्य सेवन करें।
5. गर्भवती महिलाओं को विशेषकर अंगूर सेवन ज्यादा करना चाहिए।
6. दही में बेसन मिलाकर उबटन की तरह मलें, शरीर की बदबू रफूचक्कर हो जाएगी।
7. साँस फूलने पर दही की कढ़ी में देसी घी डालकर कुछ दिन खायें।

## गर्भकाल में विशेष देखभाल

1. गर्भवती महिला को सिर्फ अपने शरीर का ही नहीं, बल्कि अपने गर्भस्थ शिशु के शरीर का भी पालन-पोषण करना होता है।
2. गर्भवती के लिए उचित और पर्याप्त मात्रा में पोषक तत्वों से युक्त आहार की समुचित व्यवस्था करना पूरे परिवार की, खासकर पति की आवश्यक जिम्मेदारी होती है। यहाँ इस विषय में कुछ महत्त्वपूर्ण जानकारियाँ प्रस्तुत की जा रही हैं।
3. गर्भवती स्त्री को गर्भकाल के प्रारंभिक दिनों में भोजन में अरुचि हो जाती है, प्रातः काल उबकाई और उल्टी होने जैसा जी होता है, मितली आती है, मुँह का स्वाद ठीक नहीं रहता।

उपरोक्त कारणों से उसे खटाई खाने की इच्छा होती है, इसलिए गर्भवती को मौसमी फल, कच्चे सलाद और हलके पदार्थों का सेवन ज्यादा मात्रा में और भारी भोजन जैसे रोटी, पूड़ी-पराठें आदि का सेवन कम मात्रा में करना चाहिए, ताकि पाचन शक्ति पर ज्यादा बोझ न पड़े।

प्रतिदिन प्रातः या भोजन के बाद दोपहर में 1 चम्मच मक्खन, 1 चम्मच पिसी मिश्री और 1 पाव चम्मच पिसी काली मिर्च मिलाकर खाना चाहिए। इसके ऊपर कच्चे नारियल की गिरी के 2-3 टुकड़े खाकर 10 ग्राम सौंफ खूब चबाकर खाना चाहिए। यह प्रयोग पूरे गर्भकाल तक करना चाहिए। इसी के साथ शाम के भोजन के दो घंटे बाद और सोने से पहले एक गिलास मीठे गुनगुने दूध के साथ नौ मास चिकित्सा के अनुसार निर्देशित पदार्थ का सेवन करना चाहिए।

गर्भवती को भारी बोझ उठाने, झटके से उठने, बैठने, चलने या सीढ़ियाँ चढ़ने-उतरने तथा भारी परिश्रम के काम नहीं करना चाहिए। आलस्य भी नहीं करना चाहिए और घर के हल्के-फुल्के काम

बराबर करते रहना चाहिए, ताकि शरीर का व्यायाम होता रहे और शरीर में चुस्ती-फुर्ती तथा शक्ति बनी रहे।

## गर्भावस्था में रखें खास ख्याल

1. किसी भी प्रकार के व्यायाम अथवा कसरत को शुरू करने से पहले चिकित्सक की सलाह जरूर लें। अत्यधिक व्यायाम न करें।
2. रोज पैदल घूमें। ये एक अच्छा व्यायाम है। इससे पेट साफ रहता है।
3. गर्भावस्था के दौरान भोजन कम करने का प्रयत्न न करें।
4. यदि कमर दर्द होता है तो ज्यादा देर तक खड़े अथवा बैठे न रहें। बीच-बीच में थोड़ा चल-फिर लें।
5. गर्भावस्था में ऊँची हिल के जूते-चप्पल न पहनें क्योंकि इससे आपका संतुलन बिगड़ सकता है और आप गिर सकती हैं।
6. भारी वस्तुएँ इत्यादि को उठाने के लिए सही तरीके का इस्तेमाल करें ताकि आपको कमर दर्द न हो।
7. एकदम झटके से वस्तु को न उठाएँ। पहले अपने शरीर को स्थिर करें। घुटने मोड़ें फिर धीरे से अपने आप को उठाएँ।
8. यदि आपके पैर दुखते हैं या सूजन आ जाती है तो फिटिंग वाली आरामदायक चप्पलों का इस्तेमाल करें।
9. गर्भावस्था के दौरान गरम पानी से स्नान करना फायदेमंद होता है। इससे माँसपेशियों और मस्तिष्क को आराम मिलता है।
10. गाड़ी में सीट बेल्ट का इस्तेमाल करना सुरक्षित होता है मगर यह सुनिश्चित रहे कि बेल्ट जाँघों पर अथवा पेट के नीचे हो पेट पर नहीं हो जिससे आपको या बच्चे को तकलीफ नहीं हो।
11. घुड़सवारी अथवा वाटर स्लाइड इत्यादि न करें।
12. चिकित्सक की सलाह के बिना कोई भी दवाई इत्यादि का सेवन न करें। अगर कहीं बाहर जा रही हैं तो चिकित्सक से सलाह लेने के बाद ही जाएँ।
13. गर्भावस्था के दौरान थकान होना, बार-बार पेशाब आना अथवा नींद आना स्वाभाविक प्रक्रिया है। इससे परेशान होने की जरूरत नहीं है। हमेशा ढीले-ढाले वस्त्र पहनें। कमर अथवा पेट के पास कपड़े टाइट न हों।
14. अत्यधिक लार पैदा होना स्वाभाविक है। चिंता न करें। शुरू के कुछ महीनों के बाद यह अपने आप समाप्त हो जाएगी।
15. गर्भावस्था के प्रथम छः महीनों में हवाई यात्रा सुरक्षित होती है। मगर यदि किसी प्रकार की अन्य तकलीफ जैसे रक्तचाप, डायबिटीज, रक्तस्राव होना अथवा पूर्व में जल्दी प्रसूति होने जैसी स्थिति में चिकित्सक की सलाह लें।
16. गर्भावस्था में चमड़े पर खिंचाव के निशान पैदा हो सकते हैं जो कि प्रसूति के कुछ समय बाद अपने आप कम हो जाते हैं। यदि ज्यादा खुजली इत्यादि हो तो चिकित्सक की सलाह पर क्रीम इत्यादि लगाएँ।
17. दाँतों में कुछ तकलीफ हो तो दंत चिकित्सक से परामर्श करें। उन्हें बताएँ कि आप गर्भवती है ताकि वो उचित इलाज कर सकें एवं एक्स-रे इत्यादि न करें।

18. हमेशा साफ एवं शुद्ध पानी का सेवन करें। कहीं बाहर जाएं तो अपने साथ अपना पानी लेकर जायें।
19. भूखे न रहें। थोड़ी-थोड़ी मात्रा में कुछ घंटों के अंतराल से भोजन करें (कम से कम पाँच बार प्रतिदिन) इससे आपके गर्भ में पल रहे शिशु को सही पोषण मिल सकेगा।
20. कम-से-कम 8 कप तरल पदार्थ प्रतिदिन लें।

# गर्भावस्था में परहेज (Abstinence in Pregnancy)

गर्भावस्था के दौरान कई सावधानियों का पालन करने से जच्चा और बच्चा दोनों सुरक्षित रहते हैं। कई युवा माताएँ गर्भावस्था के दौरान जानकारी के अभाव में ऐसे कदम उठा लेती है जिसकी वजह से नवजात शिशु अथवा स्वयं पर मुश्किलें खड़ी हो जाती है। थोड़ी से सावधानी इन समस्याओं से आपको बचा सकती है।

गर्भवती महिला को आरामदायक जूते पहनने चाहिए क्योंकि इस दौरान उसका वजन बढ़ने के साथ ही कई शारीरिक परिवर्तन होते हैं। जिससे संतुलन बनाना थोड़ा मुश्किल हो जाता है। ऐसे में ऊँची एड़ी के फुटवेयर पहनने से चलते-फिरते हुए संतुलन खोने की आशंका बढ़ जाती है। इनसे पैरों का दर्द बढ़ सकता है।

## अत्यधिक मात्रा में चाय-कॉफी का सेवन

दिन में एक-दो बार लाइट चाय या कॉफी ले सकते हैं लेकिन ज्यादा मात्रा में लें तो ये नुकसानदायक होती है। चाय में टैनिन और कॉफी में कैफीन नामक तत्व मौजूद होते हैं। इनके कारण ये पेय मूत्रवर्धक होते हैं। इसके अलावा कॉफी से रक्तचाप और दिल की धड़कन दोनों ही बढ़ जाते हैं, जो गर्भावस्था में खतरनाक होता है।

## ऊँची एड़ी के फुटवेयर

गर्भवती महिला को आरामदायक जूते पहनने चाहिए क्योंकि इस दौरान उसका वजन बढ़ने के साथ ही कई शारीरिक परिवर्तन होते हैं। सेंटर ऑफ ग्रेविटी भी शिफ्ट हो जाती है जिससे संतुलन बनाना थोड़ा मुश्किल हो जाता है। ऐसे में ऊँची एड़ी के फुटवेयर पहनने से चलते-फिरते हुए संतुलन खोने की आशंका बढ़ जाती है। इनसे पैरों का दर्द बढ़ सकता है।

## सिगरेट

गर्भवती महिला को सिगरेट और धूम्रपान करने वाले लोगों से ही दूर रहना चाहिए। धूम्रपान किसी भी व्यक्ति के लिए नुकसानदेह होता है, गर्भस्थ शिशु के लिए तो इसके अनगिनत नुकसान हैं। इसके बावजूद भी हजारों गर्भवती महिलाएँ बीड़ी-सिगरेट के धुएँ से बच नहीं पाती। इस धुएँ की वजह से गर्भपात, समय से पहले जन्म या शिशु का वजन कम होने जैसी परेशानियाँ हो सकती हैं।

गर्भावस्था के दौरान धूम्रपान अत्यधिक हानिकारक होता है। धूम्रपान न करें और धूम्रपान आपके सामने किसी को न करने दें। इसका सेवन करने से बच्चे के फेफड़े में विकार उत्पन्न होना देखा गया है। मादक पदार्थों का भी सेवन न करें। 150-180 मिली से अधिक शराब का सेवन करने से बच्चे में गंभीर बीमारियाँ देखी गई हैं। आखिरी 6 महीनों में मादक पदार्थों का सेवन करने से बच्चों में रक्तकैंसर होने का खतरा रहता है।

## बिना डॉक्टरी सलाह से दवाईयाँ लेना

कई लोग सर्दी-जुकाम या एलर्जी सिर दर्द, बदन दर्द आदि समस्याओं के लिए चिकित्सक से बिना पूछे ही दवाई ले लेते हैं। गर्भस्थ शिशु के लिए इससे खतरा पैदा हो सकता है। कोई भी दवा मर्ज पर असर करने के साथ ही शरीर पर कुछ दुष्प्रभाव भी छोड़ती है। इसीलिए, गर्भावस्था में चिकित्सक से पूछे बिना दवा लेना खतरनाक होता है। गर्भवती महिला को विशेषकर कोई भी दवा लेने से पहले अपने स्त्री रोग विशेषज्ञ से सलाह अवश्य लेनी चाहिए।

## शरीर का तापमान

अत्यधिक ठण्डे और गर्म वातावरण से बचें। अत्यधिक थका देने वाले कामों से बचना चाहिए क्योंकि इससे शरीर का तापमान बढ़ जाता है यानी बुखार आ सकता है। शरीर का तापमान बढ़ना या घटना दोनों ही स्थितियाँ गर्भवती व गर्भस्थ शिशु के लिए नुकसानकारी होती हैं।

## जंक फूड

जंक फूड में नमक-शक्कर आदि अधिक मात्रा में होते हैं। इसके अलावा, प्रीजर्वेटिव आदि केमिकल्स भी मौजूद हो सकते हैं। गर्भावस्था में पोषक तत्वों से भरपूर ताजा भोजन लेना चाहिए। जंक फूड में ये तत्व न के बराबर होते हैं। साथ ही डब्बाबंद खाने से भी दूर रहना चाहिए।

## एलर्जी

किसी प्रकार की एलर्जी हो तो उसके कारक से जहाँ तक संभव हो, दूर रहें। गर्भावस्था में पालतू जानवरों से भी दूरी बना लेना बेहतर होता है। जानवरों के फर से एलर्जी हो सकती है। यदि घर में जानवर पाले हों तो इस दौरान इनकी देखभाल की जिम्मेदारी किसी और को सौंप दें।

## गलतफहमियाँ (Myths)

### गर्भवती स्त्री को दो लोगों के लिए खाना चाहिए।

गर्भवती को दो लोगों के लिए नहीं बल्कि पौष्टिक व संतुलित आहार लेना चाहिए। ज्यादा खाने से चर्बी बढ़ सकती है।

### प्रसव को आसान बनाने के लिए रोज एक चम्मच घी दूध में डालकर पीना चाहिए।

घी केवल मोटापा बढ़ाएगा। अब घरों में पहले जैसे शारीरिक श्रम जैसे चक्की चलाना, दही मथना वगैरह नहीं होते हैं। इसलिए ज्यादा घी पचता नहीं है। शरीर में लोच के लिए व्यायाम की जरूरत है न कि घी की।

### पाल्थी लगाकर बैठने से बच्चे का सिर चपटा हो जाएगा।

गर्भाशय में शिशु सुरक्षित है और किसी भी अवस्था में उस पर सीधा दबाव नहीं आएगा। पाल्थी लगाकर बैठने से कूल्हे के जोड़ खुलते हैं व प्रसव प्रक्रिया आसान होती है।

### यदि पेट अंदर खींचेंगे तो बच्चे को साँस लेने में तकलीफ होगी।

शिशु नाल से ऑक्सीजन लेता है जो कि एक ओर उसकी नाभि से तथा दूसरी ओर प्लेसेंटा से जुड़ी होती है। कभी-कभार पेट को खींचने से बच्चे का भार कूल्हा लेगा तथा पेट की मांसपेशियों में ऑक्सीजन का संचार बढ़ेगा।

### कामकाजी महिलाओं को गर्भावस्था के दौरान सलाह

ऑफिस में 20 घंटे प्रति सप्ताह से ज्यादा काम करने, कम्प्यूटर, टीवी के सामने बैठने से गर्भवती महिलाओं को खतरा हो सकता है। इसलिए लगातार स्क्रीन पर नजर न रखें।

1. किसी भी आधुनिक उपकरण के पीछे ज्यादा बैठना नुकसानदायक है। ऐसा देखा गया है कि ज्यादा रेडिएशन टीवी और कम्प्यूटर के पीछे से निकलता है।
2. एंटी ग्लेयर स्क्रीन का इस्तेमाल करें या फिल्टर लगाएँ।
3. लगातार एक ही जगह पर बैठने से ज्यादा अच्छा है बीच-बीच में ब्रेक लें।
4. बीच में काम के दौरान हल्की एक्सरसाइज जैसे स्ट्रेचिंग करें।
5. बैठने के लिए एडजेस्टबल चेयर का इस्तेमाल करें ताकि सीट की हाईट कम या ज्यादा की जा सके और पीठ को आराम दिया जा सके।

## रोजाना के लिए स्वास्थ्य सम्बन्धी सलाह (Health Related Advice on Daily Basis)

### आहार

प्रत्येक गर्भवती महिला को अधिक कैलरीज, प्रोटीन, विटामिनों और खनिजों की जरूरत होती है। सीधी-सी बात है कि गर्भावस्था में महिला को दो के लिए खाना चाहिये अपने लिए और बढ़ते भ्रूण के लिए।

समय-समय पर थोड़ा-थोड़ा खाना चाहिए। ऐसा इसलिए कि गर्भावस्था में बच्चेदानी आमाशय को धकेलती है और उसे छोटा कर देती है। माँ के आहार में लोहा (आयरन), कैल्शियम, प्रोटीन और रेशेदार चीजें होनी चाहिए।

### आराम और व्यायाम

गर्भावस्था में आराम और हल्के व्यायाम दोनों की जरूरत होती है। गाँव में अधिकाँश महिलाओं को गर्भावस्था के आखिरी महीने तक भी बहुत शारीरिक श्रम करना पड़ता है। काम करने से नुकसान नहीं होता परन्तु ऐसे श्रम न करे जिससे धक्का लगे। ऐसा काम जिससे बच्चेदानी पर भार पड़े नुकसानदेह है।

जैसे कि भार उठाना। उबड़-खाबड़ सड़कों पर यात्रा करना, खासकर बैलगाड़ी में खतरनाक हो सकता है। इससे गर्भपात हो सकता है। परिश्रम के साथ-साथ पर्याप्त खाना भी जरूरी है। भारत के गरीब वर्ग की महिलाओं में गर्भावस्था में भार में 6 किलो की बढ़ोत्तरी होती है। जिसमें से 2 किलो वजन का बच्चा होता है, 2 किलो नाभिनाल व पानी की थैलियों का और 2 किलो माँ के ऊतकों का। यह बढ़ोत्तरी मध्यम वर्ग समुदायों के मुकाबले बहुत कम है। इनमें भार में बढ़ोत्तरी 14 से 20 किलो तक हो सकती है। जिसमें से एक तिहाई माँ के शरीर में अतिरिक्त वसा के कारण होता है। हालाँकि यह भी ठीक नहीं है। 9 से 10 किलो भार बढ़ना सबसे ज्यादा सही है। अतिरिक्त श्रम के कारण गर्भस्थ भ्रूण का पोषण कम पड़ता है। इससे शिशु के जन्म के समय वजन कम रहने की संभावना होती है।

## भ्रांतियों से दूरी बनाएँ

कई घरों में यह मान्यता होती है कि गर्भावस्था के सातवें-आठवें महीने तक डॉक्टरी जाँच की कोई आवश्यकता नहीं होती, जो सरासर गलत है। मासिक धर्म रुकने के तुरंत बाद ही डॉक्टरी जाँच करवाकर निश्चित करवाएँ की आप गर्भवती हैं। पहले छह महीने तक एक-एक महीने के अंतराल से जाँच करवाना चाहिए। सातवें महीने से हर पंद्रह दिन में जाँच करवाएँ। नवाँ महीने लगने पर हर हफ्ते जाँच की आवश्यकता होती है। कुल मिलाकर कम-से-कम दस बार जाँच होना चाहिए।

## चिकित्सक की सलाह मानें

डॉक्टर की सलाह के अनुसार परीक्षण और आवश्यकतानुसार सोनोग्राफी होना चाहिए। पहली सोनोग्राफी जाँच डेढ़-दो महीने की गर्भावस्था में ही की जाती है। इससे भ्रूण की स्थिति के सही निदान के साथ ही प्रसव की सही तारीख भी तय की जा सकती है। इसके बाद चौथे महीने में यानी कि सोलह से अठारह हफ्ते में सोनोग्राफी करवाकर गर्भस्थ भ्रूण के अंदर कोई जन्मजात गड़बड़ी जैसे कि हृदय, सिर में, रीढ़ में या पेट में गड़बड़ी हो तो उन्हें देख लिया जाता है।

## अंतिम तिमाही में रहें सावधान

सातवें-आठवें महीने में सोनोग्राफी से गर्भनाल की स्थिति, शिशु का वजन, बच्चेदानी के अंदर का पानी सभी की गहन जाँच होती है। आपके डॉक्टर को जरूरत पड़ने पर सातवें महीने के बाद एक से अधिक सोनोग्राफी की जरूरत हो सकती है।

## भ्रूण का विकास कम हो तो क्या करें ?

यदि बच्चे में विकास की दर कम हो तो पहले यह सुनिश्चित करें कि माँ गर्भावस्था के दौरान कोई बीमारी जैसे ब्लड प्रेशर (रक्त चाप), डायबिटीज (मधुमेह) से तो पीड़ित नहीं थी। यदि वह बीमार है तो कलर डॉप्लर सोनोग्राफी की जरूरत पड़ सकती है। इसमें शिशु के धमनियों में रक्त का प्रवाह कैसा है, इसे जाँचा जाता है और आने वाले खतरों की चेतावनी मिलती है।

## लिंग परीक्षण न कराएँ

ध्यान रहे कभी भी शिशु का लिंग परीक्षण करवाने के लिए सोनोग्राफी न करवाएं। यह न केवल आपके और समाज के लिए हानिकारक है वरन् कानूनन अपराध भी है। प्रसूति विशेषज्ञ द्वारा नियमित रूप से आपकी खून की एवं पेशाब की जाँचें करवाई जाएँगी। हिमोग्लोबिन की जाँच गर्भावस्था में तीन-चार बार करवाना आवश्यक है। आपका रक्त समूह (ब्लड ग्रुप) जानना जरूरी है। यह भी तय करें कि आप आर.एच. निगेटिव तो नहीं हैं। सातवें महीने में ग्लूकोज देकर शुगर की जाँच होती है। पेशाब की जाँच से यूरिनरी इंफेक्शन का पता चलता है। इन सबके अलावा एच.आई.वी. और हिपेटाइटिस 'बी' की जाँच करवा लेना चाहिए।

## टिटेनस के टीके

गर्भावस्था में महिला को टिटेनस टॉक्साइड के दो इंजेक्शन चार से छह हफ्ते के अंतराल से लगते हैं, जिनसे माँ और नवजात शिशु दोनों में टिटेनस की रोकथाम होती है।

जिन महिलाओं की गर्भावस्था सामान्य रहती है, उनको ज्यादा चिंता की जरूरत नहीं, लेकिन कई बार गर्भावस्था हाई-रिस्क या असामान्य श्रेणी में आती है

## जब करें गर्भावस्था के दौरान यात्रा

गर्भावस्था के तीन फेज में से दूसरा फेज यात्रा के लिए सुरक्षित रहता है। इस दौरान मॉर्निंग सिकनेस जैसी परेशानी नहीं होती है। हवाई जहाज से यात्रा हमेशा तीसरे फेज से पहले ही करें। अगर हवाई यात्रा करनी भी पड़ जाएँ तो दूसरा चरण यानी 14वें से 28वाँ सप्ताह उचित रहता है। कई एयरलाइन्स 36वें सप्ताह के बाद यात्रा की अनुमति नहीं देते हैं। ऐसे देशों, राज्यों में जाने से बचें जहाँ मलेरिया, इन्फ्लूएन्जा के मामले अधिक पाए जाते हैं। शरीर में पानी की कमी न होने दें, विमान में नमी का स्तर कम होने के कारण डीहाइड्रेशन की संभावना होती है।

पैर फैलाने के लिए पर्याप्त जगह वाली सीट लें तो अच्छा रहेगा। रेस्टरूम सीट के करीब ही हो बेहतर है। कार में सीट बेल्ट पेट के नीचे बाँधें। कार की अगली सीट पर बैठें और स्वच्छ हवा के लिए खिड़की खुली रखें।

ब्लड प्रेशर सामान्य रखने, ऐंठन और सूजन से बचने के लिए पैरों को फैलाते और हिलाते रहें। ट्रेन में चलने फिरने के लिए काफी जगह होती है। ट्रेन में पीठ सीट से टिका कर बैठें।

समुद्री यात्रा के दौरान नौका या जहाज के चलने के दौरान आपको उल्टी आने का एहसास या मार्निंग सिकनेस जैसा महसूस हो सकता है। सफर से पहले पता कर लें कि जहाज पर कोई डॉक्टर है या नहीं। वैसे तो समुद्री यात्रा सुरक्षित मानी जाती है।

# 6
# डॉक्टर से परामर्श

मातृत्व का सुख अपने आप में अनोखा और महत्त्वपूर्ण है, क्योंकि एक जिंदगी एक नई जिंदगी को जन्म देती है। पहली बार माँ बनने जा रही स्त्री के मन में अपने होने वाले बच्चे की सेहत और कुशलता को लेकर कई तरह की चिंता होती है। उसे हमेशा यही डर रहता है कि उसका बच्चा सेहतमंद होगा या नहीं। पहली बार गर्भधारण करने पर माँ समझ नहीं पाती कि इस दौरान होने वाली समस्याओं से कैसे निपटा जाए, वे यह भी नहीं जानती हैं कि किस परेशानी के कितना बढ़ने पर चिकित्सक की सलाह लें। हर औरत को यह जानना जरूरी है कि उसे क्या करना चाहिए और क्या नहीं जिससे कि उसके होने वाले बच्चे पर किसी तरह की जोखिम न आए। जैसे कि गर्भपात से बचना, प्रीमैच्योर डिलीवरी और बच्चे का पेट में ही मर जाना।

1901 ई. में बैल्टीन नामक चिकित्सक ने प्रसवपूर्व देखभाल के महत्त्व के सन्दर्भ में एक लेख प्रकाशित किया उसके उपरांत प्रसवपूर्व देखभाल आरंभ हुआ। इससे संसार भर में इसके उपचारात्मक तथा निरोधक पहलुओं पर सजगता पैदा हुई। इसके अंतर्गत चिकित्सा सम्बन्धी परामर्श के अतिरिक्त लड़कियों तथा स्त्रियों की इस विषय में शिक्षा, उनकी सामाजिक-आर्थिक स्थिति तथा मनोवैज्ञानिक हित के अनुसार सुझाव भी दिए जाते हैं। भारत में प्रसवपूर्व सेवा केन्द्रों की स्थापना से गर्भवती स्त्रियों और शिशुओं की मृत्यु दर में कुछ सीमा तक कमी हुई है। इससे पहले गर्भवती स्त्रियों की उचित देखभाल और भरण पोषण के अभाव में हमारे देश में इनकी मृत्यु दर आज की तुलना में अधिक थी।

नियमित चिकित्सा सम्बन्धी निरीक्षण को भी गर्भावस्था की देखभाल या भरण पोषण के अन्तर्गत लेते हैं। इसका मूल उद्देश्य गर्भावस्था में गर्भवती के स्वास्थ्य की देखभाल करना है। इस निरीक्षण से गर्भकालीन विषाक्तता को पहचानने में सहायता मिलती है। जिससे यथोचित उपचार करके गर्भवती स्त्रियों की रक्षा की जा सकती है। आदर्श गर्भावस्था का लक्ष्य और तदनन्तर परिणाम स्वस्थ माता एवं स्वस्थ शिशु ही होती है। प्रसवपूर्व सेवा केन्द्र की सहायता से ही माता, भ्रूण एवं शिशु की मृत्यु को इस प्रकार टाला जा सकता है। आरम्भ से ही विषाक्तता, बीमारी आदि की पहचान हो जाने से अनेक कठिन परिस्थितियों से आसानी से बचा जा सकता है। सभी गर्भवती शिक्षित महिला के लिए गर्भावस्था सम्बन्धी छोटी पुस्तिकाएँ उपलब्ध करानी चाहिए जिनमें स्वास्थ्य सम्बन्धी परामर्श हो और कठिन तथा कष्टपूर्ण स्थितियों में उपलब्ध सार्वजनिक सुविधाओं का भी उल्लेख हो। अशिक्षित महिलाएँ इस प्रकाशित साहित्य का लाभ किसी अन्य शिक्षित व्यक्ति के माध्यम से उठा सकती हैं।

## क्या करें?

गर्भधारण करने के बाद सबसे ज्यादा जरूरी है कि डॉक्टर से परामर्श करें। दो या तीन महीने खत्म होने का इंतजार न करें। संतुलित आहार लें, खासतौर पर विटामिन, कार्बोहाइड्रेट्स, वसा और प्रोटीन से भरपूर आहार जरूर लें। हरी सब्जियों और फलों का अधिक सेवन करें। एक दिन में आधा लीटर दूध या उतनी मात्रा में दूध से बने पदार्थों का सेवन जरूर करें। हल्का-फुल्का व्यायाम जरूरी है। इस समय में शाम को पार्क में टहलने की आदत भी डालें। पैरों में अकड़न होने पर भोजन में कैल्शियम और फॉस्फोरस की मात्रा का संतुलन बनाए रखें। साथ-ही-साथ स्त्री रोग विशेषज्ञ से परामर्श भी लें। छाती में जलन का अहसास हो तो हल्का भोजन करें। तरल पदार्थों का सेवन करें जैसे दूध, जूस आदि। तेलयुक्त और मसालेदार खाने से परहेज करें। बहुत ज्यादा ठण्डे और अत्यधिक गर्म पेय से बचें। डॉक्टर को नियमित रूप से दिखाएँ। अगर नाक भरी-भरी लगे और जुकाम के जैसा महसूस हो तो सेलाइन नेजल ड्रॉप्स का इस्तेमाल करें या गर्म तौलिए को नाक पर रखकर भाप लें। कब्ज होने पर खूब पानी पियें और सब्जियों का सूप और पतली दालों का सेवन करें। अगर साँस फूलती हो तो रिलेक्स करें और डॉक्टर को दिखाएँ और जानने की कोशिश करें कि साँस फूलने का कारण क्या है। बवासीर होने पर पेट साफ रखें, कब्ज न होने दें और डॉक्टर को दिखाएँ।

## क्या न करें?

1. दुपहिया और तिपहिया वाहन जैसे स्कूटर, ऑटोरिक्शा में सफर करने से बचें।
2. तीखे और मसालेदार भोजन से परहेज करें जैसे कि चटनी और अचार।
3. ऊँची सीढ़ियाँ न चढ़ें।
4. ड्राइविंग न करें।
5. सीधी टाँगों के सहारे नीचे न झुकें।
6. बाहर का खाना कम-से-कम खाएँ।
7. भारी-भरकम सामान न उठाएँ।
8. ऊँची एड़ी के जूते या चप्पल बिलकुल न पहनें।
9. एकदम झटके से न उठें।
10. लंबी दूरी की यात्रा से दूर ही रहें।
11. अधिक मीठा खाने से भी बचें।
12. तंग कपड़े न पहनें।
13. थकान होने पर शरीर को कष्ट न दें और भरपूर आराम करें।
14. अगर मन खराब-सा लगे और उबकाई आने जैसा महसूस हो तो दिनभर में भोजन को थोड़ा-थोड़ा करके लें।
15. 3 बार भोजन न करके 4-5 बार हल्का भोजन करें।
16. खाली पेट न बैठें।

## डॉक्टर से पहली बार प्रसव-पूर्व परामर्श की आवश्यकता

पहली बार प्रसव-पूर्व परामर्श गर्भावस्था में आपका पहला अधिकारिक चेक-अप है। इससे आप तथा आपके शिशु का इलाज करने वाले डॉक्टर और शेष स्वास्थ्यकर्मियों को अमूल्य सूचना प्राप्त होगी।

पहली बार प्रसव-पूर्व मुलाकात में डॉक्टर आपके स्वास्थ्य का मूल्यांकन करेगी जिसके अंतर्गत वह पूरी गर्भावस्था के दौरान आपकी जरूरतों को मूल्यांकित करेगी ताकि आप तथा आपका शिशु पूरे समय स्वस्थ रूप से विकास करें।

डॉक्टर से पहली मुलाकात सबसे महत्त्वपूर्ण और लम्बी होती है। इस दौरान अपनी चिंताओं और भय के बारे में कोई भी प्रश्न पूछने से हिचके नहीं। कुछ महिलाएँ गर्भावस्था में ही पहली बार अस्पताल के दर्शन करती हैं। अतः घबरायें नहीं, सहायता लें और जानकारी लेने के बाद ही अपना चयन करें।

यह अनिवार्य है कि आप एक अच्छे डॉक्टर/प्रसूति विशेषज्ञ का चयन करें, जो आपकी व्यक्तिगत देखभाल कर सके, आपको कोई भी प्रश्न पूछने के लिए प्रोत्साहित करे, आपका उपचार पूरे आदर के साथ करे और आपके सभी प्रश्नों के उत्तर धैर्य पूर्वक दे। आप अपने डॉक्टर का चुनाव अपने मित्रों और परिवार की सिफारिशों, डॉक्टर के अनुभव अथवा उसकी प्रतिष्ठा और आपके घर से उस डॉक्टर के क्लीनिक की दूरी के आधार पर कर सकती हैं।

अपने डॉक्टर का चयन समय से कर लेने से आपको शिशु के जन्म तक डॉक्टर के साथ अच्छे सम्बन्ध बनाने के लिए पर्याप्त समय मिल जाता है।

## पहली बार परामर्श कब करें?

यदि आपने एक बच्चे की योजना बनायी थी, इस माह आपका मासिक धर्म नहीं हुआ और घर में किया गया गर्भावस्था परीक्षण पोजिटिव निकला है, तो आप तुरन्त एक प्रसूति विशेषज्ञ से परामर्श करें। कुछ महिलाओं को तो कुछ महीनों तक पता ही नहीं चलता कि वे गर्भवती हैं क्योंकि वे माहवारी न आने पर यह समझती हैं कि शायद इसमें कुछ देरी हुई है।

मामला कुछ भी हो, जैसे ही आपकी माहवारी कुछ दिन तक नहीं आती तो अपने डॉक्टर से परामर्श करें और पता लगायें कि क्या आप गर्भवती हैं।

## किस किस्म के डॉक्टर से मिलें?

यदि आपने अपने डॉक्टर का चयन कर लिया है तो उसी डॉक्टर से परामर्श करें। यदि आपने किसी विशेष डॉक्टर का चयन नहीं किया तो आप अपनी पसंद के किसी अस्पताल में जाकर ड्यूटी पर मौजूद प्रसूति विशेषज्ञ से मिल सकती हैं। कुछ अस्पतालों में आपको इस बारे में हर कदम पर सलाह देने के लिए आहार विशेषज्ञों, भौतिक चिकित्सकों, मनोचिकित्सकों और शिशु विशेषज्ञों सहित डॉक्टरों की पूरी टीम होती है।

बहरहाल, यदि आपके स्वास्थ्य की दशा गंभीर है अथवा आपको कोई जटिलता है तो इसका अर्थ है कि आपको चिकित्सीय देखभाल की आवश्यकता है जिसके लिए आपको समय-समय पर एक विशेषज्ञ से मिलना होगा। यदि आपको कोई परेशानी नहीं हैं, फिर भी आप अपनी गर्भावस्था के दौरान किसी भी समय एक विशेषज्ञ से मिलने का अनुरोध कर सकती हैं।

## डॉक्टर द्वारा पूछे जाने वाले सामान्य प्रश्न

डॉक्टर आपके स्वास्थ्य, आपके पति के स्वास्थ्य तथा आपके दोनों परिवारों के चिकित्सीय इतिहास का बिल्कुल स्पष्ट अंदाजा लगाने के लिए आपसे अनेक प्रश्न पूछेगी (एवं फार्म भरवायेगी)। अपने डॉक्टर के साथ स्पष्ट बातचीत करें। आपके उत्तरों से वह आपके शरीर की जरूरतों को समझ पाएंगी और यदि आप मितली या उल्टी आने जैसा महसूस करती हैं तो वह आहार लेने सम्बन्धी कुछ विशेष सलाह दे सकती हैं।

# डॉक्टर से परामर्श

कुछ डॉक्टर पहले आपसे अकेले में बात करेंगी और बाद में आपके पति या साथ आए आपके परिवार के सदस्यों से उनके विचार जानेंगी। आपको अपनी उन पिछली चिकित्सीय परिस्थितियों के बारे में बात करने के इस मौके का लाभ उठाना चाहिए, जिनके बारे में आप अकेले में चर्चा करना चाहती हैं।

नीचे कुछ प्रश्न दिए गए हैं, जिन्हें आपकी डॉक्टर पूछ सकती है

**पिछली माहवारी की तारीख** आपकी पिछली माहवारी की तारीख जानने से आपकी डॉक्टर डिलीवरी की तारीख का अंदाजा लगा सकती है। आपको बाह्य गर्भावस्था तो नहीं है, यह जानने के लिए अल्ट्रासाउंड कराने तथा आपकी गर्भावस्था की ठीक अवधि निश्चय करने के लिए एक डेटिंग स्कैन कराने की सलाह दी जाती है ताकि इस तथ्य की पुष्टि हो सके कि कहीं आप एक से अधिक शिशु को जन्म तो नहीं देने वाली हैं।

**पिछले गर्भस्त्रावों, गर्भपातों एवं जन्मों का इतिहास** आपके 'प्रासविक इतिहास' को जानना महत्त्वपूर्ण है क्योंकि इससे आपकी गर्भावस्था का सामना करने और प्रसव पीड़ा सहने की क्षमता का पता चलता है। यदि आपके अंडाशय में पुटि, फाइब्रायड या पहले कोई सर्जरी हुई है, तो इस बारे में अपनी डॉक्टर से चर्चा करें।

**रोगों/आनुवंशिक स्थितियों का पारिवारिक इतिहास** आपको अपने माता-पिता तथा सास-ससुर के चिकित्सीय इतिहास की जानकारी होनी चाहिए। सिस्टिक फाइब्रोसिस जैसी ज्ञात आनुवंशिक स्थितियों के लिए अब स्क्रीनिंग उपलब्ध है।

अतः यदि आपके परिवार में इन रोगों का इतिहास है, आपकी डॉक्टर कुछ परीक्षण कर सकती है। आपकी जातीय पृष्ठभूमि के आधार पर आपकी डॉक्टर सिकॅल सेल रोग आदि जैसी आनुवंशिक स्थितियों के लिए आपके रक्त की जाँच कर सकती है, जो उष्णकटिबंधीय पश्चिमी तटीय क्षेत्रों की महिलाओं में अधिक पाया जाता है।

इसके अलावा आपके परिवार में थैलेसीमिया, एलर्जी, दिल के रोग या अन्य कुछ प्रमुख रोगों के इतिहास का आपकी गर्भावस्था पर असर पड़ सकता है। अतः इस बारे में अपने तथा अपने पति के चिकित्सा इतिहास के बारे में जानकारी लेकर ही डॉक्टर से मिलें। यदि आप गर्भनिरोधक या गर्भधारण सम्बन्धित दवाएं ले रहे हैं अथवा कोई विशेष दवा लेती रही हैं तो इसके बारे में अपने डॉक्टर को अवश्य बतायें। आपकी जीवनशैली- आपकी डॉक्टर आपके भोजन और फिटनेस सम्बन्धी आदतों के बारे में कुछ प्रश्न पूछेगी। वह आपसे पूछेगी कि क्या आप मदिरापान या धूम्रपान करती हैं। चूँकि इन दोनों आदतों से आपके शिशु के स्वास्थ्य पर बुरा प्रभाव पड़ सकता है, आपकी डॉक्टर धूम्रपान छोड़ने के लिए आपको उन संगठनों/हैल्पलाइनों के बारे में बतायेगी जो आपकी इन आदतों को छुड़ाने में मदद कर सकती हैं। साथ ही वह आवश्यकता पड़ने पर आपको आहार सम्बन्धी तथा अन्य सलाह भी देगी।

यदि आप एक शाकाहारी हैं तो आपकी डॉक्टर आपको एक आहार विशेषज्ञ से मिलने की सलाह देगी जो आपके भोजन की समीक्षा करेगी और आपको बतायेगी कि किस प्रकार आप अपने आहार में प्रोटीन के स्तर में वृद्धि कर सकती हैं।

**अपने शिशु को कहाँ जन्म दें** यद्यपि यह काफी जल्दी होगा, फिर भी आपकी डॉक्टर जन्म देने के बारे में अनेक विकल्पों और अस्पतालों का ब्यौरा देगी। अतः आपके पास अपने पति के साथ इसके बारे में विस्तृत रूप से चर्चा करने के लिए पर्याप्त समय होगा।

अपनी डॉक्टर से पहली मुलाकात करने से पहले अपनी सभी चिंताओं और प्रश्नों की एक सूची बना लें। कोई भी प्रश्न मूर्खतापूर्ण नहीं होता इसलिए शर्मायें या घबरायें नहीं। आपकी डॉक्टर आपकी सहायता के लिए ही है।

पहली प्रसव पूर्व मुलाकात आपके पति के लिए भी बहुत महत्त्वपूर्ण है। वास्तव में आपको ऐसी प्रत्येक मुलाकात के समय अपने पति को साथ ले जाने का प्रयास करना चाहिए-इससे वह आपकी गर्भावस्था के बारे में अधिक जागरूक होगा और एक पिता के रूप में अपनी नई भूमिका निभाने के लिए तैयार रहेगा। यह पति के साथ अपने सम्बन्ध और प्रगाढ़ बनाने का तरीका भी है क्योंकि आप दोनों को ही अपने शिशु के आगमन के लिए तैयार होना चाहिए।

## गर्भावस्था के दौरान कराये जाने वाले परीक्षण

**रक्त जाँच** आपकी डॉक्टर आपको रक्त के कुछ परीक्षण कराने की सलाह देगी। आप इन्हें किसी प्रतिष्ठित लैब से करा सकती है। इन जाँचों से रूबेला अथवा जर्मन खसरे के सम्बन्ध में आपकी स्थिति (क्या आप प्रतिरक्षित हैं या नहीं), आपके शरीर में आयरन का स्तर (क्या आपमें रक्त की कमी है और आयरन की गोलियाँ लेने की जरूरत है), आपके रक्त का वर्ग और आपकी रिसस सम्बन्धी स्थिति का पता चलेगा।

आपकी डॉक्टर आपसे पूछ सकती है कि क्या आप आपके शिशु के डाउन्स सिंड्रोम तथा स्पाइना बिफिडा सम्बन्धी जोखिम जानने के लिए नमूने की स्क्रीनिंग कराना चाहती हैं। आपके रक्त की एच. आई.वी., सिफिलिस एवं हैपटाइटिस बी के लिए भी जाँच की जाएगी, जब तक कि आप विशेष तौर पर यह परीक्षण करवाने से मना न कर दें।

लैब का टेक्नीशियन इन सभी परीक्षणों के लिए आपके रक्त का एक बड़ा नमूना लेगा। यदि आपको इस बारे में कुछ परेशानी हो तो आपके ध्यान को बँटाने तथा सहायता के लिए अपने साथ अपने पति या एक मित्र को ले जायें।

**मूत्र की जाँच** यदि आपसे पहले ही अपने मूत्र का नमूना लाने के लिए नहीं कहा गया तो लैब टेक्नीशियन आपको एक संक्रमण रहित कंटेनर देगा जिसमें आप अपने मूत्र का नमूना ला देंगी। इसके बाद वह इसमें एक रासायनिक स्ट्रिप डालेगी जो इसका रंग बदल देती है। इससे पता चलेगा कि आपके मूत्र में प्रोटीन की कुछ मात्रा है या नहीं।

इस परीक्षण से टेक्नीशियन यह बता पायेगा कि क्या आपमें प्री-एक्लेम्पसिया, गर्भावस्था के दौरान उच्च रक्तचाप रोग के लक्षण हैं या नहीं। वह टेक्नीशियन आपके मूत्र में शुगर का परीक्षण भी ले सकता है जिससे आपमें गर्भवधीय मधुमेह के लक्षणों का पता चलता है। वह इसमें बैक्टीरिया की मौजूदगी का भी पता लगायेगा। रक्तचाप परीक्षण आपकी डॉक्टर अब आपका रक्तचाप रिकॉर्ड करेगी और इसका इस्तेमाल भावी जाँचों के लिए एक आधारभूत औसत के रूप में किया जाएगा। इसके बाद के भावी परामर्शों के दौरान आपके रक्तचाप और नाड़ी की जाँच की जाएगी। बढ़ा हुआ रक्तचाप गर्भावस्था के अंतिम दौर में बताता है कि प्री-एक्लेम्पसिया का जोखिम हो सकता है।

**अल्ट्रासाउंड स्कैन** आपके पहले प्रसव-पूर्व परामर्श के दौरान आपका डेटिंग-स्कैन भी किया जा सकता है। इस स्कैन से आपके शिशु के आकार का पता चलेगा जिससे यह पुष्टि होगी कि गर्भावस्था कितने हफ्तों की है और इससे आपकी डिलीवरी की तारीख का अंदाजा लगेगा। आपकी डॉक्टर

# डॉक्टर से परामर्श

आपको बाह्य गर्भवस्था की जाँच अथवा एक से अधिक शिशुओं का पता लगाने के लिए भी एक स्कैन कराने की सलाह दे सकती है।

**शारीरिक परीक्षण** आपकी योनि और श्रोणि का आंतरिक परीक्षण किया जा सकता है, यदि आपके डॉक्टर की राय में यह आवश्यक हो। आपकी डॉक्टर आपके पेट को हाथ लगाकर छू सकती है ताकि यह पता लगे कि आपका गर्भाशय और शिशु दोनों का विकास उचित ढंग से हो रहा है। वह आपकी श्रोणि के आकार की जाँच भी कर सकती है। आपके शिशु के दिल की धड़कन सुनना

यह इस बात पर निर्भर करेगा कि आप डॉक्टर से पहली बार कब परामर्श कर रही हैं क्योंकि आपके शिशु के दिल की धड़कन प्रारंभिक हफ्तों में नहीं सुनाई देगी। 12वें-13वें हफ्ते से उसकी धड़कन आपकी डॉक्टर को सुनाई देनी चाहिए।

कुछ डॉक्टर अभी भी परम्परागत पिनार्ड स्टेथोस्कोप का इस्तेमाल करते हैं जो एक छोटे भोंपू की तरह दिखता है। वह इसका एक छोर आपके पेट पर लगायेगी और दूसरा अपने कानों में। बहरहाल अब अधिकांश डॉक्टर हाथ में पकड़ने वाले फीटल हार्ट मॉनीटर का इस्तेमाल करते हैं जो आपके शिशु के दिल की धड़कन की ध्वनि को बढ़ा देता है ताकि आप भी उसे सुन सकें। यदि आप शिशु की दिल की धड़कन सुनें तो आप उसकी गति पर हैरान न हों- क्योंकि आपके दिल के 60-100 बार प्रति मिनट धड़कने की तुलना में आपके शिशु का दिल 120-160 बार प्रति मिनट धड़केगा। आपके वजन और लम्बाई की पैमाइश के लिये आपकी डॉक्टर पहली मुलाकात में आपका वजन रिकार्ड करेगी और इसके बाद प्रत्येक मुलाकात में भी वह ऐसा करेगी। यदि आपका वजन अधिक मात्रा में बढ़ता है तो इसका अर्थ है कि आपमें गर्भवस्था के दौरान होने वाले मधुमेह की आशंका है।

अधिकांश डॉक्टर आपके वजन पर नजर रखने के लिए हर बार आपका बॉडी मॉस इंडेक्स (बी एम आई) भी नापेंगी। विगत में आपकी श्रोणि के गैर-अनुपात से बढ़ने का जोखिम पता लगाने के लिए लम्बाई मापी जाती थी (जिसमें शिशु का सिर बर्थ कैनाल के अंदर फिट नहीं होता और सिजेरियन आपरेशन की आवश्यकता पड़ती है)। परन्तु आपकी डिलीवरी की तारीख निकट आने पर किसी परेशानी के मामले में डॉक्टर अल्ट्रासाउंड करना ठीक समझते हैं।

## अन्य बातें

आपकी पहली मुलाकात के बाद आपकी डॉक्टर आपको एक कार्ड/चिकित्सा चार्ट देगी जिसमें सारा ब्यौरा होगा और वह इस ब्यौरे को प्रत्येक मुलाकात पर अपडेट करेंगी। वह आपको उस चरण पर किये जाने वाले परीक्षणों की सलाह भी देगी। इस कार्ड को संभाल कर रखिये और अगली मुलाकात के समय सभी संबंधित रिपोर्टों और कागजातों को अपने साथ लाना न भूलें।

अब से प्रत्येक चौथे से छठे हफ्ते आपकी डॉक्टर से मुलाकात होगी जो इस बात पर निर्भर करेगा कि ये आपकी पहली गर्भवस्था है या नहीं। गर्भवस्था के अंतिम दौर में परामर्श के लिए ये मुलाकातें बढ़ाकर हर हफ्ते करनी होंगी।

याद रहे कि अपनी डॉक्टर की किसी भी बात के संबंध में राय लेने के लिए उसके साथ अपनी अगली मुलाकात की प्रतीक्षा न करें। डॉक्टर से यह पूछना न भूलें कि मुलाकात के घंटों के बाद क्या सेवाएं उपलब्ध हैं और क्या उसका कोई 24 घंटे का संपर्क नम्बर है जिस पर आपातस्थिति में उससे बात की जा सके।

## प्रसवपूर्व सेवाकेन्द्र और उसका महत्त्व

अब से लगभग 60-70 वर्ष पहले चिकित्सकों ने प्रसवपूर्व सेवा केन्द्रों के महत्त्व का अनुभव किया। इस प्रकार के केन्द्रों की स्थापना 40 वर्ष पूर्व हुई। इन केन्द्रों की सेवा के फलस्वरूप मातृ शिशु मृत्यु दर में भारी कमी हुई है। इस प्रयास के कारण ही गर्भावस्था की अनेक कठिनाइयों की पूर्व सूचना मिल सकी, गर्भकालीन विषाक्तता की दर कम हो पाई और डॉक्टर के द्वारा असाधारण गर्भावस्था की शीघ्र पहचान करना सम्भव हो सका। इसके कारण गर्भवती को पहले ही डिलीवरी के जटिलताओं की जानकारी हो जाती है और वे समय के रहते उपचार सम्बन्धी आवश्यक कदम उठा सकती है। इनके अतिरक्त ये प्रसवपूर्व सेवा केन्द्र माता के स्वास्थ्य को उन्नत बनाकर स्वस्थ्य शिशु के जन्म में किस प्रकार सहायक हो सकते हैं। इसका भी प्रत्यक्ष परिचय मिला। ये सेवा केन्द्र केवल निरोधक चिकित्सा में ही रुचि नहीं लेते वरन् स्त्री के सम्पूर्ण स्वास्थ्य के स्तर को बनाए रखने में भी सहायक होते हैं।

सेवा केन्द्रों के अनुसार गर्भवती स्त्रियों की समस्याओं को अधिक खतरेवाली तथा कम खतरेवाली इन दो स्थितियों में वर्गीकृत किया जा सकता है।

(1) **अधिक खतरेवाली स्थितियाँ** (अ) प्रथम गर्भ (आ) 35 वर्ष से अधिक आयु की गर्भवती स्त्रियाँ (इ) जिन गर्भवती स्त्रियों के चार से अधिक बच्चे हों, (ई) जिन गर्भवती स्त्रियों को हृदय रोग, मधुमेह व उच्च रक्त चाप का रोग हो, (उ) गर्भकालीन विषाक्तता से स्त्री पीड़ित हो, और (ऊ) जिनको लगातार गर्भपात, भ्रूण की गर्भ में मृत्यु अथवा प्रसव के तुरन्त बाद शिशु की मृत्यु हो जाने की पुनरावृति का भय हो।

(2) **कम खतरेवाली स्थितियाँ** स्वस्थ गर्भवती स्त्री जिसकी आयु 35 वर्ष से कम हो; जिसका दूसरा तीसरा अथवा चौथा प्रसव हो, चिकित्सा सम्बन्धी कोई दोष न हो अर्थात् बीमारी के संक्रमण की संभावना न हो, सामान्य प्रसव सम्बन्धी इतिहास हो अर्थात् आदतन गर्भपात न होता हो तथा अन्य गर्भकालीन समस्याएँ नहीं हो।

**लक्ष्य** प्रसवपूर्व सेवा केन्द्रों के प्रमुख लक्ष्य

1. गर्भावस्था के अन्त तक माता के स्वास्थ्य का स्तर संतोषजनक बना रहे। इस लक्ष्य को प्राप्त करने के लिए वे सदा प्रयत्नशील रहते हैं कि माता की गर्भावस्था से पहले के स्वास्थ्य स्तर से भी प्रसवपूर्व की स्थिति उत्तम हो।
2. गर्भवती स्त्री में विद्यमान किसी भी प्रकार के शारीरिक अथवा मानसिक दोष को शीघ्रातिशीघ्र पहचान कर उसका यथा साध्य उपचार करना।
3. गर्भवती स्त्री स्वस्थ शिशु को जन्म दे सके।
4. गर्भकालीन विषाक्तता को टालने का प्रयत्न करना।
5. भावी माताओं को सामान्य (व्यक्तिगत) स्वास्थ्य तथा स्वयं और शिशु की देखभाल के विषय में निर्देशन एवं सुझाव देना।
6. अनेक केन्द्रों में गर्भवती स्त्रियों को निःशुल्क संतुलित भोजन देने की व्यवस्था करना।
7. गर्भवती स्त्रियों को संतुलित भोजन एवं गर्भावस्था की प्रक्रिया से अवगत करवाना, गलतफहमियों को अन्धविश्वास आदि युक्तिसंगत और सच्ची जानकारी देकर दूर करना, उनकी चिन्ताओं, तनावों भय आदि के विषय में उनसे जानकारी प्राप्त करके मानसिक उपचार करना तथा गर्भावस्था सम्बन्धी जानकारी देने के लिए सम्बन्धित साहित्य वितरित करना।

## प्रसवपूर्व सेवा केन्द्रों की कार्य प्रणाली

जब स्त्री को यह निश्चय हो जाए कि उसका मासिक चक्र रूक गया है अथवा अन्य लक्षणों द्वारा उसे पता चल जाए कि वह गर्भवती है तब उसको नवें-दसवें सप्ताह में इस प्रकार के किसी सेवा केन्द्र में जाकर अपना परीक्षण करवाना चाहिए। इस प्रकार की स्त्री जब इन केन्द्रों में पहुँचती है तो केन्द्र में उनको एक निर्धारित प्रपत्र दिया जाता है। यह प्रपत्र ऐसा होता है जिससे उस स्त्री के सम्बन्ध में अधिक से अधिक जानकारी प्राप्त हो सकें।

इस प्रपत्र से स्त्री की जाति, धर्म, देश, विवाह की स्थिति (विधवा, सधवा, तलाक शुद्रा, परित्यक्ता, अविवाहित), विवाह की तिथि, पति की आयु तथा उसके साथ रक्त सम्बन्ध, उसका पेशा, सामाजिक स्तर, स्त्री में विद्यमान किसी प्रकार की समस्या (मधुमेह, रक्ताल्पता, गुप्त रोग आदि, उच्च रक्तचाप, मूर्च्छा, हृदय रोग, गुर्दे का रोग), परिवार में विद्यमान किसी रोग का इतिहास (क्षय रोग, टी.बी, उच्च रक्त चाप, जुड़वाँ बच्चे, अन्य शारीरिक दोष जैसे गर्भाशय की विकृतियाँ, नपुंसकता, ट्यूमर आदि के विषय में जानकारी प्राप्त की जाती है।

इस प्रपत्र से स्त्री के पहले के प्रसव का इतिहास, संख्या, प्रसव की विधि, प्रसव की तारीख, गर्भावस्था या प्रसव के समय या प्रसवोपरान्त उत्पन्न समस्याएँ, प्रत्येक शिशु की प्रसव के समय की स्थिति, लिंग, वजन तथा अन्य समस्याओं के सम्बन्ध में जानकारी प्राप्त की जाती है।

स्त्री का वर्तमान गर्भावस्था सम्बन्धी इतिहास, उम्र, बच्चों की संख्या, पिछले मासिक स्राव की तारीख, फेफड़ें, दाँत तथा अन्य अंगों की स्थिति, मितली होने पर कौन सी औषधियों और कितनी मात्रा में प्रयोग किया, हृदय, स्तन तथा शिराओं की स्थिति, रक्त-स्राव, गर्भाशय का आकार, लम्बाई रक्त में हिमोग्लोबिन की मात्रा, रक्त का समूह, भ्रूण के प्रथम हलचल की तारीख, मूत्र की परीक्षा, शारीरिक सूजन आदि।

सर्वप्रथम गर्भवती स्त्री के सामान्य चिकित्सा सम्बन्धी इतिहास के विषय में जानकारी प्राप्त की जाती है। यदि किसी बीमारी की जानकारी प्राप्त होती है तो उसके लिए उपचार का सुझाव दिया जाता है। यथा हृदय रोग, गुर्दे की बीमारी, मधुमेह, रक्तदान की स्थिति, शल्य चिकित्सा आदि। इसके पश्चात् पारिवारिक स्वास्थ्य का इतिहास पूछा जाता है। यथा उच्च रक्तचाप, जुड़वाँ बच्चे का जन्म परिवार के इतिहास पर निर्भर करता है। यदि लगातार गर्भपात हुआ हो तो उसको भी प्रपत्र (फार्म) में अंकित किया जाता है। पूर्व प्रसव के समय शिशुओं ने स्तनपान किया है अथवा नहीं इस बात का अंकन भी प्रपत्र में करना आवश्यक है।

इसके पश्चात् भी स्त्री के स्वास्थ्य की पूर्ण परीक्षण की जानी चाहिए। वजन, लम्बाई, हृदय की गति, श्वसन क्रिया, अल्प रक्तचाप, मूत्र का परीक्षण, प्रोटीन और शर्करा की विद्यमानता की जानकारी के लिए करनी चाहिए। रक्त की परीक्षा Rh कारक, रक्त समूह तथा हिमोग्लोबिन की सांद्रता की स्थिति का पता लगाने के लिए करना चाहिए। दाँतों का निरीक्षण, स्तनों और पेट का परीक्षण किया जाना चाहिए। भ्रूण के हृदय की धड़कन सुनना गर्भाशय की स्थिति, दिशा, मासिक चक्र के इतिहास का ज्ञान करना भी जरूरी है।

इसके बाद हर 15 दिन के अन्तराल से गर्भवती स्त्री को रक्तचाप और मूत्र के परीक्षण के निमित और साथ ही वजन की वृद्धि की जानकारी के लिए बुलाना चाहिए। हर मौके पर गर्भवती स्त्री को सुझाव के तौर पर समझाना चाहिए। उसको प्रश्न पूछने के लिए मौका देना चाहिए और

नम्रतापूर्वक उसकी समस्याओं का निदान, प्रश्नों के उत्तर के रूप में देना चाहिए। इस प्रकार उसको प्रसव पीड़ा के लक्षणों और पहचान से अवगत कराना चाहिए जिससे वह उचित समय पर किस प्रकार चिकित्सालय में आए और चिकित्सा सुविधा प्राप्त कर सके। यदि कोई चिकित्सा सम्बन्धी समस्याएँ उपस्थित हो जाएँ तो उसकी प्रसव के लिए अस्पताल में ही व्यवस्था करनी चाहिए। इन परिस्थितियों की जानकारी उसको इस प्रकार देनी चाहिए कि वह किसी प्रकार से मानसिक संवेग से ग्रसित न हो पाए।

## प्रसवपूर्व गर्भवती की देखभाल (Care of Prelabor Pregnant)

एक गर्भवती स्त्री को गर्भावस्था में स्वस्थ रहने और तदनन्तर स्वस्थ शिशु को जन्म देने के लिए अपने आहार, पोशाक, सफाई, स्नान, व्यायाम, आराम, निद्रा, मलनिकास, दाँत एवं स्तनों की देखभाल आदि पर विशेष ध्यान देना चाहिए। इस सम्बन्ध में कुछ महत्त्वपूर्ण जानकारी आगे दी जा रही है

### आहार

सामान्य स्त्रियों के पोषण की माँग दो बातों पर निर्भर करती है आधारी उपापचयन की दर तथा उसके श्रम पर। सामान्य रूप से आधारीय उपापचयन की दर 1500 कैलोरी प्रतिदिन होती है तथा परिश्रम के लिए 1800 कैलोरी प्रतिदिन की आवश्यकता होती है। गर्भावस्था में आधारीय उपापचयन की दर 10% तक बढ़ जाती है। क्योंकि भ्रूण की गतिविधियों के बढ़ने से ऑक्सीजन का उपयोग भी बढ़ जाता है। इससे गर्भवती स्त्री को कुल मिलाकर प्रतिदिन 2500 कैलोरी की आवश्यकता होती है। परिश्रम के लिए सामान्य से अधिक कैलोरी बढ़ाने की आवश्यकता नहीं होती है क्योंकि जैसे-जैसे गर्भावस्था आगे बढ़ती है वैसे-वैसे दैहिक परिश्रम कम होने लगता है। बढ़ते हुए शिशु, अपरा, गर्भाशय एवं स्तनों के लिए इसके विपरीत अधिक ऊर्जा की आवश्यकता होती है।

### गर्भवती स्त्री के आहार के सम्बन्ध में कुछ महत्त्वपूर्ण बातें

क. कार्बोज का मुख्य स्रोत अनाज होता है। गर्भावस्था में कार्बोज का अनुपात कुछ कम कर देना चाहिए क्योंकि प्रोटीन की मात्रा के बढ़ने से कैलोरी की मात्रा भी बढ़ जाती है। गर्भावस्था में 400 ग्राम कार्बोज साधारणतः स्त्री ले सकती है जिससे 1600 कैलोरी ऊर्जा प्राप्त होती है।

**ख.** वसा ऊर्जा का द्वितीय स्रोत है लेकिन इसका संगठन असंतृप्त वसा अम्ल तेल का बना होना चाहिए। यह प्रतिदिन 10 ग्राम से अधिक नहीं होना चाहिए।

**ग.** गर्भावस्था में अधिक उल्टी होने से शरीर में कार्बोज की कमी आ सकती है, उस स्थिति में वसा का विघटन ऊर्जा के लिए तीव्र गति से होने लगता है। इससे रक्त में अम्लीयता बढ़ती है जो कुछ सीमा तक मूत्र द्वारा निष्कासित हो जाती है। इस अवस्था में प्रोटीन की माँग अन्य तत्वों की अपेक्षा अधिक बढ़ जाती है। वह भी विशेषकर बीसवें सप्ताह के बाद जब भ्रूण की वृद्धि तीव्र गति से होने लगती है।

**घ.** सामान्य उपापचयात्मक एवं रक्षात्मक कार्यों के सम्पादन के लिए खनिज-लवण एवं विटामिनों की जरूरत होती है। लौह तत्व की माँग गर्भावस्था में अधिक होती है, परिणामस्वरूप अधिकतर गर्भवती स्त्रियों में खून की कमी पाई जाती है। पोषण हीनता के मुख्य परिणाम असमय प्रसव, गर्भकालीन विषाक्तता, भ्रूण की मृत्यु और प्री-एक्लाम्पसिया (Preeclampsia) आदि हैं। अतः गर्भावस्था में अच्छे और संतुलित पोषक तत्व ग्रहण करना महत्त्वपूर्ण होता है।

**ङ.** गर्भिणी के लिए आहार सामान्य रूप से पका हुआ होना चाहिए। अधिक चटपटा और मसालेदार आहार गर्भावस्था में हानिकारक होता है। अधिक चावल एवं आलू, शक्कर, मक्खन तथा घी का प्रयोग वर्जित है। गर्भावस्था में कब्ज की शिकायत होना एक सामान्य सी बात है अतः हरी पत्तेदार सब्जी, चोकर सहित आटा तथा छिलके वाली दाल का उपयोग लाभदायक होता है। यदि गर्भिणी दूध लेना पसन्द न करे तो दूध के बने पदार्थ जैसे पनीर, दही, आइसक्रीम, खोया आदि देना चाहिए। ताजा फल और सब्जियों का प्रयोग भोजन में विशेष लाभप्रद होता है। तरल पदार्थों का सेवन पर्याप्त मात्रा में करना तथा विटामिन और लौहतत्त्व का उपयोग साँद्र रूप में करना गर्भवती स्त्री के लिए बेहद आवश्यक है।

## पोशाक

गर्भवती स्त्री के वस्त्र सामान्यतः उसके रहने के स्थान की जलवायु पर निर्भर करता है। गर्भिणी की पोशाक ढीली और उसके लिए सुविधाजनक होनी चाहिए। जो उसकी श्वसन क्रिया में बाधक न हो तथा उसके पेट और स्तनों पर अनावश्यक दबाव न डाले। आधार के लिए उदर की बेल्ट आदि पहनी जाती है। लेकिन इसकी ज्यादा आवश्यकता नहीं होती है। वस्त्र यदि कँधों से नीचे की ओर लटके रहें तो गर्भिणी को सुविधा रहती है। गाउन इस स्थिति के लिए एक अच्छा वस्त्र है जिसका दबाव शरीर के किसी भी अंग पर नहीं पड़ता है। इससे रक्त प्रवाह पर विपरीत प्रभाव नहीं पड़ता तथा व्यवस्थित रूप से होता है। ऊँची एड़ी की चप्पलें इस अवस्था में नहीं पहननी चाहिए। इससे गर्भाशय की स्थान च्युतता तथा पीठ में पीड़ा होने का भय होता है। इस प्रकार की चप्पलें पहनने से शरीर का संतुलन बिगड़ने और गिर पड़ने की भी संभावना रहती है। भारतवर्ष की जलवायु को ध्यान में रखते हुए यह कहा जा सकता है कि यहाँ गर्भिणी को सूती वस्त्रों का प्रयोग ही करना चाहिए। नायलोन जैसे कृत्रिम रेशों के बने कपड़ों को पहनने से त्वचा सम्बन्धी रोग हो सकते हैं।

## सफाई एवं स्नान

गर्भवती स्त्री को प्रतिदिन स्नान करना आवश्यक है। इससे शरीर स्वच्छ रहने के साथ ही साथ निरोग भी रहता है। ग्रीष्म ऋतु में दो बार स्नान किया जा सकता है जिससे पसीने की बदबू दूर हो, शरीर में हल्कापन महसूस होता है। गर्म पानी से स्नान करने से शिराओं का संकुचन दूर हो जाता है। इसे गर्भिणी

को मूर्छा तथा आँखों के आगे अंधेरा छा जाने जैसा अनुभव होता है। योनि मार्ग की सफाई गर्भावस्था में खतरनाक हो सकती है। इसलिए इस अवस्था में स्त्री को टबबाथ लेना वर्जित है। बाल, नाखून, आँख, कान तथा त्वचा की नियमित सफाई करना इस स्थिति में बेहद जरूरी है।

## व्यायाम

गर्भवती महिला के लिए साधारण व्यायाम करना बहुत उपयोगी होता है। इसे नींद गहरी आती है, पाचन क्रिया व्यस्थित होती है, पेशियाँ स्वस्थ बनी रहती हैं तथा मानसिक स्वास्थ्य संतुलित और मन प्रसन्न रहता है। नियमित रूप से खुली हवा वाले स्थान में सरल व्यायाम करना लाभदायक होता है। इस अवस्था के लिए पैदल चलना सबसे सहज व्यायाम है। प्रथम छ: मास तक साधारण खेल जैसे टेनिस, घुड़सवारी, साइकिल चलाना आदि इस अवस्था में सर्वथा वर्जित हैं। मालिश, पेशियों को ढीला छोड़ना, प्राणायाम आदि नियमित रूप से करना अधिक लाभदायक है। इस समय पेट की पेशियों का तथा पैर, पीठ और हाथों का व्यायाम भी किया जा सकता है। फैक्टरी अथवा अन्य स्थानों पर कार्यरत महिलाओं को गर्भावस्था के अन्तिम छ: सप्ताहों में पूर्णरूप से आराम करना चाहिये। इसलिए उन्हें काम पर नहीं जाना चाहिए।

## आराम तथा निद्रा

गर्भावस्था में स्त्री को जैसे ही थकान का अनुभव हो, तुरन्त आराम करना चाहिए। रात्रि में आठ घण्टे की निद्रा लेना अनिवार्य है। सोते समय करवट के बल सोना ठीक रहता है। इससे गर्भाशय का भार पैरों की शिराओं पर नहीं पड़ता और न ही रक्त प्रवाह में बाधा उत्पन्न होती है। पीठ या पेट के बल

सोना हानिकारक होता है। गर्भावस्था के अन्तिम सप्ताहों में रात को नींद सामान्य रूप से ठीक से नहीं आ पाती। उस समय नींद की गोली का प्रयोग किया जा सकता है। दोपहर के खाने के बाद भी दो तीन घण्टे आराम करना चाहिए। पैरों को तकिया लगाकर, कुछ ऊपर रखकर सोना चाहिए। इससे पैरों की सूजन कम हो जाती है।

## मल-निकास

गर्भावस्था में कब्ज की शिकायत रहना एक सामान्य-सी बात है क्योंकि प्रोजेस्टीरोन की अधिकता से उसका प्रभाव मृदुपेशियों पर पड़ता है तथा वे ढीली हो जाती है। मृदुपेशियों के ढीले होने का एक दूसरा कारण अधिक लौह (आयरन) तत्त्व का सेवन करना भी है। अतः भोजन में रेशेदार तत्त्व अधिक होने चाहिए। रेशेदार तत्त्व जल को सोख कर मल की मात्रा को बढ़ा देते हैं जिसका आँतों की उत्तेजना पेशियों पर पड़ता है। जुलाव जैसी औषधियों का प्रयोग बहुत ही आवश्यक होने पर ही करना चाहिए। इनसे आँतों की गतिविधियाँ तो उत्तेजित होती ही हैं; गर्भाशय की पेशियों पर भी विपरीत प्रभाव पड़ता है। परिणामस्वरूप गर्भपात होने की प्रबल संभावना होती है।

## दाँत की सुरक्षा एवं देखभाल

रात्रि के भोजन के बाद लेकिन सोने से पहले दाँतों की सफाई करना परम आवश्यक है। गर्भावस्था की अवधि में कम-से-कम दो बार उचित अंतराल पर, दंत चिकित्सक से परीक्षण करवाना उचित है। यदि परीक्षण से यह ज्ञात हो जाए कि कोई दाँत सड़ा हुआ है या किसी दाँत में गड्ढा है तो उसे निकलवा देने से संक्रमण होने की सम्भावना खत्म हो जाती है।

## स्तनों की देखभाल और सुरक्षा

गर्भावस्था के लगभग चौबीस सप्ताह बाद स्तनों की विशेष देखभाल बहुत जरूरी है। अगर चूचुक धंसे हुए हों तो उन्हें उचित ल्यूब्रीकेण्ट की सहायता से उभारना चाहिए, चूचुकों को प्रतिदिन गुनगुने पानी एवं साबुन से धोना चाहिए। इससे उस पर बने स्राव का ठोस भाग धुल जाते हैं। गर्भावस्था के अन्तिम महिनों में अँगुलियों के बीच में चूचुकों को दबाकर रंगहीन स्राव को निकाल कर साफ करना चाहिए। ऐसा करने से प्रसव के बाद दूध के प्रवाह में बाधा नहीं आती है। यदि स्तनों की त्वचा शुष्क रहती है तो लेनोलिन क्रीम लगाई जा सकती है।

### सफर

गर्भावस्था में किसी भी तरह के लम्बे सफर पर जाना उचित नहीं होता। यदि पहले कभी गर्भपात हुआ हो तो यात्रा करना वर्जित है। इस स्थिति में यदि अनिवार्य रूप से कभी हवाई जहाज आदि से यात्रा करनी हो तो यात्रा करने से पूर्व उल्टी रोकने अथवा जी मिचलाने की स्थिति से उबारने वाली औषधियों का सेवन परम आवश्यक है।

### विषाक्तता से बचाव

गर्भावस्था में चेचक, पोलियो आदि के टीके लगवाना उचित नहीं। सिगरेट, बीड़ी तथा तम्बाकू आदि के प्रयोग करने से रक्त में विष मिल जाता है। जो भ्रूण तक पहुँच कर हानि पहुँचा सकता है। गर्भावस्था में मद्यपान करना भी घातक सिद्ध हो सकता है।

### मानसिक स्वास्थ्य

गर्भावस्था में मानसिक स्वास्थ्य को भी संतुलित बनाए रखना आवश्यक है। चिन्ता, तनाव, भय आदि के निवारण के लिए उचित व्यायाम तथा प्राणायाम करना श्रेयस्कर है। गर्भावस्था सम्बन्धी साहित्य का अध्ययन करना और प्रसवपूर्व सेवा केन्द्रों में जाकर भाषण, प्रदर्शनी आदि के द्वारा ज्ञानार्जन और मनोरंजन करना लाभकारी होता है। जीवन के प्रति तथा अपने पति और भावी बच्चे के प्रति मानसिक दृष्टिकोण सही बनाए रखना उचित होता है। चिन्ता और तनाव के कारण गर्भाशय में ही भ्रूण की मृत्यु हो सकती है। यदि गर्भस्थ शिशु की मृत्यु न भी हो उस दशा में भी वह शिशु स्वस्थ और सामान्य शिशु के रूप में विकसित नहीं हो पाता है। भयभीत गर्भावस्था के बाद प्रसव अधिक पीड़ादायक होती है।

#### *गर्भवती के मानसिक स्वास्थ्य पर प्रभाव डालने वाले प्रमुख कारक*

1. पति के साथ मार्मिक सम्बन्ध।
2. उसके शैशवावस्था और किशोरावस्था में हुए मानसिक अनुभव जिससे उसका वर्तमान दृष्टिकोण बना है।
3. पति या स्वयं की नौकरी की स्थिरता अथवा अस्थिरता, अन्य भौतिक सुरक्षा, घर का वातावरण, सास, श्वसुर, ननद, देवर के साथ उसके सम्बन्ध, घर के अन्य प्राणियों का स्वास्थ्य।
4. संवेगात्मक कारक यथा भय, चिन्ता, तनाव, द्वेष, असंतोष, क्रोध आदि; बच्चे के लिंग के विषय में चिन्ता, उसकी शारीरिक मानसिक और बौद्धिक क्षमता के संदर्भ में चिन्ता।

### गर्भावस्था के दौरान सावधानियाँ

कुछ स्त्रियाँ माहवारी के न आने पर दवाइयों का सेवन करना शुरू कर देती है। इस प्रकार की दवा का सेवन महिलाओं के लिए हानिकारक होता है। इसलिए जैसे ही यह मालूम चले कि आपने गर्भधारण कर लिया है तो अपने रहन-सहन और खानपान पर ध्यान देना शुरू कर देना चाहिए। गर्भधारण करने के बाद महिलाओं को किसी भी प्रकार की दवा के सेवन से पूर्व डॉक्टरों की राय लेना अनिवार्य होता है। ताकि आप कोई ऐसी दवा का सेवन न करें जो आपके और होने वाले बच्चे के लिए हानिकारक होता है। यदि महिलाओं को शुगर का रोग हो तो इसकी चिकित्सा गर्भधारण से पहले ही करनी चाहिए। यदि मिर्गी, साँस की शिकायत या फिर टीबी का रोग हो तो भी इसके लिए भी डॉक्टर की सलाह ले लेनी चाहिए।

1. यहीं नहीं, यह भी सत्य है कि आपके विचार और आपके कार्य भी गर्भधारण के समय ठीक और अच्छे होने चाहिए ताकि होने वाले बच्चे पर अच्छा प्रभाव पड़े।

2. जैसे ही पुष्टि हो जाती है कि आप गर्भवती हैं उसके बाद से प्रसव होने तक आप किसी स्त्री रोग विशेषज्ञ की निगरानी मे रहें तथा नियमित रुप से अपनी चिकित्सीय जाँच कराती रहें।
3. गर्भधारण के समय आपको अपने रक्त वर्ग (ब्लडग्रुप), विशेषकर आर. एच. फैक्टर की जाँच करनी चाहिए। इस के अलावा रूधिरवर्णिका (हीमोग्लोबिन) की भी जाँच करनी चाहिए।
4. यदि आप मधुमेह, उच्च रक्तचाप, थाइराइड आदि किसी, रोग से पीड़ित हैं तो, गर्भवस्था के दौरान नियमित रुप से दवाईयाँ लेकर इन रोगों को नियंत्रण में रखें।
5. गर्भवस्था के प्रारंभिक कुछ दिनों तक जी घबराना, उल्टियाँ होना या थोड़ा रक्त चाप बढ़ जाना स्वाभाविक है लेकिन यह समस्याएं उग्र रुप धारण करें तो चिकित्सक से सम्पर्क करें।
6. गर्भवस्था के दौरान पेट मे तीव्र दर्द और योनि से रक्त स्राव होने लगे तो इसे गंभीरता से लें तथा चिकित्सक को तत्काल बताएं।
7. गर्भवस्था में कोई भी दवा बिना चिकित्सीय परामर्श के न लें और न ही पेट में मालिश कराएं। बीमारी कितना भी साधारण क्यों न हो, चिकित्सक की सलाह के बगैर कोई औषधि न लें।
8. यदि किसी नए चिकित्सक के पास जाएं तो उसे इस बात से अवगत कराएं कि आप गर्भवती हैं क्योंकि कुछ दवाएं गर्भस्थ शिशु पर बुरा प्रभाव छोड़ती है।
9. चिकित्सक की सलाह पर गर्भावस्था के आवश्यक टीके लगवाएं व लौहतत्व (आयरन) की गोलियों का सेवन करें।
10. गर्भावस्था में मलेरिया को गंभीरता से लें, तथा चिकित्सक को तत्काल बताएं।
11. गंभीरता से चेहरे या हाथ-पैर में असामान्य सूजन, तीव्र सिरदर्द, आखों में धुंधला दिखना और मूत्र त्याग में कठिनाई की अनदेखी न करें, ये खतरे के लक्षण हो सकते हैं।
12. गर्भ की अवधि के अनुसार गर्भस्थ शिशु की हलचल जारी रहनी चाहिए। यदि बहुत कम हो या नहीं हो तो सतर्क हो जाएं तथा चिकित्सक से संपर्क करें।
13. आप एक स्वस्थ शिशु को जन्म दें, इस के लिए आवश्यक है कि गर्भधारण और प्रसव के बीच आप के वजन मे कम-से-कम 10 कि.ग्रा. की वृद्धि अवश्य हो।
14. गर्भावस्था में अत्यंत तंग कपड़े न पहनें और न ही अत्यधिक ढीले।
15. इस अवस्था में ऊँची एड़ी के सैंडल न पहने। जरा सी असावधानी से आप गिर सकती है।
16. इस नाजुक दौर मे भारी श्रम वाला कार्य नहीं करने चाहिए, न ही अधिक वजन उठाना चाहिए। सामान्य घरेलू कार्य करने मे कोई हर्ज नही है।
17. इस अवधि में बस के बजाए ट्रेन या कार के सफर को प्राथमिकता दें।
18. आठवें और नौवें महीने के दौरान सफर न ही करें तो अच्छा है।
19. गर्भावस्था मे सुबह-शाम थोड़ा पैदल टहलें।
20. चौबीस घंटे मे आठ घंटे की नींद अवश्य लें।
21. प्रसव घर पर कराने के बजाए अस्पताल, प्रसूति गृह या नर्सिंग होम में किसी कुशल स्त्री रोग विशेषज्ञ से कराना सुरक्षित रहता है।
22. गर्भावस्था मे सदैव प्रसन्न रहें। अपने शयनकक्ष में अच्छी तस्वीर लगाएँ।
23. हिंसा प्रधान या डरावनी फिल्में या धारावाहिक न देखें।

## गर्भ परीक्षण (Pregnancy Test)

गर्भ परीक्षण में रक्त अथवा मूत्र में उस विशिष्ट हॉरमोन को परखा जाता है जो गर्भवती होने पर ही महिला में रहता है। ह्यूमक कोरिओनिक गोनाडोट्रोपिन (एच सी जी) नामक हॉरमोन को गर्भ हॉरमोन भी कहते हैं जब उर्वरित अण्डा गर्भाशय से जुड़ जाता है तो आपके शरीर में एच सी जी नामक गर्भ हॉरमोन बनता है। सामान्यतः गर्भधारण के छह दिन बाद ऐसा होता है।

## घर में गर्भ परीक्षण (एच पी टी)

माहवारी रुकने के 10 दिनों के अन्दर-अन्दर एक स्त्री हार्मोन एचसीजी (ह्यूमन कोरिओनिक गोनाडोट्रोपिन) पेशाब में आने लगता है। इसलिए पेशाब की जाँच से पता चल जाता है कि महिला गर्भवती है या नहीं। अगर गर्भपात करवाना हो तो यह जितना जल्दी हो सके करवाना चाहिए। जल्दी गर्भपात करवाने से अधिक खून बहने और अन्य जटिलताओं से बचा जा सकता है।

एक यूपीटी (याने युरीन, प्रेगनेन्सी टेस्ट) के अलग किट मिलते है। इसके साथ खुद इसे करने के लिए निर्देश भी दिए होते हैं। इसके परिणाम 5 मिनट में ही मिल जाते हैं। यह गृह गर्भ परीक्षण 'अपना परीक्षण स्वयं करो' की शैली का परीक्षण है जो कि अपने घर पर सुगमतापूर्वक किया जा सकता है। इसकी कीमत 40-50 रुपये होती है। महिला को एक साफ शीशी में अपना 5 मिली मूत्र लेना होता है और परीक्षण के लिए किट में दिए गए विशिष्ट पात्र में दो बूँद मूत्र डालना होता है। उसके बाद कुछ मिनट तक इन्तजार करना होता है। अलग-अलग ब्रान्ड के किट इन्तजार का समय अलग-अलग बताते हैं समय बीतने पर रिजल्ट विंडो पर परिणाम को देखें। यदि एक लाईन या जमा का चिन्ह देखे तो समझ लें कि आपने गर्भ धारण कर लिया है। लाईन हल्की हो तो भी कोई फर्क नहीं पड़ता। हल्की हो या स्पष्ट अर्थ सकारात्मक माना जाता है।

बहुत से एच पी टी पीरियड के निश्चित तिथि तक न होने पर 99 प्रतिशत उसी दिन सही परिणाम बताने का दावा करते हैं। एच पी टी से नकारात्मक परिणाम पाकर भी गर्भ धारण की सम्भावना हो सकती है। इसलिए अधिकतर एच टी पी महिलाओं को कुछ दिन या सप्ताह बाद पुनः परीक्षण का सुझाव देते हैं।

## सामान्य परीक्षण

लगभग सभी सामान्य गर्भों के दौरान एड्स, हैपेटाइटिस-बी, साईफिलिस, आर एच अनुपयुक्तता और रूबेला का नियमित परीक्षण किया जाता है। गर्भकाल में अलग-अलग समय पर रक्त के सैम्पल लेकर डॉक्टर इन स्थितियों का परीक्षण करते हैं।

पोषण से सम्बन्धित बीमारियों का पता करें। जैसे एनीमिया, रतौन्धी या मुँह में छाले। माँ की लम्बाई नापें। अगर उसकी लम्बाई 145 सेन्टीमीटर से कम है तो उसकी श्रोणी का निचला सिरा बहुत

---

### प्रसव की सम्भावित तिथि की गणना

आप की अन्तिम माहवारी के पहले दिन से लेकर सामान्यतः गर्भ 40 सप्ताह तक रहता है, यदि आप को अन्तिम माहवारी की तिथि याद हो और आपका चक्र नियमित हो तो आप घर बैठे प्रसव की सम्भावित तिथि की गणना कर सकते हैं। यदि आपका चक्र नियमित और 28 दिन लम्बा हो तो अन्तिम माहवारी के आधार पर (एल एम पी) आप पहले दिन में नौ महीने और 7 दिन जोड़कर प्रसव की सम्भावित तिथि का निर्धारण कर सकते हैं। उदाहरण के लिए अगर आप की अन्तिम माहवारी 5 सितम्बर को शुरू हुई थी तो प्रसव की सम्भावित तिथि अगले वर्ष 12 जून होगी।

छोटा होता है। ऐसे में बच्चे का सिर इसमें से आसानी से नहीं निकल पाता और इससे बच्चे का जन्म मुश्किल हो जाता है।

गर्भावस्था में नियमित रूप से माता के वजन की जाँच करें। पता करें कि भार में यह बढ़ोत्तरी सामान्य है या नहीं। आमतौर पर गर्भावस्था के दौरान महिला का भार 9 से 10 किग्रा. बढ़ता है। इसमें से कुछ भार बच्चे के कारण और बच्चेदानी और नाल की वृद्धि के कारण होता है। भार में कुछ वृद्धि माँ के शरीर में कुछ नमक और पानी के थम जाने के कारण होती है। अगर भार में बढ़ोत्तरी कम या ज्यादा हो तो तुरन्त डॉक्टर को बताया जाना चाहिए। अगर भार में वृद्धि कम है तो इसका अर्थ है कि माँ को पर्याप्त खाना नहीं मिल रहा है। और बच्चे की वृद्धि भी ठीक नहीं हो रही है। हर बार जब माँ जाँच के लिए आए तो उसका रक्तचाप जरूर मापें। गर्भावस्था की विषाक्तता (पी.आई.एच) और कुछ और बीमारियों जैसे गुर्दे की संक्रमण में रक्तचाप बढ़ जाता है। ध्यान दें कि कहीं गर्भवती महिला के पैरों में सूजन तो नहीं है। यह गंभीर खून की कमी या गर्भावस्था की विषाक्तता के कारण हो सकता है। ऐसे में पूछें कि क्या महिला को साँस फूलने व दिल की धड़कन बढ़ने की शिकायत है।

## जन्मजात रोगों के सम्बन्ध में चिन्ता

आपके बच्चे को जन्मजात रोगों का खतरा अधिक हो सकता है यदि वह निम्नलिखित तीन कारणों में से किसी में आता है। (1) पहले बच्चे में जन्मजात रोग (2) परिवार में जन्मजात विकारों का इतिहास जिनके दोहराये जाने की सम्भावना रहती है। (3) यदि मां की उम्र 35 वर्ष से अधिक हो तो बच्चे में अभावपरक विकारों का खतरा बढ़ जाता है।

## सामान्य रक्त परीक्षणों से जन्मजात विकारों की परख

अध्ययन से पता चलता है कि प्रसव पूर्व होने वाली रक्त की जाँचों से 90 प्रतिशत जन्मजात विकारों का पता नहीं चल पता है। जाने जा सकने योग्य 10 प्रतिशत जन्मजात रोगों के लिए अलग से चार प्रकार के टैस्ट हैं - एमनियोसेन्टिसिस, करौलिक विलि सैम्पलिंग, अल्फा फैटो प्रोटीन (ए एफ पी) जैसे टैस्ट और अल्ट्रासाउण्ड स्कैनस।

## प्रसव पूर्व स्वास्थ्य परीक्षण (प्रीनेटल विजिट्स)

प्रसव की संभावित तारीख- आपके प्रसव की संभावित तारीख पिछली माहवारी के प्रथम दिन के 40 सप्ताह बाद संभावित होती है। यह मात्र एक अंदाज है सामान्य प्रसव 38 से 42 सप्ताह के बीच कभी भी हो सकता है।

चिकित्सकीय सुविधा के लिए गर्भावस्था को तीन तिमाही में बाँटा जा सकता है। गर्भधान से तेरहवें सप्ताह तक प्रथम तिमाही, चौदहवें से छब्बीसवें सप्ताह तक द्वितीय तिमाही एवं सत्ताईसवें से गर्भावस्था के अंत के समय को तीसरी तिमाही कहते है। गर्भावस्था की प्रथम तिमाही अत्यन्त महत्वपूर्ण समय होता है। क्योंकि इस समय शिशु के शारीरिक अंगों का विकास होता है एवं वह अत्यन्त नाजुक होता है। माँ को होने वाली किसी भी तरह की बीमारी या अनचाही दवाओं के सेवन से शिशु में शारीरिक विकृतियाँ आ सकती है या गर्भपात हो सकता है।

प्रथम तिमाही (गर्भधान से तीसरे माह तक) अपने प्रसूति विशेषज्ञ से माहवारी रुकने के 2 से 4 सप्ताह के बीच सम्पर्क करें। पहली विजिट में आपका विस्तृत परीक्षण होगा। आपका ब्लड प्रेशर, खून की कमी इत्यादि की जाँच होगी। पति एवं पत्नी दोनों के स्वास्थ्य और बीमारी के बारे में जानकारी ली

जाएगी। परिवार में होने वाली आनुवांशिक बीमारियों के बारे में विस्तार से पूछा जाएगा। मूत्र एवं रक्त का परीक्षण कराये जाएगें। कुछ चिकित्सक इस समय सर्विकल कैंसर के लिए पेप-टेस्ट एवं ऐड्स के लिए एच.आई.वी. परीक्षण भी कराते हैं।

यदि कोई जटिलता (हाई रिस्क फेक्टर) नहीं है तो गर्भवस्था के प्रथम सात माह में कम-से-कम महीने में एक बार अपने प्रसूति विशेषज्ञ से जाँच बाद में अपने चिकित्सक की सलाह के अनुसार पन्द्रह दिन में या प्रति सप्ताह भी जाँच करा सकते हैं।

**अल्ट्रासाउण्ड (सोनोग्राफी) परीक्षण** यह एक सुरक्षित जाँच है इससे शिशु को कोई नुकसान नहीं होता। इस जाँच से शिशु के विकास, उसके हृदय एवं साँस की गति, जन्मजात विकृतियों एवं मल्टीपल प्रेग्नेन्सी के विषय में जानकारी मिल जाती है।

यदि सुविधा उपलब्ध हो तो गर्भावस्था के 10-14 सप्ताह के बीच पहली अल्ट्रासाउंड सोनोग्राफी परीक्षण हो जाना चाहिए। उसके बाद चिकित्सक की सलाह के अनुसार जब भी आवश्यक हो यह जाँच दोहराई जा सकती है।

**मधुमेह की जाँच** गर्भावस्था के 24 सप्ताह के आस-पास रक्त एवं मूत्र में ग्लूकोज का परीक्षण कराना चाहिए कुछ महिलाओं को गर्भावस्था के दौरान मधुमेह गेस्टेशनला डायबीटीज हो जाती है, जो की प्रसव के बाद ठीक हो जाती है। जिन महिलाओं को गर्भधारण करने के पहले से ही मधुमेह की शिकायत है। यदि गर्भावस्था के दौरान यदि उनके ब्लड शुगर को नियंत्रित नहीं किया गया तो गर्भस्थ शिशु में जन्मजात विकृतियाँ उत्पन्न होने की सम्भावना बहुत बढ़ जाती है।

**ग्रुप बी स्ट्रेप्टो कॉकस परीक्षण** यह जीवाणु सामान्यतः हानिरहित रूप से 30-35 प्रतिशत महिलाओं के जननाँगों में उपस्थित होता है, परन्तु प्रसव के दौरान इस जीवाणु से शिशु को संक्रमण हो सकता है। इसकी जाँच के लिए गर्भवती महिला के योनिद्वार एवं गुदा से स्मियर लेकर उनका परीक्षण किया जाता है। जिन महिलाओं में ये जीवाणु पाए जाते हैं प्रसव पूर्व उनका एन्टिबॉयोटिक्स के द्वारा इलाज किया जाता है।

**अल्फा फीटो प्रोटीन** शिशु में संभावित जन्मजात विकृतियों जैसे डाउन सिंड्रोम (मंदबुद्धिता का एक प्रमुख कारण) न्यूरल ट्यूब डिफेक्ट (स्पाइनबाईफिडा, एनसेफेलोसील एवं मेनिंगोसील इत्यादि) जैसे जन्मजात विकृतियों को शीघ्रातिशीघ्र पता लगाने के लिए गर्भवती महिला का रक्त परीक्षण किया जाता है। यदि इसके साथ ही ह्यूमन कोरियानिक गोनाडोट्राफिन एवं इस्ट्रियाल नामक हार्मोनों का परीक्षण भी किया जाए तो उपरोक्त बीमारियों के निदान की संभावना और बढ़ जाती है। जब इन तीनों परीक्षणों को साथ में किया जाता है तो इन्हें ट्रिपल मार्कर परीक्षण कहा जाता है। यदि ट्रिपल मार्कर परीक्षण पॉजिटिव हो तो इन रोगों की पुष्टि के लिये एमानियोसेंटिसिक एवं कोरियानिक विलस सेम्पलिंग नाम परीक्षणों की आवश्यकता होती है।

**एमानियोसेंटिसिस** जिन शिशुओं में कोई जन्मजात विकृतियाँ या कोई गुणसूत्रीय व्याधि की सम्भावना होती हैं उनमें इस परीक्षण की सलाह दी जाती है। यह परीक्षण आम तौर पर गर्भकाल के 16-20 सप्ताह के बीच किया जाता है इसमें एक सुई के द्वारा गर्भस्थ शिशु के चारों ओर जो पानी भरा रहता है उसकी थोड़ी सी मात्रा निकाली जाती है।

इस परीक्षण के द्वारा शिशु को होने वाली कई विकृतियों जैसे न्यूरलट्यूब डिफेक्ट्स (स्पाइनाबाइफिडा, एनसेफेलोसील एवं मेनिंगोसील), डाउन सिंड्रोम इत्यादि का गर्भावस्था के प्रारम्भ में ही पता लग सकता

है। अनुभवी हाथों में यह टेस्ट सुरक्षित है एवं लगभग 5 प्रतिशत से भी कम परीक्षणों में गर्भपात या समय से पहले प्रसव होने का खतरा होता है।

**कोरियानिक विलस सेम्पलिंग** जो परतें शिशु को बच्चेदानी से जोड़े रखती है उन्हे कोरियान कहा जाता है यह परीक्षण गर्भवस्था की प्रथम तिमाही में किया जाता है इसमें एक महीन सूई के द्वारा कोरियान ऊतकों का सूक्ष्म सेम्पल लिया जाता है। जन्मजात विकृतियों जैसे डाउन सिंड्रोम एवं न्यूरलट्यूब डिफेक्ट्स के लिए यह एमनियो सेन्टेसिस से भी अधिक परिष्कृत परीक्षण है।

**द्वितीय तिमाही (चौथे माह से छठें माह तक)** गर्भवस्था के 14वें से 26वें सप्ताह के बीच का यह समय अत्यन्त महत्त्वपूर्ण होता है। इस समय गर्भस्थ शिशु के शरीर का विकास होता है। एवं उसका वजन बढ़ना प्रारम्भ होता है अतः यह आवश्यक है कि गर्भवती महिला की अच्छी तरह देखभाल हो, वे संतुलित आहार लें एवं नियमित रूप से हल्का व्यायाम करें। अपने चिकित्सक की सलाह अनुसार मल्टी विटामिन, आयरन एवं कैल्शियम युक्त दवायें लें। जो महिलाएँ प्रथम तिमाही में अपने चिकित्सक के पास नहीं जा पाई उन्हें अब जाकर चिकित्सक की सलाह के अनुसार आवश्यक परीक्षण करा लेना चाहिए।

**तृतीय तिमाही** (सातवें माह से नवें माह तक) पहले की तरह इस समय भी अत्यन्त सावधानी की आवश्यकता होती है। अपने प्रसूति विशेषज्ञ की सलाह के अनुसार प्रति सप्ताह या पन्द्रह दिन में एक बार अपना परीक्षण कराना उचित होगा। इस समय शिशु का वजन बहुत तेजी से बड़ता है ।

अतः गर्भवती महिला को अपने भोजन का विशेष ध्यान रखना चाहिए। कैल्शियम एवं प्रोटीन से युक्त भोज्य पदार्थ जैसे दूध एवं पनीर तथा लौह तत्व युक्त भोज्य पदार्थ जैसे गुड़, छुहारे, सेव एवं शमीष भोजन लेने वाले को माँसाहार का उचित मात्रा में प्रयोग करना चाहिए। हल्की कसरत एवं समुचित विश्राम दोनों ही आवश्यक है।

धूम्रपान एवं शराब का सेवन गर्भस्थ शिशु के लिए हानिकारक है अपने चिकित्सक की सलाह के अनुसार ही किसी दवा का उपयोग करें। सातवें एवं आठवें माह में टिटेनसटाक्साइड के दोनों इंजेक्शन अवश्य लें।

इस समय गर्भस्थ शिशु की हलचल महसूस होने लगती है। यह शिशु के अच्छे स्वास्थ्य की निशानी मानी जाती है। यदि गर्भस्थ शिशु की हलचल न महसूस हो या कम महसूस हो अपने चिकित्सक को अवश्य सूचित करे।

साथ ही इस समय अपने प्रसूति विशेषज्ञ से प्रसूति के विषय में विचार विमर्श करें। सम्भव हो तो प्रसूति के स्थान को भी जाकर देखें। इससे आपका आत्मविश्वास बढ़ेगा। परिवारजनों, पति एवं मित्रों का सहयोग भी महत्त्वपूर्ण है। प्रसव से सम्बन्धित एवं आने वाले शिशु की आवश्यकतानुसार वस्तुओं की सूची बनकर उन्हें एकत्र कर लें। अपने मेडिकल रिकार्ड साथ ले जाना न भूलें।

## गर्भावस्था के दौरान संक्रमण के लक्षण और उपचार

गर्भावस्था के नौ महीने जटिलताओं से भरे होते हैं। इस दौरान इंफेक्शन होना बहुत आम बात है। इनमें ही एक है योनि में संक्रमण। जो सूक्ष्म कवक या खमीर के कारण होता है, जिसे कैंडिडा एल्बीकस कहते हैं। पुरुषों से ज्यादा कवक महिलाओं में होते हैं जो गर्भावस्था के दौरान संक्रमण का कारण बनते हैं।

गर्भावस्था के दौरान योनि में ग्लाइकोजन नामक ग्लूकोज की मात्रा बढ़ जाती है, इसके कारण कैंडिडा एल्बीकंस नामक कवक का विकास होता है। महिला को गर्भावस्था के दौरान यह संक्रमण दस बार से भी ज्यादा हो सकता है। गर्भावस्था में एस्ट्रोजन के स्तर में वृद्धि के कारण ग्लाइकोजन का स्तर बढ़ता है और यह संक्रमण के कारण होता है। आइये हम इसके लक्षण और इसके उपचार के बारे में बात करें

## योनि में संक्रमण के लक्षण

गर्भावस्था में रक्त स्राव होना सामान्य है, लेकिन रक्त स्राव के दौरान यह पतला और दुधिया रंग का हो तो आप स्वस्थ हैं लेकिन यदि योनि में संक्रमण है तो इसके निम्न लक्षण हो सकते हैं

1. रक्त-स्राव मोटा, सफेद और मलाईदार होगा।
2. योनि के आस-पास लालिमा, दर्द और खुजली हो सकता है।
3. योनि के आस-पास सूजन होना।
4. संभोग के दौरान दर्द होना।
5. मूत्र त्याग के दौरान दर्द और जलन होना।
6. योनि के इस इंफेक्शन को सुनिश्चित करने के लिए इसका निदान किया जाता है, इसके लिए आपका चिकित्सक कुछ टेस्ट करेगा, उसके अनुसार ही आपकी चिकित्सा की जायेगी।

## योनि में संक्रमण का उपचार

योनि में संक्रमण के लिए कई प्रकार के विकल्प मौजूद हैं जिसके द्वारा आसानी से इस संक्रमण से छुटकारा पाया जा सकता है। इसका उपचार करने के लिए मात्र सात दिनों के कोर्स की जरूरत पड़ती है। इसमें चिकित्सक पेसरीज (यह एक प्रकार की डिवाइस होती है जिसे योनि का संक्रमण रोकने के लिए प्रयोग किया जाता है) का प्रयोग करते हैं। हालाँकि इस दौरान महिलाओं को यह सलाह दी जाती है कि वे पेसरीज का प्रयोग करते समय ग्रीवा पर दबाव बिलकुल न बनायें।

**घर पर उपचार** प्रेग्नेंसी के दौरान योनि में संक्रमण को रोकने के लिए चिकित्सक की सलाह के अलावा आप खुद से इसका उपचार कर सकती हैं, यदि थोड़ी सी सावधानी बरती जाये तो इस संक्रमण के प्रकोप को कम किया जा सकता है, इसके लिए आप इन तरीकों को आजमा सकती हैं

1. योनि के आस-पास दही का थपका दीजिए, इससे संक्रमण कम फैलेगा।
2. सूती कपड़े के इनरवीयर का प्रयोग कीजिए, जो ढीले और आरामदायक हों।
3. गर्म पानी से स्नान बिलकुल मत कीजिए।
4. बबल बॉथ को आजमा सकते हैं, इससे संक्रमण नही फैलेगा।
5. योनि के आस-पास साबुन और परफ्यूम आदि का प्रयोग बिलकुल न करें।

हालाँकि गर्भावस्था के दौरान योनि में संक्रमण होने से बच्चे को कोई नुकसान नहीं होता है, लेकिन प्रसव के दौरान यदि बच्चा इसके संपर्क में आ जाये तो उसके मुँह पर सफेद धब्बे पड़ सकते हैं, जो उपचार से ठीक हो जाते हैं। लेकिन यदि आपको संक्रमण की शिकायत हो तो चिकित्सक से अवश्य संपर्क कीजिए।

## गर्भाशय की अंदरूनी जाँच

किसी महीने माहवारी न होना गर्भवती होने का सबसे पहला चिन्ह है। परन्तु जिन महिलाओं में माहवारी

## डॉक्टर से परामर्श

अनियमित होती है, उनमें महीना बन्द होना गर्भावस्था का भरोसेमन्द लक्षण नहीं होता। किसी महीने माहवारी न होने पर दो तीन हफ्ते तक इन्तजार करें। इस समय तक अन्य लक्षण भी दिखाई देने लगते हैं। इसके बाद पेशाब की जाँच करवाएँ। पेशाब की जाँच के लिए दवाओं की दुकान में अलग-अलग किट मिलती हैं। गाँव की आशा या नर्स के पास भी यह किट उपलब्ध है। गर्भावस्था के पहले 3 से 4 महीनों में सुबह की तकलीफ काफी आम है। इनमें मितली आना, चक्कर आना और सिर में दर्द शामिल हैं। यह सब हॉर्मोन के स्तर में बढ़ोत्तरी के कारण होता है। परन्तु सब महिलाओं को यह तकलीफ नहीं होती।

### गर्भवती महिला की रक्त व मूत्र सम्बन्धी जाँच

ऐल्बूमिन और शक्कर की जाँच बहुत आसान है। रासायनिक पट्टी (डिपस्टिक) से यह और भी आसान हो गया है। पेशाब में ऐल्बूमिन होना एक खतरे वाला लक्षण है। यह रक्तचाप के बढ़ जाने से होता है। गर्भावस्था में अतिरक्तचाप और पेशाब में प्रोटीन विषाक्तता से पूर्ण है। गर्भावस्था में

### शिशु के विकास की जाँच

गर्भावस्था नारी जीवन की एक अत्यंत महत्त्वपूर्ण व संवेदनशील घटना व अद्वितीय अनुभव है। इस दौरान महिला अनेक शारीरिक व मानसिक परिवर्तनों के दौर से गुजरती है। परंतु ये परिवर्तन सभी के लिए एक समान नहीं होते। कोई लक्षण या स्थिति किसी महिला में अत्यंत कष्ट का कारण बन सकती है तो दूसरी महिला को उसमें कोई कष्ट नहीं होता, अतः गर्भावस्था को सुरक्षित व सामान्य बनाए रखने के लिए जरूरी है कि गर्भावस्था से जुड़े शरीर में होने वाले आंतरिक परिवर्तनों व गर्भ में पल रहे शिशु के विकास पर सतत निगरानी रखी जाए ताकि किसी भी गड़बड़ी या विकार को उसकी शुरुआत में ही पकड़कर उसका उचित निदान व उपचार किया जा सके। इसलिए गर्भावस्था के प्रारंभ से ही नियमित डॉक्टरी जाँच कराएँ व डॉक्टर जिन जाँचों या परीक्षणों की सलाह दें, उन्हें बिना चूके कराएँ। गर्भावस्था के दौरान समय-समय पर की जानेवाली विभिन्न सीरोलॉजिकल (रक्त के नमूनों) व मूत्र की जाँचों से शरीर में होने वाले रासायनिक व भौतिक परिवर्तनों का पता लगाया जाता है, वहीं सोनोग्राफी द्वारा गर्भस्थ शिशु के विकास व उसकी स्थिति की जाँच की जाती है।

पेशाब में थोड़ी शक्कर होना सामान्य है। पर अगर पेशाब में बहुत अधिक शक्कर का निकल रही है तो इसका अर्थ है कि महिला को डायबिटीज (मधुमेह) है। माँ को मधुमेह होना बच्चे के लिए बहुत ही नुकसानदेह है।

हीमोग्राम, ब्लड शुगर, सीरम बिलिरुबिन, सीरम क्रिएटिनीन, ब्लड यूरिया, एच.आई.वी., एचबीएसएजी स्क्रीनिंग, वीडीआरएल, ब्लड ग्रुप; ये सभी जाँचें न केवल बेहद जरूरी हैं, बल्कि उनका अपना विशेष महत्त्व भी है। हीमोग्राम से न केवल एनीमिया (खून की कमी) का पता चलता है बल्कि अन्य अज्ञात इन्फेक्शंस को भी पकड़ा जा सकता है। एनीमिया का प्रारंभिक अवस्था में पता लगने से उसका समय पर उपचार कर संभावित खतरों को टाला जा सकता है। ब्लड शुगर, सीरम बिलिरुबिन, ब्लड यूरिया व सीरम क्रिएटिनीन वे जाँचें हैं जो एक छतरी के समान कार्य करती हैं एवं आपके शरीर की लगभग संपूर्ण कार्यप्रणाली पर गर्भावस्था से पड़ने वाले प्रभावों की जानकारी प्रदान करती हैं। एच.आई.वी., एचबीएसएजी, वीडीआरएल आदि जाँचें माता व शिशु दोनों के लिए घातक एड्स, हेपेटाइटिस-बी व यौन रोगों के निदान की दृष्टि से आवश्यक है।

खून के टेस्ट हीमोग्लोबिन की मात्रा की जाँच, खून के वर्ग की जाँच, और सिफलिस रोग की जाँच के लिए होते हैं। हीमोग्लोबिन की जाँच के लिए साहली का तरीका सबसे आसान है। खून का वर्ग और आरएच फैक्टर पता होना जरूरी है। अगर माँ का आरएच फैक्टर निगेटिव हो तो बचाव के सही उपायों की जरूरत होती है। सिफलिस रोग बार-बार गर्भपात होने का सबसे कारण आम होता है, और वीडीआरएल टेस्ट सिफलिस की जाँच के लिए किया जाता है। गर्भावस्था में खून की जाँच जरूरी है।

इस प्रकार से आधारभूत या बेसिक जाँचें आपकी प्रसूति विशेषज्ञ को न केवल आपकी गर्भावस्था का बेहतर प्रबंध करने में सहायक हैं बल्कि समस्या का शुरुआती दौर में ही पता लगाकर उनके उचित उपचार द्वारा माता व गर्भस्थ शिशु को आने वाले अनेक खतरों से बचाया जा सकता है। इन जाँचों पर होने वाले खर्चे को सुरक्षित मातृत्व के लिए किए गए छोटे-से निवेश के रूप में देखा जाना चाहिए।

## सोनोग्राफी जाँच

गर्भावस्था में अल्ट्रासोनोग्राफी या साधारण सोनोग्राफी टेस्ट आजकल ज्यादातर शहरों में अधिकतर किए जाने लगे हैं। सुविधा हो तो गर्भावस्था में 2-3 बार सोनोग्राफी हो जाती है। इससे हमें कई तथ्य मालूम होते हैं, जैसे प्रसव की अपेक्षित तारीख, गर्भस्थ भ्रूण की सेहत, अंगों के बारे में गर्भ कोश में पर्याप्त पानी का होना आदि। पहली जाँच अक्सर 8-12 सप्ताह के बीच की जाती है।

अन्यथा सोनोग्राफी जाँच चिकित्सा विश्व में एक महत्त्वपूर्ण कदम है, जिससे रोगनिदान में क्रांति सी हुई है। गर्भावस्था में इसके कई उपयोग है। माता और बच्चे के सेहत की काफी कुछ जानकारी समय-समय मिलने में इसका बडा योगदान है। पहला अल्ट्रासोनोग्राफी टेस्ट 10 वें से 12 वें हफ्ते में किया जाता है। उसके बाद अगर जरूरी हो तो इसे फिर से भी किया जा सकता है। अल्ट्रासोनोग्राफी सुरक्षित होता है क्योंकि इसमें गर्भ की फोटो लेने के लिए ध्वनि की तरंगों का इस्तेमाल होता है, एक्स-रे का नहीं।

अल्ट्रासोनोग्राफी में गर्भावस्था के बारे में निम्नलिखित जानकारी मिल जाती है।

1. बच्चे की उम्र और वृद्धि।
2. बच्चा एक ही है या जुड़वाँ है।
3. बच्चे का दिल या गुर्दों में कोई खराबी तो नहीं है।
4. गर्भ में बच्चे और नाल की स्थिति।
5. बच्चेदानी का मुँह कसी हुई है या ढीली।

6. पानी की थैली में द्रव की मात्रा।

यह एक बहुत-ही महत्त्वपूर्ण टेस्ट है। दुर्भाग्य से लोग व डॉक्टर इसका गलत इस्तेमाल यह पता करने के लिए भी करते हैं कि गर्भस्थ शिशु लड़का है या लड़की। यह दुर्भाग्यपूर्ण है की भारत में सोनोग्राफी का कुछ गैरजिम्मेदार डॉक्टर भ्रूण की लिंग जानने के लिये इस्तेमाल करते हैं। यह बिल्कुल गैरकानूनी है और दंडनीय है। इस सामाजिक समस्या के कारण भारत में लिंग-अनुपात बढ़ता जा रहा है। अब भारत में प्रसूति समय लड़का, लड़की का अनुपात 1000 : 933 है जो बहुत ही असंतुलित हो गया है।

सोनोग्राफी से गर्भस्थ शिशु के विकास, परिपक्वता, हृदय की गति व शारीरिक हलचल आदि की जानकारी तो मिलती ही है, साथ ही कई जोखिमपूर्ण स्थितियों जैसे आंवल (प्लेसेंटा) का शिशु की गर्दन में फंदे के रूप में लिपटना या आंवल का अपने स्थान से खिसक जाना, गर्भाशय के पानी (एम्नियोटिक फ्लूड) जिसमें शिशु सकुशल रहता है, का सूख जाना, कम होना आदि का भी समय रहते पता लगाकर जच्चा व बच्चा दोनों के प्राण बचाए जा सकते हैं। सोनोग्राफी गर्भावस्था की प्रत्येक तिमाही में कम-से-कम एक बार किया जाना आवश्यक है। इसके अलावा कई बार कुछ विशेष जाँचें जरूरी हो सकती हैं।

कुछ विशेष स्थितियों, जिन्हें हम 'हाईरिस्क प्रेग्नेंसी' कहते हैं, में ये जाँचें करना आवश्यक होता है, जैसे- 35 वर्ष की आयु के बाद होने वाली गर्भावस्था में एक ट्रिपल मार्कर परीक्षण किया जाता है ताकि यह पता लगाया जा सके कि गर्भस्थ शिशु में कोई न्यूरोलॉजिकल कमी या मानसिक अविकसन की समस्या तो नहीं है। इसी प्रकार परिवार के सदस्यों (माता-पिता, दादा-दादी, नाना-नानी आदि) में डायबिटीज (मधुमेह) होने पर गर्भवती महिला का ग्लूकोज टालरेंस टेस्ट जरूरी हो जाता है ताकि मधुमेह की संभावना का पता लगाकर आवश्यक उपाय किए जा सकें।

कुल मिलाकर बात यह है कि गर्भावस्था को सामान्य, सुरक्षित व सफल मातृत्व में परिणत करने के लिए नियमित परीक्षण, प्रसूति विशेषज्ञ की सलाह व उनके निर्देशों का पालन किया जाना बेहद जरूरी है।

## गर्भाशय और शिशु की जाँच

पहले तीन महीनों में गर्भावस्था के ठीक-ठाक होने के बारे में पक्का करने के लिए आन्तरिक जाँच जरूरी होती है। बाद के तीन महीनों में आन्तरिक जाँच की जरूरत यह पता करने के लिए जरूरी होती है कि बच्चेदानी का मुँह कसी हुई है या शिथिल (ढीली)। सामान्य स्थिति में आप केवल अपनी छोटी उँगली का सिरा ही गर्भाशयग्रीवा में डाल सकते हैं। अगर यह ढीली है तो इस स्थिति में गर्भपात होने का खतरा होता है। ऐसे में माँ को अस्पताल जाने की सलाह दें ताकि उसकी गर्भाशयग्रीवा को कसा जा सके। यौन रोगों के लक्षणों की जाँच करें। कहीं योनि में कोई अल्सर या मांस तो नहीं बढ़ा है? अन्दरूनी जाँच करते समय अच्छे दस्ताने पहनें जो फटे हुए या छेद वाले न हों। एचआईवी एवं हेपटाइटिस के संक्रमण से बचाव के लिए यह जरूरी है।

## प्रथम गर्भस्पन्दन और दिल की धड़कन

पहली बार गर्भवती माँ गर्भ के पाँचवें महीने से गर्भस्थ शिशु का खेलना महसूस करती है। दूसरी बारी की अनुभवी माँ इससे भी पहले से ही यह महसूस कर पाती है। शिशु के दिल की धड़कन एक आले या फीटोस्कोप से छठें महीने से सुनी जा सकती है। कभी इसके लिये डॉपलर मशीन भी कई जगह उपलब्ध होता है। आठवें से नौवें महीने में हम गर्भ के दिल की धड़कन गिन भी सकते हैं। यह

सामान्यतः 120 से 160 प्रति मिनट होती है। किस जगह पर शिशु के दिल की धड़कन सुनाई देगी यह इस पर निर्भर करता है कि बच्चेदानी में बच्चे की स्थिति क्या है? आमतौर पर यह नाभि के एक तरफ और काफी नीचे होता है। ऐसा उन शिशुओं में होता है जिनका सिर गर्भाशय में नीचे तरफ हो। उन शिशुओं में दिल की धड़कन नाभि के ऊपर दोनों ओर सुनी जा सकती है जिनका सिर गर्भाशय में छाती की तरफ हो।

गर्भाशय के आकार से हमें गर्भावस्था के काल का पता चलता है। अगर गर्भावस्था के किसी काल के हिसाब से गर्भाशय काफी छोटा है तो यह तो शिशु की वृद्धि या फिर गर्भस्थ शिशु के मर जाने के कारण होता है। कभी-कभी महिला अपने आखिरी माहवारी की तारीख भूलकर गलत बताती है, (इस परिस्थिती में सोनोग्राफी से ही भ्रूण का सही उम्र पता चलता है)। बच्चे की खेलने से और दिल की धड़कन से हमें पता चलता है कि बच्चा जीवित है या नहीं।

> **गैर जरूरी दवाईयाँ देने से बचें**
>
> बहुत-सी दवाएँ गर्भस्थ शिशु के लिए नुकसानदेह होती हैं। दुर्भाग्य से ज्यादातर आम चिकित्साकर्मियों को इसका पता नहीं होता। असल में सही नियम यह है कि उन सभी दवाओं और तरीकों का इस्तेमाल न करें जिनके बारे में पक्का न हो कि वो गर्भावस्था में सुरक्षित हैं।
>
> बहुत-सी दवाएँ गर्भावस्था के लिए सुरक्षित नहीं होतीं। यहाँ तक की ऐस्परीन, टैट्रासाइक्लीन, मैबेनडाजोल, मैट्रोनिडाजोल और हार्मोन वाली मुँह से दी जाने वाली दवाएँ नुकसानदेह होती हैं। गर्भावस्था के निदान के लिए एक हार्मोन वाली गोली इस्तेमाल होती रही है। माहवारी शुरू करने के लिए गोली और गर्भपात की गोली। भ्रूण के लिए बहुत अधिक नुकसानदेह है। एक्स-रे भी गर्भस्थ शिशु के लिए खतरनाक होता है। हाल में जिस महिला को गर्भ अपेक्षित है वह सभी दवाओं से तबतक बचे रहे। क्लोरोक्विन की गोलियाँ जो मलेरिया के इलाज के लिए दी जाती है, गर्भावस्था

## बाद के महीनों में जाँच

तीसरे से छठे महीने में शिशु के अंग और तंत्र बनते हैं। और छठे से नौवें में ये अंग बढ़ते और विकसित होते हैं। शिशु की दिल की धड़कन और हिलना डुलना उसके जीवित होने का भरोसेमन्द संकेत होते हैं परन्तु बच्चे के शारीरिक विकास में किसी भी कमी का पता करने के लिए सोनोग्राफी द्वारा जाँच जरूरी है। अगर गर्भाशय का आकार गर्भावस्था की अवधि से मेल खाए तो समझे कि शिशु की वृद्धि ठीक हो रही है। अगर बच्चेदानी गर्भ के अवधि से बड़ा है, तो जुड़वे बच्चे हो सकते है या बच्चेदानी में अधिक पानी हो सकता है।

इन महीनों में एनीमिया या गर्भावस्था की विषरक्तता जैसी बीमारियों पर ध्यान दें। गर्भावस्था और बच्चे के जन्म से जुड़े खतरों की ओर ध्यान दें। वजन में बढ़ोत्तरी पर ध्यान दें।

## गर्भावस्था में माँ के वजन में बढ़ोत्तरी

गर्भावस्था में वजन सही मात्रा में बढ़ना चाहिये। गर्भावस्था में कुल 9 से 11 किलो वजन बढ़ता है। तीसरे से नौवें महीने में हर हफ्ते 300 ग्राम या महीने में 1.5 किलो वजन बढ़ता है। अगर वजन में बढ़ोत्तरी 500 ग्राम प्रति हफ्ते से ज्यादा हो या महीने में 2 किलो से ज्यादा हो तो सावधान हो जाएँ। वजन में यह असाधारण बढ़ोत्तरी गर्भावस्था की विषाक्तता के कारण भी होती है।

## सुरक्षित गर्भ के लिए टीकाकरण

सूक्ष्मजीवी को नंगी आँखों से देखना संभव नहीं है। इसलिए, इनसे बचने के कितने ही प्रयास कर लें,

सुरक्षा के लिए पूरी तरह आश्वस्त नहीं हो सकते। शरीर में प्रवेश कर कीटाणु बीमारियों का कारण बनते हैं और फिर इलाज भी जटिल हो जाता है। इनसे बचने के लिए टीकाकरण एक कारगर उपाय है। गर्भावस्था के पहले और इसके दौरान टीकाकरण बेहद महत्त्वपूर्ण होता है। कुछ संक्रमण ऐसी बीमारियाँ पैदा करते हैं जो गर्भवती व शिशु दोनों को काफी नुकसान पहुँचाती हैं। कोई भी टीका चिकित्सक की परामर्श के बिना न लें। वही आपको आवश्यकतानुसार सही टीके के बारे में बता पाएंगे।

दवा के प्रकार के अनुसार टीके तीन प्रकार के होते हैं

**जीवित सूक्ष्मजीवयुक्त टीके** इन्हें लाइव वायरस भी कहा जाता है, क्योंकि ऐसे टीकों में जीवाणु मौजूद होते हैं। गर्भवती महिला को ये टीके नहीं लगाए जाते हैं।

**निष्क्रिय जीवाणुयुक्त टीके** इन टीकों में जीवाणु निष्क्रिय अवस्था में होता है।

टॉक्सॉइडयुक्त टीके बैक्टीरिया की मौजूदगी से प्रोटीन की रासायनिक संरचना में परिवर्तन आ जाता है, जिसे टॉक्सॉइड कहते हैं।

कुछ टीकों में इन टॉक्सॉइड्स का इस्तेमाल किया जाता है। गर्भधारण करने से पहले चिकित्सक से परामर्श लें। महिला व शिशु स्वस्थ रहें, इसके लिए गर्भधारण करने से पहले कुछ टीके आवश्यक लगवाने चाहिये नहीं तो आगे चलकर जटिलताएँ हो सकती हैं। इन टीकों को लगाने और गर्भधारण करने के बीच के कम-से-कम 1-2 महीने का अंतराल जरूरी है।

## *गर्भवती को लगाये जाने वाले टीके*

1. हैपेटाइटिस-बी
2. मेनिन्जोकोकल
3. निमोकोक्कल
4. रेबीज

## *गर्भधारण करने से पहले लगाये जाने वाले टीके*

1. मीजल्स
2. मम्स
3. रुबैला
4. वेरिसैला
5. बीसीजी
6. टीडैप (टायफायड, डिप्थीरिया और परट्युसिस)

## टिटेनस के टीके

गर्भावस्था में महिला को टिटेनस टॉक्साइड के दो इंजेक्शन चार से छह हफ्ते के अंतराल से लगते हैं, जिनसे माँ और नवजात शिशु दोनों में टिटेनस की रोकथाम होती है।

## किशोर गर्भावस्था में प्रसव पूर्व देखभाल

किशोरियों द्वारा 19 वर्ष से कम आयु में बच्चे को जन्म देने की घटना को किशोर गर्भावस्था कहा जाता है। अल्प आयु में किशोरियाँ शारीरिक तथा मानसिक रुप से बच्चे को जन्म देने की स्थिति में नहीं होती है पर विभिन्न सामाजिक, आर्थिक कारणों से गर्भधारण के लिए बाध्य हो जाती हैं।

हमारे देश (भारत) में हर पाँचवें शिशु का जन्म किशोरावस्था लड़कियों द्वारा होता है। 15-19 वर्ष की लड़कियों द्वारा बच्चे को जन्म देने की संख्या, कुल नवजात शिशु जन्म का 17 प्रतिशत है पर

करीब तीन में से एक किशोर माताओं को प्रसव पूर्व सेवा प्राप्त नहीं हो पाती, जिसके कारण गर्भधारण के दौरान उन्हें कई तरह के समस्याओं का सामना करना पड़ता है।

प्रजनन स्वास्थ्य के अनुसार 19 साल से कम उम्र की महिला द्वारा बच्चे को जन्म देना माँ और नवजात शिशु दोनों के लिये खतरनाक हो सकता है। हमारे देश में उच्च मातृ-मृत्यु दर तथा उच्च शिशु मृत्यु दर का एक प्रमुख कारण, कम उम्र में किशोरियों द्वारा गर्भधारण तथा बच्चे को जन्म देना है।

गर्भावस्था के दौरान प्रसव पूर्व परिचर्या का काफी महत्त्व होता है विशेषकर किशोरियों के लिए इस परिचर्या का महत्त्व इस लिए भी बढ़ जाता है कि इस उम्र में माँ बनने से सामाजिक, आर्थिक व स्वास्थ्य सम्बन्धी समस्याएँ बढ़ जाती है। गर्भावस्था के दौरान गर्भवती स्त्री का वजन, रक्त चाप तथा गर्भाशय के आकार का आकलन कर, गर्भ के संतोषजनक प्रगति की जानकारी ली जा सकती है। अतः प्रसव पूर्व परिचर्या की शुरुआत गर्भावस्था के पहली तिमाही से ही कर देनी चाहिए ताकि किसी भी जटिलता का पता लगाया जा सके तथा समय से उसका निदान किया जा सके।

**प्रसवपूर्व जाँच निम्न-अंतराल पर की जानी चाहिए**
पहली तिमाही ( 12 सप्ताह ) प्रथम प्रसव पूर्व परिचर्या।
दूसरी तिमाही( 12-24 सप्ताह) द्वितीय प्रसव पूर्व परिचर्या।
तीसरी तिमाही ( 24-40 सप्ताह) तृतीय प्रसव पूर्व परिचर्या।

स्वास्थ्य केंद्र में उपलब्ध कार्ड में प्रसव से संबंधित रिकॉर्ड रखना चाहिए ताकि समुचित विकास और निदान को सुनिश्चित किया जा सके। स्वास्थ्य कार्यकर्ता को गर्भवती किशोरी एवं उसके परिवार के सदस्यों के साथ प्रसव संबंधित योजना पर विचार करना चाहिए जैसे प्रसव कहाँ करानी है आदि। साथ ही उन्हें प्रेरित किया जाना चाहिए कि वे प्रसव के लिए स्वास्थ्य केन्द्र का चयन करें।

किशोर गर्भवती स्त्री को वयस्क माताओं की अपेक्षा ज्यादा पोषण व देखरेख की जरूरत होती है, इसके निम्नलिखित कारण हैं

प्रथम मासिक धर्म के चार से पाँच वर्षों तक किशोरी के शरीर का विकास जारी रहता है, इस दौरान यदि वह गर्भवती हो जाती है तो भ्रूण के विकास के साथ ही उसे अपने विकास के लिए भी अतिरिक्त पोषण की आवश्यकता को पुरा करना पड़ता है, जिसका ध्यान रखा जाना चाहिए।

किशोरियों में रक्ताल्पता, पोषण की एक प्रमुख कमी के रूप में व्याप्त है जो मुख्यतः शरीर में आयरन की कमी के कारण होता है। गर्भावस्था के दौरान पोषण तथा आयरन की आवश्यकता और बढ़ जाती है। अतः इस अवस्था में किशोरियों को आयरन से युक्त पोषक पदार्थों का उपयोग करना चाहिए तथा विटामिन सी से युक्त पदार्थों का सेवन करना चाहिए जो भोजन में आयरन की कमी को पुरा करने में सहायता करता है। सामान्यतः इस अवस्था में हरी पत्तेदार सब्जियाँ, फलियाँ, गिरीदार फल, तिलहन, गुड़ और मांस उत्पाद लेने चाहिए। इसके अतिरिक्त विटामिन 'सी' की आपूर्ति के लिए नींबू, आँवला, अमरुद और अंकुरित दाल लिए जाने चाहिए।

यदि गर्भावस्था के दौरान खून की कमी पाई जाती है तो आयरन एवं फॉलिक एसिड 200 मि. ग्रा. प्रतिदिन दी जानी चाहिए। गर्भाधारण के चार महीने के बाद से प्रसव के तीन महीने तक आयरन की गोली प्रदान करने से गर्भवती किशोरी के खून की कमी को ठीक किया जा सकता है। किशोर गर्भवती महिलाओं को भी अन्य गर्भवतियों की तरह टेटनस की दो खुराकें 4-6 सप्ताह के अंतर पर

### डॉक्टर से परामर्श

दी जानी चाहिए।

गर्भावस्था के दौरान कठिन शारीरिक श्रम से बचना चाहिए।

## खतरे के लक्षण दिखने पर प्रसव पूर्व सेवा

किशोरावस्था में गर्भधारण से कुछ जटिलताएँ भी उत्पन्न हो सकती है जैसे पेट में दर्द, योनि से रक्त स्राव, सिरदर्द व उल्टी के साथ पैरों तथा चेहरों पर सुजन, भ्रूण का कम हिलना डुलना, साँस लेने में परेशानी तथा पेशाब का कम आना आदि।

यदि निम्न में से कोई भी लक्षण दिखाई पड़े तो किशोर युवती को डॉक्टर से संपर्क करना चाहिए तथा निकटतम स्वास्थ्य केन्द्र में जाना चाहिए।

(क) योनि से अत्यधिक रक्तस्राव
(ख) स्राव में दुर्गंध
(ग) कंपकंपी एवं ऐंठन के साथ बुखार
(घ) पेट के निचले हिस्से में तेज दर्द

## किशोर गर्भावस्था के नतीजे

**व्यक्तिगत विकास में बाधा**   किशोरावस्था के दौरान गर्भावस्था, माता एवं शिशु दोनों के लिए जोखिम पूर्ण होता है। छोटी उम्र में माँ बनने से जीवन की सारी योजनाएँ प्रभावित होती हैं चाहे वह शिक्षा हो या रोजगार या जीवन यापन के अन्य सुअवसर। गर्भावस्था उनके विकास में बाधक और परिवार तथा बच्चे के लालन-पालन के बढ़ी जिम्मेदारियों के रुप में सामने आता है।

**सामाजिक उपेक्षा**   सामाजिक तौर पर विवाह के पहले यौन सक्रियता की अनुमति नहीं है। इस हालात में यदि कोई लड़की गर्भवती हो जाती है तो उसे सामान्यतः समाज से उपेक्षित कर बाहर कर दिया जाता है। इन युवाओं को सामाजिक, आर्थिक व मानसिक समस्याओं का सामना करना पड़ता है। कई बार इन युवा किशोरियों को शिक्षा व संसाधनों के अभाव में अपने तथा बच्चों की जीविका के लिए अनैतिक कार्यों तक का सहारा लेना पड़ जाता है।

**गरीबी का पीढ़ी-दर पीढ़ी चक्र**   छोटी उम्र में बच्चों को जन्म देना भावी पीढ़ी के विकास को भी प्रभावित करता है। इस उम्र में गर्भावस्था, भविष्य के योजनाओं को प्रभावित करता है जिसका उनके आर्थिक स्तर पर प्रतिकुल प्रभाव पड़ता है। अनुभवहीन माता-पिता अपने बच्चों का उचित लालन-पालन नहीं कर पाते अतः उन्हें अपने किशोर बच्चों को या तो कार्य करने के लिए बाध्य करना पड़ता है या उनकी कम उम्र में शादी कर दी जाती है जो गरीबी के पीढ़ी-दर पीढ़ी चक्र को जन्म देती है।

## स्वास्थ्य समस्याएँ

**लंबाई एवं ऊँचाई**   जिन किशोर लड़कियों का गर्भावस्था के समय शारीरिक भार 38 किलोग्राम से कम तथा ऊँचाई 145 से.मी. से कम होती है उन्हें गर्भावस्था के संदर्भ में जोखिम के दायरे में माना जाता है क्योंकि इस स्थिति में उनके शारीरिक ढाँचे तथा अस्थिपंजर का विकास हो रहा होता है। उनके कमर की श्रोणिय हड्डियाँ अभी पूरी तरह विकसित नहीं रहती जिससे प्रसव के समय बाधा उत्पन हो सकती है जो बच्चे और माँ दोनों के स्वास्थ्य के लिए खतरनाक है।

**पोषण** गर्भावस्था के दौरान प्रर्याप्त पोषण की आवश्यकता होती है परन्तु यह बहुत बड़ी विडंबना है कि हमारे देश में करोड़ों लड़कियाँ कुपोषण तथा खून की कमी वाली स्थिति में बच्चे को जन्म देने के लिए बाध्य होती हैं जो बच्चा व माता दोनों के स्वास्थ्य के लिए खतरनाक होता है। युवा अवस्था मे शरीर को काफी पोषण की आवश्यकता होती है तथा इसी दौरान गर्भधारण करने से, गर्भ व माता के शरीर के विकास, दोनों के लिए पोषण प्रदान करा पाना कठिन हो जाता है। एक आँकड़े के अनुसार, प्रजनन स्वास्थ्य सम्बन्धी समस्याओं के कारण होने वाले मृत्यु में समान्य महिलाओं की अपेक्षा 15 से 19 साल की किशोरियों की संख्या दोगुनी तथा 10 से 14 साल के किशोरियों की संख्या पाँच गुनी होती है।

**कम भार के शिशु का जन्म** अगर शिशु का जन्म के समय वजन 2500 ग्राम से कम होता है उसे कम भार का शिशु माना जाता है। ऐसे शिशुओं के जन्म की संभावना सामान्य माताओं की अपेक्षा उन माताओं में ज्यादा होती है जिनकी उम्र 20 वर्ष से कम होती है।

किशोर गर्भवतियों द्वारा अपरिपक्व शिशु (जिसका जन्म 37 सप्ताह से पहले हो जाए) और कम भार के शिशु को जन्म देने की संभावना ज्यादा होती है जिससे नवजात शिशु मृत्यु तथा मातृ मृत्यु जैसे गंभीर खतरे जुड़े होते हैं

**दीर्घकालिक स्वास्थ्य समस्याएँ** किशोरावस्था मे प्रसव के दौरान उभरने वाली समस्याएँ, बच्चे के जन्म के बाद भी जारी रह सकती है। प्रसूतिकालीन प्रसव पीड़ा, स्थायी रुप से प्रजनन तंत्र को क्षति पहुंचा सकती है। इसके अलावा बहुत सारी दीर्घकालिक समस्याएं जैसे गर्भाशय का फटना, संक्रमण, स्त्री प्रसूति सम्बन्धी समस्याएँ उत्पन्न हो सकती हैं।

**गर्भपात** किशोरावस्था में गर्भधारण कई बार एक चिंता का कारण हो जाता है और कई बार गर्भपात तक कराना पड़ सकता है। सामाजिक-आर्थिक कारणों से इस प्रकार का निर्णय लेने में सामान्यतः काफी देर हो जाता जिसके कारण किशोरियों को गैर कानूनी गर्भपात कराना पड़ता है जो असुरक्षित होता है और स्वास्थ्य समस्याओं के साथ-साथ कई बार मौत का कारण भी बन सकता है।

**संक्रमण** प्रसव सम्बन्धी समस्याओं के कारण किशोरियों को संक्रमण का खतरा ज्यादा होता है। उस हालत मे यह खतरा और भी बढ़ जाता है जब प्रसव चिकित्सकों की देखरेख के बिना तथा उचित जगह पर नहीं कराया जा रहा हो। इस दौरान टेटनस और बैक्टीरिया जनित संक्रमण का खतरा और अधिक हो जाता है।

# 7
# गर्भावस्था की समस्याएँ एवं समाधान

## गर्भावस्था के दौरान परेशानी

गर्भावस्था के क्रम में स्त्री को कुछ कष्टों का सामना करना पड़ता है। इन कष्टों को सामान्य माना जाता है, क्योंकि भ्रूण के विकास की अवधि में शरीर की परिस्थितियों के साथ समायोजन करना पड़ता है। यह जरूरी नहीं है कि गर्भावस्था में सभी स्त्रियाँ इन कष्टों को झेलती हैं। हाँ, इतना अवश्य है कि लगभग 90% स्त्रियाँ, कम या अधिक इन कष्टों को झेलती हैं। कई बार इन कष्टों के लिए संवेगात्मक तनाव जिम्मेदार होते हैं। इन कष्टों में निम्नलिखित महत्त्वपूर्ण हैं

1. शिराओं का फूल जाना
2. शारीरिक सूजन
3. बारम्बार सूजन
4. अनिद्रा
5. ऐंठन अथवा पेशियों का संकुचन
6. अपच
7. कब्ज
8. बवासीर
9. जी मिचलाना और उल्टी आना
10. छाती में जलन।

## गर्भावस्था के प्रमुख कष्ट (Major Troubles of Pregnancy)

### शिराओं का फूल जाना

शिराओं के फूल जाने से भी पर्याप्त असुविधा का अनुभव होता है। पैरों की, योनिमार्ग की एवं गुदा मार्ग की शिराएँ गर्भावस्था में अक्सर फूल जाती है। इसके कारण सूजन, त्वचा पर घाव एवं आन्तरिक थक्का आदि उत्पन्न हो सकते हैं।

### निदान

1. इस असुविधा से राहत प्राप्त करने के लिए लचीले मोजे या किसी सहारे का उपयोग किया जा

सकता है। इसका उपयोग सुबह बिस्तर से उठने से पहले करके, बिस्तर से उतरना चाहिए।
2. इस अवस्था में एण्डी कोएग्यूलेण्ट का प्रयोग नहीं करना चाहिए लेकिन हिपेरिन आदि को उपयोग में लाया जा सकता है।

## शारीरिक सूजन

गर्भावस्था के साथ शारीरिक समायोजन के कारण पैरों में सूजन आना एक सामान्य घटना है। उच्च रक्तचाप के कारण भी शारीरिक सूजन आ जाती है। इसका मुख्य कारण है संयोजक तन्तुओं के महीन पदार्थ में पानी का संग्रह होना। गर्भावस्था में उत्पन्न अधिक ईस्ट्रोजन के स्त्राव से, संयोजक तन्तुओं का महीन पदार्थ उच्च कलिल युक्त, जलाभाव युक्त पदार्थ से जल से पूर्ण कलिल युक्त पदार्थ में परिवर्तित हो जाता है। उपर्युक्त कारणों के अतिरिक्त अन्तिम सप्ताहों में शिराओं के प्रवाह पर यान्त्रिक रूकावट के कारण पैरों में आने वाली शिराओं के फूल जाने से भी सूजन आ जाती है। मूत्र द्वारा प्रोटीन के निष्कासन से भी शारीरिक सूजन आ जाती है। साधारणतः पैरों में सूजन से 90% स्त्रियाँ पीड़ित रहती हैं। मोटी स्त्रियों में, गर्मियों में गर्म प्रदेशों की सूजन सामान्य रहती है।

**निदान** 1. पैरों को ऊपर उठाकर लेटना चाहिए अथवा बैठना चाहिए। 2. उच्च रक्त चाप एवं प्रोटीन यूरिया में 90% स्त्रियों में शारीरिक सूजन हो जाती है। अतः इसका उपचार करना चाहिए।

## बारम्बार मूत्र-त्याग

गर्भावस्था में बढ़ते हुए गर्भाशय के साथ समायोजन करते समय शरीर में अनेक प्रकार की परेशानी का सामना करना पड़ता है। बारम्बार मूत्र त्याग करने का कष्ट उनमें एक प्रमुख कष्ट है। गर्भाशय का भार जब मूत्राशय पर पड़ता है, तब दबाव के कारण मूत्र त्याग करने की संख्या एवं मात्रा बढ़ जाती है। लेटने से यह कष्ट कुछ कम होता है। किन्तु खड़े होने पर यह कष्ट बढ़ जाता है। गर्भावस्था के प्रथम तीन मास में गुर्दों द्वारा असाधारण मात्रा में तरल पदार्थों का निष्कासन होता रहता है। गर्भावस्था के अन्तिम कुछ सप्ताहों में पुनः यह कष्ट अपना रंग दिखाता है क्योंकि भ्रूण का सिर श्रोणीय स्थान में प्रवेश करता है। इस स्थिति में मूत्राशय पर पुनः दबाब पड़ता है।

*निदान*
1. उचित विश्राम।
2. तरल पदार्थों का कम सेवन।

## अनिद्रा

गर्भवती स्त्री को यह कष्ट सामान्य गर्भावस्था के अन्तिम कुछ सप्ताहों में अधिक सताता है। इसका प्रमुख कारण गर्भाशय का बढ़ जाना, पैरों में पीड़ादायक पेशियों का संकुचन तथा पीठ में दर्द रहना है।

*निदान*
1. नींद की गोली, जो अधिक तीव्र न हो, का प्रयोग किया जा सकता है।
2. गर्भावस्था में स्वस्थ मानसिक स्थिति बनाए रखना तथा तनाव एवं चिन्ता से गर्भवती स्त्री को मुक्त रखने के लिए कुछ विशेष करने की विधि बताई जाती है। टेप का प्रयोग को दूर करने के लिए किया जाता है।

## गर्भावस्था की समस्याएँ एवं समाधान

3. भय एवं चिन्ता से गर्भवती स्त्री को मुक्त करने के लिए यह जरूरी है कि प्रजनन क्रियाओं एवं गर्भावस्था के सम्बन्ध में उसे पूरी जानकारी दी जाये।

## ऐंठन या पेशियों का पीड़ादायक संकुचन

गर्भावस्था में पैर एवं टाँगों की माँसपेशियों का पीड़ादायक संकुचन होने लगता है। यह विशेष रूप से रात्रि में होता है। पेशियों का यह संकुचन कैल्शियम की कमी के कारण भी हो सकता है। अब तक इसकी पूरी खोज नहीं हो पाई है। लेकिन इस बात की पुष्टि हो चुकी है कि रक्त परिभ्रमण की अव्यवस्था से एवं अपर्याप्त रक्त प्रवाह से पेशियों में ऐंठन आ जाती है। लेकिन प्रसव के समय यह रोग पुनः कष्ट दे सकता है। टाँगों में होने वाली ऐंठन का मुख्य कारण विस्फारित शिराओं से अचानक, अनैच्छिक रक्त का प्रवाह हटकर जँघा पिण्डिका में पम्प हो जाना है।

### निदान

1. सामान्य रूप से पैरों को 1 इंच ऊँची तकिया के सहारे रखकर लेटना।
2. कैल्शियम का सेवन।

### अपच

अपच गर्भावस्था का एक मूल कष्ट है। इस अवस्था में पाचन प्रणाली की क्रियाशीलता कम हो जाती है, इन्जाइम का स्राव भी कम हो जाता है, जिससे भोज्य पदार्थ सरलता से पच नहीं पाते हैं। अपच के कारण भोजन का पाचन तथा अवशोषण, पूर्णरूप से नहीं हो पाते हैं।

### निदान

1. पाचनशील भोजन का सेवन करना चाहिए।
2. वसा, शक्कर तथा जन्तुओं से प्राप्त होने वाले आहार आदि का सेवन नहीं करना चाहिए।

### कब्ज

कब्ज भी गर्भावस्था का एक सामान्य कष्ट है। इस अवस्था में प्रोजेस्टीरोन हार्मोन से प्रभावित होकर शारीरिक मुलायम पेशियाँ ढीली हो जाती है। इसके अलावा अधिक लौह तत्व के सेवन से भी पेशियाँ कम लचकदार हो जाती है। इन माँस पेशियों के कम लचीलेपन के परिणाम स्वरूप सम्पूर्ण गर्भावधि में कब्ज की शिकायत बनी रहती है। बढ़े हुए गर्भाशय का भार आँतों पर पड़ता है। इससे आँतों की क्रियाशीलता मन्द पड़ जाती है। इसका परिणाम यह होता है कि भोजन धीरे-धीरे आगे सरकता है। इस प्रकार यह स्पष्ट हो जाता है कि अपच का मुख्य कारण पाचन प्रणाली की गतिशीलता का मन्द पड़ जाना होता है।

### निदान

1. अपच तथा कब्ज की शिकायत से गर्भिणी को मुक्त रखने के लिए प्रमुख रूप से उसके भोजन में परिवर्तन करना आवश्यक है। इसके लिए सम्पूर्ण अनाज, दाल, हरी पत्तेदार सब्जियाँ, फल तथा अधिक तरल पदार्थों का सेवन कराना चाहिए।
2. जुलाव आदि दस्तावर औषधियों का एकाध बार और वह भी कम मात्रा में प्रयोग किया जा सकता है। लेकिन इन औषधियों के अक्सर प्रयोग और अधिक मात्रा में सेवन करने से पेशियों की क्रियाशीलता बढ़ जाती है। ऐसे में गर्भपात होने की प्रबल सम्भावना होती है।
3. गर्भवती स्त्री को अपनी व्यक्तिगत आदतों में सुधार लाकर नियमित मल निष्कासन का भी प्रयास करना चाहिए।

4. पैराफिन के लेने से वसा में घुलनशील विटामिन का आँतों द्वारा अवशोषण नहीं हो पाता है अतः इसका सेवन नहीं करना चाहिए।

## बवासीर

गर्भावस्था में होनेवाली सामान्य कष्टों में यह भी एक है। इसमें मलद्वार के आस-पास की शिराएँ फूल जाती है तथा शुष्क मल के दबाव से रक्त स्राव भी होने लगता है। अधिक शुष्क मल से यह स्थिति और बदतर हो जाती है। गर्भावस्था में इसकी शल्य चिकित्सा भी नहीं की जा सकती है। यह ज्यादातर कब्ज के कारण हो जाता है।

### निदान

1. कभी-कभी रक्त को जमाने वाली तथा थक्के बनाने वाली दवाइयाँ अथवा इन्जेक्शन का उपयोग किया जा सकता है।
2. मल निष्कासन से पहले तथा मल निष्कासन से निवृत होने पर बेन्जोकेन कम्पाउण्ड मरहम का प्रयोग करने से पीड़ा में कुछ राहत मिलती है।
3. प्रातः एवं सायं सपोजीटरी का प्रयोग भी किया जा सकता है।

## जी मिचलाना

सामान्य रूप से गर्भावस्था के दूसरे या अधिकतर चौथे माह तक ही प्रातः काल के समय गर्भवती स्त्री का जी मिचलाता है। उसके सामान्य स्वास्थ्य पर इसका कोई विशेष प्रभाव नहीं पड़ता है। इस कष्ट के कारण भ्रूण के विकास पर भी कोई दुष्प्रभाव नहीं पड़ता है। कभी-कभी जी मिचलाना और उल्टी आना जैसे लक्षण गर्भवती स्त्री में अन्य कारणों से प्रकट होते हैं। जैसे अल्सर, भोजन की विषाक्तता, गर्भपात की औषधियों के सेवन करने से, अपेण्डिसाइटिस, संक्रामक यकृत की बीमारी, रक्त में यूरिया लिए जाने से मस्तिष्क की बीमारी आदि। इस स्थिति में शारीरिक ग्लाइकोजन में कमी आ जाती है, कार्बोज की भूख से रक्त में अम्लीयता उत्पन्न हो जाती है। वजन में कमी, नाड़ी की गति में वृद्धि, दस्त, अनिद्रा, वमन में रक्त की उपस्थिति, मूत्र की मात्रा में कमी, तापमान में वृद्धि, नाड़ी सम्बन्धी विकार और अन्त में गर्भपात तक होना सम्भव हो जाता है।

उल्टी या जी मिचलाने की क्रिया का नियन्त्रण मस्तिष्क में विद्यमान दो केन्द्रों पर निर्भर करता है। एक वमनकारी केन्द्र है जो पाचन प्रणाली की नाड़ियों के उद्दीपन से तथा उच्च मस्तिष्क के केन्द्रों से उत्तेजित केन्द्र है। दूसरा केन्द्र रसोग्राही विमोचक खण्ड होता है जो कि बाह्य वमन उत्पन्न करने वाले पदार्थों से प्रभावित रहता है। ये पदार्थ प्रत्यक्ष रूप से वमनकारी केन्द्र पर प्रभाव डालते हैं।

रक्त में ईस्ट्रोजन की अधिकता से रसोग्राही विमोचक खण्ड (CTZ) पर प्रभाव पड़ता है। इस स्थिति में शरीर नवीन परिस्थिति के साथ समायोजन करने का प्रयत्न करता है और फलस्वरूप वमन हो जाता है और जी मिचलाता है। संवेगात्मक तनाव का भी इस पर अधिक प्रभाव पड़ता है। कुछ संवेग वमनकारी केन्द्र पर अपना प्रभाव डालते हैं। प्रातः काल के समय ही विशेष रूप से जी मिचलाता है क्योंकि रात भर का आमाशयिक स्रोत पेट में एकत्रित हो जाता है और प्रातः उठने की क्रिया से प्रभावित होकर मस्तिष्क के केन्द्र को उत्तेजित करता है। अनेक बार मध्याह्न में भी गर्भवती स्त्री को उल्टी करते देखा जाता है।

## गर्भावस्था की समस्याएँ एवं समाधान

### *निदान*

1. उपचार में वमन विरोधी औषधियाँ गर्भिणी स्त्री को दी जाती है।
2. इस अवस्था में प्रायः काल रोगी को तरल पदार्थ का सेवन कम से कम करने देना चाहिए।
3. दिन में छः बार शुष्क भोजन थोड़ा-थोड़ा करके देना चाहिए।
4. मसालेदार और वसायुक्त भोजन इस स्थिति में वर्जित है। प्रातः सूखे टोस्ट के टुकड़े और बिस्कुट देने से और रात्रि को सोने से पहले गर्म दूध और बिस्कुट लेने से गर्भवती स्त्री को यह कष्ट कम हो सकता है।
5. संवेगात्मक तनावों से दूर रहना भी उपयोगी व लाभकारी होता है।

### *छाती में जलन*

गर्भावस्था में कभी-कभी छाती में जलन उत्पन्न हो जाता है। गर्भावस्था में कार्डियक संवरणी (Cariac sphincter) के ढीला होने से आमाशय के पदार्थ पुनः भोजन नली तक पहुँचकर पदार्थों की अम्लीयता के कारण चिढ़ उत्पन्न करते हैं अनेक बार पाइलोरिक संवरणी (Pyloric sphincter) के ढीली होने से पितरस भी आमाशय में प्रवेश कर जाता है। इससे आमाशय के ऊपर के भाग में जलन उत्पन्न होती है। यह गर्भावस्था के छाती में जलन पैदा होने का मूल कारण है।

### *निदान*

1. इस कष्ट से मुक्ति पाने के लिए मसालेदार पदार्थ, सिगरेट, तम्बाकू, पान आदि का प्रयोग नहीं करना चाहिए।
2. एण्टासिड (अम्लत्वनाशक) का प्रयोग करना चाहिए।
3. गर्भावस्था में सीधे लेटने से अधिक जलन का अनुभव होता है। अतः उसको दो अथवा तीन तकियों के सहारे बिस्तर पर लेटना चाहिए।
4. रात्रि का भोजन भी उसको सोने से लगभग 2 घण्टे पहले ही उदरस्थ करना चाहिए। खाने के तुरन्त बाद लेटना अथवा सोना परेशानी को निमन्त्रण देना है।
5. झुकने अथवा परिश्रम करने की क्रियाओं से यथासम्भव बचना चाहिए।

6. 15 मिली. ओलिव का तेल पीने से भी कष्ट में आराम मिलता है।

## अन्य परेशानी

### आलस्य

अधिक प्रोजेस्टीरोन के प्रवाह से सम्पूर्ण माँसपेशियों पर प्रभाव पड़ता है तथा वे ढ़ीली पड़ जाती हैं। गर्भवती स्त्री आलस्य का अनुभव करती है।

**निदान** प्रोजेस्टीरोन के प्रवाह को कम करने के लिए आवश्यक उपाय करना।

### गर्मी अनुभव करना एवं पसीना आना

अधिक रक्त प्रवाह से तथा शिराओं के विस्फारण से गर्भवती स्त्री अधिक गर्मी का अनुभव करती है, फलस्वरूप पसीना भी अधिक आता है।

**निदान** अधिक परिश्रम न करना, अधिक तरल पदार्थों का सेवन करना तथा गर्मी के दिनों में ठण्डे पानी के फब्बारे के नीचे बैठना इस कष्ट से मुक्ति के उपाय है।

### लार का बहना

लार ज्यादातर संवेगात्मक कारणों से बहा करती है। लार रस की मात्रा बढ़ जाने पर उसको अकसर थूकना पड़ता है। उसको निगलने से जी मिचलाने लगता है। अध्ययन द्वारा पता किया गया है कि नीग्रो जाति की स्त्रियों में यह लार रस अधिक पाया जाता है। तीव्र संवेगात्मक स्थितियों में 1500 मिली लार रस का निष्कासन 24 घण्टों में हो जाता है। जिससे व्यक्ति में निर्जलीकरण की स्थिति भी उत्पन्न हो सकती है।

**निदान** इसके लिए कोई विशेष उपचार नहीं है। चिकित्सक इस सम्बन्ध में मानसिक उपचार का सुझाव ही देते हैं।

### पीठ में दर्द

सामान्य रूप से माह में (लगभग 12 सप्ताह) पीठ में दर्द होने का अनुभव स्त्रियों को होता है। यह कष्ट ज्यादातर रात्रि के समय ही परेशान करता है। जिससे गर्भवती की निद्रा में बाधा उपस्थित होती है। इसका प्रमुख कारण जोड़ों के आस-पास लिगमेण्ट्स तथा माँसपेशियों का ढीला हो जाना है।

**निदान** इस कष्ट में राहत प्राप्त करने के लिए सीधे बैठने की आदत डालनी चाहिए तथा ऊँची एड़ी की चप्पलें नहीं पहननी चाहिए।

### सिरदर्द, धड़कन की वृद्धि एवं बेहोशी

गर्भावस्था में रक्त परिभ्रमण संस्थान में हुए परिवर्तन से तथा अपरा में रक्त नलिकाओं के जाल के बिछ जाने से सिरदर्द, धड़कन की वृद्धि एवं बेहोशी जैसे कष्ट उत्पन्न होते हैं। अनेक बार मानसिक तनाव से भी ये कष्ट गर्भवती स्त्री को अनुभव होते हैं।

**निदान** नींद की कम तेज दवा इसमें आराम पहुँचाने में समर्थ हो सकती है।

## गर्भकालीन विषाक्तता (Gestational Poisoning)

विषाक्तता को हाक्सीमिया के नाम से भी जाना जाता है। इसका तात्पर्य होता है रक्त में विष का मिल जाना। लेकिन गर्भकालीन विषाक्तता से जो बीमारियाँ मूल रूप से पैदा होती है उसमें किसी में भी रक्त में विष नहीं फैलता। लेकिन चिकित्सा की दृष्टि से दोनों स्थितियों में एक जैसी अवस्था होती है। इसलिए इस विषाक्तता को भी हाक्सीमिया कहा जाता है। गर्भकालीन विषाक्तता के अन्तर्गत मूल रूप से उच्च रक्तचाप, प्रोटीन का विसर्जन तथा सूजन, ये तीनों बीमारियाँ आते हैं। ये बीमारियाँ आगे चलकर बेहोशी पैदा करते हैं।

## गर्भकालीन विषाक्तता के प्रकार

गर्भकालीन विषाक्तता को दो भागों में बाँटा जा सकता है  (1) तीव्र विषाक्तता तथा (2) दीर्घावधि विषाक्तता।

### तीव्र विषाक्तता

गर्भकालीन तीव्र विषाक्तता की स्थिति को दो भागों में, विभक्त कर सकते हैं। प्री-एक्लाम्पसिया गुर्दे की बीमारी और सूजन प्री-एक्लाम्पसिया के और बेहोशी एक्लाम्पसिया के अन्तर्गत आते हैं।

### प्री-एक्लाम्पसिया

यह बीमारी गर्भावस्था में ही प्रकट होती है। जिसके बढ़ जाने पर एक्लाम्पसिया की स्थिति उत्पन्न हो जाती है। यह रोग ज्यादातर 30 वर्ष से अधिक आयु की स्त्रियों में, प्रथम गर्भ में, मोटापे से पीड़ित स्त्रियों में निम्न सामाजिक आर्थिक वर्ग की स्त्रियों में गर्भावस्था में पर्याप्त देखभाल न होने पर तथा गर्भ में जुड़वाँ बच्चे होने की दशा में हो जाता है। यह गर्भावस्था के बीसवें सप्ताह के बाद तथा तीसवें सप्ताह से पहले होता है।

इसके लिए निम्न संकेतों की ओर विशेष ध्यान देना चाहिए जो प्री-एक्लाम्पसिया में ही होते हैं
1. अत्यधिक वजन की वृद्धि
2. सूजन
3. उच्च रक्तचाप
4. मूत्र द्वारा प्रोटीन का निष्कासन

अनेक बार लगातार उल्टी को भी इन संकेतों के साथ सम्मिलित कर लिया जाता है। रक्तचाप 140/90 तक अथवा उससे अधिक बढ़कर 160/105 भी हो सकता है।

तीव्रता के अनुसार प्री-एक्लाम्पसिया को भी चार भागों में विभक्त किया जा सकता है।

**(अ) प्रच्छन्न प्री-एक्लाम्पसिया**   इसमें रक्त चाप 140/90 रहता है। वजन में एक किलोग्राम प्रति सप्ताह की दर से वृद्धि होती है। सामान्यतया पैरों में सूजन भी पाई जाती हैं, लेकिन कुल मिलाकर स्थिति गम्भीर नहीं होती है।

**(आ) हल्का प्री-एक्लाम्पसिया**   इसमें रक्तचाप बढ़ता है और 140/98-100 रक्तचाप रहता है। इसके अलावा पैरों में सूजन तो होती हैं लेकिन मूत्र में प्रोटीन की मात्रा नहीं रहती है।

**(इ) तीव्र प्री-एक्लाम्पसिया**   इसमें रक्तचाप 100 से भी अधिक बढ़कर 160/105 तक हो जाता है। मुँह तथा पैरों पर सूजन, वजन में वृद्धि तथा मूत्र में प्रोटीन भी पाए जाते हैं। इतने पर भी गुर्दों

का संक्रमण नहीं रहता है। मूत्र में प्रोटीन की मात्रा प्रति 100 मिली लीटर में 30 मिली ग्राम तक होती हैं।

**(ई) प्रच्छन्न एक्लाम्पसिया** इसमें रक्तचाप 110 से अधिक बढ़कर 180/120 तक हो जाता है और प्रोटीन का मूत्र द्वारा निष्कासन भी बढ़ जाता है। इसके अतिरिक्त वजन की वृद्धि और सूजन के अलावा तीव्र सिरदर्द, धुँधली दृष्टि, आमाशय के पास छाती में तीव्र जलन, नाड़ी सम्बन्धी प्रतिक्रियाएँ जैसे अधिक उत्तेजित होना आदि लक्षण एवं संकेत पाए जाते हैं।

शरीर में होने वाले कुछ बदलाव से भी यह बीमारी हो जाती है। पोष कोरक के उपापचयन में परिवर्तन आने से एक वाहिका संकीर्णक पदार्थ उत्पन्न होकर गर्भाशय की रक्त नलिकाओं पर प्रत्यक्ष प्रभाव डालता है। इस उपर्युक्त पदार्थ को यदि तुरन्त नष्ट नहीं किया गया तो रक्त नलिकाओं का संकुचन होने लगता है जो अपरा के लिए पर्याप्त रक्तप्रवाह नहीं होने देता है। इससे वाहिका संकीर्णक पदार्थ अधिक बनता है जो शरीर के अन्य भागों में स्थित नलिकाओं तथा कोशिकाओं पर प्रभाव डालता है। इससे रक्तचाप बढ़ता है। अनेक कारणों से शिराओं में भी थक्का बनने की स्थिति आ जाती है। गुर्दे इसके निष्कासन में अपनी ओर से भरसक प्रयास करते हैं, लेकिन यह ग्लोमेरुलस के उपकला तन्तुओं में जमा हो जाता है। इससे वह फूलकर धीरे-धीरे नष्ट होने लगता है तथा छानने की प्रक्रिया मन्द हो जाती है। इससे शरीर में सोडियम जमा होने लगता और शारीरिक सूजन आ जाती है। ग्लोमेरूलस के धावे से प्रोटीन का निष्कासन भी बढ़ जाता है।

आल्डोस्टीरोन हार्मोन के अधिक स्राव से भी शरीर में तरल पदार्थों की मात्रा बढ़ जाती है। इसका गुर्दों पर कुप्रभाव सबसे अधिक पड़ता है। एक्लाम्पसिया में, यकृत में भी परिवर्तन आ जाते हैं जैसे यकृत के तन्तुओं का नाश हो जाता है। हृदय तथा मस्तिष्क के तन्तुओं पर भी प्रभाव पड़ता है। रक्त एवं मूत्र में रासायनिक परिवर्तन आ जाते हैं। अल्प रक्त उल्टी, आलस्य, सिर दर्द तथा अधिक मात्रा में मूत्र त्याग आदि लक्षण भी नजर में आते हैं। इसमें रक्त में आलब्यूमिन की मात्रा कम हो जाती है।

**प्री-एक्लाम्पसिया के लक्षण और पहचान** इसके प्रमुख लक्षण और पहचान अग्रलिखित हैं

1. **वजन की वृद्धि** सामान्य रूप से गर्भावस्था में 12 किलोग्राम वजन बढ़ता है। कभी-कभी गर्भावस्था के आरम्भिक सप्ताहों में अधिक उल्टी व जी मिचलाने से वजन में कमी भी आ जाती है। बारहवें सप्ताह के बाद औसत वजन की वृद्धि 0.5 किलोग्राम प्रति सप्ताह होती है। मूलरूप से वजन में वृद्धि, भ्रूण का वजन, अपरा, उल्व, स्तन, गर्भाशय के आकार की वृद्धि पर निर्भर करती है। इसके अतिरिक्त रक्त के आयतन में वृद्धि, बाह्य कोशीय रस की मात्रा में वृद्धि तथा वसा के संग्रह से वजन में वृद्धि अधिक हो जाती है। इस प्रकार सामान्यतः प्रति सप्ताह वजन में 0.5 किलोग्राम की वृद्धि होती है।

प्री-एक्लाम्पसियाँ में वजन असामान्य रूप से बढ़ता है क्योंकि बाह्य कोशीय स्थानों में पानी एवं लवण जमा हो जाता है। अगर प्रति सप्ताह वजन एक किलोग्राम तक बढ़ता है तो समझना चाहिए कि असामान्य स्थिति उत्पन्न हो रही है। मोटी स्त्रियों के लिए गर्भावस्था में प्री-एक्लाम्पसिया का खतरा ज्यादा होता है, अतः सम्पूर्ण गर्भावस्था में वजन का जानना, नियमित रूप से गर्भवती को तोलना परम आवश्यक होता है।

2. **शारीरिक सूजन** गर्भावस्था में एक सामान्य वजन वाली स्त्री के बाह्य कोशीय रस की मात्रा 6 लीटर तक हो जाती है और जल के शारीरिक जमाव से त्वचा कुछ मोटी हो जाती है। मीडियन

नाड़ियों के आवरण पर सूजन आ जाने के परिणामस्वरूप सम्वेदनशीलता कम हो जाती है। इसका प्रभाव हाथों की अंगुलियों पर स्पष्ट दिखाई देता है। इस अवस्था में मिडियन नाड़ियों में झनझनाहट अनुभव होती है। असामान्य जल संग्रह से हाथ, पैर, मुँह एवं योनिमार्ग में भी सूजन आ जाती है। सामान्यत: गर्भावस्था में गर्भाशय के भार से पैर की शिराओं पर प्रभाव पड़ता है और सूजन आ जाती है, लेकिन सुबह बिस्तर से उठते समय भी यदि सूजन दिखाई दे, मुँह पर भी कुछ सूजन हो तो समझ लेना चाहिए कि प्री-एक्लाम्पसिया ही है। सूजन वाले स्थान को यदि अंगुली से दबाया जाए तो एक गड्ढा सा बन जाता है जो 2-3 दिनों तक बना रहता है। सिरदर्द, उल्टी, आलस्य एवं धुँधली दृष्टि आदि इसके अन्य प्रमुख लक्षण हैं।

3. **उच्च रक्तचाप** सामान्य रूप से रक्तचाप 120/70 होता है लेकिन यह बढ़कर 130/80 भी हो जाए तो इस रक्त चाप को साधारण ही माना जाता है। रक्तचाप में इससे अधिक वृद्धि होने पर रोग हो जाता है। रक्तचाप बढ़ने के साथ-साथ सिर दर्द, चक्कर आना, अचानक उल्टी का होना और आँखों के सामने बिजली सी कौंधना जैसे लक्षण देखे जाते हैं। कभी-कभी आमाशय के पास दर्द भी होता है।

4. **मूत्र में प्रोटीन का निष्कासन** गर्भावस्था के आरम्भिक सप्ताहों में मूत्र द्वारा आल्ब्यूमिन का निष्कासन होता है। क्योंकि उसके कण छोटे-छोटे होते हैं। तदंतर बड़े कणों वाले ग्लोब्यूलिन भी निष्कासित होने लगते हैं।

प्रोटीन्यूरिया एक खतरनाक स्थिति है जो अकसर प्री-एक्लाम्पसिया के कारण ही होता है। इसके अतिरिक्त मूत्र के संक्रमण से तथा गुर्दों की बीमारी भी इस प्रोटीन यूरिया को जन्म देने में समर्थ हो सकते हैं। यदि 24 घण्टे की अवधि में 300 मिग्रा. से 2000 मिग्रा. प्रोटीन का मूत्र द्वारा निष्कासन होता है तो समझ लेना चाहिए कि प्री-एक्लाम्पसिया ही है। 300 मिग्रा. से कम प्रोटीन के निष्कासन की स्थिति को सामान्य ही समझना चाहिए।

प्री-एक्लाम्पसिया बहुत ही सरलता से एक्लाम्पसिया में बदल जाता है। इससे भ्रूण की मृत्यु भी होना सम्भव है क्योंकि इसके कारण भ्रूण को पर्याप्त ऑक्सीजन नहीं मिल पाता है। रेटीनाक परीक्षण से पता चलता है कि उसकी धमनियाँ अत्यन्त संकुचित हो जाती हैं जिससे सब धुँधला दिखाई देता है।

प्री-एक्लाम्पसिया की पहचान के लिए निष्कर्ष के रूप में हम कह सकते हैं कि इस रोग में रक्त चाप 140/90 से अधिक हो जाता है, हाथ, पैर तथा मुँह पर सूजन आ जाती है तथा मूत्र के द्वारा प्रोटीन 300 मिग्रा. से अधिक मात्रा में विसर्जित होता है।

**प्री-एक्लाम्पसिया का उपचार** यह एक्लाम्पसिया रोग की प्रारम्भिक अवस्था होती है। इसके प्रमुख उपचार अग्र हैं

1. रोगी को नींद के लिए दवा दी जानी चाहिए।
2. मल निष्कासन के सहायतार्थ भी दवा दी जा सकती है।
3. रोगी को तनावरहित रखने का प्रयत्न करना चाहिए।
4. रोगी की चिन्ताओं और सम्वेगों पर नियन्त्रण परम आवश्यक है।
5. नियमित रूप से रोगी के रक्तचाप, वजन, मूत्र एवं रक्त का परीक्षण करवाना चाहिए। यदि रक्त चाप 140/90 से अधिक होता है तो रोगी को चिकित्सालय में भर्ती करवा देना चाहिए। यदि मूत्र

द्वारा प्रोटीन का निष्कासन अधिक हो रहा है तो लगातार डॉक्टर की देखरेख में रहना आवश्यक है। प्रसव के बाद प्री-एक्लाम्पसिया स्वयं ही कम हो जाता है।
6. तरल पदार्थों का सेवन तथा विसर्जन की मात्रा की प्रतिदिन एक सूची बना लेनी चाहिए क्योंकि एक्लाम्पसिया से प्रथम चरण में मूत्र की मात्रा बहुत कम हो जाता है।
7. रोगी को बिस्तर पर आराम करना चाहिए।
8. रोगी को दिए जाने वाले तरल पदार्थों की मात्रा सीमित से अधिक नहीं होना चाहिए।
9. रोगी को हल्का भोजन देना चाहिए।
10. सोडियम की मात्रा सम्भवतः कम हो।

**प्री-एक्लाम्पसिया की रोकथाम** प्री-एक्लाम्पसिया गर्भावस्था में उत्पन्न ही न हो इसके लिए उचित कदम उठाना परम आवश्यक है। अतः इस रोग की रोकथाम के लिए अग्रलिखित कार्य करने चाहिए

1. नमकीन पदार्थों का उपयोग आवश्यकता से अधिक नहीं करना चाहिए। सम्भवतः कम-से-कम नमक प्रयोग में लेना चाहिए।
2. कार्बोज और वसा का भी सेवन कम-से-कम करना चाहिए। गर्भावस्था के आरम्भिक दिनों में ही चिकित्सालय नियमित रूप से जाकर परीक्षण करवाते रहना चाहिए।
3. रोगी को चिन्ता, तनाव और नकारात्मक सम्वेगों से सम्भवतः मुक्त रखना चाहिए।
4. गर्भवती स्त्री को पीठ के बल नहीं लेटना चाहिए क्योंकि इससे गर्भाशय तक रक्त के प्रवाहित होने में बाधा पहुँचती है। गर्भावस्था के समय स्त्री को एक तरफ करवट लेकर लेटना चाहिए।

**प्रच्छन्न एक्लाम्पसिया** यह एक्लाम्पसिया से पहले वाली अवस्था होती है जो देखरेख के अभाव में एक्लाम्पसिया बन जाता है। यदि रक्त चाप 160/100 से अधिक हो जाता है तो प्रच्छन्न एक्लाम्पसिया होने का भय रहता है। प्रच्छन्न एक्लाम्पसिया प्री-एक्लाम्पसिया की बिगड़ी हुई स्थिति का ही दूसरा नाम है। इस स्थिति में यदि गर्भ 36 सप्ताह से अधिक समयावधि का हो गया हो तो सिजेरियन शल्य चिकित्सा करवानी चाहिए। प्रच्छन्न एक्लाम्पसिया रोग होने की स्थिति में शारीरिक सूजन, मूत्र द्वारा प्रोटीन का निष्कासन, मूत्र की मात्रा, सिरदर्द और दृष्टिदोष आदि लक्षण पाए जाते हैं। कभी-कभी इस स्थिति में वमन, आमाशय एवं यकृत के पास दर्द तथा पेशियों की ऐंठन भी होना सम्भव है। डॉक्टर इस अवस्था में सूजन कम करने के लिए लैसिक्स का इन्जेक्शन देते हैं। जो तुरन्त तरल पदार्थों के निकास से रक्तचाप को सामान्य बनाने में सहायक सिद्ध होता है। केथीटर द्वारा मूत्र को निकालने से मूत्र त्यागने हेतु बार-बार उठने की समस्या का भी समाधान हो जाता है। इस अवस्था में बाह्य उत्तेजनात्मक इकाइयों जैसे तेज रोशनी, शोर, बार-बार किसी के स्पर्श आदि से फिट्स पड़ने की सम्भावना रहती है। अतः इनसे रोगी को आजाद रखना चाहिए।

**प्रच्छन्न एक्लाम्पसिया के संकेत तथा पहचान** प्री-एक्लाम्पसिया के लक्षण एवं संकेत, एक्लाम्पसिया में और भी अधिक हो जाते हैं। पीड़ादायक पेशीय संकुचन के चार मुख्य चरण होते हैं आँखों के सामने धुँधलापन आना एवं बिजली जैसा कौंधना। श्वास मार्ग के अवरूद्ध हो जाने और स्वर यन्त्र की माँसपेशियों के संकुचन से आवाज का धीरे-धीरे निकलना, मानो व्यक्ति रोते हुए बोल रहा हो। रोगी को होश नहीं रह पाता अर्थात् बेहोश हो जाती है, पेशियों में ऐंठन आ जाती है तथा शरीर नीला पड़ जाता है। अनैच्छिक, अत्यन्त तीव्र पीड़ादायक पेशीय संकुचन होता है जिससे रोगी अपनी जीभ तक काट लेती है। इस स्थिति में उल्टी हो सकती है और यह उल्टी पुनः श्वास नलिका में प्रवेश

भी कर सकती है। इस अवस्था में रक्त चाप इतना बढ़ जाता है कि रोगी के मस्तिष्क में रक्त स्राव तक हो सकता है।

यदि गर्भिणी गर्भावस्था के पूर्व से ही हृदय रोग, गुर्दे की बीमारी, यकृत रोग, उच्च रक्तचाप, मधुमेह एवं कुपोषण आदि से पीड़ित रहती है तो एक्लाम्पसिया रोग उसको निश्चित रूप से होता है। कुछ विद्वान एक्लाम्पसिया रोग का कारण विकृत अपरा को मानते हैं।

एक्लाम्पसिया शब्द ग्रीक भाषा से लिया गया है जिसका अर्थ है बिजली का कौंधना। इसमें मुख्यतः दो लक्षण पाए जाते हैं। पेशीय संकुचन तथा मूर्छा। इन लक्षणों के अलावा प्री-एक्लाम्पसिया के लक्षण भी इसमें पहले से ही उपस्थित रहते हैं। प्रथम गर्भावस्था में यह रोग होने की प्रबल सम्भावनाएँ रहती हैं। यह 24 सप्ताह के बाद आरम्भ हो जाता है।

इसके प्रमुख लक्षणों में तीव्र सिरदर्द, धुँधली सी दृष्टि, ज्वर, कभी-कभी अन्धापन, पेट में दर्द, उल्टी, मूत्र का कम होना, आलस्य, नींद आना, पागलपन तथा बेहोशी आदि की गणना होती है। रह रहकर आधे घण्टे के अन्तराल पर ऐंठन का अनुभव होता है, तापमान 101-102 डिग्री फॉरेनहाइट तक बढ़ जाता है और रक्त चाप 200/110 तक हो जाता है। फिट्स पड़ना, बेहोशी, नाड़ी की गति 120 से अधिक होना, तापमान 103 डिग्री फॉरेनहाइट तक होना, रक्त चाप 200/110 होना और उबालने पर मूत्र का ठोस रूप धारण कर लेना इस रोग की प्रमुख पहचान है। मूत्र के पूर्णतः रुक जाने से गर्भिणी की मृत्यु तक हो सकती है।

फिट पड़ने से पहले रोगी अपने परिवेश से अलग हो जाती है, आँखें गोल-गोल घूमने लगती हैं, हाथ की मुट्ठियाँ बँधने लगती हैं, श्वास अनैच्छिक संकुचन सहित निकलती है एवं ऐंठन की आवृति अधिक बढ़ जाती है। इस अवस्था में माँसपेशियाँ कठोर हो जाती हैं, पीठ धनुषाकार होने लगती है, मुख भी विकृत हो जाता है, जीभ के कटने का भय भी रहता है, शरीर नीला पड़ जाता है तथा श्वास का अचानक बन्द हो जाना भी सम्भव है। इस स्थिति में शरीर अनियन्त्रित रूप से उछलने लगता है, मुँह अनैच्छिक रूप में बन्द होता है और खुलता है, मुँह से झाग भी आने लगते है तथा कई-कई घण्टों तक रोगी बेहोशी की अवस्था में रहती है।

**प्रच्छन्न एक्लाम्पसिया का उपचार** एक्लाम्पसिया के उपचार के रूप में निम्न कदम उठाए जाने चाहिए

1. साधारण रक्त परिभ्रमण के पीड़ादायक नलिका संकुचन को कम करके कुछ राहत देना।
2. मस्तिष्क, गुर्दे तथा गर्भाशय तक रक्त के प्रवाह की अवाध गति को बनाए रखना।
3. मस्तिष्क की संवेदनशीलता को कम करना चाहे वह संवेदनशीलता आन्तरिक उत्तेजनाओं के प्रति हो या बाह्य उत्तेजना के प्रति।
4. उच्च रक्तचाप को सामान्य बनाने का प्रयास करना।
5. शरीर में एकत्रित पानी एवं लवण के निष्कासन में सहायता देना, सूजन कम करना तथा तुरन्त प्रसव के लिए व्यवस्था करवाना।

इस अवस्था में एक चिकित्सक अथवा सेविका का रोगी के पास सदैव बना रहना परम आवश्यक है। रोगी के सिर एवं कंधे को शेष धड़ से, कुछ ऊपर रखना चाहिए तथा बगल के बल लिटाना चाहिए। पेट या पीठ के बल नहीं लिटाना चाहिए। मुँह एवं नाक के स्राव को पोंछकर श्वास क्रिया का मार्ग अनवरुद्ध करना चाहिए तथा रोगी को ऑक्सीजन भी देना चाहिए। इस अवस्था में रोगी को डायूरेटिक्स इन्जेक्शन द्वारा देना चाहिए तथा उसको सुलाए रखना चाहिए, रोगी से संभवतः न तो

बोलना चाहिए और न ही उसको हिलाना चाहिए और छूना चाहिए क्योंकि उसको छेड़ने से ऐंठन आना सम्भव है। रोगों को उसके दाहिने पार्श्व के बल लिटाना तथा शिरा द्वारा ग्लूकोज देते रहने से रोगी को लाभ पहुँचता है। उसका कमरा अंधेरा तथा शोर रहित होना चाहिये।

इतना सब कुछ करने पर भी यदि रोगी की स्थिति में सुधार नहीं होता है तो सिजेरियन शल्य चिकित्सा करवानी चाहिए या इन्जेक्शन द्वारा ऑक्सीटोसिन पहुँचकर कृत्रिम रूप से प्रसव को प्रेरित करना चाहिए। फोमेंप्स अथवा निर्वात निष्कासन की सहायता से शिशु को पेट से बाहर निकालना चाहिए।

### गर्भकालीन दीर्घावधि विषाक्तता

गर्भकालीन दीर्घावधि विषाक्तता की दो मुख्य स्थितियाँ होती हैं (अ) उच्च रक्तचाप एवं (आ) गुर्दे की बीमारी।

**(अ) उच्च रक्तचाप**   गर्भावस्था में मात्र रक्तचाप सामान्य से उच्च बना रहता है लेकिन गुर्दे, हृदय एवं मस्तिष्क की धमनियों की बनावट में किसी प्रकार का परिवर्तन नहीं आता है। ज्यादातर यह ऐसी स्त्रियों में प्रकट होता है जो पहले से उच्च रक्तचाप की रोगी होती हैं। असावधानी रखने पर रक्तचाप की यह स्थिति प्री-एक्लाम्पसिया में बदल सकती है। गुर्दों के संक्रमित होने से पथरी तथा गुर्दों की नलिकाओं में विकार आदि के परिणामस्वरूप भी उच्च रक्तचाप का होना सम्भव हो जाता है। सामान्य रूप से इस बीमारी में रक्तचाप 150/100 रहता है। इस स्थिति में रोगी को पूर्ण आराम करना आवश्यक होता है जिससे रक्तचाप के सामान्य होने में सहायता मिलती है। परिश्रम करने से रक्तचाप तो बढ़ता ही है मस्तिष्क की धमनियाँ फट जाती हैं तथा आंतरिक रक्त स्राव भी हो सकता है। हृदय की गति का रूक जाना भी सम्भव है।

इसका उपचार भी प्री-एक्लाम्पसिया के जैसा ही होता है। रोगी के वजन पर निरन्तर ध्यान रखना चाहिए जिससे वह बढ़ न सके।

**पहचान**   उच्च रक्त चाप में शरीर में कंपन आरम्भ हो जाता है, पसीना आता है, मुँह सफेद पड़ जाता है और सिरदर्द भी आता है।

**निदान**   उच्च रक्तचाप की रोगी के उपचार के लिए अग्रलिखित बिन्दुओं पर विशेष ध्यान देना परम आवश्यक है

1. नींद की दवा का प्रयोग करके उसको पूर्ण विश्राम दिया जाना चाहिए।
2. रोगी को पूर्ण शारीरिक एवं मानसिक विश्राम दिया जाना चाहिए।
3. रक्तचाप को सामान्य बनाने के लिए तत्सम्बन्धी औषधियों का प्रयोग करना चाहिए।
4. रक्त, मूत्र और मल का नियमित परीक्षण करवाना चाहिए।
5. रोगिणी की वजन वृद्धि पर नियन्त्रण करना चाहिए।

**(आ) गुर्दे की बीमारी**   गर्भावस्था में होने वाली गुर्दे की बीमारी को प्येली नेफ्राइटिस भी कहते हैं। यह दो प्रकार की होती है   (अ) तीव्र और (ब) दीर्घावधि।

इससे भी रक्तचाप बढ़ सकता है तथा गुर्दे भी काम करना बन्द कर सकते हैं।

तीव्र गुर्दे की बीमारी का आरम्भ शैशवावस्था या बाल्यावस्था में होती है। गर्भावस्था में यह रोग वृद्धि को प्राप्त होकर उग्ररूप ले लेता है। एक विशेष प्रकार के जीवाणु के मूत्रमार्ग से मूत्राशय तक

पहुँच कर आक्रमण करने से तथा तदंतर मूत्र नलिका की संवरणी के ढीली रहने से नली से ऊपर तक पहुँच कर गुणन क्रिया द्वारा फैलने से यह रोग वृद्धि को प्राप्त होता है। इस रोग पर नियन्त्रण पाने के लिए गंधक युक्त औषधियों का सेवन करना आवश्यक है। यह बीमारी गर्भावस्था के बीसवें सप्ताह के बाद होती है। मूत्र को अधिक देर तक रोकने से तथा केथीटर द्वारा संक्रमण से भी यह फैल सकता है।

**पहचान** मूत्र के परीक्षण एवं कल्चर से संक्रमण तापमान का बढ़े रहना, पेट में दर्द होना, गुर्दे के आसपास सूजन का होना, उल्टी होना तथा अल्प रक्तता के द्वारा यह सरलता से पहचाना जा सकता है कि व्यक्ति गुर्दे की बीमारी से पीड़ित है।

**लक्षण** पीठ में दर्द, उल्टी, बढ़ा हुआ तापमान, गुर्दों पर सूजन, मूत्र में पीब के कोश का पाया जाना आदि इसके प्रमुख लक्षण हैं। मूत्र में अकसर जीवाणु भी पाए जाते हैं। इस स्थिति में तापमान 103 डिग्री फॉरेनहाइट तक बढ़ जाता है तथा नाड़ी की गति बढ़कर 120 प्रति मिनट हो जाती है। कभी-कभी तीव्र उल्टी तथा गुर्दे की बीमारी में मूत्र की मात्रा कम होकर मूत्र बन्द भी हो जाता है। इस स्थिति में बिना उपचार के रोगिणी अत्यन्त निर्जलीकृत हो सकती है। जिससे विषाक्तता उत्पन्न हो सकती है। जीवाणुओं द्वारा यूरिया के विघटन होने से अमोनिया उत्पन्न हो सकता है जिससे मूत्र की गंध सड़ी-सड़ी हो जाती है।

**निदान** गुर्दे की बीमारी तीव्र हो या दीर्घावधि अथवा गम्भीर रोगी को आराम पहुँचाने के लिए निम्न बातों पर विशेष ध्यान देना चाहिए

1. रोगी को विस्तार पर पूर्ण आराम करना चाहिए।
2. तरल पदार्थों, विशेषकर दूध का सेवन बढ़ाना चाहिए।
3. यदि रोगी को उल्टी बार-बार होता हो तो शिराओं के द्वारा तरल पदार्थ दिया जाना चाहिए।
4. एण्टीबायोटिक दवाइयाँ देनी चाहिए या बाई कार्बोनेट भी दिया जा सकता है।
5. रोगी को इस प्रकार लिटाना चाहिए कि गुर्दे पर बोझ न पड़े। करवट लेटकर पैरों को मोड़कर, पेट की पेशियों को ढीला छोड़ना चाहिए।
6. रोगी को फलालेन उपचारित कपड़े पर लिटाना चाहिए जिससे उसको अधिक पसीना आये एवं यूरिया का निष्कासन त्वचा के द्वारा ज्यादा-से-ज्यादा हो सके।

## लगातार मितली होना

बहुत कम गर्भवती स्त्रियों में लगतार उल्टी का होना जैसी बीमारी देखा जाता है। लगभग एक हजार गर्भवती स्त्रियों में से केवल दो स्त्रियों में ही उपर्युक्त रोग हो सकता है। निरन्तर उल्टी के होने से शारीरिक निर्जलीकरण की स्थिति उत्पन्न होकर रक्त अम्लीय बन जाता है और तुरन्त उपचार न करने पर यकृत के कोशों का नाश हो सकता है। तीव्र थायमिन के अभाव के चिह्न की अपेक्षा तीव्र कुपोषण के लक्षण अधिक पाए जाते हैं।

यह रोग अन्य कारणों से भी हो सकता है। जैसे पहले से विद्यमान अल्सर, भोजन की विषाक्तता, गर्भपात के लिए सेवन की गई औषधियों से, अपेण्डीसाइटिस, संक्रामक यकृत की बीमारी, रक्त में यूरिया के मिल जाने से मस्तिष्क की बीमारी आदि।

**लक्षण** सर्वप्रथम प्रातः काल के समय उल्टी होता है। दिन में अनेक बार उल्टी होने लगती है। स्थिति बढ़कर यहाँ तक पहुँच जाती है कि पेट में कुछ भी भोजन न होने पर भी उल्टी होती रहती है। त्वचा सूखी और खुरदरी हो जाती है, मूत्र गाढ़ा और कम मात्रा में होने लगता है, आँखें अन्दर धँस जाती हैं, दृष्टि मन्द पड़ जाती है तथा बेहोशी भी आ सकती है।

**पहचान** डॉक्टर को चाहिए कि पूर्ण परीक्षण करने के बाद वह निश्चित कर ले कि उल्टी होने का कारण कोई अन्य रोग नहीं है। उसको रोगी से रोग के इतिहास के विषय में पूर्ण जानकारी प्राप्त कर लेनी चाहिए। रक्त और मूत्र का परीक्षण भी रोग की जानकारी देने में समर्थ हो सकता है। तीव्र उल्टी के समय रक्तवारी के एलेक्ट्रोलाइट की मात्रा का निश्चय करके निर्जलीकरण की तीव्रता एवं एलेक्ट्रोलाइट के असंतुलन के विषय में पता लगा सकते हैं। अधिक बार उल्टी होने से वजन कम हो जाता है तथा नाड़ी की गति प्रति मिनट 100 से अधिक हो जाती है। अतिसार होना, नींद न आना, पेशीय कम्पन, रक्त उल्टी जिसमें पितरस भी विद्यमान रहता है, आमाशय के पास तीव्र पीड़ा 100 डिग्री फॉरिनाईट से अधिक तापमान, कभी-कभी नाड़ी विकार आदि की जानकारी प्राप्त करके डॉक्टर रोग को पहचान सकता है। स्मरण शक्ति का ह्रास, विक्षिप्त होना तथा हृदय के आकार का कम होना इसके अन्य लक्षण हैं।

**निदान** गर्भावस्था में लगातार उल्टी करने वाली रोगी की अवस्था को सन्तुलित बनाने के लिए निम्नलिखित उपाय करना आवश्यक है

1. रोगी को एण्टी हिस्टमिन विस्मत तथा ब्रोमाइड का मिश्रण देना भी लाभदायक होता है।
2. आमाशय की पूर्णतः सफाई करके भी स्थिति में सुधार सम्भव है। शिराओं द्वारा विटामिन 'बी' एवं 'सी' भी देना उपयोगी होता है।
3. रोगी को वसायुक्त मसालेदार भोजन नहीं देना चाहिए।
4. तीव्र उल्टी की स्थिति में रोगी को अस्पताल में भर्ती करवा देना चाहिए तथा उसको शिरा द्वारा ग्लूकोज तथा फ्रक्टोज देना चाहिए।
5. इस रोग का कारण सामान्य रूप से मनोवैज्ञानिक होता है। अतः इस अवस्था में लोगों से मिलना जुलना कम कर देना चाहिए।
6. तीव्र, गम्भीर स्थिति में गर्भपात करवाने तक में हिचकिचाना नहीं चाहिए।
7. कुछ डॉक्टर सम्मोहन का सहारा लेकर रोगी को सुझाव देते हैं कि अब उल्टी नहीं होगा।
8. पितरस, शर्करा, एसिटोन साँद्रता आदि के सम्बन्ध में जानकारी प्राप्त करते रहना चाहिए। इसके लिए रोगी की नाड़ी की गति और रक्तचाप को नियमित रूप से अंकित करते रहना चाहिए। मूत्र का परीक्षण दिन में दो-तीन बार करना चाहिए।
9. अगर शरीर में सोडियम की मात्रा कम है तो वह शिराओं द्वारा दिया जा सकता है। मुँह के द्वारा बर्फ के अलावा अन्य पदार्थ रोगी को नहीं देना चाहिए।

## गुर्दा रोग और गर्भावस्था (Kidney Disease and Pregnancy)

गर्भवती महिला के गुर्दा रोग से पीड़ित होने पर शिशु इससे प्रभावित हो सकता है। पहले से किडनी रोग से पीड़ित महिला में गर्भावस्था के कारण बीमारी की गंभीरता पर असर पड़ता है। स्वस्थ महिला में गर्भावस्था के कारण गुर्दा से जुड़ी परेशानी शुरु हो सकती है।

1. गर्भावस्था के दौरान रीनल प्लाज़्मा फ्लो 50-70 प्रतिशत तक बढ़ जाता है। (पहले 6 महीनों में यह बदलाव साफ महसूस किया जा सकता है।)
2. इस दौरान ग्लोमेरुलर फिल्टरेशन रेट बढ़ जाता है। गर्भावस्था के 13वें सप्ताह में यह सबसे अधिक हो जाता है और सामान्य के मुकाबले 150 प्रतिशत तक भी बढ़ सकता है।
3. बदलावों के कारण यूरिया और क्रिएटिनिन का स्तर भी गिर जाता है।

4. गर्भावस्था के शुरुआत में प्रोजेस्टेरोन हार्मोन का स्तर बढ़ जाता है जिससे शुरुआती 24 हफ्तों में रक्तचाप घट जाता है।
5. शरीर में होने वाले बदलावों के कारण मूत्र मार्ग संक्रमण (यूटीआई) का जोखिम बढ़ जाता है। किडनी का आकार 1-1.5 से.मी. तक बढ़ जाता है।

## गुर्दे के कार्य (Kindney Function)

1. गर्भावस्था में एस्टिमेटेड ग्लोमेरुलर फिल्ट्रेशन रेट (ई.जी.एफ.आर) जाँच कराने की सलाह नहीं दी जाती है।
2. पेशाब में ग्लूकोज की मौजूदगी वैसे तो मधुमेह के कारण होती है, लेकिन गर्भावस्था में यह आम है। गर्भवती महिला में यह मधुमेह की सूचक नहीं है।
3. गर्भावस्था के दौरान पेशाब के जरिए अधिक मात्रा में प्रोटीन निकलने लगता है लेकिन यह एक दिन में 300 मिलिग्राम से अधिक कभी नहीं निकलता है।
4. गर्भवती महिला के पेशाब में प्रोटीन की मात्रा लगातार 500 मिलिग्राम/दिन से अधिक होने पर तुरंत किडनी रोग विशेषज्ञ को दिखाना चाहिए।

## गर्भावस्था में गुर्दा रोग

गर्भावस्था में किडनी रोग की शुरुआत या किडनी फेल भी हो सकती है। इससे गर्भस्थ शिशु का विकास अवरुद्ध हो सकता व अचानक गर्भपात होने का खतरा भी रहता है। इसके अलावा उच्च रक्तचाप और समय पूर्व प्रसव की आशंका भी होती है।

## गुर्दा रोग से पीड़ित महिला में प्रेग्नेंसी

किडनी रोग से पीड़ित महिला को गर्भधारण करने से पहले स्त्री रोग विशेषज्ञ और किडनी रोग विशेषज्ञ काउंसिलिंग लेनी चाहिए ताकि यह पता चल सके कि महिला सुरक्षित गर्भधारण कर सकती है या नहीं। यदि किडनी फंक्शन अधिक प्रभावित न हो तो महिला सुरक्षित गर्भधारण कर सकती है। हालाँकि मरीज को प्रसवपूर्ण कुछ जटिलताएँ हो सकती हैं जैसे उच्च रक्तचाप और प्रि-एक्लेम्पिशया।

किडनी रोग की अवस्था थोड़ी गंभीर होने पर गर्भावस्था के दौरान महिला को उच्च रक्तचाप, प्रि-एक्लेम्पिशया, समय पूर्व प्रसव पीड़ा, जन्म के समय शिशु का वजन कम होना या गर्भपात जैसी समस्या हो सकती है। ऐसी स्थिति में किडनी को स्थाई क्षति भी हो सकती है।

## प्रसूति परक नासूर (Delivery Relates Ulcer)

महिला के जननेन्द्रिय मार्ग और एक या एक से अधिक आन्तरिक अंगों के बीच के छिद्र को नासूर कहते हैं। कई दिन तक प्रसव के अवरोध के कारण यह छेद हो जाता है, जब बच्चे के सिर का दबाव मां की जननेन्द्रिय क्षेत्र को कोमल अणुओं/उतकों को जाने वाले रक्त की आपूर्ति को काट देती है। मृत उतक गिर जाते हैं और यह महिला की योनि और मूत्राशय के बीच होता है। उस छिद्र से मूत्र अथवा मल का सदा बहाव होता रहता है।

## प्रसवपरक नासूर के कारण

प्रसवपरक नासूर उस अवरूद्ध प्रसव का परिणाम होता है जिसे बिना उपचार और बिना निकाले छोड़ दिया जाता है। नासूर के पनपने में तीन प्रकार के विलम्ब कारण बन सकते हैं। प्रसव के समय चिकित्सक की देखरेख में विलम्ब, मैडिकल सुविधा प्राप्ति में विलम्ब और स्वास्थ्य परक सुविधा तक पहुँचने के बाद भी देखभाल में विलम्ब।

## उपचार

प्रसूति नासूर को जननांगों की शल्यक्रिया द्वारा बन्द किया जा सकता है। यदि यह शल्यक्रिया किसी अच्छे शल्यचिकित्सक द्वारा की जाए तो नासूर के रोगियों के पुनः सामान्यः जीवन जीने पाने की अच्छी सम्भावनाएं रहती हैं और शरीर की गतिविधियों पर पूरा नियंत्रण भी पा सकते हैं। ऐसे ऑपरेशन की सफलता दर 93 प्रतिशत है।

## अस्थानिक (इकटोपिक) गर्भ (Ectopic Pregnancy)

अस्थानिक गर्भ जिसमें उर्वरित अण्डे का रोपण किया जाता है और जो गर्भाशय के बाहर विकसित होता है। सामान्यतः ट्यूब में होता है। प्राकृतिक रूप में ट्यूब में उसका उर्वरण होता है और फिर वह उर्वरित अण्डा गर्भाशय में जाता है परन्तु नली (ट्यूब) में होने वाले गर्भ में वह ट्यूब में ही रहता है।

## अस्थानिक गर्भ के मुख्य लक्षण

1. अल्पावधि के पीरियडस का अभाव (एमीनोरहोई)।
2. पेट में तेज दर्द।
3. योनि से रक्त स्राव।
4. चक्कर आना, उल्टी होना और बेहोशी के दौरे।

## अस्थानिक गर्भ का सन्देह होने पर किए जाने वाले उपाय

महिला को तुरन्त अस्पताल पहुँचाना चाहिए। गम्भीर अस्थानिक गर्भ के उपचार का सिद्धान्त है - एक ही समय में शल्यचिकित्सा और जरूरत पड़ने पर रक्त भी चढ़ाया जाता है। शल्यक्रिया जल्दी हो जाने से रक्त स्राव रूक जाता है और रोगी की स्थिति में सुधार आ जाता है।

## जननेन्द्रिय में कैंसर (Cancer of the Reproductive Organs)

कैंसर शरीर की आधारभूत इकाई कोशिका (सेल) को प्रभावित करता है। जब कोशिकाएँ असामान्य हो जाती है और अनियंत्रित रूप में विभाजित होने लगती है तब कैंसर होता है। अतिरिक्त मज्जा का यह टुकड़ा फोड़ा या ट्यूमर कहलाता है जो कि सुसाध्य और असाध्य दोनों प्रकार का हो सकता है।

सुसाध्य ट्यूमर से कैंसर नहीं होते। सामान्यतः उन्हें निकाला जा सकता है और वे दोबारा नहीं होते। सबसे महत्त्वपूर्ण बात यह है कि सुसाध्य ट्यूमर की कोशिकाएं शरीर के अन्य भागों में फैलती नहीं।

असाध्य ट्यूमर ही कैंसर होते हैं। कैंसर के सेल कोशिकाओं में प्रवेश कर सकते हैं और उन्हें तथा ट्यूमर के आस-पास के अंगों को नष्ट कर सकते हैं। असाध्य ट्यूमर से कैंसर के सेल विघटित होकर रक्त प्रवाह में शामिल हो सकते हैं और सारे शरीर में फैल सकते हैं।

# गर्भावस्था की समस्याएँ एवं समाधान

## गर्भावस्था के दौरान आवश्यक सावधानियाँ

गर्भावस्था के नौ माह के दौरान कौन-कौन सी बातों का ध्यान आपके लिए फायदेमंद और उपयोगी हो सकता है, यह एक अहम जानकारी है। अपनी सेहत के साथ-साथ आपको अपनी त्वचा की सेहत का भी ध्यान रखना होगा।

मातृत्व खुद में कई जिम्मेदारियों को समेटे आता है। यह घर में नन्हे मेहमान के आने की खुशखबरी भर ही नहीं है, बल्कि यह आपके लिए एक सूचना भी है कि आपको अपनी त्वचा का पहले से कहीं अधिक ध्यान रखना होगा, नहीं तो आपको भी स्ट्रेच मार्क्स, काले धब्बे, बेजान त्वचा आदि से दो-चार होना होगा। इसलिए आज हम आपको ऐसे 7 टिप्स दे रहे हैं, जिन्हें अपनाने से गर्भावस्था के दौरान आप अपनी त्वचा की सेहत के प्रति चिंतामुक्त हो जाएंगी

## खूब पानी पियें

यह आपके और आने वाले बच्चे, दोनों के लिए बहुत जरूरी है। इसलिए कम से कम 2 लीटर पानी रोज पियें। इससे स्ट्रेच मार्क्स और कब्ज दूर होगी और त्वचा में भी निखार आएगा।

## हरी सब्जियाँ खायें

खूब सारी हरी पत्तेदार सब्जियाँ खाएं। मीट और जंक फूड से परहेज करें। थोड़े-थोड़े अंतराल पर खाएं। एक साथ ज्यादा खाना न खाएं। इससे आपको बेचैनी नहीं होगी और कब्ज की वजह से होने वाली

जलन भी कम होगी। सब्जियों का सूप अधिक पियें, ये पचने में आसान होते हैं। भोजन में हरा सलाद जरूर शामिल करें।

## व्यायाम अवश्य करें

गर्भावस्था में व्यायाम बहुत आवश्यक होता है। इस समय में रक्तचाप को नियंत्रित करना बेहद जरूरी होता है, जिसे आप नियमित तौर पर टहल कर काबू में रख सकती हैं। आप एक्सरसाइज बाइक को घर में रख सकती हैं। टीवी देखते हुए इस पर कुछ देर व्यायाम करेंगी तो यह बच्चे के लिए भी अच्छा

रहेगा। बॉडी स्टीम से बॉडी को स्टीम दें। इससे आप आराम महसूस करेंगी, साथ ही तनाव भी कम होगा। बेहतर है कि आप गुलाब को गर्म पानी में डालें। इससे स्टीम बॉथ लें। इससे त्वचा में चमक और उसमें कसाव आएगा।

## स्ट्रेच मार्क्स पर ध्यान न दें

जैसे-जैसे पेट का आकार बढ़ता है, उस पर स्ट्रेच लाइंस आती ही हैं। इस बात को स्वीकार करें और इन चिन्हों पर अधिक ध्यान न दें। संपूर्ण आहार और विटामिन ई युक्त मॉइस्चराइजिंग लोशन या तेल लगाकर आप इन्हें कम कर सकती हैं। प्रतिदिन स्नान के बाद इस लोशन को लगायें, क्योंकि इस समय त्वचा तेजी से नमी सोख सकती है। आप निशानों को कोकोआ बटर से भी दूर कर सकती हैं। ताजा कोकोआ बटर को सीधे तौर पर स्ट्रेच मार्क्स पर लगाया जा सकता है।

## त्वचा का खास ख्याल रखें

नौ महीनों के दौरान त्वचा और बालों का विशेष ख्याल रखें। एक चम्मच दही और बादाम तेल की कुछ बूँदों को मिलाएं। इसमें थोड़ा गुलाब जल डालें। इसे त्वचा पर मलें और कुछ देर सूखने के बाद धो दें। इससे त्वचा कोमल होती है। इसके अलावा 4 चम्मच क्रीम, 1-1 चम्मच बादाम तेल, खीरे का रस, शहद, गुलाब जल और नीबू का रस मिला लें। इसे छोटे से डिब्बे में रखकर फ्रिज में रख दें। इसे हर रात लगायें और सुबह धो दें। इससे त्वचा में चमक बढ़ेगी।

## सन्स्क्रीन का प्रयोग

गर्भावस्था के दौरान त्वचा का काला पड़ना एक आम समस्या है। आपके चेहरे की रंगत फीकी पड़ सकती है, साथ ही पेट के आस-पास के हिस्से में भी कालापन बढ़ने लगता है। यह मुख्य रूप से शरीर में मेलानिन पिग्मेंट के बढ़ने के कारण होता है। इस पर नियंत्रण रखने के लिए आप सन्स्क्रीन लोशन और स्क्रब लगा सकती हैं

# 8
# योगासन एवं व्यायाम

गर्भावस्था के दौरान शरीर का आकार ऐसा हो जाता है, जो योग में जरूरी लचीलेपन की इजाजत नहीं देता। अपनी सीमाओं के बावजूद गर्भवती योग के चुनिंदा आसन करके चुस्त-दुरुस्त रह सकती है। किसी भी आसन की सफलता उसे धीरे-धीरे करने में है। हमेशा कुछ देर तक आसन की चरम अवस्था में रुकना फायदेमंद होता है।

गर्भावस्था में योगा करना फायदेमंद होता है, यह सांस लेने और शरीर को आराम पहुँचाने में मदद करता है। प्रसव पीड़ा, जन्म और मातृत्व आदि गर्भावस्था के शारीरिक मांगों को जैसे प्रसव पीड़ा, जन्म और मातृत्व को योगा समायोजित करने में मदद करता है। प्रेग्नेंसी के दौरान हर डॉक्टर योगा करने की सलाह देता है क्योंकि यह दिमाग और शरीर को शांत करता है और प्रेग्नेंसी के तनाव वाले दौर को कम करता है। यदि योगा करने में कोई दिक्कत आती है या फिर शरीर के किसी भी भाग पर जोर पड़ रहा है तो उसी समय वह आसान करना बंद कर देना चाहिये। प्रेग्नेंसी के दौरान योगा करने से शरीर लेबर पेन के लिये बिल्कुल तैयार हो जाता है। यह आपको शारीरिक रूप से फिट तो रखता ही है साथ में दिमागी रूप से भी तनाव को दूर कर देता है। डिलेवरी और लेबर पेन से दूर रखने के लिये योगा की सही क्रियाएं जानना बहुत जरुरी है।

## गर्भावस्था में किये जाने वाले कुछ जरूरी आसन
### (Some Essential Aasans Used During Pregnancy)

### तितली आसन

यह आसन आप गर्भावस्था के पहले महीने से ही कर सकती हैं इससे जहां प्रसव पीड़ा कम होती है वहीं घुटनों में लचीलापन आता है। यह एक सरल आसन है। यदि गर्भावस्था की पहली तिमाही में ही शुरू कर

---

**व्यायाम करते वक्त सावधानी बरतें**

गर्भावस्था के पहले महीने में आपको खड़े होने वाले आसन करने चाहिये जिससे शरीर में रक्तसंचार सही तरीके से हो और पैरों में ऐंठन ना हो। दूसरे महीने में महिलाओं को ध्यान और साँस वाली क्रियाओं पर ध्यान देना चाहिये। इस दौरान पेट पर बिल्कुल भी जोर न दें। ऐसे योग आसन जिसमें पीछे की ओर झुकना पड़े उसे न करें। आसन करते वक्त पेट के बल न लेटें। यदि योग करते वक्त आपके शरीर में कहीं दर्द हो तो तुरंत अपने प्रशिक्षक से बात करें। बीच-बीच में छोटा ब्रेक लेती रहें। जहाँ योग कर रही हों, वहाँ का तापमान बिल्कुल भी गरम नहीं होना चाहिये नहीं तो आपको चक्कर आ सकता है।

दिया जाये तो प्रसव की पीड़ा भी कम हो जाएगी। इस आसन से पुट्ठे और जँघाओं के आंतरिक हिस्से का तनाव कम होकर खुल जाता है। इससे घुटनों का लचीलापन बढ़ता है।

## कैसे करें

चटाई पर इस तरह बैठें कि आपके पैर सामने की ओर रहें। अपने टखनों को पकड़कर अपनी ओर जितना नजदीक खींच सकती हैं, खींचें। दोनों पैरों की एड़ियाँ जँघा के संधिस्थ को स्पर्श करें तो ज्यादा अच्छा है। अब अपने घुटनों को फर्श से स्पर्श कराने के लिए दबाएँ। दबाने के लिए कोहनियों का इस्तेमाल कर सकती हैं, क्योंकि हाथों से तो आपने टखने पकड़ रखे हैं। आसन की आदर्श स्थिति तब आती है, जब घुटने फर्श को स्पर्श

करने लगें। कुछ हफ्तों की प्रैक्टिस से घुटने जमीन पर टिकने लगेंगे। जितना सरलता से संभव हो उतना ही आसन लगाएँ और धीरे-धीरे करें। इस स्थिति में कुछ देर रुकें फिर घुटनों को ऊपर ले आएँ। याद रहे आसन करते समय अतिरिक्त बल लगाने की जरूरत नहीं है। एक हाथ से टखना पकड़ें तथा दूसरे से घुटने को जमीन की ओर तब तक दबाएँ, जब तक कि जमीन स्पर्श न होने लगे। ध्यान रहे कि श्रोणी क्षेत्र के जोड़ों पर इतना दबाव न पड़ें कि वे फट जाएँ। दोनों पैरों से इसे 15-20 बार दोहराएँ।

## मार्जरी आसन

इस आसन से पूरी प्रजनन प्रणाली टोनअप होती है। इससे आपकी गर्दन और कंधे मजबूत रहेंगे। पहले वज्रासन में बैठ जाएँ। अब आगे की ओर झुकते हुए हथेलियों को सामने जमीन पर टिका लें। नितंबों को ऊपर उठाएँ और चौपाये की तरह मुद्रा बना लें। पैरों

के बीच थोड़ी दूरी बनाएँ ताकि वे कंधों की सीध में आ जाएँ। आसन के पहले हिस्से में सिर को ऊपर उठाते हुए साँस खींचें। इससे आपकी पीठ फर्श की ओर कमान के आकार में तन जाएगी। आसन के दूसरे हिस्से में सिर को पेट की ओर झुकाते हुए पीठ आकाश की ओर उभार लें। नितंबों को भी अंदर की ओर सिकोड़ लें। इस स्थिति में भी कुछ देर तक रुकें। आसन के ऐसे छः राउंड पूरे करना जरूरी है। इससे आपकी गर्दन, कंधे और रीढ़ की हड्डी मजबूत होगी। गर्भावस्था के दौरान आपकी शारीरिक मुद्रा भी ठीक रहेगी। इससे दूसरा फायदा यह होगा कि पूरी प्रजनन प्रणाली टोनअप होगी। यह आसन प्रसव के बाद भी फायदेमंद होता है।

## पर्वतासन

इसे करने से आप कमरदर्द की परेशानी से दूर रह सकती हैं।

## वक्रासन

यह आसन रीढ़ की हड्डी, पैर और गर्दन का अच्छा व्यायाम है लेकिन इसे करते समय आपको ज्यादा जोर नहीं लगाना चाहिए।

## उत्कटासन

इस आसन से पैर के पंजे व अँगुलियाँ मजबूत होती हैं। यह आसन गर्भाशय और प्रजनन सम्बन्धित बीमारियों को दूर करता है।

## बद्ध कोणासन

यह आसन गर्भावस्था के दौरान होने वाली प्रसव पीड़ा को कम करके शरीर के कई रोगों को भी दूर करता है। बद्ध कोणासन में कभी आगे की तरफ न मुड़ें। आपको केवल बैठने का अभ्यास ही करना है और रीढ़ को सीधा रखना है।

## अनुलोम-विलोम

यह आसन रक्त संचार बढ़ाता है साथ ही रक्तचाप को भी कंट्रोल करता है। इस व्यायाम से आप स्वयं को तनावमुक्त महसूस करेंगी।

## शवासन

इसे करने से आपको मानसिक शांति मिलती है साथ ही बच्चे का विकास भी भली प्रकार से होगा।

गर्भावस्था के शुरूआती दौर में योग के कुछ आसन करके स्वयं को सक्रिय बना सकती हैं। आसनों के चुनाव में सावधानी जरूर बरतें और योग-विशेषज्ञ से सलाह किए बिना कोई भी आसन न करें।

## ध्यान रखें—

गर्भावस्था के दौरान प्राणायाम या आसन करते वक्त निम्न बातों का ख्याल रखें

1. यदि आप अनुलोम-विलोम प्राणायाम करती हैं तो इसे करते वक्त भूलकर भी साँस न रोकें। इससे आपके गर्भ में पल रहे बच्चे को साँस लेने में परेशानी हो सकती है।
2. किसी भी प्रकार की एक्सरसाइज को शुरू करने से पहले अपने चिकित्सक की सलाह जरूर लें।
3. यदि आपको एक्सरसाइज करने से किसी भी प्रकार की परेशानी हो रही है तो आप व्यायाम करना तुरंत बंद कर दें।
4. आसन करते वक्त आप 15-20 मिनट के बाद थोड़ी देर आराम अवश्य करें लें।
5. सिर के बल लेटकर पैर ऊपर करने वाली या घुटने मोड़ने वाली कोई भी व्यायाम न करें।

## योगासन से कम होती है प्रसव पीड़ा

गर्भधारण से लेकर बच्चे के जन्म तक विशेषज्ञों की देखरेख में किए गए योगासन आपके लिए फायदेमंद हो सकते हैं। अगर आप भी इस समय गर्भावस्था में हैं तो आप भी योगासन के द्वारा शरीर को स्वस्थ व ताजगी से भरपूर बना सकते हैं।

कुछ योगासन जो गर्भावस्था में आपको तनाव से दूर रखेंगे और रक्त संचार ठीक करेंगे। योगा के द्वारा आपके साथ-साथ आपके होने वाले बच्चे को आराम मिलेगा और वह स्वस्थ भी रहेगा। वहीं प्रसव में भी आसानी रहेगी।

गर्भावस्था में बच्चे के कारण आपके शरीर में कई परिवर्तन होते हैं जैसे कमरदर्द, पेटदर्द आदि। कभी-कभी दर्द बढ़ने पर आप दवाईयों का सेवन करती हैं जो बच्चे के लिए खतरनाक होती है। इसीलिए योगा से आप खुद को तनाव और दर्द से दूर रख सकती हैं।

## गर्भकाल में टाँगों में पड़ने वाले ऐंठन क्या सामान्य हैं?

हां, गर्भ के दूसरे और तीसरे ट्रिमस्टर में हो सकता है कि आप की टाँगों में ऐंठन बढ़ जाये। अधिक मात्रा में कैल्शियम लें। (तीन गिलास दुध या दवा) और पोटैशियम (केला, संतरा) लें। सोने से पहले टाँगों का खिंचाव देकर सीधा करने से शायद आपको कुछ राहत मिले।

## गर्भावस्था में व्यायाम (Exercise in Pregnancy)

स्त्री जीवन में सेहत का सबसे अधिक महत्त्व गर्भावस्था व प्रसूति के समय होता है। विशेषज्ञ द्वारा बनाया गया एक सही फिटनेस प्रोग्राम गर्भवती स्त्री की कई प्रकार से मदद करता है। ये प्रोग्राम प्रत्येक महिला की सेहत व मेडिकल हिस्ट्री के अनुरूप होना चाहिए। इसलिए कोई भी प्रोग्राम शुरू करने से पूर्व अपने डॉक्टर की सलाह जरूर लें ताकि वह आपका उचित मार्गदर्शन कर सकें।

भारत में आमतौर पर गर्भावस्था के दौरान महिला से सारे घरेलू काम कराए जाते हैं, लेकिन उसे नियमित कसरत करने के लिए प्रेरित नहीं किया जाता। गर्भावस्था में स्वस्थ रहने के लिए जरूरी है कि वैज्ञानिक आधार पर तय की गए कसरत करें न कि घरेलू कामकाज को ही कसरत का विकल्प मान लें।

गर्भावस्था के दौरान आपसे कोई उम्मीद नहीं करता कि आप ओलिंपिक धाविका की तरह चुस्त-दुरुस्त रहें, लेकिन इतनी स्वस्थ तो रहें कि दो मंजिल के मकान में आसानी से सीढ़ियाँ चढ़-उतर सकें। आसानी से वजन उठा सकें मसलन सोते हुए बच्चे को गोद में उठा सकें। गर्भवती महिला का वजन गर्भकाल में निरंतर बढ़ता रहता है। जाहिर है कि पूरे गर्भकाल में जब तक आप बच्चे को जन्म नहीं देतीं तब तक आपके शरीर की मांसपेशियाँ तनावग्रस्त रहेंगी एवं उन्हें अतिरिक्त काम करना पड़ेगा। इसके लिए जरूरी है कि आप जचगी में जाने से पहले कसरत करके पर्याप्त दमखम अर्जित कर लें।

तेज गति से चलना, तैरना, स्ट्रेचिंग करना आपके लिए फायदेमंद होगा। इसी तरह साइकलिंग भी बहुत बढ़िया कसरत है। जैसे-जैसे आप गर्भकाल में फैलती जाती हैं वैसे-वैसे आप अपने शरीर के मुताबिक साइकल के हैंडल और सीट की ऊँचाई में परिवर्तन कर सकती हैं। यह ध्यान रखें कि आप यह कसरत एक्सरसाइज बाइसिकल पर ही करें। सड़क पर साइकल चलाने में जोखिम यह है कि आप दुर्घटना की शिकार भी हो सकती हैं। यदि आप गर्भावस्था से पहले ही कसरत करती आ रही हैं तो ट्रेनर से आगे की कसरतों के लिए सलाह ले सकती हैं।

## गर्भावस्था में व्यायाम क्यों करना चाहिए?

1. शरीर में जोश व स्फूर्ति बनाए रखने के लिए।
2. माँसपेशियों व जोड़ों का कसाव, लचीलापन व ताकत बढ़ाने के लिए।
3. ऐंठन, कमर दर्द, वेरिकोज वेन व अन्य शारीरिक व्याधियों से बचने के लिए।
4. प्रसूति पश्चात की परेशनियों से उभरने के लिए।
5. स्वयं को बच्चे की देखभाल करने के लिए तैयार करने के लिए।
6. अपने अंदर सकारात्मक ऊर्जा बढ़ाने के लिए।
7. आकृति और अभिव्यक्ति में सुधार लाने के लिए।
8. पीठ दर्द से छुटकारे के लिए।

9. प्रसव काल के लिए मांसपेशियों को सशक्त बनाने और ढीले पड़े जोड़ो को सहारा देने के लिए।
10. माँसपेशियों के कैम्पस से राहत के लिए।
11. रक्त संचार को बढ़ाने के लिए।
12. लचीलेपन को बढ़ाने के लिए।
13. थकावट दूर करने के लिए ऊर्जा वृद्धि के लिए।
14. भले चंगे होने की भावना भरने और आत्मछवि के सकारात्मक विकास के लिए। आपका डॉक्टर आप को सही ढंग से व्यायाम के सम्बन्ध में बतायेगा।
15. अगर गर्भवस्था बिना किसी परेशानी के चल रही है तो कुछ हल्के व्यायाम होने वाली माँ एवं शिशु के लिए लाभकारी है।

## व्यायाम गर्भवती की मदद कैसे करता है?

1. प्रथम तीन महीनों के व्यायाम आपके व शिशु के शरीर में खून व ऑक्सीजन का संचार बढ़ाते हैं। इसके अलावा मांसपेशियों में कसाव व शक्ति बढ़ाते हैं। जिससे आप कमर दर्द की तकलीफ से बच सकती हैं। साथ ही इससे आपका प्रसव आसान होता है।
2. मध्य तीन महीनों का फिटनेस प्रोग्राम शारीरिक ऊर्जा का स्तर बढ़ाता है। रातों की नींद सुखदायी बनाता है। अतिरिक्त वसा बढ़ने से रोकता है। प्रसूति पश्चात वजन घटाने में महत्त्वपूर्ण भूमिका निभाता है।
3. अंतिम तीन महीनों में किए गए व्यायाम गर्भवती स्त्री को प्रसव के लिए तैयार करने के लिए होते हैं। ये शारीरिक क्षमता बढ़ाते हैं तथा प्रसूति पश्चात की वेदना से उभरने की ताकत देते हैं।

## सावधानियाँ

अगर आप व्यायाम करने के दौरान कोई भी परेशानी अनुभव करें तो तुरंत व्यायाम रोककर अपने डॉक्टर को दिखायें

1. रक्त स्राव
2. चक्कर
3. उच्च रक्तचाप
4. कमजोरी
5. बच्चे की हलचल में कमी
6. जोड़ों में दर्द
7. ऐंठन

गर्भवती स्त्री को अत्यधिक थकाने वाले व्यायाम नहीं करने चाहिए। थकान आने के पूर्व ही व्यायाम बद कर देना चाहिए। सप्ताह में केवल तीन घंटे व्यायाम कर आप गर्भावस्था व प्रसूति पश्चात स्वस्थ रह सकती हैं। एक सही फिटनेस प्रोग्राम अपनाकर आप नौ महीनों के दौरान महत्त्वपूर्ण लाभ ले सकती हैं।

---

**गर्भकाल के दौरान कौन सा व्यायाम सुरक्षित माना जाता है?**

किसी प्रकार के खेल-कूद या व्यायाम को जारी रखने में कोई समस्या नहीं है, जब तक कि वह सीमा में हो फिर भी पहले डॉक्टर से अवश्य सलाह ले लेनी चाहिए।

## किस प्रकार का व्यायाम बिल्कुल नहीं करना चाहिए?

जॉगिंग जैसा व्यायाम रीढ़, श्रोणि, नितम्बों, घुटनों स्तनों और पीठ पर बड़ा भारी पड़ता है। इसलिए उसे नहीं करना चाहिए। जिस व्यायाम से पेट की माँसपेशियाँ खिंचे जैसे टाँगे उठाना, उठक बैठक भी गर्भ के दौरान नहीं करने चाहिए। नवीन चेष्टाओं से तालमेल बैठाने में शरीर को कुछ समय लगता है। चौथे महीने के बाद, पीठ के बल लेटकर व्यायाम न करें, क्योंकि आपके गर्भाशय का वजन रक्त वाहिकाओं को दबा सकता है और रक्त भ्रमण में बाधा दे सकता है।

## गर्भधारण के बाद कितने समय तक काम करना चाहिए

जिस गर्भवती महिला को कोई समस्या न हो वह नौवें महीने तक काम करती रह सकती है। हाँ, उन्हें कुछ सावधानियाँ अवश्य बरतनी पड़ेंगी जैसे कि भारी थकान वाली गतिविधि से बचें, सीढ़ियाँ चढ़ने, तापमान की अति और धुएँ भरे क्षेत्र से दूर रहें। बार-बार आराम करें और यदि थकान लगे तो जल्दी ही काम से लौट जायें यदि बहुत देर से खड़ी हैं तो बैठ जायें और पैर ऊपर कर लें। अन्तिम तीन महीनों में देर तक खड़े रहना, भारी चीजों को उठाना, मुड़ना या झुकना नहीं चाहिए। गर्भवती महिला को नियमित भोजन करना चाहिए एक जगह बैठकर किया जाने वाला काम जिस से ज्यादा परेशानी न हो वह घर में खाली बैठने की अपेक्षा कम दबाव वाला होता है। गर्भकाल में निम्नलिखित तकनीकें सहायक होती हैं

1. पीठ के बल लेटो, सिर तकिये पर हो और टाँगों का निचला भाग कुर्सी पर हो। आँखें बन्द कर के 10-15 मिनट तक आराम करें। पैरों और टखनों की सूजन से भी इस में राहत मिलती है।

2. करकट होकर लेटो और सिर के नीचे तकिया रख लो, भुजा के ऊपरी भाग को और पैरों को ऊपर की ओर खींचों, घुटने के नीचे तकिया रख लो। पैर के निचले भाग को सीधा रखो। आँखें बन्द करो और मस्तिष्क को साफ करो। श्वास अन्दर भरो और दस तक गिनो। धीरे-धीरे श्वास बाहर निकालो। पूरी तरह विश्राम करो।

> **गर्भवती महिला को बाईं ओर सोना चाहिए**
>
> हालाँकि पीठ के बल सोना शुरू में अधिक आरामदायक हो सकता है। इस से पीठ में दर्द और हॉरमोरोहोऑटाइडस हो सकता है और पाचन, श्वसन और रक्त प्रवाह में रूकावट आती है ऐसा इसलिए क्योंकि गर्भाशय का सारा वजन पीठ पर आ जाता है। जबकि बाईं ओर के अंगों को सीधा करने से भरपूर रक्त होता है और बीजाण्ड का पोषण होता है, गुर्दा (Kedney) का कार्य सुचारू रूप से होता है जिस से मल का त्याग बेहतर रूप से होता है (जिसके न होने से सूजन आता है) अतः इसे अत्यन्त आरामदायक स्थिति माना जाना चाहिए।

# 9

# गर्भावस्था के दौरान सेक्स

कुछ दम्पतियों को गर्भकाल में सम्भोग करने से चिन्ता होती है। स्वस्थ महिला के सामान्य गर्भ की स्थिति में कुछ दम्पतियों को गर्भ के अन्तिम सप्ताहों तक गर्भकाल में सम्भोग करने से चिन्ता होती है। उन्हें गर्भपात का भय लगा रहता है। लेकिन स्वस्थ महिला के सामान्य गर्भ की स्थिति में गर्भ के अन्तिम सप्ताहों तक सम्भोग करना सुरक्षित होता है। आप और आपका साथी आरामदायक स्थिति में सम्भोग कर सकते हैं।

गर्भावस्था में सेक्स करना ठीक है या नहीं, क्या इससे गर्भस्थ शिशु को कोई हानि हो सकती है या गर्भवती स्त्री को कोई तकलीफ? इस प्रकार के सवाल स्त्री तथा पुरुषों के मन में अक्सर उठते रहते हैं। जैसे-जैसे गर्भावस्था बढ़ती जाती है, स्त्री की परेशानी भी बढ़ती जाती है। सेक्स के सामान्य तरीके अपनाना इसलिए कठिन हो जाता है, क्योंकि गर्भवती महिला के उदर पर किसी प्रकार का दबाव उसके तथा भ्रूण दोनों के लिए नुकसानदेह हो सकता है।

वैसे छठे या सातवें माह तक की गर्भावस्था में सेक्स किया जा सकता है, लेकिन विशेष सावधानी के साथ। इसके लिए डॉक्टर की सलाह पर विशेष प्रकार के आसन अपनाए जा सकते हैं। आसन इस प्रकार होना चाहिए, जिससे स्त्री का पेट न दबे, गर्भ पर दबाव न पड़े तथा पीड़ा का अनुभव न हो।

आयुर्वेद के अनुसार इसे गर्भ के सातवें मास तक सेक्स किया जा सकता है, लेकिन सावधानीपूर्वक। आयुर्वेद का मानना है कि यदि गर्भ में लड़का है तो स्त्री की संभोग की इच्छा नहीं होगी या कम होगी। साथ ही यदि गर्भ में लड़की है तो स्त्री को संभोग की इच्छा बनी रहेगी।

कुछ महिलाएँ इस काल में सेक्स का आनंद नहीं उठा पातीं। कभी-कभी वे इतनी थकान महसूस करती हैं कि उनके भीतर एक आनंदपूर्ण संभोग का मजा उठाने की ऊर्जा और उत्साह नहीं रहता। कई बार रक्त स्राव या योनि में पीड़ा होने के कारण भी वे सेक्स से मना करती हैं। डॉक्टर भी ऐसी स्थिति में पति-पत्नी को सावधानी बरतने की सलाह देते हैं।

पहली बार गर्भवती कई महिलाएँ शुरू के सप्ताहों में सेक्स में जरा भी रुचि नहीं लेती हैं। वहीं दो-तीन माह बीतने पर वे सेक्स का भरपूर आनंद उठाती हैं, उनकी प्रतिदिन सेक्स करने की इच्छा होती है।

अध्ययनों से यह पता चला है कि पहली बार गर्भवती हुई महिला की गर्भावस्था के शुरू के सप्ताहों में सेक्स में कम रुचि होती है, जबकि दूसरी या इससे अधिक बार गर्भवती होने वाली महिलाओं की यौन इच्छा में कोई विशेष अंतर नहीं होता है।

# गर्भावस्था के दौरान सेक्स

अध्ययनों से यह भी तथ्य सामने आया है कि कुछ महिलाएँ मानती हैं कि मितली तथा अवसाद का समय बीत जाने पर उन्हें सेक्स में पहले की तुलना में अधिक आनंद प्राप्त होता है।

पुरुषों को अपनी गर्भवती पत्नियों के समीप रहकर उनमें बराबर रुचि लेते रहना चाहिए। अधिकांश पुरुष शुरू में बहुत ध्यान रखते हैं, लेकिन बाद में सेक्स से वंचित रहने के कारण उनकी अपनी पत्नी में रुचि कम हो जाती है।

कई लोग अपनी पत्नी की ओर से प्यार और ध्यान की कमी महसूस करते हैं और इस कारण उनकी उपेक्षा करते हैं, उन्हें सिर्फ आने वाले बच्चे के प्रति मोह रहता है, पत्नी के प्रति कम हो जाता है। वे यह सोचकर अपने फर्ज की इतिश्री कर लेते हैं कि गर्भवती को तो गर्भावस्था की परेशानियों को सहन करना ही पड़ता है।

गर्भावस्था में पति-पत्नी संभोग के लिए ऐसे आसन अपना सकते हैं, जो सुविधापूर्ण और आरामदेह हो, बशर्ते डॉक्टर ने किसी आसन विशेष के लिए पूरी मनाही न की हो। पूर्व गर्भपात, गर्भावस्था की स्थिति अथवा विशिष्ट स्त्रियोचित समस्या को दृष्टिगत रखते हुए डॉक्टर संभोग से दूर रहने की सलाह भी दे सकता है।

वैसे निर्णय आप दोनों मिलकर लें कि आपके लिए क्या ठीक है और आप कब तक अपने ऊपर संयम रख सकते हैं। गर्भावस्था में सेक्स न करना ज्यादा अच्छा रहेगा, इस पीरियड में स्त्री को जितना आराम दिया जाए, उतना ही अच्छा है।

## संभोग के समय कौन-सी स्थितियाँ आरामदायक हैं?

गर्भावस्था के दौरान अपनाई जाने वाली कुछ स्थितियाँ और नुस्खे नीचे दिये गये हैं

एक ओर होकर लेटें। आम तौर पर बड़े पेट पर पति के लेटने से आपको कुछ कठिनाई भी महसूस हो सकती है, हो सकता है कि आपके पति को भी यह मुद्रा आरामदेह न लगे। परन्तु एक ओर लेटने से आपके पति का वजन आपके गर्भाशय पर नहीं पड़ता।

बिस्तर को एक माध्यम के रूप में इस्तेमाल करें। यदि आप बिस्तर के एक ओर या छोर पर अपनी पीठ के बल लेटें तथा अपने घुटनों को मोड़ कर रखें और अपने नितंबों और पाँवों को गद्दे के किनारों पर रखें तो आपका पेट इस क्रिया में बाधक नहीं बनेगा।

साथ-साथ दो चम्मचों की तरह लेटें जिसमें पुरुष महिला में सुरक्षित स्तर तक प्रवेश करता है। जैसे-जैसे गर्भधारण की अवधि बढ़ती है, गहरे भेदन से महिला को परेशानी हो सकती है।

आप अपने पति के ऊपर से आएँ। इससे आपके पेट पर कोई भार नहीं पड़ेगा और आप पुरुष के शिशन के प्रवेश पर नियंत्रण भी रख पायेंगी।

बैठी हुई स्थिति से ही प्रवेश करायें जिससे आपके गर्भाशय पर कोई वजन नहीं पड़ेगा। अपने पति की गोद में बैठने का प्रयास करें जब वह एक मजबूत सी कुर्सी पर बैठा हो।

याद रखें कि जहाँ चाह वहाँ राह। कुछ प्रयोग करके आप तथा आपके पति अवश्य ऐसा तरीका ढूँढ निकालेंगे जो आपके लिए फायदेमंद हो।

## गर्भधारण के लिये बेहतर सेक्स पोजीशन

सामान्य तौर पर गर्भधारण के लिये शुक्राणु का बेहतर होना माना जाता है लेकिन अब सेक्स पोजीशन भी चिकित्सकीय नजरिये से गर्भधारण में महती रोल अदा करने लगी है। हालाँकि इसका कोई वैज्ञानिक

आधार नहीं है लेकिन कई बार देखने में आया है कि कुछ सेक्स पोजीशन गर्भधारण में काफी सहयोगी भूमिका निभाती हैं।

### क्या कुछ सेक्स पोजीशन गर्भधारण के लिये अन्य से बेहतर होती हैं?

हालाँकि इस बात का कोई सबूत नहीं है कि कोई विशेष सेक्स पोजीशन गर्भधारण के लिये किसी अन्य पोजीशन से ज्यादा बेहतर है। लेकिन चिकित्साजगत के कुछ लोगों का मानना है कि जिस सेक्स पोजीशन से शुक्राणु को गर्भशय में आसानी से प्रवेश व कम दूरी तय करनी पड़े उसमें गर्भधारण की संभावना ज्यादा होती है। इस आधार पर मिसनरी पोजीशन (जब पुरुष उपर हो) सबसे बेहतर पोजीशन मानी जाती है। लेकिन इसके साथ सही समय का चुनाव भी निर्णायक भूमिका निभाता है। अण्डोत्सर्ग के दौरान किया गया सेक्स गर्भधारण के लिये सबसे लाभदायक है। चूँकि पुरुष के शुक्राणु 2 से 5 दिनों तक जीवित रह सकते हैं लेकिन महिला का अण्डाणु 12 से 24 घंटे ही जीवित रह सकता है। इसलिये अण्डोत्सर्ग के दौरान किया सेक्स गर्भधारण की ज्यादा गारंटी देता है।

### क्या रति-निष्पत्ति (orgasm) गर्भधारण के अवसर बढ़ाने में मददगार होती है?

कुछ लोगों का मानना है कि जो महिला अपने पुरुष साथी के स्खलन के बाद चरमोत्कर्ष को पाती है उसके गर्भधारण की संभावना ज्यादा होती है लेकिन इस विचार की सत्यता के भी कोई प्रमाण या वैज्ञानिक तथ्य नहीं है। यहाँ हम यह बता देना चाहेंगे कि संभोग के दौरान किसी महिला का चरमोत्कर्ष किसी भी गर्भधारण के लिये महत्त्वपूर्ण नहीं है। लेकिन यह गर्भशय के संकुचन में मददगार बनकर शुक्राणु को फेलोपियन ट्यूब में भेजने में उत्प्रेरक का कार्य करता है।

### संभोग के बाद लेटना जरूरी होता है?

गर्भधारण की बेहतर परिस्थितियों के चिकित्सकों के मत के अनुसार संभोग के पश्चात् महिला को कम-से-कम 15 मिनट लेटे रहना चाहिये। हालाँकि इस बात का कोई वैज्ञानिक सबूत नहीं हैं। चिकित्सकों के अनुसार संभोग के पश्चात् 15 मिनट या उससे ज्यादा समय तक लेटे रहने से योनि के अंदर ज्यादा मात्रा में वीर्य रुकता है और इस वजह से ज्यादा संख्या में शुक्राणु निषेचन के लिये तैयार हो पाते हैं। अन्यथा यदि संभोग के बाद महिला सीधी खड़ी हो जाती है तो वीर्य उसकी योनि से बाहर आ जाता है साथ ही कम संख्या में शुक्राणु योनि में बच पाते हैं। इसके अलावा खड़े होने पर शुक्राणु को गुरुत्व के विपरीत तैर कर ऊपर गर्भशय में प्रवेश करने के लिये संघर्ष करना पड़ता है।

## गर्भावस्था के दौरान सेक्स सम्बन्ध बनाने में मिथक

आपने शायद इन्हें सुना होगा। गर्भवती होने के दौरान यौन सम्बन्ध बनाने सम्बन्ध के बारे में मिथक आम हैं और कभी-कभी अनोखा भी। सच तो यह है कि डॉक्टर कहते हैं कि ज्यादातर मामलों में गर्भवती होने के दौरान यौन सम्बन्ध रखना पूरी तरह से सुरक्षित होता है। अगर आप अपने पति के करीब आने के मूड में हैं, तो रुकिये    आप गर्भवती हैं इस बात का ख्याल रखें। क्या बच्चे यह महसूस करते हैं? क्या यह बच्चे को चोट पहुँचाएगा? क्या मैं प्रसव में जा सकती हूँ? ये सवाल आपके मन में कौंध सकते हैं, और आखिरकार आपके मूड को खराब कर सकते हैं। लेकिन बाकी सब ये आश्वासन देते हैं, कि ज्यादातर स्थितियों में गर्भधारण के दौरान सेक्स पूरी तरह से सुरक्षित है। अपने चिकित्सक से संपर्क करके यह सुनिश्चित कर लें कि आपकी एक हाई-रिस्क गर्भावस्था तो नहीं है। अगर गर्भपात होने या जल्दी प्रसव होने का खतरा होगा तो आपके चिकित्सक आपको यौन सम्बन्ध रखने की सलाह नहीं देंगे।

## गर्भावस्था के दौरान सेक्स

### मिथक: संभोग करने से बच्चे को चोट पहुँच सकती है

सेक्स शारीरिक रूप से बच्चे को चोट नहीं पहुंचाता है। गर्भावस्था के दौरान सेक्स पूरी तरह से सुरक्षित है, जब तक आपके चिकित्सक आपको सेक्स करने की सलाह न दें - आम तौर पर जब आप आप हाइ रिस्क गर्भावस्था का सामना कर रहे होते हैं। डॉक्टर यौन सम्बन्ध रखने की सलाह तब नहीं देंगे, जब आपकी गर्भपात, अस्पष्टीकृत योनि से खून बहने, एमनियोटिक द्रव लीक होने, या एक अक्षम ग्रीवा- ग्रीवा कमजोर हो जाए बहुत जल्द ही खुल जाने की पूर्व समस्या रही हो।

### मिथक: बच्चे को पता रहता है क्या हो रहा है?

बच्चे को इस बात का पता नहीं होता है, कि माँ और पिता क्या कर रहे हैं। वास्तव में, बच्चा अच्छी तरह से गर्भ थैली और गर्भाशय की मांसपेशियों द्वारा सुरक्षित रहता है। गर्भाशय ग्रीवा भी एक मोटे बलगम प्लग से बंद होता है।

### मिथक: संभोग करने से मेरा गर्भपात हो सकता है

सेक्स के दौरान सेक्स और ऑर्गैजम गर्भपात का कारण नहीं होते हैं। वास्तव में, संभोग का संकुचन प्रसव के साथ जुड़े संकुचन से अलग है। फिर से, अपने डॉक्टर से जाँच कराएं और सुनिश्चित कर लें, कि आप वास्तव में एक लो-रिस्क गर्भावस्था का सामना तो नहीं कर रहे हैं। मेयो क्लीनिक के अनुसार, जल्दी गर्भपात आमतौर पर बच्चे के विकास में उत्पन्न हो रही गुणसूत्र असामान्यताएं या अन्य समस्याओं की स्थिति से संबंधित होता है।

### मिथक: गर्भावस्था मेरी कामेच्छा को मार डालेगा

कई महिलाएँ वास्तव में देखती हैं, कि गर्भावस्था में उन्हें अधिक सेक्स की चाहत होती है। आपकी गर्भावस्था के विभिन्न चरणों के दौरान हार्मोनों में उतार चढ़ाव हो सकते हैं, तो आपकी कामेच्छा में भी बढ़ोतरी हो सकती है। चिंता, अकसर बाथरूम जाने और मॉर्निंग सिकनेस के कारण विशेष रूप से, पहले तीन महीने, नई गर्भवती माताओं के लिए थकावट वाले हो सकते हैं। दूसरी तिमाही में, ये लक्षण आमतौर पर अधिक प्रबंधनीय हो जाते हैं, और महिलाओं को सेक्स के लिए अधिक इच्छा हो सकती है। क्या आप जानते हैं महिलाएं गर्भावस्था के दौरान करीब तीन पाउंड रक्त प्राप्त करती हैं? विशेषज्ञों का मानना है कि सबसे ज्यादा रक्त प्रवाह कमर के नीचे होता है।

### मिथक: गर्भावस्था मुझे यौन संक्रमित बीमारी से बचाता है

रोग नियंत्रण केंद्र के अनुसार, गर्भावस्था आपको यौन संचारित रोगों से नहीं बचाता है। गर्भावस्था के दौरान यदि आप यौन संक्रमित बीमारी के संपर्क में आते हैं, तो वह आपके बच्चे में फैल सकती है। गर्भावस्था के दौरान बच्चे में यौन संक्रमित बीमारी को रोकना है तो सिर्फ ऐसे व्यक्ति के साथ ही सेक्स करें, जो संक्रमित नहीं है और जिसने सिर्फ आपके साथ सेक्स किया हो। सीडीसी के अनुसार अगर कंडोम का सही ढंग से उपयोग किया जाये, तो उससे भी यौन संक्रमित बीमारी के खतरे को कम किया जा सकता है।

## डॉक्टर से परामर्श करने में संकोच क्यों?

गर्भावस्था अनेक दम्पतियों के लिए यौन सम्बन्धों का एक अच्छा समय होता है जबकि दूसरों के लिए यह चिंता का समय होता है। आपके पति को भी शायद आप बहुत आकर्षक लगें। लेकिन उसकी इच्छा आपकी सेहत के बारे में डर, या बच्चे के बारे में फिक्र से हलकी पड़

सकती है। गर्भावस्था के दौरान संभोग के बारे में कोई संदेह या डर के बारे में अपने डॉक्टर के साथ खुलकर चर्चा करें।

जब आप गर्भवती हों तब यौन सम्बन्ध नुकसानदायक नहीं है। एक सामान्य गर्भावस्था में आप प्रसव तक यौन सम्बन्ध बना सकती हैं बहरहाल, कुछ भारतीय समुदायों में यह आम है कि गर्भवती महिला को प्रसव के लिए उसके माता-पिता के घर भेज दिया जाता है। यह विश्वास किया जाता है कि अंतिम कुछ हफ्तों के दौरान संभोग नहीं करना चाहिए क्योंकि इससे समय से पहले प्रसव पीड़ा हो सकती है।

## निम्न स्थितियों में सबसे पहले अपने डॉक्टर से सलाह करें

1. यदि आपको गर्भावस्था के दौरान रक्तस्राव जैसी कोई समस्या हो या आपका गर्भपात का इतिहास हो।
2. यदि आपने गर्भधारण के लिए कोई उपचार करवाया हो या आपकी उम्र 35 वर्ष से अधिक हो। कुछ महिलाओं में हार्मोनों में बदलाव के साथ संभोग की अधिक इच्छा जागृत होती है और कुछ में संभोग के प्रति पूरी उदासीनता होती है।
3. यदि आपने गर्भावस्था के प्रारंभ में स्पोटिंग या रक्तस्राव महसूस किया हो।
4. यदि आप या आपके पति यौन रोग से पीड़ित हों।
5. याद रखें की एक साथ अच्छा महसूस करने के लिए सहवास ही एकलौता तरीका नहीं है। जहाँ तक हो सके एक-दूसरे के साथ ज्यादा से ज्यादा समय बितायें।
6. आप एक दूसरे की मालिश करके भी अपना प्यार व्यक्त कर सकते हैं या एक साथ आराम से स्नान कर सकते हैं अथवा एक दूसरे के साथ लिपट कर सो सकते हैं।
7. अपने पति से बातचीत करें, आप कैसा महसूस करती हैं और आप दोनों में नजदीकी के लिए एक दूसरे के हाथ थामना और आलिंगन जैसे अन्य तरीके भी अपना सकती हैं।

## इन क्रियाओं से बचें

1. कोमलतापूर्वक प्रेम सम्बन्ध बनायें अगर आपको तकलीफ होती है तो गहरे भेदन से बचें।
2. संभोग के दौरान किसी बाहरी वस्तु का इस्तेमाल न करें।
3. उन टबों या बिस्तरों या काऊचों पर संभोग न करें जो कमजोर हों।
4. संभोग के बाद अपने जननांग क्षेत्र को पूरी तरह से एक साफ तौलिये या टिशू पेपर से साफ करें।
5. चिकनाई युक्त क्रीम या जेल से बचें जिनसे जलन या एलर्जी हो सकती है।

## मन में उठने वाले सामान्य प्रश्न

### क्या संभोग से गर्भस्थ शिशु को नुकसान हो सकता है?

सम्भोग करने से आपके शिशु को नुकसान नहीं पहुँचेगा एक गाढ़ म्यूकस प्लग (यानि श्यशमा पिंड) कोख के द्वार बंद कर देता है और संक्रमण से बचाव में मदद करता है पानी की थैली और गर्भाशय की माँसपेशियाँ आपके शिशु की रक्षा करते हैं।

आपके चरमोत्कर्ष के बाद आपका बच्चा हिल-डुल सकता है, लेकिन ये इस कारण है क्योंकि उसे आपका धधकता हुआ दिल महसूस होता है। यह इस कारण से नहीं है कि उसे पता है की क्या हो रहा है या इस दौरान उसे दर्द महसूस हो रहा है।

## गर्भावस्था के दौरान सेक्स

### क्या सम्भोग पहले जैसा अच्छा लगेगा?

कुछ महिलाओं को गर्भावस्था के दौरान संभोग में बहुत आनंद आता है क्योंकि अब उन्हें गर्भधारण और परिवार नियोजन की कोई चिंता नहीं होती। बढ़े हुए रक्त प्रवाह का अर्थ है कि आपकी यौन सम्बन्ध की अनुभूति बढ़ गयी है। परन्तु इसी कारण कुछ महिलाओं में संभोग के बाद भारी सा प्रतीत होता है। कुछ महिलाओं को सहवास के दौरान परेशानी महसूस होती है या पेट में मरोड़ होने लगता है।

### गर्भधारण के बाद मैं संभोग के प्रति उदासीन हूँ। क्या यह सामान्य है?

जी हाँ, आपके शरीर में होने वाले इतने भारी बदलावों से आपकी संभोग के प्रति संवेदना में बदलाव आ सकता है। कुछ महिलाओं में यह संवेदना पहले से अधिक हो जाती है जबकि कुछ अत्यधिक थकान या मितली आने सा महसूस करती हैं, विशेषकर पहली तिमाही में। दूसरी तिमाही में प्रायः काम प्रवृति की इच्छा अधिक जागृत होती है। परन्तु तीसरी तिमाही में यह इच्छा शिशु के जन्म, दर्द और आपके बढ़ते हुए पेट के कारण फिर से कम हो जाती है और यह भी हो सकता है की आप खुद को अनाकर्षक सा समझ रहीं हों।

### क्या इस दौरान मेरे पति की संभोग संवेदनशीलता बदलेगी?

अधिकांश पुरुषों को अपनी गर्भवती पत्नियाँ बहुत आकर्षक लगती हैं परन्तु उनकी संभोग के प्रति इच्छा पत्नी और शिशु के स्वास्थ्य, पिता बनने के भोज के भय, यह भावना कि इससे शिशु को नुकसान हो सकता है अथवा अपने अजन्मे बच्चे की मौजूदगी में ऐसा करने के बारे में स्वचेतना से कम हो सकती है।

# १० गर्भपात

जो भ्रूण स्वतंत्रतापूर्वक जीने में अक्षम होते हैं उनका किसी कारण से निकास हो जाता है, यह प्रक्रिया गर्भपात कहलाता है। कभी-कभी स्वस्थ भ्रूण का भी किसी कारण से कृत्रिम तरीके से निष्कासन कराया जाता है, इसे विफल प्रसव की संज्ञा दी जाती है। विफल प्रसव भी एक प्रकार का गर्भपात ही है। विफल प्रसव और गर्भपात दोनों में मात्र नैतिक अन्तर है। विफल प्रसव कुछ अर्थों में आपराधिक प्रसव होता है। यह कृत्रिम रूप से करवाया गया गर्भपात होता है। गर्भपात एवं विफल प्रसव को प्रसव का ही छोटा रूप माना जा सकता है। आरम्भिक सप्ताहों में यदि भ्रूण की मृत्यु हो जाती है तो गर्भपात हो जाता है। छठे या सातवें मास में असामान्य गर्भाशयी क्रियाशीलता के कारण भी भ्रूण का निकास हो सकता है।

गर्भपात, परिपक्वता अवधि से पूर्व गर्भ के समापन की अवस्था है जिसमें गर्भाशय से भ्रूण स्वतः निष्कासित हो जाता है या कर दिया जाता है। इसके परिणामस्वरूप गर्भावस्था की समाप्ति हो जाती है। सामान्यतया गर्भपात मानव गर्भ को जबरन समाप्त किये जाने को इंगित करता है।

गर्भ में 20 हफ्तों का समय पूरा करने से पहले जन्म लेने वाला बच्चा जीवित नहीं रह सकता। इसे गर्भपात कहते हैं। हर दस गर्भ में से एक गर्भ का नतीजा गर्भपात होता है। 20 हफ्तों से 36 हफ्तों में पैदा होने वाला बच्चा (अपूर्ण काल-कालपूर्व पैदा हुआ) सही हालातों में बच सकता है। गर्भपात नुकसानदेह होते हैं। इनके दौरान खून बहने से मौत भी हो सकती है। इस अध्याय में हम गर्भपात के बारे में जानेंगे।

## गर्भपात के प्रमुख कारण

इसका सबसे सामान्य कारण है कि निषेचित अण्डे के साथ कुछ गड़बड़ी होती है। इसके बावजूद यदि अंडा (डिम्ब) बढ़ता और विकसित होता है, तो उसके परिणामस्वरूप पैदा होने वाला शिशु शारीरिक रूप से विकलांग होता है। इसलिए कभी-कभी गर्भपात ऐसे असामान्य जन्म को रोकने का उपाय है। यदि महिला को मलेरिया या सिफलिस जैसी गंभीर बीमारी हो, वह गिर गयी हो या उसके जननांगों में समस्या हो, तो भी गर्भपात हो सकता है। कभी-कभी अण्डा गर्भाशय के

---

**अपरिपक्व प्रसव के लक्षण**

1. पीठ के निचले भाग में दर्द और दबाव।
2. नितम्बों पर दबाव।
3. योनि से पानी जैसा गुलाबी अथवा भूरा स्राव होता है।
4. माहवारी जैसे क्रैम्पस, घबराहट, डायरिया या बदहजमी।
5. योनि के मैम्ब्रेन का फटना।

बदले कहीं अन्यत्र, सामान्यतया गर्भ-नलिकाओं में निषेचित होने से भी गर्भपात होता है। ऐसे गर्भ निश्चित रूप से गिर जाते हैं और तब स्थिति खतरनाक हो सकती है। गर्भपात होने के प्रमुख कारण निम्नलिखित हैं

1. नाड़ियों के उद्दीपन से,
2. अधिक थकान होने से,
3. सीसा की विषाक्ता से,
4. कुनीन लेने से,
5. विटामिन ई की कमी होने से,
6. फोलिक अम्ल की कमी से,
7. हार्मोन के असन्तुलन से,
8. थायराइड ग्रन्थियों की कम क्रियाशीलता से,
9. संवरणी पेशियों की क्षमता के ह्रास से,
10. गर्भाशय का स्थान च्युत होने से,
11. गर्भाशय में ट्यूमर आदि होने से,
12. संवेगात्मक आघात अथवा सदमे से,
13. रक्त अल्पता, हृदय की बीमारी, श्वास सम्बन्धी रोग, दमा, उच्च रक्त चाप, मधुमेह, आर. एच. कारक आदि से,
14. गुप्त रोग होने के कारण,
15. भ्रूण विकृत हो और उसके सिर में पानी एकत्रित हो जाने से,
16. गर्भाशय पर प्रत्यक्ष चोट लगने से जैसे हिंसा, मार-पीट, गिरने पर, दुर्घटना होने पर आदि,
17. गर्भाशय के अन्दर किसी प्रकार के तेज उपकरण के प्रवेश से,
18. रक्त प्रवाह में बाधा पहुँचने पर।

उपरोक्त कारणों के अध्ययन से यह स्पष्ट है कि गर्भपात के कारणों को मुख्य तौर पर तीन भागों में विभक्त किया जा सकता है भ्रूण सम्बन्धी, माता सम्बन्धी एवं पिता सम्बन्धी। प्रथम भाग में गर्भपात शून्य से दसवें सप्ताह तक होता है। जिसमें सूत्रों में विकृति, पोषक तत्त्वों द्वारा उर्वरण के बाद अन्तःस्तर में जमने की क्षमता का अभाव आदि आते हैं। दूसरे भाग में माता की बीमारियों, प्रजनन अंगों का विकार जैसे स्थान च्युतता, गर्भाशयी विकार आदि; मनोवैज्ञानिक कारण जिसमें वातावरण के तनाव से प्रमस्तिष्क से स्राव होने लगता है, आदि आते हैं। यह नाड़ियों के जाल से घिरा रहता है जो पीयूष ग्रन्थियों के निकट सम्पर्क में होते हैं। इनमें विशेष प्रकार के रस होते हैं जो पीयूष के हार्मोन के स्राव को नियन्त्रित करते हैं। इससे गर्भाशय की क्रियाशीलता पर प्रभाव पड़ता है एवं गर्भपात हो जाता है। पिता सम्बन्धी कारणों के अन्तर्गत विकृत शुक्राणु, विकृत गुणसूत्र आदि आते हैं। 20% गर्भपात इसी के कारण होते हैं।

# गर्भपात के प्रकार (Types of Abortion)

सभी गर्भ सामान्यतया नौ महीने (40 सप्ताह) नहीं ठहरते और न ही शिशु का जन्म होता है। कुछ मामलों में गर्भ खुद गिर जाता है। इसे गर्भपात कहा जाता है। गर्भपात के दो मुख्य लक्षण होते हैं- योनि

से रक्तस्राव और पेट के निचले हिस्से में दर्द। शुरुआत में रक्तस्राव बहुत कम होता है, लेकिन बाद में यह तेज हो जाता है और जल्दी ही खून के थक्के दिखाई देने लगते हैं। रक्तस्राव और दर्द, विशेषकर आरंभिक गर्भपात के दौरान आमतौर पर वैसे ही होते हैं जैसा कि मासिक-धर्म के दौरान होता है। गर्भपात सामान्यतौर पर 26वें सप्ताह से पहले होता है। कुछ मामलों में शल्य क्रिया के जरिये गर्भ खत्म किया जाता है।

## स्वतः गर्भपात

स्वतः गर्भपात, जिसे गर्भ विफलता भी कह सकते हैं, गर्भावधि के 24वें सप्ताह के पूर्व ही गर्भ निष्कासन के कारण घटित होता है। ऐसा गर्भ जो 37 हफ्तों के पूर्व ही जीवित शिशु प्रसव के साथ समाप्त हो जाए उसे अपरिणत प्रसव (premature birth), अकाल प्रसव या कालपूर्व प्रसव कहा जाता है। गर्भ में परिपक्वता अवधि के पश्चात अथवा प्रसव के दौरान जब भ्रूण की मृत्यु हो जाय तो उसे सामान्यतया मृत प्रसव (stillbirth) या मृतशिशु प्रसव कहा जाता है। बावजूद इसके कि कभी-कभी इन पदों का प्रयोग एक दूसरे में गड़मड़ हो सकता है, अकाल प्रसव और मृत-प्रसव सामान्यतः गर्भ विफलता के तौर पर नहीं माने जाते।

## कृत्रिम गर्भपात

ऐसा अनुमान है कि पूरे विश्व में लगभग 20 करोड़ गर्भधारण की प्रक्रिया प्रति वर्ष घटित होती है। इनमें से लगभग एक तिहाई अनैच्छिक होते हैं और लगभग हर पाँचवें की परिणति जबरन गर्भपात में है। अधिकतर गर्भपात की घटनाएँ अनैच्छिक गर्भधारण के कारण होती हैं। गर्भ को कई तरीकों से समाप्त किया जा सकता है। गर्भपात का तरीका भ्रूण की गर्भावधि पर निर्भर करता है कि जो कि गर्भ की अवधि बढ़ने के साथ आकार में विकसित होता रहता है। कुछ विशिष्ट प्रक्रियाओं का चयन वैधता, स्थानीय उपलब्धता के साथ-साथ चिकित्सक और मरीज की वरीयता के आधार पर भी किया जा सकता है।

### गर्भपात के प्रकार

1. आदतन गर्भपात
2. चिकित्सीय गर्भपात
3. सम्भाव्य गर्भपात
4. अनिवार्य गर्भपात
5. अपूर्ण गर्भपात
6. पूर्ण गर्भपात
7. अप्राप्त या लुप्त गर्भपात
8. प्रेरित गर्भपात
9. पूर्ती भूत गर्भपात।

---

**पेट में खिंचाव**

पेट में खिंचाव पीड़ा विहीन होते हैं और दसवें हफ्ते में ही शुरू हो जाते हैं परन्तु पूरी तरह वे अन्तिम ट्रिमस्टर में ही उभरते हैं। जब ये खिंचाव जल्दी और ज्यादा होने लगते हैं तो कभी-कभी उसे प्रसव की प्रारम्भावस्था मान लेने की भूल भी हो जाती है।

गर्भपात

**चेतावनी संकेत** गर्भ को खतरे की सूचना देने वाले कौन-कौन से लक्षण होते हैं?
निम्नलिखित संकेतों को गम्भीर स्थिति का सूचक माना जा सकता है (1) योनि से रक्तस्राव या धब्बे लगना (2) अचानक वजन बढ़ना (3) लगातार सिर में दर्द (4) दृष्टि का धूमिल होना (5) हाथ-पैरों का अचानक सूजना (6) बहुत समय तक उल्टियाँ (7) तेज बुखार और सर्दी लगना (गर्भ की प्रारम्भिक स्थिति में अचानक पेट में तेज दर्द (9) भ्रूण की गतिविधि को महसूस न करना।

योनि से रक्त स्राव अथवा धब्बे किसके सूचक हैं? प्रारम्भिक महीनों में योनि से रक्त स्राव या धब्बे लगने के साथ-साथ पेट में दर्द भी हो तो उसे सम्भावित गर्भपात की चेतावनी माना जा सकता है। बाद के महीनों में यदि रक्त स्राव होता है तो उसे इसका संकेत माना जा सकता है कि बीजाण्डासन (प्लैसैन्टा) बहुत नीचे है अथवा वह गर्भाशय की दीवारों से अलग हो गया है।

अचानक वजन बढ़ना, लगातार सिर दर्द, धूमिल दृष्टि, हाथ पैरों में अचानक सूजन आना किस चीज के संकेत है? ये लक्षण गर्भकाल में उच्च रक्त चाप के जिसे कि टौक्सीमिया भी कहा जाता है, उसके सूचक हो सकते हैं। ऐसे लक्षण होने पर महिला को रक्तचाप सामान्य करने के लिए अथवा भ्रूण परीक्षण के लिए अस्पताल में भर्ती कराने की जरूरत पड़ सकती है। टौक्सीमिया से कई कठिनाइयाँ हो सकती हैं जैसे कि भ्रूण की अपर्याप्त वृद्धि, अपरिपक्व प्रसव या प्रसव के दौरान भ्रूण पर संकट।

गर्भकाल में तेज बुखार खतरनाक क्यों होता है? ठंडी कंपकंपी के साथ तेज बुखार अथवा बिना सर्दी के तेज बुखार इस बात का संकेत हो सकता है कि भ्रूण के आस-पास के मैमब्रेन्स में सूजन है जिसे कि एम्निओनिटिस भी कहते हैं। यह भ्रूण के लिए विशेषकर खतरनाक होता है और इसके परिणामस्वरूप अपरिपक्व प्रसव भी हो सकता है।

## आदतन गर्भपात

एक के बाद एक करके जब दो तीन बार लगातार गर्भपात हो जाते हैं तब उसे आदतन गर्भपात की संज्ञा दी जाती है। आदतन गर्भपात का कारण मुख्यतः प्रोजेस्टीरोन का अभाव होता है। आंतरिक संवरणी जो गर्भाशय के मध्य की ओर पाई जाती है, कभी-कभी ढीली हो जाती है जिससे भ्रूण रूकता नहीं है और फिसलकर ग्रीवा तक आ जाता है। इसमें प्रसव पीड़ा नहीं होती है।

कुछ महिलाओं में लगातार गर्भपात होता है। गर्भ धारण के शुरू में एक या दो बार गर्भपात होने के बाद महिला को चिंता नहीं करने की सलाह देना चाहिए। लेकिन तीसरी और चौथी बार देर से गर्भपात होने पर महिला को किसी चिकित्सक से संपर्क करने के लिए प्रोत्साहित करना चाहिए, ताकि यह पता चल सके कि ऐसा क्यों हो रहा है।

## निवारण

इसके उपचार के लिए निम्नलिखित कदम उठाये जा सकते हैं
1. असंतुलित भोजन से भी ऐसा होना संभव है अतः रोगी को पर्याप्त भोजन देना चाहिए और रोग के मूल कारण का भी पता लगाना चाहिए।
2. रोगी को यथासंभव यात्रा पर जाने, लैंगिक सम्पर्क तथा अधिक परिश्रम करने आदि से बचाना चाहिए।
3. इसके अलावा चिकित्सक से परामर्श करते रहना चाहिए और आवश्यक होने पर गर्भवती को अस्पताल में भर्ती करवाने में भी नहीं हिचकिचाना चाहिए।

4. आदतन गर्भपात को रोकने के लिए एक विशेष प्रकार की रिंग का प्रयोग किया जाता है। जिसको ग्रीवा के मुँह पर लगा देते हैं। इससे भ्रूण फिसलकर बाहर नहीं आ पाता है।
5. इस स्थिति में रोगी को पूर्ण विश्राम तो देना ही चाहिए, साथ ही साथ मानसिक ढांढस भी बंधाना चाहिए।

## दूसरे तिमाही का गर्भकोश पानी भरे थैली के साथ गर्भपात

गर्भ के किसी गड़बड़ी या दुर्घटना के कारण अपने आप गर्भपात हो जाता है। अपने आप होने वाले गर्भपातों में से एक तिहाई सदोष भ्रूण के कारण होते हैं। प्राकृतिक गर्भपातों की चिकित्सीय लक्षणों के अनुसार सम्भावित, अपरिहार्य (जिससे बचना सम्भव नहीं), अपूर्ण और लीन गर्भपातों में बाँटा जाता है। इन सभी में अस्पताल में दाखिल किया जाना जरूरी है।

## चिकित्सकीय गर्भपात

यदि गर्भवती स्त्री की जान पर आ बनी हो तथा गर्भपात करवाने से उसका जीवन सुरक्षित हो सकता है; गर्भवती स्त्री के शरीर में विद्यमान गर्भ से अन्य बच्चों के शारीरिक और मानसिक स्वास्थ्य पर असर होता है और यदि भ्रूण के पैदा होने पर गम्भीर विकृति और शारीरिक तथा मानसिक रूप से विकलांग होने की संभावना हो तो इन सभी स्थितियों में गर्भपात करवाना हितकर होता है। इस प्रकार करवाए गए गर्भपात को चिकित्सकीय प्रसव की संज्ञा दी जाती है।

आजकल कानूनन गर्भपात भी किया जाता है। यदि गर्भवती स्त्री हृदय की बीमारी से पीड़ित है, उच्च रक्तचाप अथवा गुर्दे की रोगी है तो इस स्थिति में भी गर्भपात करवाना लाभदायक होता है। फेफड़ों के रोग, कैंसर तथा यकृत की बीमारी के समय गर्भावस्था की वृद्धि से माता का जीवन खतरे में पड़ जाता है और मृत्यु तक संभव होती है। इसलिए इस अवस्था में गर्भपात आवश्यक होता है। गर्भिणी यदि वायरस रोग से पीड़ित है तो वह भ्रूण तक सहजता से पहुँच सकता है। रीजूस कारक, आनुवंशिक रोग, पागलपन आदि के कारण बालक विकलांग या असामान्य है तो इस स्थिति में भी गर्भपात करवाना आवश्यक हो जाता है।

## निवारण

इसके प्रमुख उपचार निम्नलिखित हैं
1. इस अवस्था में रोगी को पूर्ण विश्राम देना चाहिए।
2. रक्त, शर्करा, रक्तचाप, रक्त समूह का परीक्षण करवाना चाहिए।
3. आवश्यकता होने पर एक्स-रे भी करवाना चाहिए।

## पहले त्रिमस्टर के गर्भपात करने के चिकित्सकीय विधियाँ

इसमें मुख्यतः प्रोस्टाग्लैन्डिन नामक ड्रग समूह की दवाओं का प्रयोग किया जाता है जिसमें मुख्यतः प्रोस्टाग्लैन्डिन नामक ड्रग समूह की दवाओं का प्रयोग किया जाता है जिसका

---

**पहले त्रिमस्टर में गर्भपात कराने की विधि**

पहले त्रिमस्टर में किए जा सकने वाले गर्भपात है।
ग्रीवा को ढीला करके गर्भशय को खाली करना।
क्युरेटैज-सॅक्शन इवैक्युरेशन-वैक्युम एसपिरेशन-डिलेटेशन और खाली करना
माहवारी एसपिरेशन (एम आर)
चिकित्सकीय विधियाँ

अनेक मार्गों से उपयोग किया जा सकता है जैसे कि मुख (जिन्हें एबोरशन पिल कहते हैं), इन्ट्रामस्कुलर, इन्ट्राबीनस या योनि में इन्जैक्शन द्वारा। इन दवाओं को अकेले अथवा कुछ दवाओं के साथ मिलाकर दिया जाता है।

1. **मैथोट्रक्सेंट-मिसोप्रोस्टल विधि** महिला को मैथोट्रक्सेट का इन्जैक्शन दिया जाता है। पाँच से सात दिन के बाद वह वापिस आती है और उसे योनि में डालने के लिए मिसोप्रोस्टल की गोलियां दी जाती है। एक दो दिन के बाद घर पर ही गर्भ समाप्त हो जाता है। गर्भ के दौरान जो भ्रूण एवं अन्य टिशु पैदा हुए थे वे योनि द्वार से बाहर निकल जाते हैं।

2. **मिफेप्रिस्टोन-मिसोप्रोस्टल विधि** मिफेप्रिस्टोन को आर यू - 486 भी कहते हैं, यह एन्टीप्रोजेस्ट्रोन होता है। महिला मिफेप्रिस्टोन का एक डोस खाती है पाँच से सात दिन में लौटकर अपनी योनि में मिसोप्रोस्टल की गोलियां डालती है। चार घन्टे के अन्दर घर पर ही गर्भ समाप्त हो जाता है। गर्भ के दौरान जो भ्रूण या अन्य टिशु पैदा हुए थे वे योनि द्वार से बाहर निकल जाते हैं।

## सम्भाव्य गर्भपात

गर्भावस्था के प्रथम अट्ठाइस सप्ताह की अवधि में यदि योनि मार्ग द्वारा रक्त स्राव होने लगता है, इस स्थिति में ऐसा संभव है कि गर्भाशयी पेशी संकुचन विमोचन से रहित हो, तो गर्भपात होना सम्भव होता है। भयभीत होने से आघात अवश्य लगता है लेकिन यह आवश्यक नहीं है कि गर्भपात हो ही जाएगा। यदि इस अवस्था में रोगी की देख-रेख ध्यानपूर्वक की जाए और उसको पूर्ण विश्राम दिया जाए तो गर्भपात की सम्भावना कम हो जाती है। इस स्थिति में यदि रक्त स्राव के साथ पीड़ा भी होती है तो स्थिति को गम्भीर समझना चाहिए। इस अवस्था में यदि ग्रीवा का विस्फारण नहीं हुआ है तो स्थिति में सुधार लाया जा सकता है।

अगर गर्भपात के समय योनि में से खून निकले और पेट में ऐंठन वाला दर्द हो (बच्चेदानी के सिकुड़ने से) परन्तु गर्भाशयग्रीवा बन्द रहे तो यह सम्भावित गर्भपात है। कभी-कभी इलाज के बिना भी गर्भपात की यह प्रक्रिया रुक सकती है और गर्भावस्था आगे चल सकती है। कभी-कभी यह बिगड़कर अपरिहार्य गर्भपात में बदल सकता है। सोनोग्राफी की तकनीक से कारण का सही पता चल सकता है।

सम्भावित गर्भपात में अस्पताल में इलाज कराना चाहिये। गर्भाशय के मांसपेशियों को ढीला करने वाली दवाएँ जैसे आईसोक्ससिप्रिन और पूरा आराम सम्भावित गर्भपात के आम इलाज हैं। प्रोजेस्टेरोन और एचसीजी भी इस्तेमाल होते हैं। सम्भावित गर्भपातों में से आधों में सामान्य गर्भावस्था बहाल हो जाती है।

## निवारण

सम्भाव्य गर्भपात के प्रमुख

1. रोगी को पूर्ण विश्राम करने देना चाहिए। उसके कम से कम पाँच दिनों तक पूर्ण शारीरिक और मानसिक विश्राम की व्यवस्था करना आवश्यक है।
2. इसके अतिरिक्त अल्ट्रासोनिक उपकरण द्वारा उसकी परीक्षा करके भ्रूण का आकार, हृदय की धड़कन आदि के सन्दर्भ में निश्चय किया जा सकता है।

## अनिवार्य गर्भपात

कभी-कभी गर्भाशय बिना किसी सहायता के ही अपने अन्दर समाहित पदार्थों को बाहर कर देता है। इसे अनिवार्य गर्भपात की संज्ञा दी जाती है क्योंकि यह अपरिवर्तनीय प्रक्रिया होती है। इसमें योनि मार्ग द्वारा रक्त-स्राव के अलावा नियमित पीड़ादायक गर्भाशयी संकुचन होने लगता है। जिससे ग्रीवा विस्फारित हो जाती है, उल्व निकल जाता है। इस अवस्था में रक्त स्राव की मात्रा अधिक होती है और रक्त चमकीले लाल रंग के थक्कों सहित निकलता है।

## निवारण

इसके प्रमुख उपचार निम्नलिखित हैं

1. यदि बिना गर्भपात के ही रक्त स्राव तीव्र हो जाता है तो रोगी को बेहोश करके चूषण क्रिया करवानी चाहिए। इसमें रक्त भी चढ़ाया जा सकता है।
2. रोगी को पर्याप्त विश्राम करना चाहिए। इसमें ज्यादा मौकों पर भ्रूण की मृत्यु हो जाती है। इसलिए हार्मोन के इन्जेक्शन से कोई लाभ नहीं पहुँचाया जा सकता।

## अपूर्ण गर्भपात

अपरा का कुछ अंश या अन्तःस्तर का कुछ अंश यदि गर्भाशय में ही रह जाता है तो उसको अपूर्ण गर्भपात कहते हैं। यह संक्रामक भी हो सकता है। इससे रोगिणी को अधिक आधात पहुँचता है। इसमें रक्त स्राव तीव्र भी हो सकता है एवं उसके विषाक्त होने का भी डर रहता है। परिस्थिति के अनुरूप रक्त दान की स्थिति भी उत्पन्न हो सकती है।

कभी-कभी गर्भपात पहले से ही हो चुका होता है पर वो अपूर्ण होता है। जिसका अर्थ है कि भ्रूण या पूंछ का कुछ हिस्सा अभी भी गर्भाशय के अन्दर ही रह गया होता है। इससे गर्भाशय के सिकुड़ने में रुकावट आती है और इसमें से खून निकलने लगता है। खून बहुत ज्यादा निकल सकता है और यह जानलेवा भी हो सकता है। गर्भाशय की पूरी सफाई अर्थात् क्युरेटिंग ही इन मामलों में पूरा इलाज है।

कोई गर्भपात उस समय अपूर्ण होता है, जब भ्रूण या प्लेसेंटा का कोई भाग गर्भ में रह जाता है। गर्भ धारण के 10वें और 20 वें सप्ताह के बीच में होने वाला गर्भपात अकसर अपूर्ण रह जाता है। उस हालत में रक्तस्राव जारी रहता है और गर्भ में बच गये ऊतकों में संक्रमण की आशंका बनी रहती है, जिससे बुखार और पेट में दर्द होता है। जब कोई गर्भपात अपूर्ण होता है, तब गर्भाशय को किसी प्रशिक्षित स्वास्थ्यकर्मी द्वारा किसी अस्पताल या क्लिनिक में जल्द से जल्द पूरी तरह साफ कर देना चाहिए। यदि संक्रमण का तत्काल इलाज नहीं किया जाये, तो गर्भ नलिकाओं के छिलने का खतरा बढ़ जाता है, जिससे महिला की प्रजनन क्षमता ही खत्म हो सकती है। यदि किसी महिला को गर्भपात के बाद संक्रमण के लक्षण दिखाई दे, तो उसे तत्काल पूरी जाँच करानी चाहिए।

## निवारण

1. इस स्थिति में रोगी को बेहोश करके गर्भाशय को साफ किया जाता है। इसके निमित रोगी को चिकित्सालय में भर्ती कराना तथा उसे पूर्ण विश्राम देना अत्यन्त आवश्यक है।
2. ग्रीवा से शेष पदार्थों को फार्सेप्स की सहायता से निकाला जा सकता है।

## पूर्ण गर्भपात

पूर्ण गर्भपात में गर्भाशय में विद्यमान पदार्थ पूर्णरूप से निष्कासित हो जाते हैं, दर्द भी कम हो जाता है और रक्तस्राव भी कुछ दिन बाद स्वयं ही बन्द हो जाता है। पूर्ण गर्भपात के बाद गर्भाशय धीरे-धीरे छोटा होकर संकुचित हो जाता है तथा कुछ दिनों के बाद सामान्य आर्तव चक्र पुनः आरम्भ हो जाता है।

### *निवारण*

1. इस अवस्था में बिस्तर पर पूर्ण विश्राम करना चाहिए।
2. कभी कभी इससे दर्द तथा स्राव से मुक्ति मिलना संभव है।

## लुप्त प्रसव

इस प्रकार के गर्भपात में भ्रूण की मृत्यु होने के बाद भी कई अंकुरों के मध्य रक्त स्राव होने लगता है तथा थैली के चारों ओर इकट्ठा होने लगता है। उल्व स्थिर रहता है लेकिन चारों ओर रक्त का तालाब बन जाता है। इसमें योनि मार्ग द्वारा रक्त स्राव होता है। लेकिन अन्य गर्भावस्था की भाँति विकास होता नहीं दिखाई देता। गर्भाशय का आकार स्थिर रहता है, ग्रीवा कस कर बन्द रहता है तथा भूरे रंग के तरल पदार्थ का स्राव होता रहता है।

### *निवारण*

1. इस स्थिति में रोगिणी को चिकित्सालय में भर्ती करवाना जरूरी है। वहाँ चिकित्सक की सहायता से गर्भाशय की सफाई करवाना चाहिए।
2. इसमें ऑक्सिटोसिन इन्जेक्शन भी दिया जाता है।

## प्रेरित गर्भपात

प्रेरित गर्भपात को अपराधी गर्भपात की संज्ञा भी दी जाती है। इस तरह का गर्भपात विवशता में कराया जाता है। गर्भ को यथाशीघ्र साफ करवाने की कोशिश में सफाई, सुरक्षा एवं निसंक्रामकता पर अधिक ध्यान नहीं दिया जाता जिससे संक्रमण सरलता से होना संभव है। इसमें पीड़ा के अतिरिक्त रक्त स्राव भी अधिक होता है।

    गैर-कानूनी गर्भपात, अप्राकृतिक गर्भपात है जो अप्रशिक्षित और अनाधिकृत व्यक्ति या संस्थानों द्वारा किया गया हो। इसलिए एमटीपी (जिसके बारे में हम बाद में बात करेंगे) के अलावा किए गए सभी प्रेरित गर्भपात गैर-कानूनी गर्भपात हैं। गैर-कानूनी गर्भपात के लिए कानून में कड़ी सजा है और इस अपराध के लिए जेल भी हो सकती है। इसके बावजूद बड़ी तादाद में गैर-कानूनी गर्भपात किए जाते हैं। गैर-कानूनी गर्भपात बड़ा खतरनाक या जानलेवा साबित हो सकता है। बच्चेदानी फटना, अत्यधिक रक्तस्राव, संक्रमण सभी प्रकार के खतरे इसमें मौजूद हैं।

    इनमें से कई एक गर्भपात सामाजिक रूप से अवांछित गर्भधान से जुड़े होते हैं - जैसे छोटी बच्चियों के, या शादी के बाहर के सम्बन्ध से या बलात्कार के कारण गर्भधारण होने पर करवाए जाते हैं। पुरुष प्रधान समाज में डर, अपराध बोध और गोपनीयता के कारण महिला इस तरह गलत तरीकों से गर्भपात करवाने पर मजबूर हो जाती है। वे पैसे या जानकारी की कमी के कारण भी खतरा उठाने पर मजबूर हो जाती हैं। दुर्भाग्य से एमटीपी की सुविधाएँ बहुत कम और शहरों में ही उपलब्ध हैं। (दूरदराज में उपलब्ध नहीं) गर्भपात कराने अस्पताल पहुँचने से भी वहाँ के लोगों का बर्ताव अकसर

ठीक नहीं होता। इस कारण भी महिलाएँ वहाँ जाना पसन्द नहीं करती।

### निवारण
1. इस प्रकार के गर्भपात करवाने से पहले रोगी को उच्च एण्टीबायोटिक देना देना चाहिये है।
2. उसके बाद ही इस सम्बन्ध में शल्य चिकित्सा करनी चाहिए।

### गर्भपात के गलत तरीके

**हार्मोन के इंजेक्शन** गर्भपात के लिए हार्मोन, खासकर इपीफोर्ट के इंजेक्शनों का इस्तेमाल बहुत आम है। बहुत-से डॉक्टर इनका इस्तेमाल जानते हुए या अनजान होने के कारण में करते हैं। इपीफोर्ट से गर्भपात तो नहीं हो सकता परन्तु गर्भ में बढ़ रहे शिशु में गड़बड़ियाँ आ सकती हैं। जिस कारण से फिर गर्भपात किया जाना जरूरी हो जाता है। इसका इस्तमाल कभी न करें।

**नुकीली चीज से गर्भपात** गैरकानूनी गर्भपात में लकड़ी या और कोई नुकीली चीज गर्भाशय में घुसाना सामान्य तरीका है। इससे गर्भाशय या पेट में स्थित अन्य अंगों को चोट लग सकती है। ऐसी चोट लगना बहुत ही गम्भीर स्थिति होती है। गैरकानूनी गर्भपात में संक्रमण या मृत्यु हो जाना बहुत आम है।

**गर्भपात कराने वाली जड़ी-बूटियाँ** भारत में गर्भपात की सामाजिक जरूरत के कारण गर्भपात के लिए जड़ी-बूटियों का इस्तेमाल भी काफी अधिक किया जाता है। ऐसी किसी भी जड़ी-बूटी को चिकित्सा शास्त्र में शामिल किए जाने से पहले इसके बारे में पूरी वैज्ञानिक जानकारी होना काफी जरूरी है। कुछ जड़ी-बूटियाँ आज चिकित्साशास्त्र में इस्तेमाल हो रहे तरीकों के हिसाब से ज्यादा सुरक्षित हो भी सकती हैं। पर इनका पहले वैज्ञानिक अध्ययन किया जाना चाहिए। तबतक इनको इस्तेमाल न करना उचित होगा।

## वैद्यकीय गर्भपात (एम.टी.पी. - मेडिकल टर्मिनेशन ऑफ प्रेग्नेन्सी)

गर्भपात के बारे में काफी गलतफहमियाँ हैं। इसी कारण महत्त्वपूर्ण निर्णय लेने में कठिनाई होती है। गर्भपात के बारे में उचित जानकारी आवश्यक है। यह जानकारी आप लें तथा जरूरतमंद दंपत्तियों को भी बतलाएँ। कुछ गर्भपात प्राकृतिक होते हैं। गर्भधारण के 20 सप्ताहों तक प्राकृतिक गर्भपात हो सकता है। 20 सप्ताहों तक गर्भ गर्भाशय के बाहर जीवित नहीं रह सकता। तदनंतर गर्भ जी सकता है।

कभी-कभी कृत्रिम गर्भपात करना पड़ता है। इसके लिये सुरक्षित तथा वैद्यकीय पद्धतियाँ हैं। चोरी छुपे और जान जोखिम में डालकर गर्भपात करवाने की कोई जरूरी नहीं होती। लेकिन वैद्यकीय गर्भपात सिर्फ 20 हफ्तों तक ही किया जा सकता है। तदनंतर गर्भपात करवाना अवैध तथा असुरक्षित है।

### एम.टी.पी. कौन करवा सकता है?

कोई भी 18 साल से बड़ी उम्रवाली महिला किसी भी जायज कारण से बिना किसी की रजामन्दी से अपनी इच्छा से एम.टी.पी. करवा सकती है। नाबालिग या मानसिक रुप से विकल लड़कियों के लिए माँ या बाप का रजामन्दी और या अभिभावक की उपस्थिति जरूरी है।

### गर्भपात के लिये वैध कारण
1. कानून के अनुसार गर्भपात के कानूनी कारण इस प्रकार हैं।
2. गर्भनिरोधक पद्धतियों के प्रयोग के बावजूद गर्भधारण होना।

# गर्भपात

3. व्यंग जैसे प्राकृतिक कारण से भी गर्भपात होते हैं
4. सामाजिक दृष्टि से अस्वीकार्य गर्भधारण उदाः बलात्कार या परिवारिक अत्याचारों के कारण गर्भधारण।
5. सदोष गर्भ होने की संभावना, जिसे सोनोग्राफी या अन्य तकनीकों से पता लगाया जा सकता है।
6. स्त्री गर्भ होना गर्भपात का कारण कतई नहीं हो सकता। एच.आई.वी. या एड्स ग्रस्त माता इसी कारण गर्भपात करवा सकती है।
7. गर्भधारण से स्त्री के स्वास्थ्य को संभवतः खतरा होना। उदाः पीलिया या दिल की बिमारी।
8. महिला के मानसिक बिमारी के चलते बच्चे को पालने की क्षमता न होने पर गर्भपात करवा सकते हैं।

## पूती भूत गर्भपात

पूती भूत गर्भपात एक तरह का अंताक्षिक सुरक्षा प्रेरिक गर्भपात है। अनैच्छिक गर्भपात के समय ज्यादातर संक्रमण होने का डर रहता है। अपूर्ण एवं प्रेरित गर्भपात में भी यह हो जाता है। इस अवस्था में पहले ज्वर तथा कंपन होते हैं, नाड़ी की गति 120 प्रति मिनट हो जाती है तथा योनि मार्ग से बदबूदार स्राव आने लगता है। स्राव का रंग गुलाबी होता है। जो थक्केदार भी होता है।

### निवारण

इसके प्रमुख उपचार निम्नलिखित हैं

1. इस प्रकार की रोगी को एण्टीबायोटिक औषधियाँ दी जाती हैं जिससे संक्रामक जीवाणुओं पर काबू पाया जा सके।
2. रक्त व मूत्र का परीक्षण करवाया जाता है।
3. इस अवस्था में खून की कमी का होना सम्भव है इसलिए रक्त का ध्यान रखना भी आवश्यक है। रक्ताल्पता को समाप्त करने के लिए 'लोहतत्व' (आयरन) की गोलियाँ भी दी जाती हैं।

## अस्थानिक-गर्भ

अस्थान का अर्थ है अपनी सही जगह से हटकर। गर्भाशय से बाहर किसी भी जगह में गर्भावस्था अस्थान गर्भ कहलाती है। अस्थान गर्भ की सबसे आम जगह फैलोपियन ट्यूब (डिम्बवाही नली) है। कभी-कभी यह अण्डाशय में भी हो सकती है। ऐसा ट्यूब के आंशिक रूप से बन्द होने के कारण हो सकता है। अकसर इसका कारण श्रोणी प्रदाहक रोग होता है। इस अधखुली स्थिति में शुक्राणु तो छोटे होने के कारण ट्यूब में अन्दर तक जा सकते हैं। परन्तु अण्डाणु इससे बहुत बड़ा होने के कारण बाधा पार नहीं कर पाता। शुक्राणु अण्डे को निषेचित कर देते हैं। निषेचित अण्डाणु फैलोपियन नली में ही अटका रह जाता है। इस कारण उसी जगह पर गर्भावस्था शुरू हो जाती है। नली में क्योंकि सीमित जगह ही होता है वह लगभग 6 सप्ताह में फट जाता है। इसका परिणाम यह है कि खूब सारा बहा हुआ खून पेट में इकट्ठा हो जाता है। अस्थानिक गर्भ एक बहुत ही खतरे वाली स्थिति होती है।

कभी-कभी अस्थान गर्भ होते हुए भी पेट में दर्द और हल्के धब्बों के रूप में माहवारी के जैसा स्राव शुरू हो जाता है। कुछ मामलों में खून भी आ सकता है जिसे माहवारी समझने का धोखा हो सकता है। इससे धोखा खाने की सम्भावना काफी होती है। ऐसी सभी महिलाओं को जल्दी से जल्दी

सोनोग्राफी टेस्ट करवा लेना चाहिए। सोनोग्राफी से समय पर निर्णय हो सकता है।

अस्थान गर्भ के करीब एक तिहाई मामलों में काफी खतरा होता है। अस्थानिक गर्भ के पेट के अन्दर फट जाने से पेडू में एक ओर बहुत जोर का दर्द होता है। खून बह जाने से सदमाड़ी वाली खतरे की स्थिति बन जाती है। नाड़ी तेज चलती है, रक्तचाप कम हो जाता है और बेहोशी हो जाती है। महिला अचानक पीली पड़ जाती है। बहुत अधिक खून बह जाने से माँ की मृत्यु भी हो सकती है। आन्तरिक जाँच करने में समय न बरबाद करें। इससे स्थिति और भी बिगड़ भी सकती है। तुरन्त ऑपरेशन और खून दिए जाने से जान बचाई जा सकती है। महिला को तुरन्त अस्पताल ले जाएँ और इस बारे में अस्पताल में पहले से खबर कर दें।

## गर्भपात की पद्धतियाँ (Methods of Abortion)

गर्भपात जितनी जल्दी किया जाय उतना ही अच्छा है इसमें गर्भवती को तकलीफ और खतरा कम होता है। इसके लिये मूत्र परीक्षण द्वारा 10 दिनों में ही गर्भ की जानकारी मिल सकती है। गर्भपात के प्रमुख तरीके इस प्रकार हैं।

**एम.वी.ए. तकनीक** छः हफ्तों से पूर्व निर्वात पंप से गर्भ निकाल सकते हैं। अतः ग्रीवा सुन्न नहीं करनी पड़ती है। इसके बाद क्युरेटिंग भी नहीं करना पड़ता है।

**आर.यू. 486** यह रीति 6-8 हफ्तों के गर्भ के लिये हैं। इसे गर्भपात गोली कहते है। पहली गोली के 2 दिन बाद दूसरी गोली खानी होती है। पहली गोली से गर्भाशय से रक्तस्त्राव शुरू होता है तो दूसरी गोली से गर्भाशय में दर्द शुरू होता है। इसके बाद 6-8 घण्टों में गर्भपात होता है। कभी-कभी इसके बाद क्युरेटिंग करना पड़ता है। डॉक्टरी सलाह के बिना अपने आप यह उपचार कभी न करें।

गर्भाशय अंदर से खरोंचना गर्भपात की एक पद्धति है (क्युरेटिंग)

क्युरेटिंग उर्फ डी.एन.सी. पद्धति - पद्धति 6-12 हफ्तों तक प्रयोग में लाई जा सकती है। इस पद्धति में गर्भाशयमुख नलिका को विस्तारित करके अंदरुनी गर्भ निर्वात पंप से निकाल लेते हैं। इसके लिये केवल उस स्थान मात्र को इंजेक्शन लगाकर सुन्न करना पड़ता है। गर्भ निकालने पर गर्भाशय का अंतर्भाग खुरचकर निकाला जाता है। इस तरह के गर्भपात पश्चात मरीज को अस्पताल में 3-4 घण्टे रहना पड़ता है। शासकीय अस्पतालों में यह गर्भपात मुफ्त में होता है। निजी अस्पतालों में इसे 2-4 हजार तक खर्चा हो सकता है। यह तरीका बिल्कुल सुरक्षित और विश्वसनीय है। लेकिन इसमें थोड़ा खतरा होता है। रक्तस्त्राव या कोख में सूजन जैसे दुष्परिणाम भी संभव है।

**दवा के द्वारा गर्भपात** 12-20 हफ्तों तक प्रोस्टा ग्लॅडिन दवाई से गर्भ गिराया जाता है। गर्भाशय में गर्भ आवरण के चारों ओर इस दवाई को नली से फैलाया जाता है। इस दवाई से गर्भाशय में दाह होने से 2-3 दिनों में गर्भ गिर जाता है। इस क्रिया में कुछ अधिक रक्त स्त्राव हो सकता है। इससे गर्भपात ना हो तो शल्य क्रिया द्वारा गर्भ खुरचकर निकाला जाता है। लेकिन इससे खर्च व तकलीफ बढ़ती है। 12-20 हफ्तों के गर्भपात की अपेक्षा पहले ही गर्भपात करवाना हमेशा अच्छा है। अन्य रास्ता ना हो तभी इस पद्धति का प्रयोग करें।

**आपरेशन गर्भाशय छेदन** (गर्भाशय को कट लगाकर खोलना) का इस्तेमाल भी गर्भपात के लिए किया जाता है। परन्तु यह ऐसी महिला के मामले में नहीं किया जा सकता जिसे भविष्य में माँ बनना हो। ऐसा इसलिए किया जाता है क्योंकि इससे गर्भाशय में निशान रह जाता है। गर्भाशय छेदन के साथ नलिका बन्दी भी की जा सकती है। गर्भाशय छेदन का इस्तेमाल अकसर

गैरकानूनी ढंग से 20 हफ्तों के बाद गर्भपात करने के लिए होता है। क्योंकि लड़कियाँ अक्सर उस समय गर्भपात के लिए आती हैं जब तक कि कानूनी गर्भपात के लिए काफी देरी हो चुकी होती है।

## गर्भपात कौन कर सकता है?

सिर्फ प्रशिक्षित चिकित्सीय विशेषज्ञ ही गर्भपात कर सकते हैं। डॉक्टर जो विशेषज्ञ है वही गर्भपात कर सकते हैं। अन्य एम.बी.बी.एस. डॉक्टर या विशेषज्ञ भी किसी मान्यता प्राप्त सरकारी केन्द्र में गर्भपात का प्रशिक्षण हासिल कर सकते हैं। इसके बाद ही वो गर्भपात करवा सकते हैं।

## पहले तिमाही में गर्भपात

### निर्वात पंप से गर्भपात करना

यह गर्भ के पहले तिमाही यानी 12 सप्ताह तक प्रयोग किया जा सकता है। यह एक सुरक्षित और अच्छा तरीका है। इसके अधिकांश स्थितियों में बच्चेदानी के मुँह को फैलाना नहीं पड़ता है। बच्चेदानी या उसके मुँह में चोट लगने की संभावना कम रहती है। संक्रमण कम होता है और रक्तस्राव भी कम होता है। डी एण्ड सी (क्युरेटिंग) तरीके में विपरीत घटनाओं की संभावना अधिक रहती है।

गर्भपात कराने में कोई भी सक्षम डॉक्टर इसे कर सकता है।

इसका उपयोग 12 सप्ताह तक के गर्भ की गर्भपात, 12 सप्ताह तक का अपूर्ण गर्भपात और अलक्षित गर्भपात में किया जा सकता है।

इन महिलाओं में इसका इस्तेमाल न करे जिन्हें योनि या योनि संक्रमण के लक्षण हो, जिसमें पहले किए गए इलाज के कारण बच्चेदानी में छेद होने का संदेह है। जहाँ अस्थान गर्भ होने का संदेह है।

इन महिलाओं में इसका इस्तेमाल करते हुए विशेष ध्यान दें 20 वर्ष से कम उम्र वाली औरतें, अगर बच्चेदानी में गोला है (फाईब्राइड) अगर बच्चेदानी का मुँह सिकुड़ा हुआ है, अगर उसे पहले बच्चेदानी का ऑपरेशन हुआ हो, और अगर अन्य बिमारियाँ हो जैसे बहुत ज्यादा खून की कमी, रक्तचाप बढ़ा हुआ हो, मधुमेह (शुगर) की बिमारी, दिल की बीमारी, गुर्दे की बीमारी हो, या खून जमने में गड़बड़ी हो, इसके इस्तेमाल में महिला को बेहोश नहीं करना पड़ता है, दर्द के लिए गोलियाँ और स्थानीय इंजेक्शन (सुन्नपन के लिए) पर्याप्त है।

महिला को खतरे के संकेत के बारे में बतायें अगर उसे अधिक रक्तस्राव या पेट में दर्द हो तो तुरंत अस्पताल वापस जायें

गर्भनिरोधक विधि अपनाना चाहें तो उपलब्ध करायें

### गोलियों के द्वारा गर्भपात कराना

इसमें दो दवाओं का इस्तेमाल होता है - मेफिप्रेस्टोन और मीसोप्रोस्टॉल। यह विधि गर्भ के पहले सात सप्ताह (49 दिन तक) सबसे प्रभावशाली होता है, मगर उसके बाद भी 9 सप्ताह (63 दिन) तक उपयोग किया जा सकता है।

5 प्रतिशत तक महिलाओं में इसके बाद अपूर्ण गर्भपात होने के कारण डी एण्ड सी करवाना

पड़ता है, मगर बाकी में अपने आप गर्भपात पूर्ण हो जाता है।

जिन महिलाओं को गंभीर अनिमिया है (8 ग्राम से कम) उच्च रक्तचाप है योनि प्रदाहक रोग है, मिर्गी की बीमारी है, बी इनमें गोलियाँ न दें।

पहले दिन मेफिप्रेस्टोन की एक गोली (200 मि.ग्रा.) खाने को दें। तीसरे दिन मीसोप्रोस्टॉल की 400 मैक्रोग्राम (200 मै.ग्रा. के दो गोली) मुँह से लें या योनि में लगाएँ।

रक्तस्राव 8-13 दिन तक हो सकता है और भारी माहवारी हो सकती है। अगली माहवारी 1-2 सप्ताह देर से हो सकती है।

महिला को काफी पेटदर्द और मितली हो सकती है। इसे कम करने की दवाइयाँ दें।

अगर मीसोप्रोस्टॉल की गोलियाँ खाने बाद महिला तुरन्त उल्टी कर देती है या गोली खाने से 24 घंटे बाद भी रक्तस्राव शुरु नहीं होता तो मीसोप्रोस्टॉल की 400 मैक्रोग्राम की एक और खुराक दें।

विशेष रूप से जानें

1. गर्भपात गर्भनिरोधन पद्धति नहीं है। अन्य विकल्प ना होने पर ही गर्भपात करवाएँ। उचित समय पर गर्भनिरोधक साधनों का प्रयोग करें और गर्भपात टालना उत्तम नीति है।
2. गर्भपात में किसी ना किसी तकलीफ या खतरे की संभावना रहती है।
3. गर्भपात के बाद रोगी में कभी-कभी बांझपन भी आ सकता है।
4. गर्भपात हेतु कभी भी झोलाछाप डॉक्टर या बाबा के पास ना जाएँ। उससे खर्च, समय और जानलेवा खतरा कई गुना बढ़ जाता है। गर्भपात केंद्र के अधिकृत होने का भरोसा कर लें।
5. 12-20 हफ्तों का गर्भपात सुव्यवस्थित अस्पताल में ही करवाएँ।
6. गर्भपात हेतु डॉक्टर भी मान्यता प्राप्त होना चाहिये। गर्भपात केंद्र में इसका दाखिला होता है।
7. गर्भपात केंद्र में सफाई ना होने पर आप वहाँ गर्भपात कराने से इनकार कर सकते हैं।
8. गर्भपात करवाना गुनाह नहीं है। खुद को इसके लिये अपराधी न समझें। सही कारण हेतु गर्भपात करवाना आपका हक है।
9. हर गर्भपात का पंजीयन अस्पताल में किया जाता है।
10. इस गर्भपात के बाद बच्चे की चाहत ना होने पर नसबंदी करवाना उत्तम है।
11. गर्भधारण के 20 हफ्तों बाद गर्भपात करवाना गैरकानूनी है और यह स्वास्थ्य के हिसाब से खतरनाक भी है। 12 हफ्तों से पहले गर्भपात करने का तरीका 12 से 20 हफ्तों के बीच गर्भपात करने के तरीके से अलग होता है।

### मान्यता प्राप्त एम.टी.पी. केन्द्र

एम.टी.पी. करने वाले केन्द्र में सभी सुविधाएँ उपलब्ध होनी चाहिए और उसे सरकार द्वारा मान्यता के लिए सर्टिफिकेट मिला हुआ होना चाहिए। स्वास्थ्य अधिकारियों द्वारा मान्यता मिले बगैर किसी भी अस्पताल या क्लीनिक में गर्भपात नहीं किया जा सकता है। अगर उस केन्द्र में पेट के ऑपरेशन, खून चढ़ाने और ऐनस्थीशिया की सुविधा हो तो 20 हफ्तों के भीतर होने वाले गर्भपात की इजाजत मिल सकती है। छोटे केन्द्रों में गर्भधारण के 12 हफ्तों के भीतर के गर्भपात हो सकते हैं। 12 हफ्तों के बाद के गर्भपात के लिए दो डॉक्टरों का सहयोग और गर्भपात का निर्णय लेना जरूरी है। 12 हफ्तों से कम

वाले गर्भपात में एक डॉक्टर की राय भी काफी होती है।

## एम.टी.पी. के तरीके

**डी और सी** गर्भाशय ग्रीवा फैलाना और खाली करना, 12 हफ्तों के कम से गर्भ को गिराने का तरीका है। गर्भाशयग्रीवा को ढीला किया जाता है ताकि उसमें एक अँगुली प्रविष्ट कराया जा सके (करीब एक सेन्टीमीटर)। फिर प्लास्टिक का एक आखुरण का उपकरण गर्भाशय में डाला जाता है। एक उपकरण के द्वारा उसके अन्दर का गर्भ भ्रूण खुरचकर निर्वात पंप से बाहर निकाल दिया जाता है। इसके लिये एक दिन का समय काफी है, हालाँकि 2-3 घण्टे में ही घर जा सकते हैं।

**प्रोस्टेंग्लेंडिंस** 12 हफ्तों बाद गर्भावस्था बढ़ने के कारण नलिका से खींचकर निकालना सम्भव नहीं होता। गर्भाशय को उत्तेजित करने वाली कोई दवा जैसे प्रोस्टेंग्लेंडिंस के अन्दर डालने से गर्भाशय संकुचित हो जाता है। यह इससे अन्दर का सब कुछ बाहर निकाल देता है। गर्भपात 23 से 48 घण्टों में हो जाता है। अगर ऐसा न हो तो गर्भाशय को आपरेशन द्वारा खोलना ही एकमात्र उपाय रह जाता है। इसलिये 12 हफ्ते के पहिले गर्भपात करना ज्यादा आसान है।

**सावधानी** एम.टी.पी. आमतौर पर सुरक्षित होती है पर हमेशा नहीं। इसके कुछ खास खतरे हैं इन खतरों के कारण गर्भपात की सलाह देने से पहले काफी सोच-विचार की जरूरत होती है, खासकर पहली बार माँ बन रही महिलाओं के लिए। ऐसा भी हो सकता है कि वो फिर माँ ही न बन सकें।

### दूसरे ट्रिमस्टर में एम टी पी

दूसरे ट्रिमस्टर में एम.टी.पी. के लिए चिकित्सा परक और शल्यक्रिया परक विधियाँ शामिल हैं। चिकित्सापरक विधि में प्रोस्टग्लेन्डिन सम्बन्धी ड्रग्स का प्रयोग किया जाता है जो कि मुख से या इन्ट्रावेजनली दिया जाता है या सीधे गर्भाशय के छिद्र में इंजेक्शन द्वारा पहुँचाये जाते हैं।

### चिकित्सापरक विधियों के खतरे

रोगी को अस्पताल में तीन दिन तक रहना पड़ता है
इन्फैक्शन (संक्रमण)
बढ़ा हुआ रक्त स्रावपदार्थों का बच रहना जिन्हें निकालने के लिए शल्य क्रिया की जरूरत पड़

सकती है।

**दूसरे ट्रिमस्टर के गर्भ का पतन करने के लिए शल्य चिकित्सापरक विधियों में शामिल हैं**

| | |
|---|---|
| एसपिरोटमी | यह विस्तृत करके निकाले जाने के सामान है। |
| हिस्टरोटोमी | गर्भाशय खोलकर भ्रूण को हटा देना। |
| हिस्ट्रेक्टोमी | पूरे गर्भाशय को हटा देना। |

## मासिक नियंत्रण

अगर कोई महिला माहवारी बन्द होने के बाद दो हफ्तों के अन्दर गर्भपात करवाना चाहती है तो मासिक नियंत्रण एक अच्छा तरीका है। यह एक छोटे-से निर्वात पिचकारी (एम.आर. प्रवेशिनी), द्वारा किया जाता है। परन्तु महीना बन्द होने के बाद दो हफ्तों से ज्यादा समय नहीं बीता होना चाहिए। इसके लिए गर्भाशयग्रीवा को फैलाने की जरूरत नहीं होती है। इसमें बहुत थोड़ा-सा ही खून बहता है। इसके तुरन्त बाद महिला घर जा सकती है। यह किसी एम.टी.पी. केन्द्र के ओ.पी.डी. में भी किया जा सकता है।

## आर.यू. – 486 या गर्भपात की गोलियाँ

यह गर्भपात करने वाली नई दवा है जो गोलियों के रूप में मिलती है। यह प्रोजेस्ट्रोन के स्तर को घटाकर गर्भावस्था समाप्त कर देती है। इससे कुछ दिनों के अन्दर रक्त-स्राव के साथ भ्रूण बाहर आता है। खून बहने के बाद पूरी तरह सफाई के लिए डी और ई करना पड़ता है। भारत में अनके लिये अधिकाँश औरतें एनीमिया से पीड़ित होती हैं और स्वास्थ्य सेवाएँ भी पर्याप्त नहीं होतीं। इसलिए आर.यू.-486 का तरीका यहाँ के लिए उपयुक्त नहीं है क्योंकि इसमें मुश्किलें हो सकती हैं। गर्भपात के परम्परागत तरीके

> **पहले ट्रिमस्टर में गर्भपात की क्या विधियाँ हैं?**
>
> माहवारी नियमन को मिनिसेक्शन, मिनिसबार्शन, वैक्यूम एसपिरेशन, लंच टाइम एबोरशन भी कहते हैं जो कि माहवारी न होने के 1 से 3 सप्ताह के भीतर किया जाता है। यह प्रक्रिया बाह्य रोगी के रूप में ही की जाती है। गर्भाशय में प्लास्टिक की एक पतली सी ट्यूब डाली जाती है और सरिंज में नैगेटिव प्रेशर बनाकर अन्दर के पदार्थ को बाहर खींच लिया जाता है। इस प्रक्रिया को करने में दस मिनट का समय लगता है।
>
> **माहवारी नियमन के लाभ**
> 1. अस्पताल में भर्ती होने की जरूरत नहीं।
> 2. एनस्थीशिया के बिना किया जाता है।
> 3. शल्यक्रिया के खतरे कम होते हैं।
> 4. व्यक्ति घर जा सकता है और अपने दैनिक कामकाज कर सकता है।
>
> **माहवारी नियमन के खतरे**
> 1. प्रक्रिया की असफलता
> 2. रक्त स्राव
> 3. इन्फैक्शन

और जड़ी-बूटियाँ हजारों सालों से महिलाएँ जड़ी-बूटियों और अन्य तरीकों का इस्तेमाल गर्भपात और जन्म नियंत्रण के लिए करती रही हैं। उनमें से कुछ तो काफी असरकारी हैं और बहुत से समुदाय उनका इस्तेमाल लम्बे समय से करते आ रहे हैं। पर कुछेक काफी खतरनाक भी हैं।

एक अवैज्ञानिक और बेहद खतरनाक तरीका है, कोई डण्डी, जड़ या धातु की तार गर्भाशयग्रीवा द्वारा अन्दर डालकर भ्रूण थैली को फाड़ना। पारम्परिक चिकित्सक गर्भपात के लिए कुछ जड़ी-बूटियों का इस्तेमाल भी करते हैं। आजकल के चिकित्सा शास्त्र में इनके बारे में बहुत कम जानकारी है। लोग कुछ बीज और सब्जियाँ (अक्सर गाजर के बीज और कच्चा पपीता) इस मकसद के लिए घरेलु उपचार की तरह इस्तेमाल करते हैं। कई जनजातियों में महिलाएँ शराब पीकर भी गर्भपात करने की कोशिश करती हैं। इनमें से लगभग सभी तरीके सफल रहते हैं क्योंकि इनसे गर्मी पैदा होती है। आजकल अक्सर महिलाएँ गर्भपात के लिए काफी देरी से आती हैं क्योंकि वे पहले स्थानीय गर्भपात की दवाएँ इस्तेमाल कर रही होती हैं और साथ में नुकसान करने वाली घरेलु और पारंपरिक तरीकों का भी इस्तेमाल करती है। जबकि इनका कभी इस्तेमाल न करें क्योंकि ये दवाएँ लेकर इन्तजार करने में वे महत्त्वपूर्ण समय बरबाद कर देती हैं। कभी-कभी ये दवाएँ भ्रूण के लिए जहरीली होती हैं। इससे भ्रूण में विकार हो जाता है पर गर्भपात नहीं होता। इससे बच्चे में शारीरिक या मानसिक गड़बड़ियाँ हो सकती हैं।

## अल्ट्रासोनोग्राफी द्वारा गर्भनिदान

पुरुष प्रधान दुनिया में आधुनिक तकनीक ने भी नए हथियार ही दिए हैं। अब अल्ट्रासोनोग्राफी द्वारा गर्भनिदान एक सामाजिक समस्या बन चुका है। समाज में ऐसे चलन पूरी तरह से उखाड़ कर फेंक दिए जाने चाहिए। सामाजिक कारणों से मादा भ्रूण का गर्भपात पूरी तरह से अनैतिक है। गर्भपात अपने आप में खतरनाक होता है। मादा भ्रूण को खत्म करने से समाज में दोनों लिंगों के बीच असन्तुलन बन जाता है और वैसे भी लड़कियों के साथ इस तरह का भेदभाव एक अपराध है। अगर कोई दम्पति बच्चा नहीं चाहता तो है उसे गर्भधारण से बचाव करना चाहिए। परन्तु अगर एक बार गर्भधारण कर लिया तो बेहतर है कि बच्चे का जन्म हो जाए, सिर्फ उन परिस्थितियों को छोड़कर जिनमें गर्भपात वैध होता है।

सरकार ने लिंग निर्धारण के सभी टेस्टों पर प्रतिबन्ध लगा दिया है। लिंग पूर्व चुनाव कानून के तहत इस प्रक्रिया में सजा हो सकती है। हमारे ऐसे व्यवहार के लिए तकनीक को ही जिम्मेदार नहीं ठहराया जा सकता है। हमारी सोच में बदलाव लाना बेहद जरूरी है। दूसरी शादी करना इसका हल नहीं सामाजिक सुरक्षा, लड़कियों को समान दर्जा दिलाना यही इसका हल है।

---

**जन्म से पहले शिशु के लिंग की जाँच और मादा भ्रूण का गर्भपात जघन्य अपराध है।**

पुरुष प्रधान समाज में लड़के की इच्छा होना पुराने समय से ही चला आ रहा है। ऐसा इसलिए क्योंकि यह माना जाता है कि लड़के से ही वंश आगे चलता है। यह आज भी जारी है और खेती और व्यापारी परिवारों में तो ऐसी इच्छा और भी ज्यादा होती है क्योंकि यह लड़कों को सम्पत्ति और विरासत दिए जाने से जुड़ जाता है।

कुछ परिवारों में केवल लड़के हो सकते हैं, कुछ में केवल लड़कियाँ, कुछ में दोनों और कुछ में कोई भी नहीं। समाज और सामुदायिक चलन के अनुसार लड़कियों की शादी करने की आर्थिक जिम्मेदारी और शादी के बाद उन्हें दूसरे परिवारों को सौंप देने की परम्परा के कारण भी लोग बेटियों के मुकाबले बेटों की इच्छा रखते हैं। राजस्थान और अन्य कई राज्यों में लड़कियों को जन्म के बाद मार दिया जाता है। बेटियाँ जो कभी किसी भी कुल की रानी मानी जाती थीं आज बोझ समझी जाती हैं।

दुर्भाग्य से कई परिवारों में महिलाएँ भी ये तरीके इस्तेमाल करने की इच्छुक होती हैं। प्रतिबन्ध लग जाने का केवल थोड़ा-सा ही असर हुआ है। सबसे पहले सामाजिक बदलाव आना जरूरी है। उत्तराधिकार के कानूनों में बदलाव, शिक्षा, बुढ़ापे के लिए सामाजिक सुरक्षा, और महिलाओं के लिए रोजगार के अवसरों से ही कुछ फर्क पड़ सकता है, क्योंकि फिर बेटियों को बोझ नहीं माना जाएगा। भारत जैसे गरीब देश में जहाँ 70 प्रतिशत लोग खेती से होने वाली अनिश्चित आमदनी से गुजारा करते हैं, वे सुरक्षा के लिए बेटों पर निर्भर करते हैं।

## ग्रीवा को ढीला करके गर्भ खाली करना

यह गर्भ की प्रारम्भावस्था में की जाने वाली शल्यक्रिया है, यह गर्भ के 12 सप्ताह के होने से पहले होती है, पहले ग्रीवा को ढीला किया जाता है इसके लिए अन्दर से एक खाली रॉड डाली जाती है जो कि ग्रीवा को विस्तृत कर देती है, फिर मशीन द्वारा गर्भाशय के अन्दर के पदार्थ को खरोंचकर या चूसकर या दोनों तरीके से बाहर निकाल लिया जाता है। इस प्रक्रिया में लगभग 15 मिनट लगते हैं।

## ग्रीवा को विस्तृत करने और खाली करने के लाभ

1. एक बार की प्रक्रिया
2. सुरक्षित
3. नसबन्दी या इन्ट्रायुटरीन डिवाइस डालने की सम्भावना रहती है
4. उसी दिन घर वापिस जा सकते हैं।
5. दूसरे दिन काम पर वापिस लौट सकते हैं।

## ग्रीवा परक विस्तार और खाली करने की विधि के खतरे

1. एनसथिशिया के लिए प्रयुक्त दवाओं की प्रतिक्रिया
2. रक्त स्राव
3. गर्भाशय और अण्डवाही ट्यूब में इन्फैक्शन
4. गर्भाशय के छेदन की दुर्घटना
5. भावात्मक कष्ट

## गर्भपात से सम्बन्धित कानून

राष्ट्रीय जनसंख्या नीति 2000 में जनसंख्या के स्थायित्व के लिए दी गयी कार्यसूची को प्रभावी और निष्पक्ष तरीके से कार्यान्वित करने के लिए समुचित और समग्र कानून का होना बहुत महत्त्वपूर्ण है। हालाँकि इस बारे में दो कानून है जो दो विशिष्ट उद्देश्यों के लिए है। ये निम्नलिखित हैं

---

**गर्भपात की चिकित्सापरक विधियों से जुड़े खतरे**

चिकित्सापरक विधियों से सम्बन्धित खतरों में शामिल है

मिफेप्रिस्टोन, मैथोट्रक्सेट और मिसोप्रोस्टाले से चक्कर आते हैं और उल्टी या डायरिया होता है।

यदि गर्भपात पूरी तरह न हो तो भ्रूण को शल्यक्रिया द्वारा निकालना पड़ेगा।

भारी रक्त स्राव हो सकता है जो कि सात दिनों तक चल सकता है

ये ड्रग आसानी से मिलते नहीं और महंगे होते हैं

## पितृत्व उपचारित तकनीक विनियमन व निषेध कानून 1994

यह कानून एक जनवरी, 1996 को लागू हुआ। इसमें उन स्थितियों का विवरण है, जिनमें भ्रूण की गड़बड़ी को ठीक करने के लिए चिकित्सकीय तरीके से तकनीक के इस्तेमाल की इजाजत दी गयी है। भ्रूण के लिंग की जानकारी देना पूरी तरह निषिद्ध है। कानून के उल्लंघन के लिए सजा का प्रावधान है। प्रसव पूर्व चिकित्सकीय तकनीक (विनियमन व दुरुपयोग का निषेध) कानून, कन्या भ्रूण हत्या की सामाजिक बुराई के उन्मूलन के उद्देश्य से बनाया गया एक प्रगतिशील कानून है।

## गर्भ के चिकित्सकीय समापन कानून (एमटीपी)

गर्भपात के कारण होने वाली मौत और अपंगता पर नियंत्रण तथा रोकथाम के लिए गर्भ के चिकित्सकीय समापन कानून (एमटीपी) को 1971 में संसद ने पारित किया, जिसे जम्मू-कश्मीर को छोड़ पूरे भारत में एक अप्रैल 1972 से लागू किया गया। जम्मू-कश्मीर में इसे नवंबर 1976 में लागू किया गया।

एमटीपी कानून 1971 में उन परिस्थितियों का जिक्र है, जिनमें गर्भपात कराया जा सकता है, जो गर्भपात करा सकता है और जहाँ गर्भपात कराया जा सकता है।

कानून में निम्नलिखित बातें कही गयी हैं

**माँ की चिकित्सकीय स्थिति** जब माँ किसी शारीरिक या मानसिक बीमारी से ग्रस्त हो या गर्भ के कारण उसके जीवन को खतरा हो या गर्भ उसके शारीरिक या मानसिक स्वास्थ्य के लिए हानिकारक हो।

**अपंगता** यदि विषाणु संक्रमण, दवा खाने, गर्भकाल के दौरान एक्स-रे या विकिरण से गुजरने, रक्ताल्पता या मानसिक बीमारी के कारण पैदा होने वाले शिशु को गंभीर शारीरिक या मानसिक बीमारी होने की आशंका हो।

**दानवीय** जब बलात्कार के बाद गर्भ ठहर गया हो।

**गर्भधारण** परिवार नियोजन के उपाय के विफल होने के कारण गर्भधारण। यह धारा महिला के अनुरोध पर गर्भपात की अनुमति देता है।

**सामाजिक-आर्थिक स्थिति** वैसी स्थिति, जिससे माँ के स्वास्थ्य पर असर पड़े।

कानून के अनुसार केवल ओबीजी में निर्धारित अनुभव रखने वाले निबंधित चिकित्सक ही एमटीपी कर सकते हैं। यदि गर्भ 12 सप्ताह से कम का हो, तो चिकित्सक किसी दूसरे चिकित्सक से सलाह के बिना भी गर्भपात करा सकता है। यदि यह 12 सप्ताह से अधिक का है, तो दो चिकित्सक ही इस बारे में फैसला कर सकते हैं और कोई एक चिकित्सक गर्भपात करा सकता है। आपात स्थिति में यदि गर्भ 20 सप्ताह या उससे अधिक का हो, एक चिकित्सक किसी दूसरे से परामर्श के बिना भी किसी अनिबंधित अस्पताल या क्लिनिक में भी एमटीपी कर सकता है।

किसी भी स्थिति में महिला की लिखित स्वीकृति लेना बहुत महत्त्वपूर्ण है। यदि महिला अवयस्क या आघात से ग्रस्त या मानसिक रूप से असंतुलित है, तो उसके अभिभावक से लिखित स्वीकृति प्राप्त करना जरूरी है। एमटीपी कानून 1971 के तहत गर्भपात को व्यक्तिगत मामला माना गया है। इसलिए सेवा प्रदाता द्वारा संपूर्ण गोपनीयता बरतनी चाहिए तथा महिला की पहचान गोपनीय रखनी चाहिए।

गर्भपात के दौरान या उसके बाद पैदा होने वाली समस्या या किसी अन्य गड़बड़ी के लिए चिकित्सक के खिलाफ कानूनी कार्रवाई नहीं की जा सकती, बशर्ते चिकित्सक ने प्रक्रिया के दौरान पूरी सावधानी बरती हो। लेकिन यदि कोई नियम भंग होता है, तो चिकित्सक सजा का भागीदार बन सकता है, जिसके तहत एक हजार रुपये तक का जुर्माना लगाया जा सकता है।

चिकित्सा या अपंगता के आधार पर गर्भपात माँ और बच्चे, दोनों के लिए अच्छा है, लेकिन इसका उपयोग अनचाहे गर्भ या खासकर बालिका भ्रूण को समाप्त करने के लिए किया जाना सामाजिक बुराई, कलंक और अपराध है तथा इसे हतोत्साहित किया जाना चाहिए। बार-बार का गर्भपात माँ के स्वास्थ्य के लिए हानिकारक है और इसके कारण शिशु मृत्यु दर व अपंगता बढ़ सकती है। महिलाओं को इस बात के प्रति जागरूक बनाया जाना चाहिए और उन्हें गर्भ रोकने के दूसरे तरीकों के बारे में बताया जाना चाहिए।

## एम टी पी एक्ट के अनुसार, किन-किन कारणों से महिला गर्भपात करवा सकती है?

एम टी पी एक्ट के अन्तर्गत जिन कारणों से महिला गर्भपात करवा सकती है वे निम्नलिखित हैं
जहाँ महिला को कोई गम्भीर रोग हो और गर्भ रखने से उसको जान का खतरा हो, जैसे
1. हृदय रोग
2. उच्च रक्तचाप में अत्यधिक वृद्धि
3. गर्भ के दौरान अनियन्त्रित उल्टियाँ
4. ग्रीवापरक-स्तन कैंसर
5. मेल्लिटस मधुमेह के साथ आँखों का रोग (रेटिनोपैथी)
6. मिरगी
7. मनोवैज्ञानिक बीमारी

जहाँ गर्भ को धारण किए रहने से नवजात को भारी खतरा हो जिससे उसमें गम्भीर शारीरिक, मानसिक अपंगता की आशंका रहे जैसे
1. दीर्घकालिक बीमारियाँ
2. पहले तीन महीनों में माँ को रूबेला बॉयरल इन्फैक्शन (जर्मन मीसलस)
3. यदि पहले बच्चों को कोई जन्मजात अप्राकृतिक विकृति हो।
4. आर.एच.इसो - इम्यूनाइसेशन
5. भ्रूण का प्रकाश में उदघाटन
6. बलात्कार के परिणामस्वरूप गर्भधारण
7. वे सामाजिक आर्थिक परिस्थितियाँ जो माँ के स्वस्थ्य गर्भ विकास और स्वस्थ बच्चे के जन्म में बाधक हो।

**गर्भनिरोधक की असफलता** चाहे जिस भी माध्यम का उपयोग किया गया हो (प्राकृतिक विधि, अवरोधक विधि-हॉरमोनल विधि) यह परिस्थिति भारतीय कानून की विलक्षण विशेषता है। इन स्थितियों में सभी प्रकार के गर्भों का गर्भपात कराया जा सकता है।

### संशोधन

एमटीपी कानून में 1975 में संशोधन किया गया। उसमें निम्नलिखित बातें शामिल की गयीं गर्भपात कराने के योग्य चिकित्सकों के लिए आवश्यक योग्यता को प्रमाणित करने का अधिकार मुख्य जिला चिकित्सा पदाधिकारी को दिया गया है। पहले यह प्रमाणीकरण बोर्ड द्वारा किया जाता था।

# गर्भपात

## *गर्भपात कराने के लिए आवश्यक योग्यता*

यदि निबंधित चिकित्सक 25 एमटीपी में सहयोग कर चुका हो।

यदि चिकित्सक ने ओबीजी में छह महीने तक हाउसमैन शिप किया हो।

यदि उसने ओबीजी में स्नातकोत्तर की डिग्री ली हो।

यदि कोई चिकित्सक 1971 में इस कानून के लागू होने से पहले चिकित्सा की स्नातक डिग्री ले ली हो और उसे ओबीजी में एक साल का अनुभव हो।

गैर-सरकारी संगठन भी मुख्य जिला चिकित्सा पदाधिकारी से लाइसेंस लेकर गर्भपात सेवाएँ दे सकते हैं।

यदि गर्भपात के विभिन्न तरीकों का विकल्प उपलब्ध हो, तो प्रदाता को इस बात के लिए प्रशिक्षित किया जाना चाहिए कि

> **गर्भपात प्रक्रियाओं के बारे में सूचनाएँ**
>
> किसी महिला को न्यूनतम निम्नलिखित जानकारी दी जानी चाहिए
> 1. प्रक्रिया से पहले और बाद में क्या किया जायेगा।
> 2. उसे कैसा अनुभव होगा (जैसे माहवारी जैसी अकड़न, दर्द और रक्त-स्राव)।
> 3. प्रक्रिया में कितना समय लगेगा।
> 4. दर्द प्रबंधन के लिए उसे क्या उपाय उपलब्ध कराये जा सकते हैं।
> 5. विधि से संबंधित खतरे और शिकायतें।
> 6. वह कब सहवास समेत अपना सामान्य कामकाज फिर से शुरू कर सकेगी।
> 7. बाद की देखभाल।

वह महिला को स्पष्ट बतायें कि उसके लिए कौन-सी विधि उपयुक्त है। विधियों का चयन गर्भधारण की अवधि, महिला की चिकित्सकीय स्थिति और संभावित खतरों को देखते हुए किया जाना चाहिए।

## एम टी पी करवाने के लिए क्या औरत को अपने पति से लिखित अनुमति की जरूरत रहती है?

यदि औरत अठारह वर्ष से ऊपर है तो स्वयं अनुमति दे सकती है उसे पति से अनुमति की जरूरत नहीं होती। अगर वो अठारह वर्ष से कम की है तो ऐसी स्थिति में उसे अपने संरक्षक की लिखित अनुमति की जरूरत रहती है।

## एम टी पी करने वाली कौन सी सरकार द्वारा मान्यता प्राप्त संस्थाएं होती है जिन्हें इसे करने की अनुमति रहती है?

जिस किसी संस्था के पास सरकार का लाइसेन्स हो उसे एम टी पी करने का अधिकार रहता है।

## गर्भपात के दीर्घकालिक प्रभाव

गर्भपात कराने वाली औरतों को चिन्ता हो जाती है कि इसका भविष्य में गर्भधारण करने या बच्चे को जन्म देने की उनकी सामर्थ्य में कमी आ जायेगी। उन्हें यह जानकर प्रसन्नता होगी कि अब सामान्यतः यह माना जाता है कि 12 हफ्ते के गर्भ में अगर एक गर्भ का पतन कराया जाए तो भविष्य में गर्भ धारण कर पाने की योग्यता में कोई कमी नहीं होती। हाल ही में विश्व स्वास्थ्य संगठन द्वारा कराये गए एक अध्ययन से पता चला है कि जिन औरतों के दो-तीन गर्भपात कराये जाते हैं उनके प्राकृतिक गर्भ पतन की, अपरिपक्व प्रसव या जन्म के समय बच्चे के कम वजन की आशंकाएं दो से तीन गुना ज्यादा बढ़ जाती हैं।

# 11

## प्रसव का समय

एक जीवित शिशु को योनि से बाहर दुनिया में लाने की प्रक्रिया को प्रसव कहा जाता है। प्रसव का अर्थ होता है जनन या बच्चे को जन्म देना। गर्भावस्था के निर्धारित काल पूरा होने पर बच्चे का जन्म बिना किसी परेशानी के होना साधारण और सरल कहलाता है। बच्चे के जन्म को ध्यान से देखने पर यह महसूस होता है। कि बच्चे के जन्म लेने की विधि को हम तीन भागों में बाँट सकते हैं। प्रथम भाग में बच्चेदानी का मुँह खुलना और फैलना, दूसरे भाग में बच्चे मे सिर का दिखाई पड़ना और तीसरा भाग जिसमें औवल बाहर आता है। प्रथम भाग बच्चे के जन्म का प्रथम चरण लगभग 10 से 12 घंटे या अधिक समय का होता है। प्रथम चरण का समय इस बात पर निर्भर करता है कि महिला का कौन-सा बच्चा है। पहले बच्चे में यह चरण अधिक समय लेता है। दूसरे बच्चे में कम तथा तीसरे बच्चे में और कम समय लगता है। प्रथम चरण में योनि की दीवारों का पतला होना, फैलना, खिंचना और धीरे-धीरे करके बच्चे का सिर का बाहर खिसकता है। योनि का फैला और खिंचा हुआ भाग धीरे-धीरे बच्चेदानी के मुँह को आगे आने में मदद करता है। इस चरण के साथ ही एक चिकना पदार्थ भी निकलता है जो कि एक झिल्ली के समान होता है जिसको शो कहते हैं।

कभी-कभी संकुचन के साथ-साथ एमनीओटिक सैक फट जाता है तथा एमनीओटिक द्रव निकलने लगता है। दूसरा भाग बच्चे के जन्म के दूसरे चरण में बच्चेदानी का दबाव प्रत्येक दो-दो मिनट बाद होता है तथा आधे या एक मिनट तक रहता है। इस दबाव के कारण बच्चा धीरे-धीरे नीचे ढकेला जाता है। इस चरण में बच्चे का सिर देखा जा सकता है। इसके बाद योनि धीरे-धीरे सिमटते हुए परतों के रूप में एक परत दूसरे के ऊपर चढ़ती रहती है। साधारणतया बच्चे का सिर ऊपर की ओर तथा उसका धड़ नीचे की ओर होता है।

कभी-कभी दर्द के साथ बच्चे को निकालने के लिए पेट से भी बच्चे को हल्के हाथों से दबाया जाता है । इस चरण में महिला को लम्बी साँस का व्यायाम लाभकारी होता है। क्योंकि साँस को रोककर ही महिला को जोर लगाना पड़ता है। कई बार बच्चों को निकालने के लिए औजारों का भी प्रयोग किया जाता है। बच्चे का जन्म होते समय जब बच्चा बाहर आता है माँ को ऐसा महसूस होता है कि जैसे कि उनके शरीर से मल बाहर आ रहा हो। प्रसव के समय सबसे पहले बच्चे का सिर बाहर आता है। फिर एक कंधा, दूसरा कंधा तथा बाद में पूरा धड़ बाहर निकल आता है। इस प्रकार के बच्चे के जन्म लेते ही दूसरा चरण पूरा हो जाता है।

घर में आने वाला नवजात शिशु माता-पिता तथा परिवार के अन्य सदस्यों के लिये कौतुहल का विषय होता है। गर्भवती माँ तो अपने शिशु के जन्म के विषय में विशेष रूप से उत्सुक व जागरूक

# प्रसव का समय

रहती है। स्वस्थ और हृष्ट-पुष्ट शिशु के जन्म के लिये सम्पूर्ण गर्भकालीन अवस्था में माँ की समुचित देखभाल की जरूरत होती है, लेकिन शिशु जन्म के समय किसी प्रकार की कठिनाई न हो और प्रसव प्रक्रिया सामान्य व आसान हो इसके लिये भी शिशु आगमन से पूर्व विशेष तैयारी करनी पड़ती है। प्रसव पूर्व चिकित्सा केन्द्रों में जो गर्भवती स्त्रियाँ गर्भावस्था के अन्तिम सप्ताह तक पहुँच चुकी होती हैं, उनको प्रसव की प्रक्रिया के विषय में बताना उचित होता है। उनको सामान्य भाषा में तथा शब्दों में प्रसव पीड़ा के कुछ लक्षणों के विषय में जानकारी देना चाहिए जिससे वह उचित समय पर मदद की माँग कर सके। सबसे पहले गर्भाशय का संकुचन 30 मिनट के अन्तर से होता है पहले धीमे और बाद में यह संकुचन तीव्रता से होता है। इस संकुचन के कारण पीड़ा होती है। जब संकुचन 10 मिनट के अन्तर से होने लगता है तथा पीड़ा और असुविधा का अनुभव धीरे-धीरे असह्य होने लगता है तब गर्भवती स्त्री को अस्पताल की ओर प्रस्थान करना चाहिए। मिडवायफ या प्रशिक्षित दाई को बुलवाकर घर पर भी प्रसव का प्रबन्ध किया जा सकता है।

नवजात शिशु के आगमन के समय की सूचना के प्रमुख लक्षण हैं — पेट की पेशियों का कठोर हो जाना, पीठ और पेट के निचले भाग में पीड़ा होना, कभी-कभी अल्प मात्रा में रक्त स्राव अथवा श्लेष्मा भी निकलती है जो ग्रीवा के मुँह को ढके रहती है। यदाकदा उल्व की थैली पहले फट जाती है तथा उल्व तरल फव्वारे के रूप में योनि द्वार से निकलता है। इन सभी बातों की जानकारी गर्भवती स्त्री को पहले देना उचित रहता है। एक गर्भवती स्त्री को (1) प्रसव पीड़ा के कारण, (2) प्रसव पीड़ा की अवस्थाएँ, (3) प्रसव के लक्षण, (4) प्रसव की अवधि, (5) असामान्य प्रसव, (6) नवजात शिशु के आगमन की तैयारी आदि के विषय में जानकारी देनी चाहिये।

## प्रसवपूर्व देखभाल

प्रसव पूर्व देखभाल, गर्भावस्था की विभिन्न जटिलताओं की जाँच के लिए महत्त्वपूर्ण है। इसके लिए शारीरिक और नियमित प्रयोगशाला परीक्षणों के लिए नियमित रूप से परीक्षण स्थल जाना पड़ता है

### पहली तिमाही

पूर्ण रक्त गणना (कम्प्लीट ब्लड काउंट) (सीबीसी (CBC))

रक्त का प्रकार (ब्लड टाइप)

एचडीएन (HDN) के लिए सामान्य रोग-प्रतिकारक की जाँच (अप्रत्यक्ष कूम्ब्स परीक्षण)

आरएच डी (Rh D) नकारात्मक प्रसव पूर्व रोगियों को आरएच (Rh) रोग की रोकथाम करने के लिए 28 सप्ताह में रोगैम (RhoGam) लेना चाहिए।

द्रुत प्लाज्मा अभिकर्मक (आरपीआर (RPR)) जो उपदंश की जाँच करता है

रूबेला रोगप्रतिकारक जाँच

हेपटाइटिस बी सतह प्रतिजन

सूजाक और क्लामीडिया संवर्ध

तपेदिक (टीबी) के लिए पीपीडी (PPD)

पैप स्मीयर

मूत्र-विश्लेषण और संवर्ध

एचआईवी (HIV) की जाँच

ग्रुप बी गोलाणु की जाँच

डाउंस सिंड्रोम (त्रिगुणसूत्रता 21) और त्रिगुणसूत्रता 18 की आनुवंशिक जाँच

### दूसरी तिमाही

एमएसएएफपी-क्वैड जाँच (एक साथ चार बार खून की जाँच) (मातृ सीरम अल्फा-भ्रूणप्रोटीनय इनहिबिनय एस्ट्रियॉलय बीएचसीजी या मुफ्त बीएचसीजी) - उत्थान, कम संख्या या विषम पद्धति जो त्रिगुणसूत्रता 18 या त्रिगुणसूत्रता 21 के बढ़े हुए जोखिम और तंत्रिका नली दोष के जोखिम से सहसम्बन्धित है।

गर्भाशय ग्रीवा, गर्भनाल, तरल पदार्थ और बच्चे का मूल्यांकन करने के लिए पेट या पारयोनि का अल्ट्रासाउंड

उल्ववेधन (गर्भवती महिला के गर्भाशय की जाँच) उन महिलाओं के लिए राष्ट्रीय मानक है जिनकी उम्र 35 से अधिक है या जो मध्य गर्भावस्था तक 35 की हो जाती हैं या जिन्हें पारिवारिक इतिहास या जन्म पूर्व इतिहास की दृष्टि से ज्यादा खतरा होता है।

### तीसरी तिमाही

लोहितकोशिकामापी (दिए हुए रक्त में लाल रक्त कोशिकाओं की आयतन प्रतिशतता) (कम होने पर माता को लौह अनुपूरण दिया जाएगा)

ग्लूकोज भरण परीक्षण (जीएलटी (GLT)) - गर्भकालीन मधुमेह की जाँचय 140 मिलीग्राम प्रति डेसीलिटर से अधिक होने पर ग्लूकोज सहिष्णुता परीक्षण (जीटीटी (GTT)) किया जाता हैय ग्लूकोज की मात्रा 105 मिलीग्राम प्रति डेसीलिटर से अधिक होने पर गर्भकालीन मधुमेह होने का संकेत मिलता है।

अधिकांश डॉक्टर कोला, नींबू या संतरे में 50 ग्राम ग्लूकोज के एक पेय के रूप में सुगर (शर्करा) भरते हैं और एक घंटे (5 मिनट आगे या पीछे) बाद रक्त निकालते हैं। 1980 के दशक के अंतिम दौर के बाद से मानक संशोधित मानदंड को कम करके 135 कर दिया गया है।

## प्रसव पीड़ा (Labor Pain)

सामान्यरूप से शरीर में किसी भी बाह्य पदार्थ के प्रवेश की नकारात्मक प्रतिक्रिया होती है और शरीर उस पदार्थ को पुनः बाहर निकालने के लिए प्रयत्न करता रहता है। गर्भाशय में विद्यमान ट्यूमर अथवा शिशु को भी गर्भाशयी मांसपेशियाँ बाहर करने की कोशिश करती रहती हैं। लेकिन यहाँ प्रश्न यह उठता है कि गर्भस्थ शिशु गर्भावस्था की निश्चित अवधि के बाद ही बाहर निकलने का प्रयत्न क्यों करता है। उसे पहले अथवा बाद में क्यों नहीं प्रयत्न करता? इसका प्रमुख कारण यह है कि गर्भावस्था में शरीर में प्रोजेस्टीरोन नामक हॉर्मोन रक्त में अधिक मात्रा में प्रवाहित होता रहता है। यह प्रोजेस्टीरोन गर्भावस्था के अन्त में अर्थात् प्रसव के कुछ दिनों या घण्टों पहले कम हो जाता है। जिससे गर्भाशयी पेशियाँ सक्रिय हो जाती हैं तथा प्रसव पीड़ा शुरू हो जाती है। सामान्य रूप से अगर प्रसव पीड़ा पैदा नहीं हो पाती है तो अकसर ऑक्सीटोसिन नामक हॉर्मोन का इन्जेक्शन दिया जाता है अथवा उल्व तरल की थैली को छेद करके तरल पदार्थ को निकाल देते हैं जिससे गर्भाशय के अन्दर का भ्रूण सम्बन्धी दाब बढ़ जाता है और पीड़ा शुरू हो जाती है।

गर्भाशय को दो भागों में विभाजित किया जा सकता है। गर्भाशय का ऊपरी भाग सशक्त पेशियों से बना हुआ होता है। जो सर्वप्रथम संकुचित होता है, मोटा तथा छोटा होने लगता है। यह निचले निर्बल भाग को अपनी ओर खींचता है जिससे ग्रीवा ऊपर की ओर खिंच जाता है तथा विस्फारित हो जाता है। निचला भाग तुलनात्मक रूप से निष्क्रिय होता है तथा ऊपर वाले हिस्से से प्रभावित रहता है। इसके कारण गर्भाशय से लेकर योनि द्वार तक एक चौड़ा रास्ता बन जाता है। प्रसव में काम आने वाली तीन मुख्य पेशियाँ हैं — गर्भाशय के ऊपर के हिस्से की पेशियाँ, पेट की पेशियाँ तथा महा प्राचीरा पेशी।

## प्रसव पीड़ा की अवस्थाएँ

प्रसव पीड़ा की तीन अवस्थाओं में से प्रथम अवस्था को विस्फारण नाम दिया गया है। यह स्थिति ग्रीवा के सम्पूर्ण विस्फारण तक बनी रहती है। दूसरी अवस्था को निष्कासन की स्थिति कहते हैं। यह स्थिति ग्रीवा के विस्फारण से लेकर भ्रूण के जन्म तक बनी रहती है। तीसरी अवस्था तब तक बनी रहती है जब तक अपरा एवं अन्य झिल्लियों का सम्पूर्ण निष्कासन नहीं हो जाता है।

प्रथम अवस्था में उल्व तरल की थैली भी फट सकती है, हर पेशीय संकुचन के साथ-साथ भ्रूण का सिर नीचे की ओर उतरता है लेकिन नीचे की ओर उतरने की गति अत्यन्त धीमी होती है। यह अवस्था गर्भ में सामान्यरूप से बारह घण्टों तक रहती है और दूसरी, तीसरी और चौथी सन्तानों के समय छ: से आठ घण्टे तक रहती है। सबसे पहले पीड़ा संकुचन के समय अपेक्षाकृत कम होती है। जबकि दूसरी अवस्था से पहले बहुत तीव्र हो जाती है। प्रथम अवस्था का अन्तिम भाग प्राय: कठिन माना जाता है। इस समय पेशीय संकुचन प्रति पाँच मिनट के बाद होता है तथा यह आधे मिनट तक रहता है।

दूसरी अवस्था में निचले हिस्से का संघर्ष समाप्त हो जाता है। जिससे गर्भाशय के ऊपर के भाग के तीव्र संकुचन से भ्रूण नीचे की ओर उतरता है। इस समय उदर की पेशियों एवं महा प्राचीर पेशियों की सहायता से भ्रूण के निष्कासन में विशेष मदद मिलती है। प्रथम सन्तान के लिए द्वितीय अवस्था की अवधि एक घण्टे से ज्यादा की नहीं होती है। ग्रीवा के सम्पूर्ण विस्फारण के कारण इस अवस्था में, प्रथम अवस्था के अन्त की अपेक्षा पीड़ा कम होती है। भ्रूण के सिर का दबाव जैसे ही पैर की नाड़ियों पर पड़ता है वैसे ही कभी-कभी पैरों की पेशियों का पीड़ादायक संकुचन होने लगता है। जिस क्षण संकुचन होने लगता है, स्त्री गहरी श्वास लेती है एवं उसे रोक कर पेट पर ऐच्छिक दवाब डालती है, नि:श्वास के समय कराहने जैसी आवाज आती है जो कि अनैच्छिक एवं प्रतिवर्ती क्रिया होती है। संकुचन के समय भ्रूण के हृदय की धड़कन बढ़ जाती जो विमोचन के समय सामान्य हो जाती है। भ्रूण के सिर के निकलते ही एक तीव्र संकुचन के साथ उसका सम्पूर्ण शरीर भी बाहर निकल जाता है। इसके बाद उल्व तरल का बचा हुआ भाग भी निकल जाता है, पीठ की पेशियाँ सख्त हो जाती हैं, मुँह लाल, नाड़ी तीव्र गति से चलने लगती है और स्त्री पसीने से नहा जाती है। यह अवस्था दूसरी, तीसरी तथा चौथी सन्तान होते समय पन्द्रह मिनट अथवा उससे कम समय तक रहती है। शिशु जन्म लेने के उपरान्त दो बार हाँफता है और उसके बाद रोने लगता है।

तीसरी अवस्था में अपरा नाभिरज्जु और अन्य झिल्लियाँ जैसे उल्व तथा जरायु का निष्कासन हो जाता है। गर्भाशय का आकार अचानक कम हो जाता है तथा एक कठोर गेंद की तरह दिखाई देता है। इस अवस्था में दस से पन्द्रह मिनट की अवधि में ही उपयुक्त पदार्थ बाहर निकल आते हैं। गर्भाशय नाभि से 5 सेमी. नीचे रहता है। 500 मिली. रक्त फव्वारे की भाँति सामान्यत: बाहर आता है और तदुपरान्त अपरा का निकास होता है। अपरा के योनि तक पहुँचते ही प्रसूता अपनी उदर की पेशियों

की सहायता से ऐच्छिक रूप से उसको बाहर निकाल सकती है। अपरा के बाहर आते ही गर्भाशय के पेशीय तन्तु अपरा तक रक्त पहुँचाने वाली रक्त नालिकाओं को घोंटते हैं जिससे रक्त-स्राव अधिक न हो सके तथा फटे हुए भाग पर फाइबिन के जमने की क्रिया को प्रोत्साहित करते हैं।

## प्रसव की वेदना से छुटकारा

माँ बनना हर महिला का सबसे खूबसूरत सपना होता है पर जाने-अनजाने वह प्रसव के दर्द को लेकर चिंतित रहती है जबकि आज विज्ञान इतनी तरक्की कर चुका है कि प्रसव से कतई नहीं घबराना चाहिए प्रसव की प्रथम अवस्था हल्के दर्द से प्रारंभ होती है। इस अवस्था में गर्भाशय धीरे-धीरे बढ़ता है। करीब 10 सेंटीमीटर मुँह खुलता है। तभी शिशु को बाहर निकलने का मार्ग मिलता है। प्रथम प्रसव में करीब 12 से 16 घंटे और द्वितीय प्रसव में 8 से 12 घंटे लगते हैं। इस दौरान होने वाला दर्द गर्भाशय की माँसपेशियों में होने वाले संकुचन के कारण होता है। जब गर्भाशय का मुँह पूरा खुल जाता है तब शिशु नीचे सरकने प्रारंभ करता है। यह प्रसव की द्वितीय अवस्था है। ये दोनों अवस्थाएं अत्यंत कष्टकारी हैं। कई ग्रामीण, कम पढ़ी-लिखी, मेहनत-मजदूरी करने वाली मजबूत महिलाएं यह दर्द आसानी से सहन कर लेती हैं। परंतु शहरी, नाजुक स्त्रियाँ कई बार यह दर्द सहन नहीं कर पातीं और जिद करके आपरेशन द्वारा प्रसव के लिए चिकित्सक को मजबूर करने लग जाती हैं। दर्द से छुटकारा दर्दनाशक दवाइयाँ व पेथिडिन, डायजापाम, केटमिन, फोर्टविन आदि इंजेक्शन दर्द को कम करते हैं। इससे थोड़ी नींद भी आती है पर इनसे कभी-कभी शिशु को पहुँचने वाली ऑक्सीजन की मात्रा कम होने की आशंका रहती है। अतएव प्रसव काल में चिकित्सक और नर्सिंग स्टाफ आदि को बहुत सावधान रहना चाहिए। दर्दनाशक सूंघने की दवाई (इन्हेलेशन एनेस्थीसिया) में ऑक्सीजन और नाइट्रस ऑक्साइड (हँसाने वाली गैस या लाफिंग गैस) गैस का मिश्रण प्रसूता को सुंघाया जाता है। इसे एंटोनाक्स अपरेटस कहते हैं। इसका मास्क प्रसूता स्वयं ही नाक पर रख कर जब तक दर्द हो, सूंघ सकती है। इससे यह लाभ होता है कि शिशु पर कुप्रभाव नहीं पड़ता और प्रसव की सही प्रोग्रेस होती रहती है। बहुत अधिक मात्रा में दवा सूंघने से अधिक नींद की अवस्था हो सकती है और शिशु घबरा सकता है।

ये हैं चमत्कारिक दवाएँ। सर्वाधिक महत्त्वपूर्ण है एपीड्यूरल एनेस्थीसिया। यह 2 प्रकार का होता है। काडल एपीड्यूरल और लंबर एपीड्यूरल। इस विधि से प्रसव में बिलकुल भी दर्द का अनुभव नहीं होता और यह बहुत ही असरकारक है। पीठ में एक पतले से इंजेक्शन की सहायता से सुन्न करने वाली दवा की कुछ मात्रा समय-समय पर अंदर पहुंचाई जाती है। इसके असर से प्रसव के समय होने वाला दर्द बिलकुल बंद हो जाता है जबकि गर्भाशय की माँसपेशियों का संकुचन जाता रहता है अर्थात् प्रसव की सामान्य प्रोग्रेस होती रहती है। एपीड्युरल कैथेटर की सहायता से लिग्नोकेन या ब्यूपिवाकेन नामक दवा शरीर में पहुँचाई जाती है। जब दर्द शुरू हो जाते हैं और बच्चेदानी का मुँह करीब 3 सेंटीमीटर खुल जाता है तब यह इंजेक्शन आरंभ किया जाता है। इस दौरान माँ और बच्चे की पूरी देखभाल और मॉनिटरिंग की जाती है। माँ की नब्ज, ब्लडप्रेशर आदि की मॉनिटरिंग की जाती है ताकि यह पता चलता रहे कि वह गर्भ में घबरा तो नहीं रही। माता को दर्द नहीं हो रहा होता तो वह कुछ बताने में असमर्थ होती है। लेबर रूम के स्टाफ को ही ध्यान रखना पड़ता है। कभी-कभी इस दवा के प्रयोग से प्रसव की द्वितीय अवस्था में ज्यादा देर लग सकती है क्योंकि दर्द का कुछ पता न चलने के कारण माता द्वारा जोर नहीं लगाया जाता है तब वैक्यूम या फोरसेप की सहायता से प्रसव कराया जाता है। यह तकनीक

# प्रसव का समय

एक वरदान है जो माताओं को असहनीय प्रसव की वेदना से छुटकारा दिलाकर माँ बनने के अनुभव को खुशनुमा बना देती है।

## प्रसव-पीड़ा की पहचान

प्रसव-पीड़ा के लक्षण प्रत्येक औरत के लिए अलग-अलग होते हैं, पर आप इसे समझ सकती हैं अगर इन लक्षणों में से एक या अधिक आपको महसूस हों।

जब नियमित और कम अंतराल पर गर्भ की पेशियाँ खिंचें या तनें। इसके अलावा जब यह अधिक समय तक और तीव्रता से हो।

माहवारी के दिनों की तरह आपको शरीर के पिछले हिस्से में दर्द हो।

आपकी योनि से एक भूरा या खून के रंग का तरल पदार्थ निकले।

आपका बच्चा तरल पदार्थ के एक बैग से सुरक्षित रहता है। यह प्रसव पीड़ा के दौरान टूटता है और पानी गिरना शुरू हो जाता है। यह प्रसव का ही एक निशान है अगर उसी समय आपको खिंचाव महसूस हो।

आपका सर्विक्स (आपके गर्भ का सबसे निचला हिस्सा, जो योनि तक जाता है) जब दस सेंटीमीटर तक फैलने लगे। आपका डॉक्टर या दाई इस बात को बेहतर तरीके से बता सकते हैं।

## डॉक्टर या दाई को कब बुलाएं?

अगर आप निश्चित तौर पर प्रसव-पीड़ा के बारे में नहीं जानती, तो डॉक्टर या दाई को बुलाएं। वह उन महिलाओं के बुलावे के आदी होते हैं, जो प्रसव में हैं लेकिन इसके बारे में जानती नहीं हैं, साथ ही वे यह भी जानते हैं कि किनको सलाह देनी चाहिए।

## अपने डॉक्टर या दाई को बुलायें यदि

आपके गर्भ के तरल पदार्थ की थैली टूट गई हो।

आपकी योनि से खून बह रहा है।

आपको बुखार, तीखा सरदर्द हो, देखने में पहले के मुकाबले बदलाव आया हो या पेट में दर्द हो

## क्या प्रत्येक दर्द प्रसव-पीड़ा नहीं भी हो सकता है?

हाँ आपको झूठी प्रसव-पीड़ा भी हो सकती है अगर आपका सर्विक्स नहीं खुलता (आपका डॉक्टर या दाई आपकी जाँच कर इसे बेहतर बता सकते हैं) और आपका खिंचाव लगातार और तीखा नहीं है और आपके पेट या पीठ का कोई भी दर्द एक गरम स्नान या मसाज से ही ठीक हो जाता है।

## क्या पहले से प्रसव-पीड़ा को समझा जा सकता है?

हालाँकि आप इसके बारे में बाखबर नहीं होंगे, लेकिन आपका शरीर बच्चों को जन्म देने के एक महीने पहले ही तैयार होने लगता है। कुछ महिलाओं में

1. सर्विक्स पहले ही खुलने लगता है।
2. बच्चे का सिर जन्म की स्थिति में आने लगता है।
3. योनि से होने वाला रिसाव बढ़ने लगता है।
4. ब्रेक्सटन हिक्स काँट्रैक्शंस (जिसे अभ्यासी खिंचाव के नाम से भी जाना जाता है जिसमें गर्भ की पेशियाँ गर्भावस्था के बीच से ही 30 से 60 सेकंड के लिए खिंचने लगती हैं) नियमित और तीव्र हो जाती हैं।

## दर्दरहित प्रसव

आपके बच्चे का जन्म वह अनूठा मौका है, जिसका पूरा परिवार बेसब्री से इंतजार करता है। यह महत्त्वपूर्ण क्षण आपके और बच्चे के लिए सुरक्षित एवं आनंदमय हो सके, इसके लिए कुछ जरूरी बातों का ध्यान रखा जाना चाहिए। जब आप गर्भवती होती हैं, तो समय-समय पर आप गर्भाशय को सिकुड़ता हुआ महसूस कर सकती हैं। जब आपकी प्रसव प्रक्रिया शुरू होती है, तो यह सिकुड़न नियमित और काफी शक्तिशाली हो जाती है। सिकुड़ने के कारण दर्द हो सकता है और साधारणतया जैसे-जैसे आप प्रसव प्रक्रिया में आगे बढ़ती हैं, यह दर्द भी अधिक होता जाता है। साधारणतया आपका पहला प्रसव सबसे लंबे समय का होगा। प्रसव की प्रक्रिया में दर्द कम करने के उपलब्ध विभिन्न तरीकों में से जो विधि माँ एवं बच्चे दोनों के लिए सुरक्षित है, वह है रीजनल एपिड्यूरल ब्लॉक।

## रीजनल एपिड्यूरल ब्लॉक

इस विधि से प्रसव वेदना का आंशिक या पूर्ण रूप से निदान संभव है। इस विधि में कमर के निचले भाग में इंजेक्शन दिया जाता है, जो कि विशिष्ट चिकित्सक जो एनेस्थेसियोलॉजिस्ट कहलाते हैं, के द्वारा लगाया जाता है। एपिड्यूरल ब्लॉक आपके होश में रहते हुए, आपके शरीर के निचले भाग की संवेदनशीलता को घटाता है।

### कैसे करता है काम

एपिड्यूरल ब्लॉक कमर के निचले हिस्से में दिया जाता है। यह लगाते समय आगे झुककर बैठने या करवट से लिटा कर आपकी त्वचा को साफ किया जाता है। फिर एक विशेष प्रकार की सुई के जरिए एक बारीक ट्यूब को रीढ़ में नसों के पास पहुँचा दिया जाता है। सुई को निकाल लेते हैं एवं नली को टेप से चिपका देते हैं। अब इस नली में दर्द कम करने की दवाइयाँ बार-बार दी जाती हैं।

### असर शुरू होने का समय

15 से 20 मिनट के अंदर। इस विधि से काफी आराम आ जाता है। आपको पीड़ा तो नहीं होगी, परंतु प्रक्रिया का कुछ अहसास होता रहेगा। दूसरे शब्दों में, स्पर्श का अहसास होगा, परंतु दर्द का अहसास जाता रहेगा। जानना खास होगा कि आप बैठ सकती हैं, चल भी सकती हैं, बात कर सकती हैं व पेय पदार्थ ले सकती हैं।

### बच्चा कैसे होगा

दर्द का केवल अहसास जाता रहेगा, बच्चेदानी सिकुड़ने की प्रक्रिया तो ऐसे ही चलती रहेगी। जब दर्द होगा तो पेट में कड़ापन आप महसूस करेंगी।

### जोर लगा पाएंगे

# प्रसव का समय

जब बच्चेदानी का पूरा मुँह खुल जाता है, सिर्फ उसी समय जोर लगाने की आवश्यकता होती है। आम तौर पर जच्चा हर दर्द पर जोर लगाने की कोशिश करती है, जो गलत है। इस विधि में दर्द खत्म होने से, माँसपेशियों को आराम मिलता है तथा जच्चा का दर्द के साथ जोर लगाना कम हो जाता है, जिससे कि प्रसव आसान हो जाता है।

## *शिशु पर कोई असर*

यह विधि माँ और शिशु दोनों के लिए सुरक्षित है। यहाँ तक कि कुछ परिस्थितियों में यह विधि सर्वोत्तम है और अतिरिक्त सुरक्षा प्रदान करती है, जैसे कम दिनों का शिशु, उल्टा बच्चा, जुड़वाँ बच्चे, ब्लड प्रेशर, हृदय की बीमारी, शुगर की बीमारी, मोटापा, थायरॉइड, अस्थमा, लीवर की बीमारियाँ आदि।

## *आवश्यक सावधानियाँ*

सामान्यतः इस प्रक्रिया में कोई खतरा नहीं होता है और जो भी खतरे होते हैं, उनके लिए विशेष सावधानियाँ रखी जाती हैं।

## *ऑपरेशन करना पड़े तो*

आज के प्रगतिशील दंपत्ति एक या दो संतान ही चाहते हैं। बच्चे को अगर खून या ऑक्सीजन की कमी होती है, तो सबसे ज्यादा असर उसकी बुद्धि पर पड़ता है। अतः सभी चाहते हैं कि बच्चा आगे आने वाले जीवन में मानसिक एवं बौद्धिक रूप से पूरी तरह स्वस्थ हो और समाज में उच्च स्थान प्राप्त कर सकें।

अगर ऑपरेशन करना पड़ता है, तो इसी में ऑपरेशन पूर्ण सुन्न करके करते हैं। प्रसव जितना पीड़ारहित होगा, माँ भी बच्चे के जन्म देते समय आनंद की अनुभूति कर सकती है।

# प्रसव की अवधि (Duration of Labor)

सामान्यरूप से प्रसव पीड़ा की अवस्थाओं के अनुसार प्रसव की अवधि प्रथम संतान एवं बाद की संतानों में अन्तर होती है। इसे निम्नलिखित सारणी से स्पष्ट किया जा सकता है

| प्रसव अवधि | प्रथम सन्तान | दूसरी सन्तान |
| --- | --- | --- |
| पहली अवस्था | 10-12 घण्टे | 5.5 से 7.5 घण्टे |
| दूसरी अवस्था | 2/3-1 घण्टे | 0.4 घण्टे |
| तीसरी अवस्था | 1/4 घण्टा | 1/4 घण्टे |

प्रसव की अवधि को अन्य कारक भी प्रभावित करते हैं जैसे अगर गर्भवती स्त्री की उम्र 30 वर्ष से अधिक है तो प्रसव की अवधि भी लम्बी होगी। इसके अलावा अगर गर्भस्थ शिशु का आकार बड़ा है, वह गर्भ में सही स्थिति में नहीं है उसका सिर ऊपर की ओर तथा पैर नीचे की ओर है तब भी प्रसव की अवधि अधिक हो जाती है। इस पर भी अगर गर्भवती स्त्री को प्रसव के विषय में सही जानकारी हो, उसका स्वास्थ्य उत्तम हो, अपने चिकित्सक पर विश्वास हो, सुसमायोजित हो तो प्रसव की अवधि कम हो सकती है।

# प्रसव के लक्षण (Signs of Labor)

अन्तिम आर्तव चक्र की तारीख से गिनकर सामान्यरूप से 280 दिन या 40 सप्ताह के उपरांत प्रसव की पीड़ा शुरू होती है। इसके चार मुख्य लक्षण हैं

1. गर्भाशय का पीड़ादायक संकुचन जो पहले 15 अथवा 30 मिनट में एक बार आता है और 1/2 मिनट तक रहता है तथा बाद में तीव्र गति से और अधिक समय तक रहने लगता है।
2. कम रक्त स्राव जिसको शो की संज्ञा दी जाती है, रक्त से मिश्रित श्लेष्मा होती है। यह ग्रीवा की श्लेष्मिक झिल्ली से अलग होकर निष्कासित होती है। इसके अलावा विस्फारण के समय अन्य पर्तों के पृथक हो जाने से भी रक्त-स्राव होता है।
3. आन्तरिक संवरणी के विस्फारण से ग्रीवा का ऊपर की ओर खिंच जाना अगर इसके साथ उल्व की थैली मार्ग के पास दिखाई दे तो समझ लेना चाहिए कि प्रसव पीड़ा शुरू होने वाली है।
4. झिल्लियों का फटना उल्व तरल की थैली कठोर, तनावपूर्ण, उभरी हुई होकर फट जाती है। जिससे उल्व तरल बाहर निकल जाता है। इसके बाद ही गर्भाशय की पेशियों की तीव्र संकुचन से शिशु का जन्म हो पाता है।

## असामान्य प्रसव (Unusual Delivery)

अगर गर्भस्थ शिशु का सिर ऊपर की ओर तथा धड़ एवं पैर के नीचे की ओर हो तो इसे मध्य अवस्था कहते हैं। जुड़वाँ अथवा तीन, चार, पाँच शिशु एक साथ गर्भ में होने से, माता की शारीरिक स्थिति के कारण, जैसे कटि प्रदेश छोटा होने से, हड्डियों के ट्यूमर से, अण्डाशय एवं गर्भाशय के ट्यूमर से, ग्रीवा के अत्यन्त सख्त होने से गर्भाशय के आलस्य से, गर्भाशय के फट जाने से ग्रीवा, योनि अथवा बाह्य द्वार के फट जाने से, गर्भाशय के उल्टा होकर बाहर निकल जाने से, गर्भाशय की स्थान च्युतता से, अपरा के गर्भाशय में चिपक जाने से तथा न निकलने से प्रसव असामान्य हो जाता है। इस अवस्था में ठीक उसी समय अगर उपचार या चिकित्सा नहीं की जाती है तो गर्भवती स्त्री या गर्भस्थ शिशु या माँ और शिशु दोनों की मृत्यु निश्चित होती है।

## प्रसव की अवस्थायें और प्रबंध (Management of Delivery)

शिशु जन्म या प्रसव की तीन प्रमुख अवस्थायें होती हैं

### जटिल गर्भावस्था के लक्षण

1. 18 वर्ष से कम या 35 वर्ष से अधिक आयु में प्रसव होना।
2. 4 फीट 10 इंच (145 सेमी.) से कम कद होना।
3. गर्भवती महिला का वजन 40 किलो से कम होना।
4. पैरों में सामान्य से अधिक सूजन होना।
5. उच्च रक्तचाप होना।
6. हीमोग्लोबिन 10 ग्राम से कम होना।
7. गर्भावस्था के समय किसी प्रकार की जटिलता जैसे झटके आना, बुखार आना।
8. पूर्व प्रसव में आंवल का रूक जाना, मुश्किल से बाहर निकलना या अत्यधिक रक्त स्राव होना।
9. पहला का प्रसव ऑपरेशन से होना।
10. तीन से अधिक बार गर्भधारण किया हो।
11. बीच-बीच में रक्त स्राव हो रहा हो।
12. क्षय रोग, हृदयरोग, मधुमेह, पीलिया की रोगी हो।
13. पहला शिशु जन्मजात विकृति वाला हो।
14. उपरोक्त एक या एक से अधिक लक्षण पाये जाने पर भी घबरायें नहीं। चिकित्सक की सलाह से पूरा उपचार लें एवं सुरक्षित प्रसव करवायें।

### प्रसव की प्रथम अवस्था (विस्तारण)

यह अवस्था प्रसव दर्द के प्रारम्भ होने से योनि के विस्तारण तक रहती है। इसलिये इस अवस्था को विस्तारण की अवस्था भी कहते हैं।

प्रसव की प्रथम अवस्था का संकेत निम्न बातों से मिलता है

1. योनि मार्ग से श्लेष्मा के साथ रक्त का स्राव,
2. कमरदर्द और दर्दयुक्त गर्भाशयिक संकुचन,
3. एकनिऑटिक द्रव का निष्कासन।

प्रसव की प्रथम अवस्था में गर्भाशय की माँसपेशियों में तीव्र संकुचन होता है। जिससे पेट तथा कमर के निचले हिस्से में दर्द आरम्भ हो जाता है। हर गर्भाशय पेशीय संकुचन के साथ भ्रूण का सिर नीचे योनि की ओर आने लगता है। पेशीय संकुचन से गर्भाशय का ऊपरी भाग कठोर हो जाता है तथा निचला भाग कोमल होकर फैल जाता है। अतः यह अवस्था योनि मार्ग के प्रसारण (फैलाव) की अवस्था है। इस अवस्था में शिशु बाहर आने के लिये मार्ग तैयार करता है।

प्रसव की प्रथम अवस्था के दौरान योनि मार्ग जो सामान्य अवस्था में केवल 1.25 सेमी. ही खुलता है। इतना फैल जाता है कि शिशु का सिर आसानी से बाहर निकल आता है।

**प्रथम अवस्था की अवधि** जब किसी स्त्री का प्रथम प्रसव होता है तो प्रथम अवस्था में अधिक समय लगता है। प्रथम प्रसव में यह अवधि लगभग 12 से 16 घन्टे तथा बहुप्रसव में 6 से 8 घन्टे होती है।

**प्रबन्ध** प्रसव की प्रथम अवस्था में निम्नलिखित प्रयास करने चाहिये

1. दर्द निवारक दवा देकर दर्द में आराम पहुँचना चाहिये।
2. यदि प्रथम अवस्था की अवधि अधिक है तो इन्ट्रोविनस विधि से ग्लूकोज सैलाइन देना चाहिये।
3. निर्जलीकरण की रोकथाम के लिये माँ को अधिक मात्रा में तरल पदार्थ लेने के लिये प्रोत्साहित करना चाहिये।
4. गर्भवती को मानसिक रूप से ढ़ाढ़स बंधाकर प्रसव के लिये तैयार करना चाहिये।
5. गर्भस्थ शिशु के हृदय की धड़कन नोट करते रहना चाहिये जिससे गर्भस्थ शिशु को कोई हानि न हो।

## प्रसव की द्वितीय अवस्था (निष्कासन)

द्वितीय अवस्था योनि के पूर्ण विस्तारण से आरंभ होकर शिशु जन्म होने तक रहती है। अतः यह शिशु जन्म की अवस्था है। इस अवस्था में गर्भस्थ शिशु माँ के शरीर से बाहर आता है। अतः इस अवस्था को निष्कासन की अवस्था भी कहते हैं। प्रथम अवस्था में गर्भाशय संकुचन से भ्रूण नीचे आ जाता है और योनि मार्ग फैल जाता है। जैसे-जैसे गर्भाशय की पेशियों पर दबाव बढ़ता जाता है शिशु योनि मार्ग से बाहर आने का प्रयास करता है। फलस्वरूप कमर के निचले हिस्से में तीव्र पीड़ा होती है और पीड़ा के साथ सर्वप्रथम शिशु का सिर बाहर आता है फिर कंधे तथा शेष शरीर बाहर आता है। इस अवस्था में गर्भवती की नाड़ी की गति तेज हो जाती है। योनि मार्ग से बाहर आने पर शिशु बलपूर्वक अपनी भुजाओं व टाँगों को घुमाता है और तेजी से रोता है।

**द्वितीय अवस्था की अवधि** इस अवस्था की अवधि प्रथम प्रसव 1-2 घन्टे तथा बहु प्रसव में आधा घन्टे से कम होती है।

*प्रबन्ध*
1. गर्भवती को मानसिक सहारा प्रदान करना चाहिये।
2. प्रत्येक 5 मिनट में गर्भस्थ शिशु के हृदय की धड़कन सुननी चाहिये। यदि गर्भस्थ शिशु के हृदय गति की दर 160 प्रति मिनट से अधिक और 100 प्रति मिनट से कम हो तो तुरंत समुचित उपचार करना चाहिये।
3. शिशु जन्म के साथ-साथ योनि मार्ग फैलता जाता है। गर्भस्थ शिशु का सिर जब योनि से बाहर आ जाये तो प्रत्येक संकुचन के दौरान शिशु के सिर को स्थिर रखना चाहिये अन्यथा सिर के हिलने डुलने से योनि मार्ग अनावश्यक रूप से फैल सकता है।
4. शिशु जन्म के समय यदि नाभि नाल गर्दन के आस-पास ढीले रूप में लिपटी हो तो उसे सिर व कंधों पर से फिसलाकर निकाल देना चाहिये।

## प्रसव की तृतीय अवस्था

यह अवस्था शिशु जन्म के बाद से प्लेसेन्टा तथा अन्य झिल्लियों के पूर्ण निष्कासन तक रहती है। यह अवस्था गर्भाशय की सफाई की अवस्था है जब शिशु का जन्म हो जाता है तो प्लेसेन्टा पृथक हो जाने के बाद रक्त प्रवाह तेज हो जाता है और नाभिनाल लम्बी हो जाती है। गर्भाशयिक संकुचनों से लगभग दस से पन्द्रह मिनट में सभी पदार्थ जैसे अपरा, नाभिनाल श्लेष्मा, रक्त सभी बाहर आ जाते हैं। प्लेसेन्टा का निष्कासन पूर्ण रूप से हुआ है या नहीं यह ज्ञात करने के लिये प्लेसेन्टा व झिल्लियों का परीक्षण किया जाता है। सम्पूर्ण पदार्थ बाहर आने पर योनि मार्ग को धोकर साफ किया जाता है और यदि योनि मार्ग फट गया है तो टाँके लगाये जाते हैं। शिशु जन्म के एक घन्टे बाद तक गर्भवती का सूक्ष्म निरीक्षण किया जाता है तथा नाड़ी और रक्तचाप को नोट किया जाता है।

## प्रसव के प्रकार (Types of Labor)

प्रसव कई प्रकार से होता है। शिशु जन्म की प्रक्रियायें निम्नलिखित हैं
1. सामान्य व स्वाभाविक प्रसव।
2. उल्टा प्रसव।
3. औजारों व उपकरणों द्वारा प्रसव।
4. ऑपरेशन द्वारा प्रसव।

## सामान्य व स्वाभाविक प्रसव

शिशु जन्म की यह प्राकृतिक और स्वाभाविक प्रक्रिया है इसमें प्रसव की तीनों अवस्थायें बारी-बारी से क्रियान्वित होती हैं। सर्वप्रथम योनि मार्ग का विस्तार होता है, फिर शिशु योनि से बाहर आता है और अंत में गर्भाशयिक संकुचन द्वारा सम्पूर्ण व्यर्थ पदार्थों का गर्भाशय से निष्कासन हो जाता है।

**लाभ**   इस अवस्था के प्रमुख लाभ अग्रलिखित हैं
1. प्रसूता माँ को अस्पताल या प्रसूति केन्द्र में अधिक समय तक नहीं रहना पड़ता है।
2. जन्म के बाद शिशु तथा प्रसूता माँ की बहुत अधिक देखभाल की आवश्यकता नहीं होती है।
3. सामान्य प्रसव से उत्पन्न बालकों की वातावरण के साथ समायोजन की क्षमता अधिक होती है।
4. इस प्रसव प्रक्रिया में शिशु के जन्म में अधिक समय नहीं लगता है।

5. प्रसव के समय माँ तथा शिशु दोनों को अधिक कठिनाई नहीं होती है।
6. माँ तथा शिशु का स्वास्थ्य जन्म के बाद ठीक रहता है।

## ऑपरेशन द्वारा प्रसव

जब शिशु सामान्य व प्राकृतिक प्रक्रिया द्वारा योनि मार्ग से बाहर आने में असमर्थ होता है तो माँ के उदर में चीरा लगाकर शिशु को बाहर निकाला जाता है तो उसे ऑपरेशन द्वारा प्रसव कहते हैं। ऑपरेशन के द्वारा प्रसव निम्न परिस्थितियों में किया जाता है

1. योनि मार्ग का संकरा होना तथा शिशु का आनुपातिक रूप से बड़ा होना।
2. सामान्य प्रक्रिया द्वारा जन्म लेने पर शिशु की जान को खतरा होना।
3. गर्भ में शिशु की स्थिति सामान्य न होना।
4. गर्भ में शिशु की मृत्यु हो जाना।
5. गर्भाशयिक संकुचनों का कम होना।
6. किन्हीं कारणोंवश शिशु जन्म निर्धारित समय से पूर्व आवश्यक होना।

**हानि**   इससे निम्नलिखित हानि हैं

1. ऑपरेशन के कारण प्रसूता को अधिक आराम की आवश्यकता होती है।
2. ऑपरेशन द्वारा प्रसव में अधिक समय व धन लगता है।
3. यह प्रसव घर पर नहीं कराया जा सकता है।
4. प्रसूता को अधिक समय तक प्रसूति केन्द्र में रहना पड़ता है।
5. शिशु जन्म के बाद प्रसूता और नवजात दोनों को अधिक देखभाल की आवश्यकता होती है।
6. आपरेशन द्वारा प्रसव के बाद गर्भाशय को अपने सामान्य आकार में आने में अधिक समय लगेगा।

## उल्टा प्रसव

जब गर्भाशय में शिशु की स्थिति उल्टी होती है अर्थात् पैर नीचे और सिर ऊपर होता है तथा गर्भवती को प्रसव वेदना प्रारंभ होने के कारण निचला भाग और पैर पहले बाहर आते हैं तथा धड़ और सिर बाद में बाहर आते हैं तो ऐसी प्रसव प्रक्रिया को 'उल्टा प्रसव' कहते हैं। प्रसव प्रक्रिया में औजारों की मदद ली जाती है।

इस प्रसव प्रक्रिया में प्रसव की तीनों अवस्थायें — योनि मार्ग विस्तारण, शिशु निष्कासन तथा गर्भाशयिक व्यर्थ पदार्थों का निष्कासन सामान्य प्रसव के समान ही होती है।

**हानि**   इस प्रक्रिया से निम्नलिखित हानि हैं

1. शिशु के प्रसव के लिये औजारों की सहायता ली जाती है जो कभी-कभी माँ के जननांगों तथा शिशु के कोमल अंगों को ये औजार हानि पहुँचा सकती है।
2. सामान्य प्रसव प्रक्रिया से अधिक समय लगता है।
3. प्रसव के समय गर्भवती माँ तथा शिशु दोनों को अधिक कठिनाई का सामना करना पड़ता है।

## मेडिकल उपकरणों द्वारा प्रसव

जब गर्भस्थ शिशु किन्हीं कारणों से सामान्य प्रक्रिया द्वारा योनि मार्ग से स्वतः बाहर नहीं आ पाता है और गर्भवती माँ प्रसव वेदना से पीड़ित होती है तो औजारों व उपकरणों की सहायता से योनि मार्ग को चौड़ाकर शिशु को औजारों की सहायता से बाहर निकाला जाता है।

निम्न परिस्थितियों में आपरेशन द्वारा प्रसव किया जाता है
1. गर्भस्थ शिशु के कमजोर होने पर।
2. योनि मार्ग छोटा होने पर।
3. शिशु का अपने सही स्थिति में न होने पर।
4. शिशु का सिर बड़ा होने पर।
5. गर्भाशयिक संकुचन के कम हो जाने पर।
6. गर्भाशयिक पानी की थैली के फट जाने पर।

इन सभी अवस्थाओं में शिशु स्वाभाविक रूप से बाहर नहीं आ पाता हैं अतः औजारों की सहायता से उसे बाहर निकाला जाता है।

## हानि

1. इस प्रसव प्रक्रिया में माँ के जननांगों तथा शिशु के कोमल अंगों को औजारों से हानि हो सकती है।
2. इस प्रसव प्रक्रिया में अधिक समय लगता है।
3. गर्भवती माँ तथा शिशु दोनों को अधिक कठिनाई का सामना करना पड़ता है।
4. प्रसव के लिये अनुभवी व योग्य चिकित्सक की आवश्यकता होती है।
5. यह प्रसव घर पर नहीं कराया जा सकता है।

## शल्यक्रिया द्वारा प्रसव (Delivery by Cesarean)

जब माँ के पेट के निचले भाग तथा गर्भाशय की शल्यक्रिया द्वारा शिशु का प्रसव कराया जाता है तो उसे सीजेरियन सैक्शन कहते हैं। कुदरती तरीके से हुए शिशु कुदरत की हिफाजत में संसार में आ जाते हैं। किन्तु कुछ कारणों की वजह से सीजेरियन का विकल्प रखना पड़ता है। सीजेरियन से हुए शिशु का सफर अलग होता है। नौ महीने माँ की कोख में पलने के बाद जब एक शल्यक्रिया का निर्णय लिया जाता है तब कुदरत की बागडोर कुछ इनसानों के हाथ चली जाती है। कई बार जरूरी और कई बार बिना किसी खास अनुरूप तर्क के यह विकल्प चुना जाता है।

जब शिशु योनिमार्ग से नहीं गुजरता तो उसके फेफड़े का पानी ठीक से नहीं निचुड़ पाता। कुछ शिशु यह सामान्य तरीके से सहन कर लेते हैं। कुछ की साँस ज्यादा चलने लगती है। शिशु को इससे तकलीफ हो सकती है। इस स्थिति को ट्रान्सियन्ट टैकिप्निया ऑफ न्यूबॉर्न कहते हैं। योनिमार्ग से नहीं

# प्रसव का समय

निकलने की वजह से सर पर कोन(कैपुट) भी नहीं बनता है।

> **वे कौन सी स्थितियाँ हैं जब कि सोच विचारकर सीजेरियन सैक्शन किया जाता है?**
>
> निम्नलिखित स्थितियों में सीजेरियन सैक्शन की योजना बनाई जाती है
> 1. यदि पहले पहले या उससे अधिक सीजेरियन हो चुके हो।
> 2. बीजाण्ड का नीचे की ओर होना।
> 3. आप के बच्चे का विकृत स्वरूप।

सीजेरियन एक अहम् शल्यक्रिया है। अन्य किसी भी शल्यक्रिया की ही तरह इसमें उतना ही खतरा है। यह खतरा कोई सर्जीकल या अनेस्थेटिक कौम्प्लीकेशन, करने वाले डॉक्टर के हुनर की कमी, बच्चे में किसी त्रुटि या फिर स्त्री के शरीर के किसी प्रतिकूल अनुक्रिया की वजह से हो सकती है। किन्तु जब यह आवश्यक हो तब माँ और शिशु दोनों के लिये जीवनदायिनी भी है।

## किन परिस्थितियों में आपातकालीन सिजेरियन सैक्शन किया जाता है?

निम्नलिखित परिस्थितियों में आपातकालीन सिजेरियन सैक्शन किया जाता है
1. भ्रूण पर विपत्ति हो सकता है कि आप का शिशु प्रसव के दबाव को सहन न कर पा रहा हो और हृदय की धड़कन अनियमित या कम होती जा रही हो, या रक्त में एसिड बन रहा हो।
2. कभी-कभी एमनियौटिक तरल पदार्थ का रंग बदलकर हरा-सा हो जाता है (गर्भाशय में भ्रूण के मल या मैकोनियम का मार्ग तो वह विपत्ति का चिन्ह हो सकता है यदि योनि मार्ग से प्रसव तुरन्त न हो सकता है तो सिजेरियन ही बच्चे को बचाने का सर्वश्रेष्ठ साधन है।
3. प्रसव क्रिया में प्रगति का अभाव
4. प्लैसेन्ट (बीजाण्ड में रक्त स्राव)

## प्रकार

सीजेरियन सेक्शन के कई प्रकार हैं। एक महत्त्वपूर्ण अंतर त्वचा पर लगाए जाने वाले चीरे के अतिरिक्त गर्भाशय पर लगे चीरे (लंबवत या अंक्षाशीय) का है।

प्राचीन सीजेरियन सेक्शन में मध्यरेखीय लंबवत् चीरा लगाया जाता है, जिसमें शिशु के जन्म के लिए बड़े स्थान की आवश्यकता होती है। हालाँकि इसका प्रयोग अब काफी कम होता है, क्योंकि इससे कई तरह की समस्याएं उत्पन्न होने की संभावना रहती है।

निम्न गर्भाशयी खंड परिच्छेद ऐसी विधि आजकल सर्वाधिक प्रयोग में आने वाली विधि है। इसमें ब्लैडर के किनारे के ऊपर एक अनुप्रस्थ काट लगाई जाती है जिससे कम रक्तस्राव होता है तथा उसकी मरम्मत आसान होती है।

आपातकालीन सीजेरियन सेक्शन एक ऐसी सीजेरियन विधि है जो प्रसवपीड़ा आरंभ होने के बाद संपन्न की जाती है।

क्रैश सीजेरियन सेक्शन सीजेरियन की ऐसी विधि है, जो प्रासविक आपातकाल में संपन्न की जाती है, जहाँ गर्भावस्था की समस्याएँ प्रसव पीड़ा के दौरान अचानक उत्पन्न होती हैं, तथा माँ, शिशु/शिशुओं अथवा दोनों को मृत्यु से बचाने के लिए एक त्वरित कार्रवाई की आवश्यकता होती है।

सीजेरियन हिस्टरेक्टोमी में गर्भाशय को हटाने के बाद सीजेरियन परिच्छेद किया जाता है।

दुःसाध्य रक्तस्राव की स्थिति में या जब गर्भाशय से गर्भनाल अलग किया जा सकता है, तब इसे प्रदर्शित किया जाता है।

पारंपरिक रूप से सीजेरियन के अन्य रूपों का प्रयोग किया गया है, जैसे अति-उदरावरणीय सीजेरियन परिच्छेद या पोरो सीजेरियन सेक्शन।

रोगी ने यदि पहले सीजेरियन सेक्शन करवाया हो, तो उस स्थिति में दुहराव सीजेरियन परिच्छेद किया जाता है। विशेष रूप से इसे पुराने निशान पर किया जाता है।

कई अस्पतालों में, विशेषकर अर्जेंटाइना, अमेरिका, युनाइटेड किंगडम, कनाडा, नॉर्वे, स्वीडन, ऑस्ट्रेलिया तथा न्यूजीलैंड में माँ के जन्म सहयोगी को शल्यक्रिया के दौरान वहाँ मौजूद रहने के लिए प्रेरित किया जाता है, ताकि वह उस अनुभव को बाँट सके। निश्चेतक विशेषज्ञ प्रायः पर्दे को नीचे खिसका देते हैं, ताकि माता-पिता अपने शिशु जन्म को देख सकें।

## संकेत

सीजेरियन सेक्शन की सलाह तब दी जाती है, जब योनिमार्ग द्वारा शिशु जन्म में माँ या बच्चे की जान को खतरा हो। हालाँकि सभी सूचीबद्ध परिस्थितियाँ अनिवार्य संकेत को नहीं दर्शाती तथा कई स्थितियों में प्रसव विशेषज्ञ को यह तय करने का एकाधिकार होना चाहिए कि सीजेरियन आवश्यक है अथवा नहीं। सीजेरियन शिशु-जन्म के कुछ संकेत इस प्रकार हैं

1. सामान्य शिशु जन्म में अवरोध उत्पन्न करने के लिए प्रसव-समस्याएँ प्रमुख कारक हैं।
2. काफी लंबा प्रसव या आगे बढ़ने (डिस्टोसिया) में असफलता
3. जानलेवा विपत्ति
4. कॉर्ड प्रोलैप्स
5. गर्भाशयी विदर
6. उल्वी विदर के बाद माँ या शिशु में बढ़ा हुआ रक्तचाप (हाइपरटेंशन)
7. उल्वी विदर के बाद माँ या शिशु में बढ़ी हुई हृदय-गति (टैकाइसाइडिया)
8. अपरा संबंधित समस्याएं (अपरा प्रेविया, अपरा अवखंडन या अपरा एस्क्रेटा)
9. असामान्य गर्भस्थिति (नालपृष्ठ या अनुप्रस्थ स्थितियां)
10. असफल प्रसव प्रेरण
11. औजारों द्वारा असफल जनन (फोरसेप्स या वेंटोयूज द्वारा। कभी-कभी 'फोरसेप्स-वेंटॉज द्वारा शिशु जनन का प्रयास' किया जाता है- इसका अर्थ होता है कि फोरसेप्स-वेंटोयूज जनन का प्रयास किया गया, और यदि फोरसेप्स/वेंटोयूज जनन असफल रहता है, तो इसे सीजेरियन सेक्शन में बदल दिया जाएगा)
12. शिशु का काफी बड़ा होना (मैक्रोसोमिया)
13. नाभि रज्जु की असामान्यता (वासा प्रेविया, बाइ-लोबेट समेत मल्टि-लोबेट तथा सकेंच्युरेट-लोब्ड प्लेसेंटा, वेलामेंटस इंसर्शन)
14. संकुचित कोख
15. गर्भावस्था की अन्य समस्याएं, पूर्व से विद्यमान स्थितियाँ तथा सहवर्ती रोग, जैसे
    (क) प्री-एक्लैम्पिसिया
    (ख) उच्च रक्तचाप
    (ग) बहु-जनन

(घ) उत्कृष्ट (उच्च जोखिम) भ्रूण

## माँ का एच.आई.बी. संक्रमण

यौन-संचरित संक्रमण, जैसे हर्पीज (योनि-जनन द्वारा शिशु के जन्म लेने पर शिशु में हस्तांतरित हो सकता है, पर प्रायः उपचार से यह ठीक भी हो सकता है, इसके लिए सीजेरियन सेक्शन की आवश्यकता नहीं होती)

1. मूलाधार के स्वस्थ्य होने का पहले की समस्याएँ।
2. प्रासविक निपुणता की कमी
3. तकनीक का गलत उपयोग
4. जोखिम
5. माता से जुड़े खतरे

## प्रसवोपरांत (Post-Delivery)

बच्चे के जन्म लेने के बाद सर्वप्रथम बच्चे के मुँह और नाक को साफ किया जाता है। कभी-कभी बच्चे के मुँह और साँस की नलिका से चिकने पदार्थ व अन्य द्रवों को साफ करने के लिए मशीन का उपयोग किया जाता है। इसके बाद बच्चे को अच्छी तरह से साफ कपड़े में लपेट लेते हैं जिससे बच्चे के शरीर का तापमान बना रहे। जन्म ने बाद बच्चे के आंखों की सफाई भी आवश्यक होती है। बच्चे के जन्म लेने के बाद बच्चे के सांस लेने की कार्यक्षमता, दिल की धड़कन, त्वचा का रंग, हाथ-पैरों का हिलना व छूने पर बच्चे का स्वभाव देखा जाता है। इसको एपगर कहते हैं। यदि बच्चे की कार्यक्षमता सामान्य होती है तो बच्चे के हाथ-पैर, कान, मल-मूत्रद्वार तथा बच्चे की पीठ को देखने के बाद बच्चे के पेट की सफाई आदि की जाती है तथा भोजन की नलिका के अवरोध को देखा जाता है।

## बच्चा

बच्चे के जन्म का तीसरा चरण बच्चे के जन्म होने से औवल को बाहर आने को तीसरा चरण कहते हैं। बच्चे के जन्म होने के बाद बच्चा एक नाल (कोड) से जुड़ा होता है जिसको नाल कहते हैं। यह सफेद, मटमैला और रस्सी के समान आकृति का होता है। इसके बच्चे की धड़कन महसूस की जा सकती है। यह बच्चे को रक्त और ऑक्सीजन पर्याप्त मात्रा में पहुँचाया रहता है। दूसरी तरफ यह नाल ओवल से जुड़ा रहता है जो माँ के बच्चेदानी की दीवार से चिपका रहता है जब बच्चा ठीक तरफ से रोने लगता है और उसका रंग गुलाबी रंग का हो जाए तो इसका अर्थ यह होता है कि बच्चे का दिल और फेफड़े कार्य करने लगे है इसी अवस्था में नाल को बच्चे की नाभि से लगभग 8 से 10 सेमी की दूरी पर क्लैम्प लगाकर काटा जाता है।

नाल को काटकर यह देखें कि यह जमीन या किसी अन्य चीज से छू न जाए क्योंकि यह शीघ्र ही रोग को पकड़ लेता है और उससे बच्चे को रोग हो सकता है। इसीलिए इसे काटने के बाद बच्चे के पेट पर डाल देना ही उचित होता है बच्चे की कटी नाल पर कोई दवा भी लगाई जा सकती है। बच्चे की कटी हुई नाड़ 24 घंटे के अंदर धीरे-धीरे करके सूख जाती है। लगभग 7 से 10 दिन में यह सूखकर शरीर से अलग हो जाती है तथा इसके स्थान पर एक बटन के आकार का दाग शरीर पर रह जाता है जिसको नाभि कहते हैं। जब तक यह शरीर पर रहता है इसकी देखरेख आवश्यक होती है। इसे प्रतिदिन दिन में दो बार डॉक्टरी रूई से स्प्रिट के सहायता से साफ करना तथा कीटाणुनाशक दवा का उपयोग करना चाहिए।

एमनीओटिक झिल्ली के फाड़ने के बाद यह नाल (एमलाइकल कोर्ड) बच्चा पैदा होने से पहले कई बार बाहर निकल जाती है। यह अवस्था यह अवगत कराती है कि बच्चा अपने समय के अनुसार छोटा, शारीरिक त्रुटियाँ, गर्भ में बच्चे की आसामान्य अवस्था या गर्भाशय में एमनीओटिक द्रव का अधिक मात्रा होना प्रमुख कारण होता है। भग से नाल के बाहर आने पर नाल में रक्त का बहाव कम होने लगता है बच्चे के सिर का दबाव तथा माँ के कूल्हे की बीच की हडि्डयों के बीच नाड़ पर लगातार दबाव पड़ने के कारण कई बार रक्त का संचार बिल्कुल ही बंद हो जाता है। इस अवस्था में बच्चे का तापमान व रक्त कम होने के कारण बच्चा गर्भ में ही मर जाता है। इसी कारण इस अवस्था में प्रसव का शीघ्र करना या ऑपरेशन के द्वारा प्रसव कराना लाभदायक होता है।

कई बार नाड़ की इस प्रकार की अवस्था प्रारम्भ में मालूम नहीं हो पाती है। इस अवस्था को मालूम करने के लिए भग द्वारा जाँच करनी पड़ती है। इस दशा में प्रसव शीघ्र नहीं हो पाता है तथा बच्चे के दिल की धड़कनें कम होने लगती हैं। इस कारण यह आवश्यक है कि जैसे ही एमन्योटिक झिल्ली फटती है। उस समय स्त्री की जाँच भग द्वारा शीघ्र होनी चाहिए। ऐसी स्त्रियाँ जिनमें बच्चे का सिर कूल्हे पर आकर न टिका हो उनमें नाल का बाहर आने की संभावना भी अधिक होती है और कुछ समय बाद यह स्वयं सूखकर गिर जाती है तथा बच्चे की नाभि का निशान जीवनपर्यन्त के लिए रह जाता है।

बच्चे के जन्म के समय जैसे ही बच्चे का सिर बाहर आता है तो इस बात को ध्यान देना चाहिए कि बच्चे के चेहरे पर चिकनाईयुक्त द्रव कितना लगा है क्योंकि यही चिकनाईयुक्त द्रव बच्चे को साँस लेने में कठिनाई डाल सकता है। इसी कारण एक साफ कपड़े के टुकड़े द्वारा बच्चे का चेहरा,

नाक और मुँह को अच्छी प्रकार से साफ करना चाहिए। बच्चे के पैदा होते ही बच्चे को उल्टा लटकाया जा सकता है। जिससे फेफड़े आदि में गया हुआ चिकना द्रव मुँह में लौटकर आ जाए और मुँह का द्रव फेफड़ों में न जा पाये। इस कारण इसको सक्शन द्वारा सावधानी से निकाला जा सकता है।

थोड़ी सी मात्रा में चिकनाईयुक्त द्रव फेफड़ों में जा सकता है। परन्तु अधिक मात्रा में द्रव फेफड़ों में जाने से बच्चे का रोना ठीक नहीं होता है। ऐसी स्थिति में फेफड़े में नली डालकर इसे निकालना पड़ता हैं तथा बच्चे को दवाइयाँ भी शुरू करनी पड़ती है। पहले बच्चे के फेफड़े गुब्बारे की भांति बिना हवा के होते है। परन्तु पहली बार सांस लेते ही फेफड़े हवा से भर जाते हैं। उसमें से रक्त आने लगता है तथा आक्सीजनयुक्त रक्त फेफड़े से बच्चे के हृदय की ओर पहुँच जाता है। इस अवस्था में बच्चे का हृदय शीघ्र ही कार्य करने लगता है। इसी बीच बच्चे का सम्बन्ध औवल से अलग हो जाता है।

बच्चेदानी में कुछ दर्द के साथ औवल भी धीरे-धीरे बच्चेदानी की दीवारों की पकड़ को छोड़ने लगती है तथा धीरे-धीरे करके पूरा औवल अलग होकर इसी द्वार से बाहर आ जाती है। कभी-कभी औवल को आने में 10 मिनट से लेकर आधे घंटे का समय लग सकता है ऐसी स्थिति में मां के पेट की हल्की मालिश भी करनी पड़ सकती है। यदि इसके बाद भी औवल बाहर नहीं आता है तो उसे रिटेन्ड औवल कहते हैं। औवल के बाहर आते ही औवल को अच्छी प्रकार से देखना चहिए। यदि औवल का एक भी टुकड़ा नहीं आ पाया तो फिर बच्चेदानी पूरी तरफ से सिकुड़ नहीं पाती तथा रक्तस्राव होता रहता है।

बच्चे के जन्म लेते ही बच्चा कुछ नीले रंग का हो जाता है। परन्तु बच्चे के रोने से ऑक्सीजन और रक्त बच्चे के शरीर में संचरित होने लगता है। इसके कारण बच्चे का रंग गुलाबी हो जाता है। बच्चे के शरीर पर सफेद चिकनाईयुक्त पदार्थ लगा रहता है। इस चिकनाईयुक्त पदार्थ को वरनिक्स कहते हैं। बच्चे को साफ कपड़े से पोंछने या बच्चे को स्नान कराने से यह चिकनाईयुक्त द्रव शरीर से बाहर आ जाता है।

बच्चे के चेहरे पर कुछ सूजन, आँखों का धंसा रहना और बच्चे का सिर का कुछ भाग उठा-सा दिखाई पड़ता है जिसको कैपुट कहा जाता है। यह सब समय के साथ ठीक हो जाता है। बच्चे के पैदा होते समय सिर पर जो मांसपेशियों का जोर लगता है । उससे कैपुट बन जाता है। परन्तु यह कुछ ही दिनों में ठीक हो जाता है। बच्चे के जन्म के समय बच्चे की छाती कुछ बढ़ी हुई होती है। प्रसव में यदि लड़की होती है। तो उसके मूत्रद्वार के दोनों ओर की त्वचा लेबिया कुछ अधिक भूरी और सूजी हुई होती है और कुछ भाग बाहर निकलता दिखाई देता है। कभी-कभी थोड़ा-सा रक्त भी आ जाता है इसी प्रकार लड़के में अंडकोषों का बड़ा होना या कुछ हल्के नीले ब भूरे रंग का दिखाई पड़ना आदि सामान्य बातें होती है जो समय के अनुसार बदल जाती है। गर्भवस्था के समय महिला को यह निर्णय ले लेना चाहिए कि उन्हें प्रसव घर में या अस्पताल में करवाना है। गर्भवस्था के दौरान महिला की किसी स्त्री रोग से विशेषज्ञ से करवानी चाहिए।

**प्रसव से हुई जननांगों की पीड़ा कब तक रहती है, सम्भोग का प्रारम्भ कब तक किया जा सकता है?**

सामान्यतः चलने और बैठने से होने वाली असुविधा के एक महीने तक समाप्त होने की आशा की जा सकती है पर दो महीने आराम से लग सकते हैं। योनिपरक सम्भोग में होने वाली असुविधा को तीन महीने लगते हैं पर कभी-कभी छः महीने या अधिक भी लग सकते हैं।

**प्रसव के बाद मूत्र त्याग में पीड़ा या पेशाब का बार-बार आना और बल्वा में जलन के क्या कारण होते हैं?**

प्रसव के बाद गर्भकाल के उच्च इस्ट्रोजन और प्रोजेस्ट्रोन जैसे हॉरमोन्स तेजी से कम हो जाते हैं जिससे

योनि में और वल्वा के आन्तरिक म्युकोसल अस्तर में रूखापन आ जाता है। परिणामस्वरूप, साबून से, रगड़ से, पैड के कैमिकल्स से, कंडोम और अन्य लगाने वाले लोशन से अंदर जलन हो तो वह बहुत कष्ट देती है।

**प्रसव के बाद क्या प्रायः औरतों को अनियंत्रित गैस निष्कासन अथवा मल त्याग की समस्या होती है?**

योनिपरक प्रसव के बाद कुछ को अपने मल अथवा गैस को रोकना मुश्किल हो जाता है अधिकतर मलद्वारा की स्फिन्स्टर मांसपेशियों में घाव के कारण होता है, घाव के उपचार के बाद भी कई बार ऐसा हो जाता है।

**प्रसव के बाद योनि के खुल जाने या श्रोणि भ्रंश के सन्दर्भ में क्या किया जाना चाहिए?**

इस के लिए डॉक्टर-फिजियोथैरेपिस्ट से सम्पर्क करें जो कि मांसपेशियों के खिंचाव को कम करने के लिए केगलस व्यायाम सुझाव देंगे।

## नवजात शिशु के आगमन की तैयारी

कई स्त्रियों के लिए प्रसव का समय एक तनावपूर्ण और भयदायक अवस्था होती है। इसलिए वह चिकित्सक द्वारा बार-बार विश्वासपूर्ण तथा प्रोत्साहनयुक्त शब्द सुनने की इच्छुक होती है। इस तरह चिकित्सक या नर्स का दृष्टिकोण और व्यवहार इस समय विशेष महत्त्वपूर्ण होता है। चिकित्सालय में आते ही गर्भवती स्त्री, जो प्रसव के लिए आई है, को फव्वारे के नीचे स्नान करने को कहा जाता है। इस समय में चिकित्सक को उसका पिछला रिकार्ड देखने का मौका मिल जाता है। इसके बाद स्त्री के प्यूबिक रोम की सफाई की जाती है तथा एक एण्टीसेप्टिक मरहम लगाया जाता है। स्त्री का मूत्र परीक्षण के लिए भेजा जाता है और इसके उपरांत एक गुनगुने पानी का एनीमा भी उसको दिया जाता है। एनीमा के स्थान पर सपोजीटरी भी दिया जा सकता है। स्त्री के सामान्य परीक्षण के उपरांत तापमान नाड़ी की गति तथा रक्तचाप को भी अंकित किया जाता है। उसके बाद योनि मार्ग द्वारा भ्रूण का परीक्षण किया जाता है। जिससे भ्रूण की दिशा एवं स्थिति के बारे में सही जानकारी मिलती है। इस समय रक्त और ग्लूकोज की भी जरूरत हो सकती है। अतः रक्त चढ़ाने के लिए तथा ग्लूकोज सैलाइन आदि की तैयारी पहले से ही कर ली जाती है।

# प्रसव का समय

प्रथम प्रसव के समय स्त्री को प्रोत्साहन अथवा उत्साहपूर्ण शब्दों की जरूरत होती है। वह मित्रतापूर्ण सहानुभूतिपूर्ण व्यवहार की अपेक्षा करती है। कम और तीव्र दोनों संकुचनों के मध्य वह चल सकती है, बैठ सकती है, टेलीविजन देख सकती है तथा मैगजीन पढ़ सकती है। लेकिन जैसे ही सिर ग्रीवा के निकट उतरता है उसको चलना अथवा बैठना नहीं चाहिए। तब वह तकिए की मदद से बैठे या एक पार्श्व में लेटे रहे। प्रसव पीड़ा के आरंभ होने के बाद बर्फ के टुकड़ों के अलावा मुँह द्वारा कुछ भी नहीं देना चाहिए क्योंकि उस समय शनाशय निष्किय हो जाता है। परिणामस्वरूप उसको उल्टी हो सकती है और अगर उसको किसी आवश्यकता के कारण बेहोश करना पड़े तो वह पदार्थ उल्टी द्वारा पुनः फेफड़े में पहुँच सकता है। इस अवस्था में स्त्री को बार-बार मूत्राशय को खाली करने का भी सुझाव दिया जाता है। ऑल्ब्यूमिन एवं एसीटोन की उपस्थिति जानने के लिए मूत्र का परीक्षण भी किया जाता है। पन्द्रह या तीस मिनट के अन्तर से भ्रूण के हृदय की धड़कन भी सुनी जाती है। जो 120 से 160 प्रति मिनट तक सामान्यरूप से होती है। अगर यह धड़कन 100 से कम होती है तो यह समझ लेना चाहिए कि भ्रूण किसी न किसी प्रकार के आफत में है।

दूसरी अवस्था में गर्भवती को सक्रिय सहयोग की जरूरत होती है। इस समय ग्रीवा योनि मार्ग के फटने का डर रहता है। मूत्र के निकास में अगर स्त्री कठिनाई का अनुभव करें तो कैथीटर का प्रयोग किया जा सकता है। स्त्री को पीने के लिए ठण्डा पानी अथवा बर्फ का टुकड़ा मुँह में रखने के लिए देना उचित होता है। इस अवस्था में स्त्री को किसी भी परिस्थिति में अकेला नहीं छोड़ना चाहिए। देखभाल करने वाले व्यक्तियों को इस समय स्त्री को प्रोत्साहन देना तथा उत्साहपूर्ण शब्दों द्वारा उसको दिलासा देना जरूरी है। शिशु के जन्म लेने के साथ ही उसकी आँख, नाक आदि को साफ पानी में रूई भिंगोकर, साफ करना चाहिए। शिशु के मुँह से एवं नाक से श्लेष्मिक स्राव होने लगता है। जरूरत होने पर कभी-कभी नली द्वारा चूसकर भी उनको साफ किया जाता है। जन्म के तुरन्त बाद शिशु को अपरा के स्तर के नीचे पकड़ना चाहिए जिससे उसको 60 मिमी तक अतिरिक्त रक्त मिल जाता है। नाभि को एक दो मिनट ठहरकर ही बाँधना उचित होता है। क्योंकि अतिरिक्त रक्त के मिलने से अधिकतर शिशुओं के गुर्दे एवं श्वसन सम्बन्धी कठिनाइयाँ नहीं रह पाती।

जन्म के उपरांत शिशु अपने हाथ पैरों को हिलाता है तथा पहले प्रश्वास के साथ ही उसका पहला रोना निकलता है। श्लेष्मा के साफ न हो पाने से शिशु देर से रो पाता है। इसके बाद शिशु नियमित श्वास लेने लगता है। शिशु को भली प्रकार पोंछकर गर्म कपड़े में लपेटकर सुलाया जाता है, जिससे उसकी शारीरिक गर्मी का नाश कम हो। अब शिशु का वजन तथा लम्बाई को अंकित किया जाता है। उसके शरीर पर शेष लगे रह गए खून, श्लेष्मा या मल को साफ रूई से हटाया जाता है। उसे साधारणतः नहलाया नहीं जाता है पर हेक्सा क्लोरोफेन मरहम से साफ किया जाता है। उसके बाद तुरन्त साफ किया जाता है क्योंकि अन्य औषधियों का शिशु की कोमल त्वचा द्वारा शोषित होने की और इससे बाँटे जाने की सम्भावना तीव्र रहती है।

24 घण्टे बाद नाभि रज्जु के कटे हुए भाग को पुनः खोलकर बाँधा जाता है तथा उसके आस-पास मरहम लगाया जाता है। पहले चार दिनों में शिशु का वजन 5-10 औंस तक कम होता है। क्योंकि इस समय शारीरिक तरल पदार्थों का निष्कासन होता है। माता के स्तनों में दूध का स्राव जब तक नियमित नहीं हो जाता है तब तक शिशु को भूखे रहना पड़ता है। इससे निर्जलीकरण ज्वर की भी संभावना बनी रहती है। चौथे दिन के उपरांत वजन बढ़ने लगता है और 10 वें दिन तक जन्म के समय के वजन के

लगभग बराबर हो जाता है। इसके बाद प्रति सप्ताह 4 से 7 औंस तक शिशु का वजन बढ़ता है।

पहले दो दिनों में शिशु के मल गहरे हरे रंग का होता है। इस समय उसका मल चिपचिपा तरल पदार्थ जैसा होता है, जिसको मेकोनियम कहते हैं। उसकी आँतों में जीवाणुओं की उपस्थिति लगभग नहीं के बराबर होती है, जो दूध पीने के उपरांत धीरे-धीरे बढ़ने लगती है। धीरे-धीरे मल का रंग भी पीला सा हलका हरा हो जाता है। स्तनपान कराने से मल नर्म, कम बदबूदार तथा पीला होता है। माता के स्तनों के दूध के स्थान पर अन्य प्रकार के दूध से मल निकास अनियमित, सख्त, गहरा पीला तथा बदबूदार होता है।

नवजात शिशु के शरीर में तापमान के नियन्त्रण की क्षमता बहुत कम होती है। इसलिए गर्मी के दिनों में रोने से अथवा श्वास से वह अधिक नमी को वाष्पीकृत कर लेता है। अगर तरल पदार्थों से उसकी पूर्ति नहीं की जाती है तो शिशु को उच्च ज्वर हो जाता है। मुँह सूख जाता है। कलांतराल धँस जाता है तथा वजन कम हो जाता है। उस अवस्था में 24 घण्टे तक 200 मिली सैलाइन मुँह द्वारा शिशु को देना चाहिए। शिशु के शरीर में पानी की मात्रा के बढ़ने से ज्वर कम हो जाता है।

समय से पहले जन्म लेने वाले बच्चों के लिए विशेष सेवा और देखभाल की जरूरत होती है। उनको गर्म इन्क्यूबेटर से रखना पड़ता है, जो कि गर्भाशय की ही नकल होता है। उसमें संक्रमण होने की सम्भावना रहती है। इसलिए अत्यन्त सावधानी रखने की जरूरत होती है। ऐसे शिशु के लिए पोषण तो उच्च होना ही चाहिए। साथ ही तापमान के अलावा ऑक्सीजन का पूर्ति भी नियंत्रित रूप से की जानी चाहिए। उनमें पीलिया होने का डर रहता है।

## शुरुआती दिनों में अधिकतर शिशुओं का बर्ताव

1. जितना हो सके शिशु को अपने शरीर के पास रखें ताकि भूख लगने के छोटे से छोटे संकेत की ओर ध्यान दे सकें। कुछ शिशु बहुत ज्यादा समय तक नींद लेते हैं और भूख लगने पर जागते हैं। कुछ शिशुओं को भूख से भी ज्यादा नींद प्यारी होती है, ऐसे में उसे समय-समय पर फीड करने का ध्यान आपको रखना होगा।
2. शिशु स्वस्थ है या नहीं यह सुनिश्चित करने के लिए उसका रूटीन हेल्थ चेकअप जरूरी होता है।

## प्रसव से आसानीपूर्वक निपटने के टिप्स

प्रेगनेंसी के समय लेबर यानी की प्रसव से निपटना बहुत ही जरूरी है। एक बार जब आप दिमागी रूप से इससे निपटने की तैयारी कर लें तब आपको लेबर पेन बिल्कुल भी कष्टदायक नहीं लगेगा। हर गर्भवती प्रसव के दर्द के नाम से काँप जाती है इसलिये आज हम आपको कुछ टिप्स बताएंगे जिसे अपना कर आप इस लेबर पेन से उबर सकती हैं।

**घर पर रहें** जब आप डिलवरी के लिये तैयारी कर रही हों तो आपको घर पर ही रहना चाहिये। थोड़ी-सी भी लापरवाही बच्चे के लिये नुकसानदायक हो सकती है इसलिये बेफिजूल में घर में बाहर निकलने से बचें। घर पर आपको ना धक्का मुक्की की चिंता रहेगी और आप अपने मन के ढीले-ढाले कपड़े भी पहन सकती हैं।

**अकेली ना सोयें** गर्भवती महिलाओं को सोते समय बुरे सपने आना आम बात है। ब्लड प्रेशर कभी हाई से लो हो जाता है जिसके साथ ही तनाव और थकान का भी अनुभव होता है जिसके कारण रातभर नींद नहीं आती। इस बात के लिये पति जिम्मेदार होता है कि वह अपनी बीवी को अकेले ना

सोने दें।

**सकारात्मक सोचिये** आपको प्रसव के दर्द को सकारात्मक रूप से लेना चाहिये। यह ऐसा दर्द है जो कि कम समय के लिये होता है। जबकि कुछ महिलाओं को यह दर्द 2-4 घंटों के लिये होता है साथ ही कुछ और भी महिलाएँ हैं जिन्हें 36-45 घंटों तक के लिये दर्द होता है। अगर आपको दर्द की चिंता हो रही है तो योगा करने की सोचें, यह आपको जरुर मदद करेगा।

**तैयार रहें** आपको किसी भी समय पर हॉस्पिटल जाना पड़ सकता है तो ऐसे में अपनी जरुरत की सारी तैयारियां करके रखें, जैसे सेनेट्री नैप्किन, बेबी नैप्किन और कपड़े आदि। अपने सामानों को पैक करके रखें और अपने परिवारजन तथा पति को इस बारे में सुचित करें, जिससे जरुरत पड़ने पर उन्हें समान ढूंढना ना पड़े।

**खायें, सोयें और व्यायाम करें** प्रसव के पहले, गर्भवती महिला को अच्छा खाना और अच्छी प्रकार से सोना चाहिए। इससे तनाव कम होता है और शरीर को जिस पोषण की जरुरत होती है वह भी प्राप्त होता है। आहार में फॉलिक एसिड शामिल करें और डॉक्टर से पूछकर एक्सारसाइज करें।

# प्रसव के पहले और बाद जरूरी सावधानियाँ

औरत के लिए प्रसव एक तरह से दूसरा जन्म कहा जाता है। आंकड़ें बताते हैं कि जिन औरतों के मामलों में गर्भावस्था के दौरान आवश्यक सावधानी नहीं बरती जाती, समय पर उनका इलाज नहीं कराया जाता, उन औरतों में प्रसव के दौरान रिस्क बहुत बढ़ जाता है। इसलिए जरूरत इस बात की है कि सावधानी बरतकर प्रसव को सुखद और सुरक्षित बनाया जाए। गर्भावस्था के दौरान औरतों के शरीर में तमाम तरह के बदलाव होते हैं। अगर समय पर इन बदलावों को डॉक्टर से बात करके सलाह ले ली जाए तो प्रसव के दौरान आने वाली बहुत सारी परेशनियों से बचा जा सकता है। शरीर में जब भी किसी तरह का संकट आने वाला होता है, उसके कुछ लक्षण पहले दिख जाते हैं। जरूरी है कि इन लक्षणों को सही ढंग से समझकर आने वाले संकट का मुकाबला करने के लिए शरीर को तैयार कर लिया जाए। इन लक्षणों को जब नजरअंदाज कर दिया जाता है तो शरीर किसी न किसी गंभीर बीमारी के जाल में फंस जाता है। इसलिए इन लक्षणों को छिपाना नहीं चाहिए और अपने डॉक्टर से मिलकर इन पर खुलकर बातचीत करनी चाहिए। अगर डॉक्टर उचित समझेगा तो जाँच करा कर आने वाली परेशानी को समझ लेगा।

गर्भावस्था में पेशाब का बार-बार आना कोई खतरनाक बात नहीं होती है। गर्भाशय के बढ़ जाने से मूत्राशय पर इसका दबाव पड़ता है, जिसके कारण यह होता है। यदि पेशाब में जलन हो तो इसके बारे में डॉक्टर की राय जरूर लेनी चाहिए।

गर्भावस्था में उलटी का होना भी स्वाभाविक माना जाता है। 50 प्रतिशत मामलों में सुबह सोकर उठने पर उल्टी जरूर होती है। यदि उल्टी पूरा दिन हो तो डॉक्टर से सलाह जरूर लें।

गर्भावस्था के दौरान कब्ज की शिकायत भी बहुत होती है। इससे बचने के लिए खानपान का ख्याल रखें। ज्यादा मात्रा में तरल पदार्थ वाला रेशेदार फल और सब्जियों के खाने से भी इस परेशानी से बचा जा सकता है।

गर्भावस्था के बढ़ने के साथ बच्चों का विकास होता है जिसका असर कमर और हड्डियों पर

पड़ता है। इससे शरीर और कमर के आस-पास दर्द होता रहता है। इससे बचने के लिए स्लीपर्स पहनें, चलने-फिरने में सावधानी बरतें। डॉक्टरी सलाह पर कुछ व्यायाम करके भी इस तरह के दर्द से बचा जा सकता है।

गर्भावस्था में सीने में होने वाली जलन का हृदयरोग से कोई ताल्लुक नहीं होता है। इसका कारण ग्रास नली में द्राह का होना होता है। इससे बचने के लिए एकसाथ भोजन करने के बजाय थोड़े-थोड़े समय पर भोजन करें। अगर साँस लेने में ज्यादा तकलीफ हो तो डॉक्टर से मिलकर बात करें।

गर्भावस्था के आखिरी महीनों में पैरों में ऐंठन होने लगती है। कुछ दवाओं के लेने से इसमें आराम मिलता है। इस दौरान पैरों में सूजन भी हो जाती है। इससे बचने के लिए नमक कम खायें और प्रोटीन वाला भोजन करें। रात को सोते समय पैरों के नीचे तकिया रखकर सोने से सूजन कम होती है।

गर्भावस्था के दौरान सेक्स किया जा सकता है। जिन औरतों को गर्भपात और पहले प्रसव के समय अगर कोई गड़बड़ी हुई हो तो उन्हें इससे परहेज करना चाहिए। खतरे के लक्षण गर्भावस्था के दौरान कुछ लक्षणों को कभी नजरअंदाज नहीं करना चाहिए। समय पर इनको समझ कर प्रसव को सुरक्षित और आसान बनाया जा सकता है।

योनि, गुदा और स्तन से थोड़ा-सा भी खून रिसता हुआ दिखाई दे तो इसको नजरअंदाज नहीं करना चाहिए।

अगर चेहरे और हाथों में सूजन हो या किसी तरह का कोई उभार हो तो अपने डॉक्टर से बात जरूर करें।

तेज सिरदर्द भी गर्भावस्था में किसी न किसी गंभीर बीमारी का संकेत देता है।

आँखों के सामने अगर अंधेरा छा जाता है या फिर धुंधला दिखाई देता है तो इसको नजरअंदाज नहीं करना चाहिए। पेट में तेज दर्द, कंपकंपी और बुखार भी खतरनाक संकेत माने जाते हैं।

योनि से तरल पदार्थ का निकलना भी खतरे का संकेत है। इसको नजरअंदाज नहीं करना चाहिए।

पेट में बच्चों का घूमना पता न चले तो भी मामला खतरनाक हो सकता है। प्रसव के बाद सावधानी कई बार ठीक-ठाक प्रसव होने के बाद भी कुछ परेशानियाँ हो जाती हैं। प्रसव के बाद औरत को सामान्य होने में कुछ समय लग जाता है। इसमें सबसे बड़ी समस्या योनि से खून का बहना होता है। आमतौर पर यह सामान्य बात होती है। कभी-कभी इसमें किसी बीमारी के लक्षण भी छिपे होते हैं। इसलिए प्रसव के बाद भी अगर कोई इस तरह की परेशानी आए तो उसको नजरअंदाज नहीं करना चाहिए।

शिशु का जन्म ऑपरेशन से हो या फिर सामान्य रूप से, शरीर प्रसव के बाद अनावश्यक म्यूकस, प्लेसेंटल टिशूज और खून को बाहर कर देता है। यह प्रसव के 2 से 3 सप्ताह तक चलता है। कभी-कभी 6 सप्ताह तक भी चलता है। इसकी परेशानी को कम करने के लिए ज्यादा आराम करें। खड़े रहने और चलने से परहेज कर खून को सोखने के लिए पैड्स का प्रयोग करें।

यह अपने आप ठीक हो जाता है। अगर खून का बहना काफी मात्रा में हो, बुखार हो और ठंड लगे, डिस्चार्ज में कोई गंध हो तो डॉक्टर से संपर्क करें।

## प्रसव का समय

पोस्टपार्टम हेमरेज प्रसव के बाद की गंभीर किस्म की बीमारी होती है जिसमें सामान्य से अधिक खून बह जाता है। इसका कारण प्लेसेंटा का पूरी तरह से बाहर न निकलना, प्लेसेंटा का जबरन बाहर खींचा जाना, प्रसव के दौरान गर्भाशय, सर्विक्स या योनि पर चोट लगने से होता है। हमारे देश में प्रसव के चलते होने वाली मौतों में 10 प्रतिशत मौतें इस कारण से ही होती है।

पोस्टपार्टम हेमरेज का पता चलते ही डॉक्टर को अपनी परेशानी के बारे में बताना चाहिए, जिससे वह इलाज कर के मरीज को बचा सके। इस दौरान शरीर की सफाई का खास ख्याल रखें।

लगातार बुखार बना रहे तो यह किसी इन्फेक्शन के कारण ही होता है। इसको कभी नजरअंदाज न करें।

स्तन में गाँठ या दूध पिलाने में दर्द हो तो भी डॉक्टर से सलाह लेनी जरूरी होती है।

अनचाहे गर्भ को रोकने के लिए गर्भनिरोधक साधनों का इस्तेमाल करें।

# 12
# प्रसव के पश्चात् माँ-शिशु की उचित देखभाल

प्रसव के बाद वाले 42 दिन या 6 से 8 सप्ताह तक की अवधि को प्रसूति काल कहते हैं। इस अवस्था में गर्भांग अपनी पूर्व स्थिति में पहुँचते हैं। गर्भांगों की गर्भावस्था से पूर्व की स्थिति या सामान्य स्थिति में पहुँचने की प्रक्रिया को अन्तर्वलन कहते हैं।

प्रसव की तीसरी अवस्था के पश्चात् गर्भाशय गर्भ के 20 वें सप्ताह के आकार के बराबर हो जाता है तथा 1 किग्रा. वजन का होता है। प्रथम सप्ताह में इसका आकार तीव्रता से कम होता है और वजन या भार 500 ग्राम रह जाता है। यही भार दूसरे सप्ताह में घटकर 350 ग्राम हो जाता है। इसके बाद अगले 6 सप्ताह में भार धीरे-धीरे कम होता है और आकार छोटा होता जाता है। इस अन्तर्वलन प्रक्रिया का मुख्य कारण ईस्ट्रोजन के उद्दीपन का रुक जाना है। गर्भाशय पूरी तरह से अपनी पूर्व स्थिति में कभी नहीं पहुँचता है। अतः यह प्रक्रिया कभी भी पूर्ण नहीं हो पाती है। प्रत्येक

# प्रसव के पश्चात् माँ-शिशु की उचित देखभाल

बार गर्भावस्था के बाद गर्भाशय की पेशियों एवं संयोजक तन्तुओं का भार 20% तक बढ़ता है तथा नलिकाओं के पास लचीले तन्तु आवृत हो जाते हैं। इसलिए जिनके दो से अधिक सन्तानें होती हैं उनके गर्भाशय में संयोजक तन्तुओं लचीले तन्तुओं की मात्रा सामान्य से अधिक होती है। इससे गर्भाशयी स्थान च्युतता, रक्त स्राव, गर्भाशय का फटना आदि की सम्भावना प्रबल रहती है।

जो स्त्रियाँ शिशु को स्तनपान नहीं कराती हैं, उनके गर्भाशय के पूर्व की स्थिति में पहुँचने के प्रक्रिया की गति अत्यन्त धीमी या मन्द होती है। गर्भाशय का श्लेष्मिक स्तर बदलता है तथा पुनः बनता है।

प्रथम 3 4 सप्ताह तक होने वाले रक्त स्राव को लोशिया (Lochia) कहा जाता है। तीन दिन उस रक्त स्राव में तरल पदार्थ अधिक तथा थक्के भी पाए जाते हैं। बाद में वह भूरे रंग में बदल कर गुलाबी तथा श्लेष्मा में बदलकर रूक जाता है। लोशिया में लाल रक्त कण, फ्राईबिन, श्वेत रक्त कण, पतनिका (Decidua), योनि के उपकला तन्तु, प्रप्टोन, अरोगोत्पादक जीवाणु पाए जाते हैं। लोशिया की प्रतिक्रिया क्षारयुक्त होती है लेकिन योनि तक पहुँचकर अम्लीय हो जाती है। यदि लोशिया दर्गन्धयुक्त हो तो यह समझ लेना चाहिए कि संक्रमण एवं सड़ने की प्रक्रिया शुरू हो गई है।

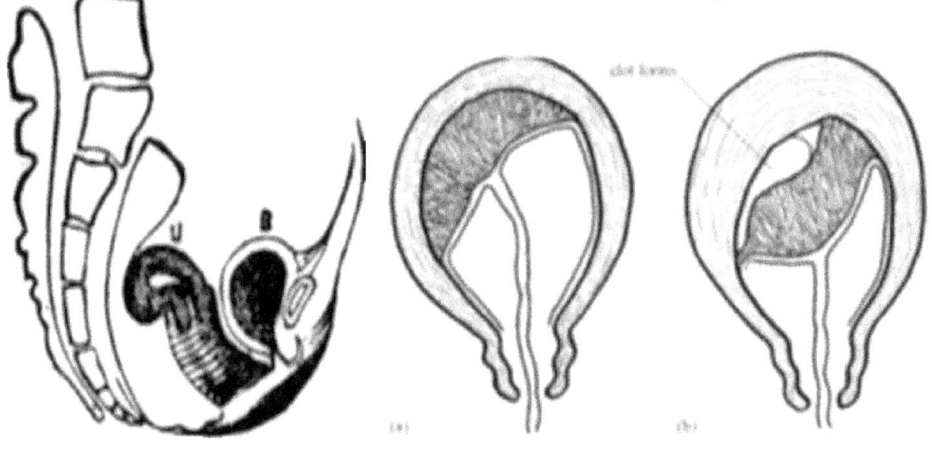

अपरा के निकल जाने से हॉर्मोन का सन्तुलन भी अल्प मात्रा में कम हो जाता है, क्योंकि ईस्ट्रोजन एवं प्रोजेस्टीरीन दोनों के स्तर अचानक और अविश्वसनीय ढंग से गिर जाते हैं। ग्रीवा प्रसव के उपरान्त ढीली तथा बैंगनी रंग की होती है और योनि मार्ग सूजा हुआ, नीले रंग का होता है। यदि प्रसव में टाँके लगाने (Stitches) की आवश्यकता पड़ी हो तो उनके सुखने में भी समय लगता है।

रक्त में फ्राइब्रिनोजन एवं प्लास्मिनोजन का अंश कम हो जाती है और रक्त स्राव के कारण रक्त में लाल कणों की मात्रा कम हो जाती है। कुछ स्त्रियों में बीसवें सप्ताह के बाद पुनः माहवारी स्थापित हो जाता है। जो स्त्रियाँ शिशु को स्तनपान कराती हैं उनमें 30 40 सप्ताह तक आर्तव चक्र व्यवस्थित नहीं हो पाता है। इसके विपरीत जो स्त्रियाँ स्तनपान नहीं कराती हैं उनमें 10वें सप्ताह से ही माहवारी प्रारंभ होना सम्भव है।

प्रसव के बाद की व्यवस्था का उद्देश्य है (1) रोगोत्पादक जीवाणुओं के गर्भाशय में प्रवेश को रोकना, (2) उचित एवं पर्याप्त विश्राम का मौका प्रदान करना तथा शारीरिक माँसपेशियों की

निष्क्रियता तथा रक्त परिभ्रमण के धीमेपन (Stagnation) के दुष्परिणामों को कम करना अथवा वर्जित करना, (3) स्तनपान कराते समय स्तनों की उचित देखभाल करना तथा साधारण स्वस्थ मनोभाव बनाए रखना।

प्रसव के तुरन्त बाद शारीरिक तथा मानसिक थकान बहुत अधिक होती है। नाड़ी की गति 70 से 80 प्रति मिनट तक रहती है, तापमान सामान्य से भी कम रहता है। प्रसव के बाद 10 15 मिनट तक कम्पन भी रहता है पेशियों का कुछ कम्पन, कभी-कभी दाँतों का कटकटाना भी रहता है। इस समय रक्तचाप भी कम रहता है।

अगले 24 घण्टों में तापमान सामान्य से 1° 1°F तक बढ़ जाता है जिसको सामान्य माना जाता है क्योंकि पेशीय थकान से तापमान बढ़ता है। प्रथम 24 घण्टों के बाद तापमान सामान्य हो जाता है। प्रथम सप्ताह में यदि ज्वर रहता है तो इसका कारण पाचन विकार, उत्तेजना, स्तनों की पीड़ादायक सूजन (Engorgement) होता है।

### पहले सप्ताह में माँ के शरीर में होने वाले महत्त्वपूर्ण परिवर्तन

1. गर्भाशय में दर्द महसूस हो सकता है, खासकर स्तनपान कराने पर यह दर्द शुरू हो सकता है, क्योंकि इससे युटेरस सिकुड़ने लगता है। स्तनों में दर्द भी महसूस हो सकता है।
2. स्तनों का आकार बढ़ जाता है। प्रसव के दूसरे या तीसरे दिन से आकार बढ़ने लगता है, जो थोड़ा असुविधाजनक हो सकता है। पेट मुलायम लगता है।
3. प्रसव के बाद कुछ सप्ताह बाद तक यौन स्राव होता है। शुरुआत में यह स्राव लाल रंग का होता है। कुछ दिनों बाद रंग भूरा-गुलाबी होता है और धीरे-धीरे यह और भी हल्का होता चला जाता है। इस दौरान सेनिटरी टॉवेल का इस्तेमाल कर सकती हैं।
4. कई महिलाएँ प्रसव के बाद कुछ दिनों तक काफी रुआँसा महसूस करती हैं। ऐसा हॉर्मोन के स्तर में परिवर्तन के कारण होता है और यह प्रसव के बाद के अवसाद से भिन्न अवस्था है। इंकान्टिनेंस : सामान्य प्रसव के दौरान मांसपेशियों में खिंचाव के कारण पेशाब रोकने में परेशानी हो सकती है। हँसते, खाँसते या छींकते समय पेशाब छूट जाता है। प्रसव के बाद माँ के लिए आराम और पौष्टिक भोजन बहुत जरूरी होते हैं। चिकित्सक की सलाह लेकर व कुशल प्रशिक्षक की देखरेख में व्यायाम भी शुरू करना चाहिए।

## भोजन का नियन्त्रण (Control on Food)

सामान्य रूप से प्रसव के एक दिन बाद साधारण, आसानी से पचने वाला एवं सन्तुलित भोजन देना चाहिए। स्तनपान कराने के क्रम में स्त्री के भोजन में प्रोटीन, वसा एवं कैल्शियम की मात्रा को बढ़ाना चाहिए। दूध द्वारा निष्कासित पदार्थों की पूर्ति के लिए अधिक मात्रा में दूध तथा दूध से बनी भोज्य वस्तुओं को ग्रहण करना चाहिए। तरल पदार्थों की मात्रा भी बढ़ानी चाहिए। प्रतिदिन आधे से पौने लिटर दूध पीना चाहिए। दाल, हरी पत्तेदार सब्जियाँ, फल, अन्य सब्जियाँ, मक्खन, घी, सूखे मेवे का प्रयोग किया जाना चाहिए जिससे पर्याप्त मात्रा में विटामिन, प्रोटीन वसा की प्राप्ति हो जाती है। दूध पिलाती माँ के लिए ICMR द्वारा निर्धारित आहार के संगठन एवं भोज्य तत्त्वों की तालिका इस प्रकार है

## प्रसव के पश्चात् माँ-शिशु की उचित देखभाल

| परिश्रम का वर्ग | आवश्यक उर्जा (कैलोरी में) | प्रोटीन की मात्रा | कैल्शियम की मात्रा (ग्राम में) | लौह तत्त्व की मात्रा (कि. ग्राम में) | विटामिन की...मात्रा (आ. ई.) | | | |
|---|---|---|---|---|---|---|---|---|
| | | | | | A | B | C | D |
| सामान्य | 1900 | 45 | 0.4 | 30 | 3000 | 1.0 | 50 | 200 |
| मध्यम | 2200 | 45 | 0.4 | 30 | 3000 | 1.2 | 50 | 200 |
| अधिक | 3000 | 45 | 0.5 | 30 | 3000 | 1.5 | 50 | 200 |
| बच्चे को दूध पिलाते समय | 3700 | 65 | 0.6 | 30 | 4600 | 1.9 | 80 | 200 |

साधारण आहार की तालिका (मध्यम परिश्रम) शाकाहारी महिला के लिए निम्नानुसार है

| भोज्य पदार्थों का नाम | मात्रा (ग्राम में) |
|---|---|
| अनाज | 450 |
| दाल | 80 |
| हरी पत्तेदार सब्जियाँ | 150 |
| अन्य सब्जियाँ | 75 |
| जड़ वाली सब्जियाँ | 75 |
| फल | 30   40 |
| दूध तथा दूध से बनी वस्तुएँ | 500   1000 |
| वसा व तेल | 50 |
| शक्कर व गुड़ | 50 |
| मूँगफली | 40 |

## मल-मूत्र का निकास

इस समय कब्ज एक सामान्य-सी बात होती है क्योंकि आहार की सही, उचित व्यवस्था होने में समय लगता है। प्रसव के कारण निर्जलीकरण की स्थिति पैदा हो सकती है, उदर की पेशियाँ निष्क्रिय एवं ढीली हो जाती हैं, स्टिच आदि हो सकती हैं, व्यायाम की कमी तथा पोषक तत्त्व जैसे विटामिन बी कॉम्प्लैक्स की कमी से भी कब्ज हो जाता है। इसके लिए मिल्क ऑफ मेग्नीशिया अथवा पैराफिन का सेवन किया जा सकता है, सपोसिटरी (Suppositroy) एनीमा का प्रयोग भी किया जा सकता है। ये पदार्थ दूध के द्वारा शिशु तक पहुँच सकते हैं। अतः इनका प्रयोग अधिक मात्रा में अथवा प्रतिदिन करना सर्वथा अनुचित है।

प्रसव के बाद लगभग 24 घण्टों तक, मूत्र विसर्जन कठिनाई से होता है। यदि स्त्री लेटी रहती है तो यह समस्या और अधिक बढ़ जाती है। ऐसी स्थिति में कैथीटर का प्रयोग करना पड़ सकता है। अधिक देर तक मूत्र के मूत्राशय में पड़े रहने से संक्रमण का डर रहता है। तरल पदार्थों की मात्रा के बढ़ने पर, डायूरेटिक्स के प्रयोग से स्थिति पर नियंत्रण किया जा सकता है। स्तनपान कराते समय मूत्र में पेप्टोन भी विद्यमान रहता है। मूत्र विसर्जन की संवरणी पेशियों के संकुचन (Spasm) से भी मूत्र सही तरीके से नहीं निकल पाता है।

## विश्राम एवं निद्रा

प्रसव के बाद 14 दिन तक पूर्ण शारीरिक एवं मानसिक विश्राम अनिवार्य होता है क्योंकि कठिन परिश्रम एवं मानसिक चिन्ता के उपरान्त शरीर पूर्ण विश्राम चाहता है। अस्पताल से 6 – 7 दिन बाद ही छुट्टी मिल जाती है। प्रसव के बाद 20 या 24 घण्टे में (यदि स्टिच आदि नहीं हों) प्रसूति को चलने-फिरने दिया जाता है लेकिन अन्य कार्यों को 10 दिन तक स्थगित ही रखना चाहिए। प्रसूति के लिए रात्रि को 8 से 10 घण्टे की निद्रा आवश्यक है। शिशु के कारण यदि रात्रि को निद्रा में बाधा आती है तो दोपहर को भी 2 – 3 घण्टे आराम करना चाहिए। स्टिच होने की अवस्था में या स्तनों के भारीपन के कारण यदि नींद नहीं आती है तो नींद की गोली भी ली जा सकती है क्योंकि इस अवस्था में निद्रा की कमी के परिणामस्वरूप तनाव पैदा हो सकता है जिससे मानसिक विकार एवं अन्य कोई बीमारी का होना सम्भव है।

प्रसव के बाद प्रसूतिका को 24 घण्टे तक सोने देना चाहिए तथा उसको किसी प्रकार की उत्तेजना से बचाना चाहिए। इस अवस्था में सम्वेगात्मक असन्तुलन सामान्य रूप के उत्पन्न से हो जाता है। पूर्ण आराम अथवा विश्राम ही इसका एक मात्र उपाय होता है।

## स्तनों की देखभाल तथा शिशु को दूध पिलाना

प्रसवोपरान्त 2 – 3 दिनों तक स्तनों की नलिकाओं में दूध जम जाने से वह खड़ा होने लगता है तथा दूध के थक्के बन जाते हैं। इससे दूध की आवश्यकता के समय उसके निरन्तर प्रवाह में बाधा आती है। कूपिका (Alveoli) बड़ी होकर फूल जाती है। शिराएँ भी फूल जाती हैं एवं परिणामस्वरूप स्तन के कुछ अंश कठोर एवं पीड़ादायक हो जाते हैं। चूचुक ज्यादा कठोर, सूजे हुए होने से दूध पिलाना कष्टदायक हो जाता है। इस समय के बाद दूध का प्रवाह लगातार बने रहने से समस्या हल हो जाती है। यह एक स्वाभाविक प्रक्रिया है। दूध की अधिकता होने पर हाथ अथवा मशीन द्वारा भी दूध को स्तन से निकाल कर प्रवाह को लगातार बनाए रखा जा सकता है। शिशु के दूध पीने से अधिक दूध का निर्माण होता है और प्रवाह भी बढ़ता है। पहले दो-तीन दिन स्तनों से निकलने वाले द्रव का रंग हल्का पीला होता है जिसे कोलोस्ट्रम (Colostrum) कहते हैं। कोलोस्ट्रम में 87% पानी, 6% शर्करा, 4% वसा, 2% प्रोटीन तथा शेष 1% खनिज लवण होते हैं। स्तनपान कराने का संवेगों से निकट सम्बन्ध रहता है। अधिक उपवास करने से भी दूध के निर्माण पर विपरीत प्रभाव पड़ता है।

## प्रसव के पश्चात् माँ-शिशु की उचित देखभाल

चुचुकों की सफाई प्रतिदिन करनी चाहिए। उनके लचीलेपन को बनाए रखने के लिए लिनोलिन (Lenolin) मरहम लगाना ज्यादा लाभदायक होता है। स्तन के ऊपरी भाग से चुचुकों की ओर, दिन में दो या तीन बार मालिश करने से भी दूध का प्रवाह लगातार होता रहता है।

> **प्रसव के कितनी देर बाद से स्तनपान शुरू करवाना चाहिए?**
>
> स्वाभाविक प्रसव के कम से कम आधे घन्टे के बाद स्तन पान शुरू करना चाहिए और सिजेरियन सैक्शन के चार घन्टे के बाद।

स्तनपान कराने के कई फायदे हैं (1) कृत्रिम दूध पर पले हुए बच्चे की तुलना में माता के दूध पर पालित बच्चे की आयु लम्बी होती है। शिशु की मृत्यु की सम्भावना भी निश्चित रूप से कम होती है। (2) माता और शिशु के मध्य का सम्बन्ध निकटस्थ का बनता है। (3) शिशु के लिए पूर्णरूपेण, पोषणयुक्त, निस्संक्रमित, शिशु की पाचन प्रणाली के लिए सदैव उपयुक्त और अनुकूल आहार मिलता है। (4) यह सुविधापूर्ण भी रहता है। (5) बच्चे में पाचन विकार की सम्भावना भी बहुत कम होती है।

दूध पिलाने के लिए माता को सुविधानुसार बैठना चाहिए। आरामकुर्सी पर बैठकर या बिस्तर पर लेटकर स्तनपान कराना अधिक फलदायक होता है।

माता को स्तनपान करवाने की विधि के बारे में पूर्ण जानकारी होना आवश्यक है। यहाँ स्तनपान कराने की विधि के सन्दर्भ में जानकारी दी जा रही है। अंगूठे के पास की पहले एवं दूसरी अंगुली से स्तन को दबाकर चुचुक को आगे की ओर निकाल कर शिशु के मुँह में देना चाहिए। ऐसा करने से शिशु केवल चुचुकों को ही अपने जबड़ों से नहीं पकड़ता, क्षत्रिका को भी अपने मुँह में दबाता है। इस प्रकार स्तनपान करने पर शिशु की नाक स्तनों से बन्द नहीं होती और उसको आवश्यकतानुसार श्वास में भी बाधा नहीं आती। स्तनपान कराने के बाद शिशु को अपनी भुजाओं पर सीधे लिटाकर पीठ पर हाथ फेरना चाहिए। इस प्रकार व्यवहार करने से स्तनपान करते समय शिशु के पेट में गई वायु डकार के द्वारा बाहर निकल जाती है।

दूसरे दिन से शिशु को हर स्तन से 3 से 5 मिनट तक दुग्धपान कराना चाहिए। 3 या 4 घण्टे बाद एक बार शिशु को स्तनपान कराना चाहिए।

रात्रि में भी स्तनपान कराना जरूरी है। तीसरे दिन से दुग्धपान कराने को अवधि को बढ़ाकर 10 मिनट और फिर 20 मिनट तक बढ़ाना चाहिए। कोलोस्ट्रम का अपना लाभ होता है। इसके पान करने से शिशु में संक्रामक रोगों को रोकने की क्षमता पैदा होती है।

शिशु के रोने पर या भूख से तड़पने पर 3 अथवा 4 घण्टे से पहले भी स्तनपान कराना आवश्यक है। पुरानी धारणाओं के अनुरूप शिशु को समय होने पर ही दूध पिलाया जाता था लेकिन वैज्ञानिक धारणाओं के अनुसार अब शिशु के शरीर की आवश्यकता के अनुसार स्तनपान करवाया जाता है। ग्रीष्म ऋतु में निर्जलीकरण की स्थिति पैदा हो सकती है इसलिए शिशु को ड्रापर की मदद से पानी भी पिलाना चाहिए। बोतल के प्रयोग से शिशु स्तनों को चुसने की विधि में भी भूल कर सकता है और इस प्रकार बेकार की परेशानी हो सकती है।

अगर किसी कारण स्तनों में दूध का आना रुक जाता है या स्तनों में सूजन आ जाती है, शिराएँ फूल जाती हैं, स्तन गर्म, लाल तथा पीड़ादायक हो जाते हैं। इस स्थिति में ज्वर हो जाना भी सम्भव है। इस अवस्था में माता को चाहिए कि वह शिशु को दूध पीने के लिए बाध्य करें, उसे स्तन पान के लिए प्रोत्साहित करें। शिशु को स्तन-पान कराने के बाद, हर बार, साफ पानी में रूई भिगोकर चुचुकों को साफ

करना जरूरी है। स्तनपान कराने वाली स्त्री को ढीले वस्त्र पहनने चाहिए। कसे हुए वस्त्र पहनने से स्तनों पर बुरा प्रभाव पड़ता है और बाद में स्तनों में गाँठे बनने की प्रबल सम्भावना रहती है।

### माता के दूध का संगठन

| | कोलस्ट्रम (प्रतिशत) | माता का दूध (प्रतिशत) |
|---|---|---|
| वसा | 3.15 | 3.50 |
| प्रोटीन | 2.25 | 1.25 |
| कार्बोज | 4.00 | 7.25 |

माता के दूध में प्राप्त प्रोटीन तीन प्रकार का होता है (i) केसिनीजेन (Caseinogen), (ii) लैक्टाल्ब्युमिन (Lactalbumin), तथा (iii) लैक्टोग्लोब्यूमिन (lactoglubulin)।

पाँचवें दिन माता के स्तनों में दूध की मात्रा 300 ml. एवं दसवें दिन बढ़कर 480 ml. तक हो जाती है। दूध का कैलोरी मूल्य 100 मिलीलीटर दूध में 70 कैलोरी होता है।

## व्यायाम एवं चलना

प्रसव के बाद 24 घंटे बाद स्त्री को चलने-फिरने देना चाहिए। वह अपनी सुविधानुसार शौचालय तक जा सकती है। इच्छानुसार स्नान करने के लिए भी स्वयं जा सकती है। इतने से सुविधानुसार अपनी इच्छा से चलने-फिरने से भी स्त्री की मांसपेशियों का टोन (Tone) सुधर जाता है तथा लोशिया (Lochia) का स्राव बढ़कर शीघ्र समाप्त हो सकता है। यदि प्रसव में टाँके लगाने (Stitching) की जरूरत पड़ी हो तो उस हालत में स्त्री को तीन दिनों तक पर्याप्त आराम करना चाहिए। चलने से पहले पेट प्रदेश को एक बाइण्डर (Binder) द्वारा आधार देकर बाँधना ज्यादा उचित होता है। ऐसी स्त्री को श्वास लेने सम्बन्धी तकनीक बताना भी जरूरी है। इसके अलावा पेट की पेशियों को ढीली तथा निष्क्रिय होने से बचाने के लिए तथा पैरों में रक्त प्रवाह को बनाए रखने के लिए ऐसी स्त्री को व्यायाम की जरूरत होती है।

व्यायाम करने के लिए उसको बिस्तर छोड़ने की जरूरत नहीं होती है। उसे सीधा बैठना चाहिए क्योंकि शारीरिक स्थिति का प्रभाव अंगों पर पड़ता है। एक चपटे तकिए की मदद से बिस्तर पर ही पेट के बल लेटना चाहिए। इस प्रकार बिस्तर पर ही सक्रिय गति करते रहना चाहिए। बिस्तर पर ही किए जाने योग्य अन्य व्यायाम निम्न हैं

पहले दिन टाँगों को मोड़कर, पैरों को बिस्तर पर सीधा रखकर गहरी श्वास लेना उपयोगी होगा। इसके बाद अंगूठों को मोड़ना तथा सीधा करना चाहिए। फिर एक-एक करके पैरों को ऊपर नीचे एवं सीधा करना लाभदायक होता है। लेटे-लेटे पेट को अन्दर की ओर संकुचित करना है इसके लिए मात्र पीठ को धनुषाकार (Back Arching) में लाना चाहिए।

दूसरे दिन, पहले दिन के व्यायाम के साथ-साथ अन्य व्यायाम जैसे बैठकर पैरों को स्टूल पर रखकर अंगूठे एवं पैरों का व्यायाम करना चाहिए। इसके अलावा लेटकर नितम्ब (Hip) को बारी-बारी से उठाना चाहिए और बार-बार अपने पार्श्व में घूमकर सीधा होना चाहिए। यह अच्छा व्यायाम है।

तीसरे दिन, पहले एवं दूसरे दिन के व्यायाम की पुनरावृत्ति के बाद अपने दोनों पैरों को मोड़कर प्रत्येक ओर करवट लेकर पलटना (Roll) लेना चाहिए। उदर की पेशियों का संकुचन पहले बाएँ एवं फिर दाहिनी का करना उपयोगी होता है।

चौथे दिन, प्रारंभ में पहले तीन दिन किये गये व्यायाम को दोहराना चाहिए। इसके बाद घुटने टेक कर पेट की पेशियों को अन्दर तथा बाहर करना चाहिए उसके बाद सीधे खड़े होकर गहरी श्वास लेनी चाहिए। प्रतिदिन कमर की माप भी लेनी चाहिए। उदर की पेशियों पर विशेष रूप से ध्यान देना उपयोगी होगा।

पाँचवें दिन, व्यायाम करते समय पहले चारों दिन किए गए व्यायाम की पुनरावृत्ति करने के बाद घुटने टेक कर बैठना चाहिए। उसके बाद धीरे-धीरे उठना और बैठना चाहिए। उसके बाद खड़े होकर उदर की पेशियों को श्वास की सहायता से अन्दर बाहर संकुचित करना चाहिए। सही तरीके से चलना, पीठ को सीधा रखना, बच्चे को उठाना, काम करते समय पीठ के तनाव से बचने के उपाय करना इस अवस्था के अन्य उपयोगी व्यायाम हैं।

व्यायाम करने से पेशियों की कमजोरी समाप्त हो जाती है। पेशियों के संकुचन विमोचन से उनकी स्थिति स्वस्थ बनी रहती है, रक्त परिभ्रमण में भी बाधा नहीं आती तथा शिराओं में आंतरिक थक्का (Thrombosis) नहीं बन पाता। श्वास के व्यायाम करने से फेफड़े स्वस्थ रहते हैं, छाती की क्षमता बढ़ती है, रक्त शुद्धि होती है, भूख लगती है, निद्रा आती है और अच्छे स्वास्थ्य के फलस्वरूप मुँह पर चमक आती है। उदर की पेशियों के स्वस्थ रहने से कब्ज की शिकायत नहीं रहती एवं उदर की पेशियों के शीघ्र प्रतिक्रिया करने से गर्भावस्था से पहले की स्थिति में पहुँच जाती है। व्यायाम से पैरों की पीड़ा खत्म हो जाती है। इस प्रकार आसन अथवा संस्थिति (Posture) दोषों को दूर करते हैं और अंगों को स्थान च्युतता से बचाते हैं, अनावश्यक पेशीय खिंचाव या पेशियों के लटक जाने की संभावना भी समाप्त हो जाती है। व्यायाम अंतर्वलन में सहायता पहुँचाता है।

## मानसिक स्वास्थ्य तथा सही दृष्टिकोण

सामान्य रूप से प्रसव के बाद स्त्री संवेगात्मक असंतुलन से ग्रस्त हो जाती है। उसे अपने नए सम्बन्धों के साथ सामंजस्य स्थापित करना पड़ता है। पति के साथ उसके पूर्व के सम्बन्धों में बदलाव आ जाता है। अब वह शिशु के प्रति कर्त्तव्यों से अधिक बंधी हुई होती है। इससे पति में कुछ ईर्ष्या की भावना पैदा हो जाती है जो स्वाभाविक है। यदि कोई और बच्चा है तो वह अब उनके ऊपर भी पूरा ध्यान नहीं दे पाती है। वह परम्परागत रूढ़ियों से बंधी रहती है जिनके अनुसार कुशल गृहिणी को चाहिए कि वह उत्तम गृहिणी होने के साथ ही साथ कुशल माता भी साबित हो। जब प्रसूति गृह से घर में आकर गृहिणी बनती है, उपर्युक्त दायित्व को निभाना इसके लिए बहुत दुष्कर कार्य होता है। नवजात शिशु की आवश्यकताओं की पूर्ति में उसकी लगभग समस्त ऊर्जा व्यय हो जाती है, इस कार्य में

पर्याप्त समय भी लग जाता है फलस्वरूप, वह समय के अभाव और ऊर्जा की कमी के कारण पहले की भांति न तो अन्य कार्य ही कर पाती है और न ही अन्य लोगों के प्रति ध्यान दे पाती है। संयुक्त परिवार में तो उसे परिवार के अन्य सदस्यों से कुछ सहायता मिल भी जाती है लेकिन एकल परिवार में और अधिक समस्या होती है। शहरों के एकाकी परिवार में ऐसी समस्याओं के दर्शन होते रहते हैं। परिणामस्वरूप अब वह संवेगात्मक तनावों से ग्रस्त हो जाती है।

इस परिस्थिति में पहुँच कर वह महसूस करती है कि उसका समस्त उत्तरदायित्व, इस नन्हें से शिशु के प्रति ही रह गया है जो पूर्णरूप से पराश्रित है। आरंभ में उसे इस छोटे से शिशु के व्यवहार का सही पता नहीं लग पाता है। वह सामान्य बात पर भी गला फाड़कर रोने लगता है। उसको इस बात का विचार भी नहीं रहता कि इस समय दिन है या रात्रि। रात्रि को शिशु के रोने से माता की निद्रा में भी व्यवधान आता है। वह हर बार शिशु के रोने पर जागती है। परिणामस्वरूप उसे अल्प निद्रा के कारण थकान हो जाती है। इस असहाय परिस्थिति के कारण उसको शीघ्र ही क्रोध आ जाता है। बार-बार का यह गुस्सा उसके स्वभाव को चिड़चिड़ा बना देता है।

पति के साथ स्थापित नए सम्बन्धों से एवं उसकी उचित अनुचित माँगों से भी वह परेशान रहती है। पति से तो वह अपेक्षा करती है कि वह शिशु की देखभाल में उसको मदद करे, उसका हाथ बँटाएगा। उसकी स्वयं की ऊर्जा का अधिकांश भाग तो शिशु की देखभाल में ही व्यय हो जाता है। इसलिए घरेलू कार्यकलापों के लिए उसके पास पर्याप्त शक्ति का अभाव रहता है। गृहस्थी के समस्त उत्तरदायित्वों को कुशलतापूर्वक न निभा पाने के कारण वह स्वयं को दोषी मानती है। इससे उनमें निराशा एवं हीनता का भाव पैदा होता है। शीघ्र रोने लगना, अपूर्णता का भाव, समायोजन की क्षमता में कमी, थकान, भूख की कमी, जी मिचलाना आदि के रूप में उसका मानसिक अवसाद दृष्टिगोचर हो सकता है।

इस समय शिशु और माता को मानसिक रूप से स्वस्थ रखने की बहुत अधिक आवश्यकता होती है। उसके मन को प्रसन्न एवं सन्तुलित रखना परम आवश्यक होता है। इस स्थिति में उसके पति को चाहिए कि उससे सहानुभूति पूर्ण व्यवहार करे तथा यथासम्भव घरेलू कार्यों में भी उसको मदद करे। पत्नी को तनावपूर्ण चिन्ताओं से, यथासम्भव मुक्त रखने का प्रयास करना पति का परम कर्त्तव्य होता है। इसके लिए उसको चाहिए कि ऐसे विचारों को पत्नी के मन से बलपूर्वक हटाए तथा सुखद स्मृतियों को ताजा करके उसके मन को सदा प्रसन्न रखे। उसके मन को बहलाने के लिए कई प्रकार के प्रयत्न करे।?

## प्रसवोपरान्त विषाक्तता (Post-gestational Poisoning)

प्रसव के बाद योनि मार्ग के संक्रमण, मूत्र नलिका, स्तन एवं श्वसन नलिका के संक्रमण से तीव्र ज्वर हो जाता है जिसका तुरन्त उपचार करना परम आवश्यक है। प्रसव के पश्चात् की विषाक्तता का प्रमुख कारण योनि मार्ग का संक्रमित होना है। सफाई की कमी के कारण ही यह संक्रमण होता है। इस संक्रमण के कारण तीन चौथाई तक प्रसुतियों की मृत्यु हो जाती है।

**कारण** प्रसव के बाद योनि, मार्ग के संक्रमण का कारण एक विशेष प्रकार का जीवाणु होता है जिसको Strepto Coccus Faecalis कहते हैं। यह संक्रमण निम्न कारणों से होता है

1. प्रसव के बाद अपरा के बाहर निकल आने से गर्भाशय की दीवार पर एक हरा कच्चा घाव बना रहता है एवं प्रसव के समय उत्पन्न घाव (Wounds of Birth Canal) अथवा ग्रीवा के फटने से घावों में संक्रमण हो जाता है।

## प्रसव के पश्चात् माँ-शिशु की उचित देखभाल

2. मल में मौजूद जीवाणु भी योनि मार्ग तक पहुँच जाते हैं। यह नर्स या स्वयं प्रसूता की असावधानी के कारण होता है।
3. अस्पताल में विद्यमान अन्य संक्रमित व्यक्तियों जैसे रोगियों से, नर्स से, नौकरों से तथा उपकरणों से भी संक्रमण फैलता है। खाँसी, जुकाम एवं छींक आदि से जीवाणु फैलते हैं। धूल और आँधी से भी संक्रमण हो सकता है।
4. बेडपेन, शौचालय, आदि से एवं भोज्य पदार्थों जैसे दूध, जूस आदि से संक्रमण हो सकता है।
5. अगर प्रसूता कुपोषित है और उसमें रोगों को रोकने की क्षमता का अभाव है, किसी अन्य रोग या रोगों से पीड़ित है या उसके शरीर पर कहीं कोई घाव है ऐसी स्थिति में भी संक्रमण का होना सामान्य-सी बात है।

**लक्षण** संक्रमण की पहचान निम्न लक्षणों के द्वारा की जा सकती है

1. ज्वर 103° & 105°F तक रहता है।
2. प्रसव के बारह घण्टे बाद तापमान अचानक ही बढ़ता है एवं कंपन भी होता है।
3. नाड़ी की गति बढ़ जाती है। इस समय नाड़ी की गति 120-140 बार प्रति मिनट हो जाती है। गर्मी महसूस होती है और सिर में असहाय दर्द हो जाता है। पीठ में भी दर्द हो सकता है।
4. पेट के निचले भाग में दर्द होता है एवं गर्भाशय पर सूजन भी आ जाती है।
5. उल्टी एवं दस्त होना भी संभव है।
6. गर्भाशय के आकार को पूर्व स्थिति में आने में अत्यधिक समय लगता है क्योंकि विषाक्तता के कारण अन्तर्वलन प्रक्रिया या तो बन्द हो जाती है अथवा मंद हो जाती है।
7. रक्त स्राव अथवा लोशिया बहुत बदबू युक्त होता है। लोशिया में जीवाणु की विद्यमानता का पता परीक्षण द्वारा भी किया जा सकता है।

**उपचार** प्रसव के बाद विषाक्तता से छुटकारा पाने के लिए बहुत अधिक सावधानी की जरूरत होती है। इसके लिए निम्नलिखित बातों का ध्यान रखना चाहिए

1. रोगी को एक अलग कमरे में शोर, प्रकाश एवं गर्मी से दूर रखना चाहिए।
2. रोगी की देखभाल के लिए एक नर्स को बहाल करना चाहिए। दर्द को कम करने के लिए औषधियों का सेवन करना चाहिए। निद्रा के लिए भी दवा ली जा सकती है।
3. भोजन में तरल पदार्थ अधिक देना चाहिए।
4. रक्त, मूत्र तथा लोशिया का परीक्षण करवाना चाहिए।
5. जीवाणु के अनुसार एण्टी बायोटिक्स देना चाहिए।
6. यदि संक्रमण स्टिच के द्वारा हुआ है तो उसे खोलकर साफ सुई से घाव को छेदकर या रक्त निकालकर पुनः टांके लगाने चाहिए।
7. खून की कमी को दूर करने के लिए अगर रक्त देना पड़े तो रक्त देने की व्यवस्था करनी चाहिए।

**निरोध उपाय** प्रसव के बाद विषाक्तता से छुटकारा पाने के लिए जितना उपचार आवश्यक है उतना ही आवश्यक कदम इस बात के लिए उठाना चाहिए जिससे यह जानलेवा रोग किसी प्रसूता को नहीं हो। इसके लिए निम्नलिखित निरोधक उपायों पर ध्यान देना परम आवश्यक है

1. चिकित्सालय स्वच्छ और निःसंक्रामक हो एवं इस प्रकार के रोगी के लिए अलग कमरे की व्यवस्था हो।
2. अस्पताल के कर्मचारी अपने काम पर आने से पूर्व आश्वस्त हो लें कि उनका न तो गला खराब है और न ही उन्हें जुकाम है। ऐसी स्थिति में उनको नाक पर एण्टीसेप्टिक क्रीम भी लगाना जरूरी है। इसके अभाव में उनको प्रसूता के कमरे में नहीं आना चाहिए।

3. प्रसव के लिए स्त्री को अस्पताल में प्रवेश देने से पूर्व शरीर का परीक्षण करवाने के लिए बाध्य किया जाये जिससे यह पता चल सके कि उसके शरीर पर कोई घाव नहीं है और न ही उसके दाँत संक्रमित हैं। प्रसव से पहले स्त्री को स्नान करवाना चाहिए।
4. प्रसव के समय उपयोग में लाए जाने वाले सभी उपकरणों को तथा उसके कमरे को जहाँ प्रसव होना है-निःसंक्रमित कर देना चाहिए।
5. बैड़ेपैन अथवा घाव की मरहम पट्टी करते समय झाड़ू नहीं लगानी चाहिए। ऐसा करने से धूल कण योनि मार्ग तक नहीं पहुँच सकेंगे।
6. प्रसव के बाद ऐसी व्यवस्था की जानी चाहिए कि प्रसूता को पर्याप्त स्वच्छ हवा, संतुलित भोजन, पर्याप्त निंद्रा तथा विश्राम मिल सके। प्रसूता के लिए उपयोगी व्यायाम की भी व्यवस्था होनी चाहिए। प्रसूता की व्यक्तिगत सफाई भी परम आवश्यक है।
7. प्रसव के बाद कम से कम 21 दिन तक यौन सम्बन्ध स्थापित नहीं करना चाहिए।
8. नर्स एवं डॉक्टर को परीक्षण के समय मुख वस्त्र (Mask) पहने रहना चाहिए।

## प्रसव-पश्चात् अवसाद (Post-delivery Depression)

प्रसव के उपरांत पहले कुछ हफ्तों या महीनों में होने वाली अत्यंत दुख और सम्बन्धित मानसिक विचलितताओं की अनुभूति को प्रसव-पश्चात् अवसाद कहते हैं। शिशु-जन्म के उपरांत 3 दिनों के भीतर दुख या बेबसी का अनुभव होना आम है। स्त्रियों को इन अनुभूतियों के बारे में बहुत अधिक चिंता नहीं करनी चाहिये क्योंकि ये अनुभूतियां सामान्यतया 2 हफ्तों में गायब हो जाती हैं। प्रसव-पश्चात् अवसाद एक अधिक गंभीर मूड का बदलाव होता है। यह हफ्तों या महीनों तक रहता है और दैनिक कार्य-कलाप में विघ्न डालता है। लगभग 10 से 15 प्रतिशत स्त्रियाँ इससे प्रभावित होती हैं। यदा-कदा, एक और भी गंभीर विकार, प्रसव-पश्चात् मनोविक्षिप्तता भी उत्पन्न होता है।

जिन स्त्रियों को पहले कभी अवसाद हुआ हो, उनमें प्रसव-पश्चात् अवसाद होने की संभावना अधिक होती है।

स्त्रियाँ अत्यंत दुखी महसूस करती हैं, चिड़चिड़ी और मूडी हो जाती हैं, तथा दैनिक गतिविधियों और शिशु में रुचि खो सकती हैं।

परामर्श के साथ अवसाद रोधी दवाओं का प्रयोग इसके उपचार में मददगार हो सकता है।

## कारण

प्रसव के बाद दुख या अवसाद होने के निम्न कारण हो सकते हैं
1. प्रसव के पहले या उसके दौरान होने वाला अवसाद या कोई अन्य मानसिक विकार,
2. अवसाद से ग्रस्त करीबी रिश्तेदार (पारिवारिक इतिहास),
3. हार्मोनों के स्तरों में अकस्मात गिरावट (जैसे ईस्ट्रोजन, प्रोजेस्टेरोन), शिशु को जन्म देने और उसे पालने सम्बन्धी तनाव (जैसे शिशु-जन्म के समय की कठिनाईयां, नींद का अभाव, थकान, स्वतंत्रता खो देना, और अकेलेपन और असामर्थ्य की अनुभूतियाँ),
4. सामाजिक सहयोग का अभाव,
5. वैवाहिक मतभेद,
6. जीवन के अन्य महत्त्वपूर्ण तनाव कारक जैसे आर्थिक कठिनाईयाँ या हाल में हुआ बदलाव।

यदि स्त्रियों को गर्भधान होने के पहले अवसाद हुआ हो तो उन्हें इसकी सूचना डॉक्टर या दाई को देनी चाहिये। ऐसा अवसाद अकसर प्रसव-पश्चात् के अवसाद में बदल जाता है। गर्भावस्था में अवसाद होना आम है और यह प्रसव-पश्चात् अवसाद के लिये महत्त्वपूर्ण जोखिम-कारक है।

## लक्षण

लक्षणों में बार-बार रोना, मूड के उतार-चढ़ाव, चिड़चिड़ापन और अत्यंत दुख के भाव शामिल हैं। कम आम लक्षणों में तीव्र थकान, ध्यान केंद्रित करने में कठिनाई, निद्रा की समस्याएँ, संभोग और अन्य गतिविधियों में अरूचि, बेचैनी, भूख में बदलाव और अपर्याप्तता या निराशा की भावनाएँ शामिल हैं। स्त्रियों को काम करने में कठिनाई होती है। उन्हें अपने शिशु में रूचि नहीं होती है।

प्रसव-पश्चात् मनोविक्षिप्तता में, अवसाद के साथ आत्महत्या के या हिंसक विचार, मतिभ्रम, या विचित्र व्यवहार हो सकते हैं। कभी-कभी प्रसव-पश्चात् मनोविक्षिप्तता में शिशु को हानि पहुँचाने की इच्छा भी शामिल हो सकती है। पिता भी अवसाद-ग्रस्त हो सकते हैं और वैवाहिक तनाव बढ़ सकता है। बिना उपचार के, प्रसव-पश्चात् अवसाद कई महीनों या वर्षों तक रह सकता है, और स्त्रियाँ अपने शिशु के साथ बँध नहीं पाती हैं। परिणाम-स्वरूप बच्चे को आगे चलकर भावनात्मक, सामाजिक, और बोध-सम्बन्धी समस्याएँ हो सकती हैं। प्रसव-पश्चात् अवसाद से ग्रस्त करीब तीन या चार स्त्रियों में से एक को यह फिर से हो सकता है।

## निदान

शीघ्र निदान और उपचार स्त्रियों और उनके शिशुओं के लिये महत्त्वपूर्ण है। प्रसव के बाद 2 हफ्तों से अधिक तक लगातार दुखी महसूस करने और अपनी सामान्य गतिविधियां करने में कठिनाई होने पर या स्वयं या शिशु को हानि पंहुचाने के विचार आने पर स्त्रियों को अपने डॉक्टर से अवश्य सलाह करनी चाहिये। यदि परिवार के सदस्यों और मित्रों को लक्षण दिखें तो उन्हें स्त्री से बात करनी चाहिये और डॉक्टर की सलाह लेने के लिये प्रोत्साहित करना चाहिये।

डॉक्टर अवसाद का निदान करने का प्रयत्न कर सकते हैं। वे यह जानने के लिये रक्त परीक्षण भी कर सकते हैं कि कहीं कोई विकार, जैसे थायरायड विकार या अन्य लक्षणों का कारण तो नहीं है।

## प्रसव के बाद अवसाद की रोकथाम

1. शिशु-जन्म के बाद स्त्रियाँ दुख की अनुभूतियों को रोकने के लिये निम्न कदम उठा सकती हैं
2. जितना संभव हो उतना विश्राम करना---उदाहरण के लिए। जब बच्चा सो रहा हो तभी स्वयं भी झपकी ले लेना
3. सब-कुछ करने का यत्न न करना---उदाहरण के लिए। घर को साफ रखने और हर समय घर में भोजन तैयार करने की कोशिश नहीं करना।
4. परिवार के सदस्यों और मित्रों से सहायता का अनुरोध करना।
5. अपनी अनुभूतियों के बारे में किसी से (पति या सहयोगी, परिवार के सदस्य या मित्र) बात करना
6. प्रतिदिन स्नान करना और सजना-संवरना।
7. नियमित रूप से घर के बाहर जाना उदाहरण के लिए    खरीदारी के लिये निकलना, मित्रों से मिलना या सैर करना।

8. अपने पति या सहयोगी के साथ अकेले में समय बिताना।
9. अन्य माताओं को साथ समान अनुभवों और अनुभूतियों के विषय में बात करना।
10. अवसाद-ग्रस्त स्त्रियों के किसी सहायता समूह में शामिल होना।

## उपचार

यदि स्त्रियाँ दुखी महसूस करें, तो परिवार के सदस्यों और मित्रों का समर्थन ही साधारणतया काफी होता है। लेकिन अगर अवसाद का निदान हो जाए, तो पेशेवर मदद की भी जरूरत होती है। आदर्श रूप से परामर्श और प्रतिअवसादकों की सिफारिश की जाती है। प्रसव-पश्चात् मनोविक्षिप्तता से ग्रस्त स्त्रियों को अस्पताल में रखना पड़ सकता है, विशेषकर ऐसी पर्यवेक्षित इकाई में जहाँ उनके साथ शिशु को रहने दिया जाता हो। उन्हें मनोविक्षिप्तता-रोधी और प्रतिअवसादक दवाओं की जरूरत हो सकती है।

जो स्त्रियाँ स्तनपान करवा रही हों उन्हें ऐसी कोई भी दवा लेने के पहले अपने डॉक्टर से स्तनपान जारी रखने के बारे में परामर्श कर लेना चाहिये। स्तनपान जारी रखने देने के लिये कई विकल्प उपलब्ध हैं।

# जननांग की प्रसवोपरान्त समस्याएँ

## प्रसव से हुई जननांगों की पीड़ा का काल

सामान्यतः चलने और बैठने से होने वाली असुविधा के एक महीने तक समाप्त होने की आशा की जा सकती है पर दो महीने आराम से लग सकते हैं। योनिपरक सम्भोग में होने वाली असुविधा को तीन महीने लगते हैं पर छह महीने या अधिक भी लग सकते हैं।

## प्रसव के बाद मूत्र त्याग में पीड़ा या बार–बार आना और वल्वा में जलन

प्रसव के बाद गर्भकाल के उच्च इस्ट्रोजन और प्रोजेस्ट्रोन जैसे हॉर्मोन्स तेजी से कम हो जाते हैं जिससे योनि में और वल्वा के आन्तरिक म्युकोसल अस्तर में रूखापन आ जाता है। परिणामस्वरूप, साबुन से, रगड़ से, पैड के कैमिकल्स से, कंडोम और अन्य लगाने वाले लोशन से अंदर जलन हो तो वह बहुत कष्ट देती है।

## प्रसव के बाद अनियंत्रित गैस निष्कासन अथवा मल त्याग की समस्या

योनिपरक प्रसव के बाद कुछ को अपने मल अथवा गैस को रोकना मुश्किल हो जाता है अधिकतर मलद्वार की स्फिन्स्टर मांसपेशियों में घाव के कारण होता है, घाव के उपचार के बाद भी कई बार ऐसा हो जाता है।

## प्रसव के बाद योनि के खुल जाने या श्रोणि भ्रंश

इसके लिए डॉक्टर या फिजियोथैरेपिस्ट से सम्पर्क करें जो कि मांसपेशियों के खिंचाव को कम करने के लिए केगलस व्यायाम करने सुझाव देंगे।

## कितनी बार स्तनपान कराना चाहिए

दिन के समय दोनों स्तनों से कम से कम 10-15 मिनट तक हर दो या तीं घंटे के बाद स्तनपान कराना चाहिए। दिन में हो सकता है कि आपको बच्चे को जगाना पड़े (डॉयपर बदलने या बच्चे को सीधा

# प्रसव के पश्चात् माँ-शिशु की उचित देखभाल

करने अथवा उस से बातें करने से बच्चे को जगाने में मदद मिलती है) ताकि आप की रातें आराम से गुजरें। जब बच्चे की पोषण परक जरूरतें दिन के समय ठीक से पूरी हो जाती हैं तो फिर वह रात को बार-बार नहीं जगता। कभी-कभी ऐसा भी होता है कि आप के स्तन रात को भर जाते हैं और शिशु सो रहा होता है, आप चाहते हैं कि उसे जगाकर दूध पिला दें। जैसे-जैसे बच्चा बड़ा होता है, दूध पिलाने की अवधि बढ़ती जाती है।

## स्तनों की ऐंठन से बचाव

स्तनों की ऐंठन से बचने के लिए स्तनपान के अन्तराल को कम करना पड़ेगा जैसे कि डेढ़ या दो घन्टे के बाद शिशु को स्तनपान कराते रहें जब तक कि ऐंठन घटने न लग जाए।

## प्रसव के बाद

प्रसवोपरान्त 6 सप्ताह के दौरान माँ को अनेक शारीरिक और भावनात्मक परिवर्तनों का अनुभव होता है गर्भधारण और दर्द के तनाव के बाद माँ को उदासी तथा आँसू आ सकते हैं। उसके आन्तरिक अंग विशेषकर बच्चेदानी सामान्य आकार में आना। प्रसव के बाद लगभग चार सप्ताह के बाद बच्चेदानी से रिसने वाले रक्त तथा अन्य द्रवों का रंग धीरे-धीरे लाल रंग से पीले क्रीम के समान होने लगे अथवा बिल्कुल ही बंद हो जाए। यदि माँ स्तनपान नहीं कराती है तो 4 से 6 सप्ताह के अंदर माहवारी फिर से आरंभ होती है-अथवा माँ के स्तनपान कराने पर कई और माह के बाद।

## संभावित जोखिम

प्रसव उपरान्त की अवधि में तीन प्रकार की गंभीर जटिलताएं पैदा हो सकती हैं एक्लेम्पसिया (प्रसव के बाद पहले दो दिन या 48 घंटे के अंदर) संक्रमण और रक्त स्राव (तेज रक्त स्राव)। संक्रमण, प्रायः दीर्घकालीन प्रसव वेदना या कोशिकाओं के समय से पहले भंग होने के परिणामस्वरूप होता है। प्रसव के दौरान साफ-सफाई की कमी के परिणामस्वरूप भी ऐसा हो सकता है (जैसा कि प्रसूति परिचर के हाथ अथवा उपकरण साफ न हो) या सीजेरियन सेक्शन के बाद भी ऐसा हो सकता है। गंभीर संक्रमण के चिन्ह बुखार, सिरदर्द, पेट के निचले हिस्से में दर्द होना, योनि के रिसाव से बदबू आना तथा उल्टी व दस्त होना। ये खतरनाक चिह्न होते हैं। यदि किसी महिला में ये लक्षण हों तो उसे तुरंत क्लिनिक या अस्पताल में जाना चाहिए। रक्तस्राव प्रसव के बाद दस या इससे अधिक दिनों के बाद हो सकता है। प्रसव के बाद यदि पुरइन संपूर्ण रूप से बाहर नहीं आती है तो रक्तस्राव जारी रह सकता है तथा भारी मात्रा में हो सकता है। लोचिया जननेंद्रिया से होने वाला रक्तस्राव होता है। पहले यह शुद्ध रक्त होता है, बाद में पीलापन आता है, कम होने लगता है और अंत में जोखिम पैदा करता है जो कि प्रसव के उपरांत पैदा होती है, जैसे कि खून की कमी और नासूर पैदा हो जाना। नासूर के रूप में छिद्र होते हैं जो कि जननेंद्रिय और पेशाब के रास्ते अथवा मलाशय के बीच होते हैं।

## प्रसव के बाद क्लिनिक में जाना

नयी माँ को अपने प्रथम प्रसवोत्तर जाँच के लिए प्रसवोपरांत 7 से 10 दिन के अंदर स्वास्थ्य सुविधा क्लिनिक में जाना चाहिए अथवा किसी स्वास्थ्य कार्यकर्ता को उसकी जाँच करने घर पर ही आना चाहिए। यदि उसका प्रसव घर पर ही हुआ हो तो यही सही रहता है। पहली जाँच के लिए जाना इसलिए महत्त्वपूर्ण है कि यह सुनिश्चित किया जा सके कि माँ और शिशु दोनों (जच्चा- बच्चा) प्रसव

और पीड़ा से उबर रहे हैं। यदि सभी कुछ ठीक-ठाक हो तो अगली जाँच बच्चा पैदा होने से 6 सप्ताह बाद होनी चाहिए। जच्चा-बच्चा दोनों की पूरी तरह शारीरिक स्वास्थ्य परीक्षा करनी चाहिए और बच्चे का असंक्रमीकरण कराना चाहिए। इसके अतिरिक्त स्तनपान, संभोग सम्बन्ध, परिवार नियोजन और बच्चे के असंक्रमीकरण या अन्य विषयों के सम्बन्ध में महिला द्वारा पूछे गए प्रश्नों के उत्तर देने का यह एक अति उत्तम अवसर होता है।

## खानपान और विश्राम

बच्चे के जन्म के पश्चात, महिलाओं को उनकी शक्ति पुनः प्राप्त करने और प्रसव पीड़ा तथा प्रसव से उबरने के लिए अच्छे खान-पान की आवश्यकता होती है। खून की कमी न होने पाए इसलिए उनको लौह (आयरन) गोलियाँ लेते रहना चाहिए, विशेषकर जबकि प्रसव के दौरान काफी खून बह गया हो। यदि कोई महिला स्तनपान कराती है तो उसके भोजन में अतिरिक्त खाद्य और पीने की व्यवस्था होनी चाहिए। स्तन-पान कराने वाली महिलाओं को गर्भावस्था के दौरान खाने से भी कहीं अधिक भोजन की आवश्यकता होती है क्योंकि स्तन-पान कराने से स्वास्थ्य-वर्द्धक संचयन की माँग होती है। कैलोरी, प्रोटीन, लौह, विटामिन तथा अन्य सूक्ष्म पौष्टिक पदार्थों से युक्त भोजन करना चाहिए। उदाहरण के लिए दालें, दूध तथा दूध से बने पदार्थ हरी पत्तियों वाली सब्जियाँ तथा अन्य सब्जियाँ, फल, मुर्ग उत्पाद, मांस, अंडा और मछली। प्रसव के तुरंत बाद तथा पुरइन गिरने के दौरान वर्जित भोजन पदार्थों की संख्या गर्भावस्था के दौरान से कहीं अधिक होती है। इनको प्रोत्साहन नहीं देना चाहिए। उनको यह भी ध्यान रखना चाहिए कि वे तरल पदार्थ अधिक मात्रा में लें। महिलाओं को प्रसवोत्तर अवधि में पर्याप्त विश्राम की आवश्यकता होती है जिससे कि वे अपनी शक्ति पुनः प्राप्त कर सके। उसको, उसके पति तथा परिवार के अन्य सदस्यों द्वारा यह परामर्श देना चाहिए कि उसको अपना तथा बच्चे की देखभाल के अतिरिक्त कोई अन्य भारी कार्य नहीं करना है।

## प्रश्नोत्तर खतरे के लक्षण

बच्चे के जन्म के पश्चात किसी महिला को यदि निम्नलिखित खतरे का चिन्ह दिखाई दे तो उसे शीघ्र ही डाक्टर से अपनी जाँच करानी चाहिए

1. बेहोश होना, दौरा पड़ना या ऐंठन होना
2. रक्त-स्राव घटने के स्थान पर बढ़ता जाये या उसके अंदर बड़ी-बड़ी गाँठें या कोशिकाएँ आती हो
3. बुखार
4. उदर में तेज दर्द या बढ़ने वाला दर्द हो
5. उल्टी और अतिसार
6. रक्तस्राव या जननेंद्रिय से तरल पदार्थ आना, जिससे बदबू आती हो
7. छाती में तेज दर्द अथवा साँस लेने में तकलीफ हो
8. पैर या स्तनों में दर्द, सूजन औरध्या लाल होना
9. दर्द, सूजन, लाली और ध्या कटान के स्थान पर रक्तस्राव (यदि किसी महिला को कटान या सीजेरियन ऑपरेशन हुआ हो)
10. मूत्र या मल जननेंद्रिय के मार्ग से निकलना (मल विसर्जन के समय)
11. मूत्र विसर्जन के समय दर्द होना
12. मसूड़ों, पलकों, जीभ या हथेलियों में पीलापन

## प्रसव के पश्चात् माँ-शिशु की उचित देखभाल

### साफ-सफाई

महिला को सलाह दें कि जननेन्द्रिय में कोई वस्तु न डालें तथा मल निकलने के पश्चात मूलाधार को प्रतिदिन अच्छी तरह साफ करें। यदि पुरइन अधिक आ रही हो तो मूलाधार पैड को प्रति 4 से 6 घंटे के अंदर बदल देना चाहिए। यदि कपड़े के पैड का प्रयोग किया जाए तो पैड को पर्याप्त साबुन पानी से साफ करना चाहिए तथा धूप में सुखाया जाना चाहिए। उसको नियमित स्नान करने की सलाह दी जाए तथा बच्चे को हाथों में लेने से पहले साबुन से हाथ धो लिया जाए।

### नवजात शिशु की देखभाल

नवजात शिशु की त्वचा का रंग गुलाबी होता है। खून में हिमोग्लोबिन की मात्रा 17 से 19 ग्रा. प्रति 100 मिलि. अर्थात् उच्च होती है। उसके लगातार सांस लेने की औसत गति 40 होती है, नाड़ी की गति 120 प्रति मिनट तथा रक्त चाप 75 से 100/70 होता है। हाथ पैर मुड़े हुए होते हैं, हाथ की मुट्ठी बँधी रहती है जो मुश्किल से ही खुलती है। उसकी चूसने की गति तेज होती है एवं पकड़ने की क्षमता भी होती है। तेज शोर सुनकर प्रतिवर्ती क्रिया होती है तथा अचानक आवाज सुनकर चौंकना, हाथों को ऊपर अथवा बाहर की ओर फैलाना, अँगलियों को खोलना आदि। मूत्र विसर्जन प्रथम 24 घण्टों में कम होता है लेकिन चौथे दिन तक बढ़कर 250 से 350 मिलि. तक होता है। नवजात शिशु के गुर्दे निष्कासन की दृष्टि से अक्षम (Poor Excretor) होते हैं तथा साँद्र करने की क्षमता कम होती है। जन्म के बाद आँतों में मेकोनियम, नवविष्ठा होता है जो गहरे हरे रंग का, नर्म चिपचिपा, गन्धहीन पदार्थ होता है। इसका संग्रह गर्भाशय में भ्रूण के विकास के समय, उल्व तरल के निगल जाने से भी होता है इसका विसर्जन 4-5 दिन तक होता है जिसके बाद उसका रंग पीला हो जाता है। अब यह निर्धारित गन्ध व बनावट का होता है। रोजाना त्वचा तथा फेफड़ों के जरिए 4 से 6 औंस तक वाष्पीकरण भी होता है।

जन्म के बाद शिशु के शरीर का तापमान 36°C तक गिर सकता है अतः शिशु को गर्म रखना जरूरी है। नवजात शिशु लगभग 23 घण्टे तक सो लेता है तथा भूख व प्यास के लिए अथवा किसी कष्ट के कारण ही रोता है।

## शिशु के आगमन की तैयारी

प्रत्येक दम्पत्ति को यदि वे एक स्वास्थ्य शिशु चाहते हों तो गर्भाधान से पूर्व ही कुछ सावधानियाँ बरतनी चाहिए।

1. गर्भाधान के पूर्व ही माता को यदि किसी तरह की बीमारी जैसे मधुमेह, रक्तचाप, मिर्गी या हृदयरोग इत्यादि हो तो उसे अपने चिकित्सक के साथ मिलकर इन बीमारियों का समुचित इलाज कराना चाहिए। हो सकता है कि दवाओं की खुराक में परिवर्तन करना पड़े या कुछ दवाईयाँ जो गर्भस्थ शिशु को नुकसान पहुँचा सकती है उन्हें बदलना पड़े जैसे सोडियम वेलप्रोएट नाम की दवा जो मिर्गी में दी जाती है गर्भस्थ शिशु में शारीरिक विकृति पैदा कर सकती है। जिन महिलाओं को गर्भधारण करने के पहले से ही यदि मधुमेह की शिकायत है, और गर्भधारण करने के पहले एवं गर्भावस्था के दौरान उनका ब्लड शुगर नियंत्रित नहीं रहता तो गर्भस्थ शिशु में जन्मजात विकृतियों की सम्भावना बहुत बढ़ जाती है। अतः यह आवश्यक है कि वे सही उपचार लेकर अपने ब्लड शुगर को नियंत्रित करें। इसी तरह यदि कोई छोटी सर्जरी या दाँतों का इलाज इत्यादि कराना हो गर्भधारण के पूर्व ही करा लेना उचित होगा।

2. रुबेला, खसरा हिपेटाइटिस बी, एवं टिटनेस इत्यादि बीमारियों से बचाव के टीके माता को सही समय पर लग चुके हैं इसकी पुष्टि कर लेना चाहिए। गर्भावस्था के प्रथम तीन महिनों में यदि माँ को रुबेला या खसरा हो जाए तो बच्चे में जन्मजात विकृतियाँ होने का खतरा रहता है। अतः यह आवश्यक है कि यदि ये टीके नहीं लगे हैं तो गर्भधारण के पूर्व ही महिला को ये टीके लगवा लेने चाहिए। इस बात का विशेष ध्यान रखना चाहिए कि रुबेला एवं खसरा के टीके लगाने के पश्चात तीन माह के भीतर गर्भ धारण नहीं होना चाहिए।

## सफाई एवं सुरक्षा

शिशु की त्वचा बहुत कोमल होती है अतः उसको अधिक रगड़ना निषेध है। पूरे शरीर को गीली रूई से साफ किया जा सकता है आँख, कान, नाक, जीभ आदि को धीरे-धीरे गीली रूई से साफ करना ज्यादा उपयोगी है। टेल्कम पाउडर का उपयोग भी किया जाना ठीक है। हर बार मलमूत्र विसर्जन करने के बाद रूई से पोंछकर पाउडर अथवा मरहम लगाना चाहिए। त्वचा की परतों की ओर विशेष ध्यान देना चाहिये है जिससे उनमें पसीना, तेल, पाउडर, धूल आदि न जम सके।

उपर्युक्त पदार्थों की उपस्थिति से संक्रमण आसानी से होना सम्भव है। नाक व कानों को तीली में रूई लपेट कर धीरे-धीरे साफ करना अच्छा होता है। जब तक नाभि का घाव नहीं सूखता उसको नहीं छेड़ना चाहिए।

## बच्चों के लिए कृत्रिम आहार

बच्चे के लिए माँ का दूध अमृत की तरह है लेकिन कई कारणों से यदि उसको माँ का दूध नहीं मिल पाता है तो बच्चे को गाय, बकरी आदि के दूध पर आश्रित रहना पड़ता है।

माँ के दूध के अलावा बच्चे को जो दूध दिया जाता है उसको 'फार्मूला' कहते हैं। गाय का दूध शिशु के लिए उत्तम होता है। इन दोनों प्रकार के दूध में अन्तर इतना ही है कि भैंस के दूध में गाय के दूध की अपेक्षा 1 1/2 से 2 2/3 गुना ज्यादा चिकनाई (वसा) होती है। अतः इसके दूध से पेट में जो दही बन जाता है वह भारी होता है और शिशु के लिए उसको आसानी से पचाना मुश्किल होता है।

इसके अतिरिक्त दुग्ध चूर्ण भी शिशु को दिया जाता है जिसको उबलते तथा ठण्डे पानी में घोलकर दूध तैयार किया जा सकता है। यह पौष्टिकता में ताजे दूध के समान ही होता है। इन दुग्ध चूर्ण को गाय या भैंस के दूध से ही तैयार करते हैं। भैंस के दूध के अतिरिक्त चिकनाई (वसा) को निकाल दिया जाता है तथा गर्म रोलरों पर फुव्वारे के रूप में छोड़ा जाता है। इससे पाउडर बन जाता है।

हमारे देश के कुछ भागों में बकरी के दूध का उपयोग करने का रिवाज है। ऊंटनी का दूध भी अच्छा होता है। गधी का दूध चिकित्सा के काम आता है, लेकिन इसका संगठन माँ के दूध के समान ही होता है। गधी का दूध मीठा होता है।

दूध के 'फार्मूला' को तैयार करने में इस बात की सावधानी रखनी चाहिए कि इस फार्मूले से तैयार किए गए प्रति औंस दूध से 18-20 कैलोरी प्राप्त होनी चाहिए। बच्चे के शारीरिक वजन के प्रति पौण्ड के लिए रोजाना दो औंस दूध दिया जाना जरूरी है। 24 घण्टों में बच्चे को शारीरिक वजन के हिसाब से ढाई औंस प्रति पौण्ड के हिसाब से कुल तरल पदार्थ मिलना चाहिए। बच्चा जन्म के बाद 6 माह तक हर महीने प्रत्येक आहार में अपनी उम्र से 2-3 औंस ज्यादा आहार लेगा जैसे बच्चा 2 माह का है तो वह 2+3 = 5 औंस दूध हर बार लेगा।

**'फार्मूला' तैयार करना** यह दूध, दुग्ध चूर्ण, गाय अथवा भैंस के दूध से तैयार किया जाता है। उबलते हुए पानी में दुग्ध चूर्ण को घोलकर उसके साथ इच्छा के अनुसार चीनी मिलाई जाती है। दूध बहुत पतला बनाया जाए। गाय के दूध से तथा दुग्ध चूर्ण से बने दूध से बच्चे के पेट में दही-सा बन जाता है जो आसानी से हजम हो जाता है। यह दूध मीठा भी होता है। भैंस के दूध का दही देर से पचता है। दूध तैयार करने से पहले डिब्बे पर अंकित निर्देशों को पढ़ लेना चाहिए और साथ ही यह भी देख लेना चाहिए कि दूध का रंग कैसा है।

बच्चे का वजन यदि 10 पौण्ड है तो उसको 10 x 3 = 30 औंस तरल पदार्थ दिया जाना चाहिए अर्थात् 10 x 2 = 20 औंस दूध रोजाना मिलना चाहिए जिससे उसको 400 कैलोरी ऊर्जा प्राप्त होता

रहे। 20 औंस दूध के साथ 10 औंस से अधिक पानी नहीं मिलना चाहिए तथा ½ औंस चीनी (150 कैलोरी) मिला सकते हैं। शिशु को रोजाना 550 कैलोरी मिलनी चाहिए।

**बोतल की देखभाल**—सफाई एवं सुविधा की दृष्टि से चौड़े मुँह की बोतल ठीक रहती है। बोतल तथा निपिल को साफ तथा निसंक्रमित करना बहुत जरूरी होता है। नाव के आकार की बोतलें ठीक नहीं होती क्योंकि इनमें दूध नापना और उपयोग के उपरान्त इनको साफ करना मुश्किल होता है। बोतलों को साफ करने के लिए उनको उबालना चाहिए। माता को चाहिए कि वह हमेशा अपने हाथ साफ रखें एवं शिशु का मुँह आदि पोंछने के लिए गन्दे कपड़े का उपयोग न करें।

**पोषण सम्बन्धी आवश्यकता**  जन्म के बाद शिशुओं का पोषण दो प्रकार से किया जाता है
1. माँ का दूध या स्तनपान
2. ऊपर का दूध

1. **माँ का दूध या स्तनपान**  जन्म के बाद हर बाल के लिये माँ का दूध एक प्राकृतिक और उत्तम पोषण होता है। स्तनपान से कई लाभ हैं, उनमें से कुछ प्रमुख निम्नलिखित हैं
   - (क) पर्याप्त मात्रा में पोषक तत्त्व प्राप्त होता है। इससे शिशु के पेट की गंदगी साफ हो जाती है। पाचन शक्ति बढ़ती है एवं शिशु की रोग अवरोधी क्षमता में वृद्धि होती है।
   - (ख) शिशु के लिए यह सुपाच्य आहार है।
   - (ग) इससे संक्रमण की संभावना नहीं रहती है।
   - (घ) स्तनपान से माँ तथा शिशु दोनों को ही मानसिक संतुष्टि प्राप्त होती है।
   - (ङ) इससे शिशु में विटामिन 'बी' का निर्माण होता है।

**स्तनपान कराते समय माँ को निम्नलिखित बातों का ध्यान रखना चाहिये**
1. स्तनपान कराने से पूर्व स्तनों को तथा हाथों को अच्छी तरह साफ कर लेना चाहिये जिससे शिशु को किसी प्रकार का संक्रमण न हो।
2. शिशु को स्तनपान शांत वातावरण में कराना चाहिये तथा माँ को स्वयं भी शांतचित रहना चाहिये।
3. दूध पिलाने से पूर्व माँ को स्वयं एक गिलास दूध या पानी पी लेना चाहिये इससे दुग्ध स्रवण अच्छी तरह से होता है।
4. शिशु को दूध दोनों स्तनों से बारी-बारी से पिलाना चाहिये।
5. दूध पिलाने के बाद भी यदि स्तनों में भारीपन हो तो हाथ से दबाकर दूध निकाल देना चाहिये।
6. दूध पिलाने के बाद स्तनों को पोंछकर साफ कर लेना चाहिये।

### शिशु को दूध पिलाने का समय

| दुग्धपान | प्रतिदिन छह बार | प्रतिदिन पाँच बार |
|---|---|---|
| पहला | 6 बजे प्रातः | 6 बजे प्रातः |
| दूसरा | 8 बजे प्रातः | 10 बजे प्रातः |
| तीसरा | 12 बजे दोपहर | 2 बजे दोपहर |
| चौथा | 3 बजे सायं | 6 बजे सायं |
| पाँचवा | 6 बजे सायं | 10 बजे रात्रि |
| छठा | 9 बजे रात्रि | |

## प्रसव के पश्चात् माँ-शिशु की उचित देखभाल

2. **ऊपर का दूध** सामान्यतः ऊपर के दूध के रूप में गाय, भैंस, बकरी और डिब्बा बंद पाउडर दूध का प्रयोग किया जाता है। इन सभी दूधों में प्रोटीन की मात्रा माँ के दूध से अधिक होती है। भैंस के दूध में वसा की भी अधिकता होती है। अतः इनमें से किसी भी प्रकार के दूध को शिशु को पिलाने के लिए इन्हें विशेष रूप से तैयार करना पड़ता है। ऐसा करने से इन दूधों में विद्यमान पौष्टिक तत्त्वों का अनुपात माँ के दूध के समान हो जाता है।

### माँ, गाय, बकरी एवं भैंस के दूध की रासायनिक संरचना

|   | कैलोरी | प्रोटीन | ग्राम में कार्बोज | वसा | खनिज लवण |
|---|---|---|---|---|---|
| माँ | 67 | 1.0 | 7.0 | 3.9 | 0.1 |
| गाय | 65 | 3.3 | 4.8 | 3.6 | 0.7 |
| भैंस | 117 | 4.3 | 5.0 | 8.8 | 0.8 |
| बकरी | 84 | 3.7 | 4.7 | 5.7 | 0.8 |

### शिशुओं के लिये ऊपरी आहार की तालिका

| माह | भार | दूध (Ozs) | पानी (Ozs) | चीनी (Ozs) | फीड की संख्या |
|---|---|---|---|---|---|
| 1 | 3.0 | 10 | 5 | 0.5 | 6 |
| 3 | 4.0 | 14 | 7 | 0.75 | 6 |
| 4-7 | 6 | 22 | 8 | 1.25 | 5 |
| 8-11 | 8 | 26 | 8 | 1.75 | 5 |
| 12 | 8.5 | 28 | 8 | 2 | 5 |

शिशु के ऊपरी दूध में समुचित मात्रा में पानी मिलाना पड़ता है क्योंकि गाय और भैंस के दूध में प्रोटीन की मात्रा माँ के दूध से अधिक होती है। भैंस के दूध में वसा की भी अधिकता होती है जो शिशु के लिए अपच का कारण बन सकती है। शिशु का ऊपरी दूध निम्नलिखित विधि से तैयार करना चाहिये

1. दूध और पानी को अलग-अलग उबालना चाहिये।
2. दूध देने के समय जरूरत के अनुसार दूध, पानी और शक्कर मिलाकर गर्म करना चाहिये।
3. बोतल में दूध डालने से पहले छान लेना चाहिये जिससे मलाई निपिल में न फंसे।
4. बोतल में दूध डालने के बाद उसे बोतल कवर या तौलिये में लपेट कर रखना चाहिये जिससे दूध ठंडा न होने पाये।
5. दूध का स्वाद बढ़ाने के लिये उबालते समय उसमें सौंफ की पोटली डाल देनी चाहिये।
6. बोतल में कभी भी ठण्डा दूध न डालें।
7. शिशु की आयु में वृद्धि होने के साथ-ही-साथ दूध में पानी की मात्रा कम करते जायें और दूध की मात्रा बढ़ा दें।

गाय के दूध में प्रोटीन ज्यादा लेकिन लेक्टोज कम होते हैं। इस पर भी अधिक केसिन, कारण वह पाचनशील नहीं होता है। बच्चे के संवेगात्मक विकास में मदद करने के लिए दूध पिलाने से पहले उसको प्यार करना चाहिए। शिशु को अपनी भुजाओं में समेटकर फिर उसको बोतल से दूध पिलाना चाहिए क्योंकि इससे शिशु में प्रेम एवं सुरक्षा की भावना का विकास होता है। शिशु के शारीरिक वजन के अनुसार रोजाना 150 मिली. तरल पदार्थ प्रति किलो के हिसाब से देना चाहिए। 24 घण्टों में शिशु के प्रति किलो वजन के अनुसार, 110 कैलोरी देना आवश्यक है अर्थात् 100 मिली दूध द्वारा 70 कैलोरी दी जाती है। गाय के दूध पर पले शिशु के लिए 50 मिग्रा. विटामिन-सी देना चाहिए। विटामिन डी देना भी उपयोगी होता है शिशु को संतरे का रस भी दिया जाता है। लेक्टोज की मदद से कैल्शियम का अवशोषण पूरी तरह से हो जाता है एवं माँ के दूध में लेक्टोज की मात्रा ज्यादा होती है। गाय के दूध की जगह पर पूर्ण मलाई युक्त दुग्धाहार, कण्डेन्स्ड मिल्क, दूध का चूर्ण आदि भी दिया जा सकता है। शिशु की उम्र बढ़ने के साथ ही दूध की गाढ़ापन भी बढ़ाना चाहिए। हर चार घण्टे बाद शिशु को दूध पिलाना अच्छा होता है। कण्डेन्स्ड मिल्क का उपयोग कम से कम करना अच्छा रहता है क्योंकि उसमें शुक्रोज की मात्रा अधिक होती है जिससे पाचन विकार पैदा हो सकता है। इसमें कार्बोज अधिक एवं प्रोटीन कम होता है जिससे बच्चे की माँसपेशियों का विकास सन्तोषजनक नहीं हो पाता तथा बच्चा असन्तुलित ढंग से मोटा (Flabby) हो जाता है।

बाहरी दूध पर पलने वाले बच्चे के आहार सेवन से अनेक समस्याएँ पैदा हो सकती हैं जैसे-आवश्यकता से कम अथवा अधिक दूध पिलाना, दूध पिलाने के बाद डकार न आना और उल्टी हो जाना आदि। सामान्य रूप से शिशु को उसकी आवश्यकता से अधिक दूध पिलाना असम्भव-सा है हाँ, आवश्यकता से कम दूध शिशु को दिया जाना आसान बात है। जरूरत से ज्यादा दूध पिलाने से वह चिड़चिड़ा हो जाता है, उल्टी करता है, उसका मल ढीला, हरा तथा दही जैसा होता है। कम दूध पिलाने पर शिशु रोता है, वजन भी कम रहता है, तथा गहरे पीले रंग का मल निष्कासित करता है। टेस्ट फीड (अर्थात् 24 घण्टे तक हर बार दूध पिलाने से पहले तथा बाद में बच्चे का वजन लिया जाता है जिसका अन्तर दूध की मात्रा को सूचित करता है।

दूध पिलाने के बाद डकार दिलाना (Burping) बेहद जरूरी होता है। दूध पीते समय बच्चा हवा भी निगल जाता है जो आमाशय में जाकर इकट्ठी हो जाती है। यदि डकारों के जरिए यह हवा बाहर नहीं निकाली जाती है तो यह आँतों तक पहुँच कर उदर में असहनीय दर्द होता है। अतः दूध पिलाने के बाद शिशु को बैठाकर, पीठ पर धीरे-धीरे हाथ फेरना चाहिए। डकारों के साथ कुछ दूध भी निकल जाता है जिसे पोसेटिंग कहते हैं। यदि किसी समय शिशु दूध पीने से मना कर देता है तो समझना चाहिए कि वह अस्वस्थ है। संक्रामक रोग से पीड़ित होने पर, हृदय की बीमारी जैसे छेद की उपस्थिति के कारण वह कमजोरी महसूस करता एवं मुँह चलाने पर थक जाता है। ऐसी स्थिति में उसको नलिका या चम्मच के जरिए दूध पिलाना सही होता है।

सामान्यतः यह माना जाता है कि स्वस्थ माता के जरिए दसवें दिन तक 16 औंस (480 ml.) दूध का निर्माण होना चाहिए यदि किसी कारण यह नहीं हो पाता है तब शिशु का वजन घटने लगता है। स्तनों की ग्रन्थियों के कोप की कमी से भी दूध कम बन पाता है। किसी-किसी स्त्री के स्तनों से दूध देर से निकलता है। अधिक तरल पदार्थों के सेवन से दूध के निर्माण पर दुष्प्रभाव पड़ता है

क्योंकि तरल पदार्थों के सेवन का एण्टी डायूरेटिक हार्मोन तथा ऑक्सीटोसिन (Anti Diuretic and Oxytocin) का स्त्राव कम हो जाता है जिसका असर दूध के निर्माण पर पड़ता है। अतः दूध पिलाने वाली माँ को चाहिए कि वह प्यास के अनुसार ही तरल पदार्थों का उपयोग करें अधिक नहीं।

दूध पिलाने वाली माँ को जितना हो सके दवाईयों का प्रयोग नहीं करना चाहिए क्योंकि उनका प्रभाव दूध के जरिए शिशु तक पहुँच जाता है। पूर्ण भोजन की आवश्यकता तब पड़ती है जब माता का दूध शिशु का पोषण करने से अपर्याप्त सिद्ध होता है। सम्पूर्ण भोजन वह है जो माता के दूध को पूर्णतः स्थानान्तरित करता है।

# 13
# स्तनपान

स्तनपान का सही तकनीक समझने के लिये प्रस्तुत जानकारी उपयोगी साबित होगी। छ: महिने तक सिर्फ स्तनपान देने से शिशु की सेहत अच्छी रहती है और बीमारियाँ टलती है। स्तनपान एक बिल्कुल प्राकृतिक और सुरक्षित, ईश्वरीय उपहार है। कुछ परिवार प्राकृतिक दूध छोड़कर शिशु को पहले से गलत आहार देते है। प्रसव के बाद आधे घंटे में स्तनपान शुरू करना चाहिये। छ: महिने तक शिशु को और कोई उपरी आहार जरुरी नहीं है।

दूध वह पौष्टिक पदार्थ है, जो मानव शरीर के लिए न सिर्फ जरूरी है, बल्कि उसे बीमारी से भी बचाये रखता है। रोजाना शुद्ध दूध पीकर शरीर को संतुलित रखा जा सकता है। दूध मानव शरीर की तेजस्विता, हड्डियों की शक्ति, दाँतों की सुरक्षा, रक्तचाप व वजन सामान्य बनाए रखता है। माँ के दूध का विकल्प अब तक दुनिया की किसी भी प्रयोगशाला में तैयार नहीं हो सका है।

बढ़ते बच्चों, गर्भवती महिलाओं, दूध पिलाने वाली माताओं के आहार में यदि दूध शामिल है तो उनका संतुलित विकास संभव हो जाता है। दूध प्रकृति का एक ऐसा उपहार है, जो एक पौष्टिक उत्पाद है। इसमें कैल्शियम व प्रोटीन भरपूर मात्रा में होता है। शाकाहारी आहार में दूध बेहद महत्त्वपूर्ण है। प्रोटीन का यह एक बेहतरीन स्रोत है। माँ का दूध बच्चे का जन्मसिद्ध अधिकार है। हर माँ को 5 से 6 महीने की आयु तक बच्चे को सिर्फ अपना दूध ही पिलाना चाहिए। उसके बाद 2-3 साल की आयु तक या जब तक हो सके बच्चे को अपना दूध पिलाते रहना चाहिए। आधुनिक माताएँ अपने फिगर मेंटेन करने के चक्कर में बच्चों को स्तनपान नहीं कराती। यह न सिर्फ बच्चे में कुपोषण को बढ़ाता है, बल्कि भविष्य में ऐसी माताओं के लिए स्तन कैंसर का खतरा भी बरकरार रहता है। बच्चों, गर्भवती महिलाओं, दूध पिलाने वाली माताओं के आहार में यदि दूध शामिल है तो उनका संतुलित विकास संभव हो जाता है।

दूध प्रकृति का एक ऐसा उपहार है, जो एक पौष्टिक उत्पाद है। इसमें कैल्शियम व प्रोटीन भरपूर मात्रा में होता है। शाकाहारी आहार में दूध बेहद महत्त्वपूर्ण है। प्रोटीन का यह एक बेहतरीन स्रोत है। बोतल से दूध न पिलाएँ कामकाजी माताएं और फिगर मेन्टेन करने के चक्कर में रहने वाली माताएँ अपने बच्चों को बोतल के दूध पर छोड़ देती हैं। बोतल का दूध बच्चे का सबसे बड़ा दुश्मन है। यदि माँ किसी कारणवश बच्चे को दूध नहीं पिला सकती, तो उसको चम्मच व कटोरी या सीपी का इस्तेमाल करना चाहिए न कि बोतल थमा देना चाहिए। माताएँ अकसर अपनी सुविधा के लिए भी बच्चों के मुँह में बोतल लगा देती हैं। ऐसे बच्चों का संतुलित विकास नहीं होता। इन बातों का ख्याल रखें 'माँ को कभी अपने बच्चों को ऊपर का दूध पिलाना पड़ जाए तो बिना पानी मिलाए गाय या भैंस का दूध उसे दें, क्योंकि दूध में अधिकांश हिस्सा पानी का होता है। उसमें बाहरी पानी नहीं

मिलाना चाहिए। दूध में थोड़ी-बहुत शक्कर डाली जा सकती है। कई माताओं को शिकायत होती है कि उसे पर्याप्त दूध नहीं होता। ऐसा माँ के अंदर हौसले की कमी, कम खुराक खाने और बच्चों को बोतल पर निर्भर करने की मानसिकता की वजह से होता है। आप अभी बोतल फेंक दें, हौसला रखें, अच्छी खुराक लें और बच्चे को प्यार से अपना दूध पिलाएँ। बच्चों को दूध दो-ढाई घंटे के बाद ही पिलाना चाहिए। यदि बार-बार बच्चे को दूध पिलाने पर उसका न तो पेट सही ढंग से भरेगा और न ही उसे संतुष्टि ही होगी। इसकी वजह से वह ठीक से सो भी नहीं सकेगा। छोटे बच्चे गैस निकालते रहते हैं। बच्चा जब दूध पीता है तो दूध के साथ गैस भी पेट में चली जाती है। कई माँ-बाप इसे बीमारी मानकर घबरा जाते हैं, लेकिन यह सामान्य बात है। डकार दिलवाकर भी गैस निकाली जा सकता है। छोटे बच्चे बार-बार जरा-जरा-सी टट्टी करते रहते हैं। माँ-बाप इसे दस्त समझ लेते हैं, लेकिन यह दस्त नहीं है। इसे चुरक-चुरक करना कहते हैं। बच्चे को जब बीमारी के दस्त लगेंगे तो बच्चा बीमार दिखाई देगा। उसका वजन कम हो जाएगा, सुस्त हो जाएगा और बुखार आदि हो सकता है। बच्चे अकसर थोड़ा-थोड़ा दूध निकालते रहते हैं। इससे भी घबराने की जरूरत नहीं है। यदि बच्चे का वजन सामान्य है या बढ़ रहा है तो चिंता करने की कोई बात नहीं है। बच्चों को 6 महीने से पहले दूध कभी नहीं छुड़ाना चाहिए। ठोस आहार 6 महीने के बाद ही शुरू करना चाहिए। शुरूआत पीने की चीजों से करें। जैसे दाल का पानी, चावल का पानी, मौसमी का जूस, संतरे का रस आदि। जैसे-जैसे बच्चे की आयु बढ़ती है, खाने की चीजें बढ़ा दें। उसके बाद उसे चावल, सूजी की खीर, आलू, दही, रोटी मैश कर के दें, ताकि पचने में आसानी हो। 6-7 महीने का बच्चा 3-4 घंटे के बाद ही खाता है। बच्चों को जबरदस्ती न खिलाएँ। नवजात बच्चे की माँ को भी पौष्टिक भोजन करना चाहिए। माँ के किसी भी खाने से बच्चे की पाचन शक्ति पर कोई असर नहीं होता है। हमारा शरीर कुदरत की देन है। माँ का दूध हमेशा साफ एवं शुद्ध होता है। माँ को खाने के बाद दाँतों पर अवश्य ब्रश करना चाहिए। इससे उसके दाँत कमजोर होने का खतरा नहीं रहता है।

## स्तनपान के दिनों में खानपान

माँ का प्रथम दूध बच्चे का टीकाकरण होता है। स्तनपान की प्रक्रिया कई हार्मोनों से नियंत्रित होती है। इसमें सबसे महत्वपूर्ण है प्रोलेक्टिन व ऑक्सीटोसिन जो दूध के उत्पादन व स्राव के लिए जिम्मेदार होता है। इन हार्मोन्स के सुचारू रूप से काम करने के लिए जरूरी है कि माँ सही भोजन व पोषण लें। इसके अलावा माँ का खुश रहना व क्रियाशीलता बनाए रखना भी जरूरी है। यह सब सम्मिलित रूप से हार्मोन को स्रावित करने में मदद करते हैं। माँ सभी भोज्य समूहों को आहार में शामिल करेगी तो बनने वाले दूध की मात्रा अधिक तथा गुणकारी होगी।

एक धात्री महिला में प्रतिदिन 600-800 मिलीलीटर दूध बनता है। इस समय में उसे 500-700 अधिक कैलोरी की आवश्यकता होती है। अनाज तथा दालें, जिसमें कार्बोहाइड्रेट, ऊर्जा तथा फाइबर अधिक मात्रा में उपस्थित

> **माँ के लिए भी है जरूरी स्तनपान**
>
> स्तनपान न सिर्फ शिशु के लिए बल्कि माँ के लिए भी लाभकारी है। स्तनपान कराने से प्रसव पश्चात पीड़ा कम होती है। नई माताओं द्वारा स्तनपान कराने से उन्हें गर्भावस्था के बाद होने वाली परेशानियाँ कम होती हैं। इससे माताओं का तनाव भी कम होता है। माँ एनीमिया से भी सुरक्षित रहती है। स्तनपान एक प्राकृतिक गर्भनिरोधक के रूप में काम करता है। यह दूसरे गर्भधारण को रोकता है। स्तनपान कराने वाली माँ को स्तन कैंसर व गर्भाशय के कैंसर की संभावना कम होती है।

रहते हैं, ऊर्जा का सबसे अच्छा साधन हैं। अनाज तथा दालों को 4-5 बार लेना स्तनपान के दौरान आवश्यक है। जब बच्चा ऊपरी आहार लेने लगे तब अनाज की मात्रा को कम किया जा सकता है। विभिन्न फल व सब्जियाँ दिन में 3-4 बार लेना चाहिए। इनसे मिलने वाले विटामिन व खनिज, सूक्ष्म पोषक तत्त्व दूध के उत्पादन को बढ़ाते हैं। यह शिशु में रोग प्रतिरोधक क्षमता का विकास करते हैं व माँ के लिए दस्तावर का काम करते हैं। हरी पालक, मेथी आदि हरी पत्तेदार सब्जियाँ व अनार, चुकंदर लौह तत्व से भरपूर होते हैं। स्तनपान के दौरान सबसे अधिक जरूरी माँ का भोज्य पदार्थ हैं।

## स्तनपान के लाभ

माँ के दूध में रोग प्रतिकार क्षमता होती है इसके कारण शिशु को संक्रमण से सुरक्षा मिलती है। इस दूध में प्रोटीन, वसा, शक्कर, क्षार, जीवनसत्व और पानी सही तागद में होते है। अन्य कोई आहार इसके बराबर नहीं। माँ का दूध शरीर के तापमान से मेल रखता है। माँ का दूध ताजा और शुद्ध होता है और कभी भी उपलब्ध होता है।

स्तनपान से माँ और शिशु में प्रेमसंबंध बनते हैं। शिशु इसके कारण सुरक्षा और आनंद अनुभव करता है। इसके विपरीत स्तनपानसे वंचित बच्चा असुरक्षा और मायूसी अनुभव कर सकता है। स्तनपान से माँ को अनेक लाभ होते है।

शरीर की वसा और वजन सही स्तर पर रहता है। स्तनपान से सेहत सुधारने के लिये अवकाश मिलता है, और शिशु के स्वस्थ रहने से माँ को परेशानी नहीं होती है।

### माँ का दूध ही है सर्वोत्तम आहार

माँ के दूध की गुणवत्ता एक निर्विवाद सत्य है। प्राणीजगत को दिया गया यह सर्वोत्तम उपहार है। माता के दूध के अलावा दूसरे सभी आहार शिशु के स्वास्थ के लिहाज से दोयम दर्जे के माने गए हैं। स्तनपान को लेकर आधुनिक युग में भी कई भ्रांतियाँ हैं। कई परिवारों में इन्हीं भ्रांतियों की ज्यादती नवजात शिशु को भुगतना पड़ता है। प्रसूता को गरिष्ठ खाद्य पदार्थ तो दिए जाते हैं लेकिन दही या चटनियों जैसी प्राथमिक औषधियों से वंचित रखा जाता है। तर्क यह है कि खट्टी चीजों से नवजात शिशु को नुकसान होगा।

दरअसल प्रजनन, प्रसव के बाद माता और नवजात शिशु की देखभाल की विस्तृत जानकारी देने की शुरुआत कन्याशालाओं से की जानी चाहिए। पाठ्यक्रम की पुस्तकों के अलावा भावी माताओं को अपने शरीर की सभी प्रक्रियाओं की जानकारी होनी चाहिए। शिशु के स्तनपान से लेकर उसकी साफ-सफाई करने तक की छोटी से छोटी जानकारी लड़कियों को होना चाहिए। समाजशास्त्रियों का मानना है कि एक पढ़ी-लिखी माँ पूरे परिवार के स्वास्थ की रक्षा कर सकती है, लेकिन ऐसा हो नहीं रहा है।

केवल ग्रामीण समाज में ही भ्रांतियाँ हों ऐसा नहीं है। शहर की नवआधुनिक माताएँ भी फिगर खराब होने के झूठे डर से अपने शिशुओं को स्तनपान जैसे अनमोल उपहार से वंचित रखती हैं। ग्रामीण समाज की महिलाएँ अज्ञानतावश कुछ अर्से के लिए शिशु को स्तनपान से वंचित रखती हैं तो आधुनिक उच्चवर्ग की महिलाएँ कुछ दूसरी तरह की भ्रांतियों के कारण स्तनपान नहीं करातीं।

# स्तनपान की तकनीक (Techniques of Breastfeeding)

1. जच्चा को प्रत्येक आधे घंटे में छाती से लगाना चाहिये। इससे माँ के शरीर में दूधजनक प्रक्रिया उत्तेजित होती है।
2. कुछ परिवारों में 2-3 दिनों तक स्तनपान रोका जाता है। यह बिलकुल शास्त्र के विपरीत है। इससे दुग्ध प्रक्रिया सदा के लिये रुक सकती है। माँ घर में हो तब शिशु जब उसे माँगे तब स्तनपान देना उचित है। लेकिन माँ को कोई कामकाज हो तो समय का उचित नियोजन जरुरी है।
3. स्तनपान करते समय शिशु को गोद में रखकर गर्दन और सिर को आधार देना जरुरी है।
4. वैसे बगल में सोते हुए भी शिशु को स्तनपान कर सकते है।
5. शिशु को स्तन का चुचुक मुँह में पूर्णतया पकड़ने दे।
6. आराम और शांति के साथ स्तनपान करना चाहिये।
7. हर दस मिनट में शिशु को वक्ष बदलकर दूध पिलाना ठीक होता है।
8. कुछ घंटे स्तनपान न कराया जाये तो स्तन दूध से भर आते है। ऐसे समय हाथ से स्तन दबाकर दूध निकाल देना चाहिये। यह दूध ढ़ककर 1-2 घंटों में इस्तेमाल कर सकते है। किसी भी हालत में 24 घंटों से ज्यादा स्तन भरने ना दे, इससे संक्रमण और पीप हो सकता है।

## कुछ मुश्किल निर्णय

अगर आपको 8-10 घंटे नौकरी या कोई अन्य कामकाज हो तो ऐसे में स्तनपान कराना चूक जाता है। ऐसे समय उपरी दूध को सही मात्रा में तैयार रखना जरुरी है। एकेक समय का दूध अलग-अलग बोतल में रखे। वैसे बोतल के बजाय चम्मच का प्रयोग सही होता है। बोतल से शिशु के पेटमें गैरजरुरी हवा और जिवाणु प्रविष्ट होते है। इसीलिये बोतल के कारण बच्चे अकसर बीमार हो जाते है।

स्तनपान सम्बन्धी सलाह का सही ढंग से अनुसरण करने से दूध छूटने का डर नहीं होता। मगर ऐसी कोई समस्या हो तो अपने डॉक्टर से मिले। शतावरी कल्प इसमें उपयोगी हो सकता है।

## स्तन परीक्षण

अपने आप स्तन परीक्षण करने के पाँच चरण हैं।

**चरण 1** कन्धों को सीधा करके और बाहों को नितम्बों पर रखते हुए अपने स्तनों को शीशे में देखना शुरू करें। आपको देखना है (1) स्तन अपने सामान्य आकार, माप और रंग के हैं। (2) उनका आकार बराबर है कहीं कोई विकास अथवा सूजन दिखाई न दे। यदि आपको निम्नलिखित कोई भी बदलाव नजर आये तो एकदम डॉक्टर को बतायें। (1) त्वचा में कहीं गड्ढे हो रहे हैं, सिकुड़न या फैलाव आ रहा है (2) निप्पल की जगह बदल गई है या अन्दर की ओर धँस गया है (बाहर की ओर उभरे रहने की अपेक्षा) (3) लालिमा, कड़ापन, रैश या सूजन।

**चरण 2** अब अपनी बाँह को ऊपर उठाकर उन्हीं बदलावों को पुनः देखें।

**चरण 3** शीशे में देखते-देखते निप्पल को अँगुली और अँगूठे के बीच दबायें और निप्पल से होने वाले स्राव को परखें (वह दूध जैसा तरल पदार्थ या रक्त हो सकता है)

**चरण 4** अगले चरण में, आप लेटकर अपने स्तनों को महसूस करें, बायें अपने को जाँचने के लिए बाँये का और दायें स्तन को जाँचने के लिए बाँये हाथ को इस्तेमाल करें। हाथ की पहली कुछ अँगुलियों को सीधा रखकर और मिलाकर दृढ़ परन्तु कोमल स्पर्श का प्रयोग करें।

**चरण 5** अन्ततः खड़े होकर या बैठकर अपने स्तनों को जाँचें। चौथे चरण में बताई गई प्रक्रिया से पूरे स्तन को भली-भाँति जाँचे।

## स्तनों का संक्रमण (Infection in Breasts)

प्रसव के तीसरे दिन स्तनों के पास रक्त का प्रवाह बढ़ जाता है एवं दूध निर्माण की प्रक्रिया तेजी से बढ़ने लगती है। अगर शिशु स्तनपान करके उन्हें खाली नहीं करता है तो वे नलिकाएँ बहुत अधिक फूल जाती हैं जिसके फलस्वरूप स्तनों में पीड़ा होने लगती है और उनमें सूजन आ जाती है तथा गाँठें पड़ जाती हैं। स्तन इस अवस्था में कठोर हो जाते हैं और पीड़ा के कारण माता को निद्रा नहीं आती है। इस स्थिति में Staphylo Coccus Aureus नामक जीवाणुओं से संक्रमण होने का डर रहता है। अगर शिशु की त्वचा पर कोई घाव हो तो उससे संक्रमण का भय रहता है अन्यथा शिशु की नाभि से भी संक्रमण का डर रहता है।

स्तनों पर घाव हो जाने से पीड़ा होती है इससे ज्वर $105^0F$ बढ़ जाता है। ऐसी स्थिति में शिशु को दूधपान नहीं कराना चाहिए। स्तनों में भरे हुए दूध को धीरे-धीरे हाथ से या मशीन की मदद से निकाल देना चाहिए। इस स्थित में दूध भी संक्रमित हो जाता है तथा उसका दही अथवा थक्का-सा जम जाता है। सड़े हुए दूध में जीवाणु तीव्र गति से वृद्धि करते हैं। इस अवस्था में ज्वर, कंपन, सिरदर्द, तीव्र पीड़ा तो होती ही है चुचुकों से पीव एवं रक्त का स्राव होने की सम्भावना होती है। इसके उपचार के लिए पेनिसिलिन नामक प्रतिरक्षक का सेवन करना चाहिए।

स्तनों का फटना कई कारणों से सम्भव है। जैसे शिशु के तीव्र गति से दुग्धपान करने से तथा अत्यधिक दूध से भर जाने के कारण चुचुकों के ऊपर के उपकला तन्तुओं में छेद (Fissures) होकर यह संक्रमित हो जाते हैं। यह स्थिति बहुत कष्टदायक होती है। इस स्थिति में पीड़ा अधिक होता है। चुचुकों के आवरण के प्रयोग से फटे हुए भाग की रक्षा की जा सकती है।

कुछ स्त्रियों की त्वचा पतली होती है। कभी-कभी इन स्त्रियों में चुचुकों पर से उपकला तन्तु हट जाते हैं जिससे कच्ची त्वचा निकल आती है और बहुत जल्दी संक्रमित हो सकती है। इस स्थिति

में स्तनपान कराते समय बहुत अधिक पीड़ा होती है एवं बच्चे के द्वारा चूसे जाते समय घाव का रक्त भी उसके मुँह में चला जाता है। प्रतिफल के रूप में शिशु उल्टी द्वारा उसको बाहर निकाल देता है। ऐसी स्थिति में चूचुकों पर लिक्विड पैराफ्रिन में फ्लेविन मिलाकर लगाना अच्छा होता है। जब तक घाव ठीक नहीं हो जाते माँ को स्तनपान नहीं कराना चाहिए।

धँसे हुए चूचुकों के लिए स्त्री को गर्भावस्था के अन्तिम तीन माह से ही उपचार करवाना चाहिए। उपचार न करवाने पर प्रसव के बाद शिशु को दुग्ध पान में कठिनाई होती है। शिशु अपने मसूड़ों से त्वचा को घायल भी कर देता है। इस स्थिति में दिन में काँच का आवरण पहनना चाहिए। स्प्रिट द्वारा उसकी मालिश करना भी उपयोग होता है।

## स्तन सम्बन्धी समस्याएँ (Breast related Problems)

### स्तनों में लम्प होने के कारण

स्तनों में लम्प हो जाने के अनेक कारण हैं। इनमें से कुछ कारण तो हानि रहित होते हैं जबकि अन्य कुछ दर्दभरे अथवा खतरनाक भी हो सकते हैं। इसमें संक्रमण, चोट, कैंसरविहीन फोड़ा या कैंसर भी शामिल है।

### स्तन में कैंसरविहीन फोड़े के कारण

स्तन में कैंसरविहीन फोड़े में (1) फाइब्राडिनोमा (2) स्तन काइसटिस (3) फाइब्रोकाइसटिक रोग शामिल हैं।

### किशोरियों को स्तन का कैंसर

हाँ, पर जो भी हो किशोरावस्था में यह बहुत ही कम पाया जाता है। दूसरी ओर हम कह सकते हैं कि जीवन में किसी भी समय स्तनों में लम्प हो सकते हैं।

### किशोरावस्था में स्तनों में लम्प हो जाने के सामान्य कारण

किशोरावस्था में आमतौर पर होने वाले स्तन लम्प निम्नलिखित हैं (1) काइसटिसः प्रायः माहवारी से एक दम पहले ये काइसटिस बड़े हो जाते हैं, नरम बन जाते हैं और दर्द करते हैं, हो सकता है कि वे एक ही रात में दिखने लगे (2) फाइब्रोडिनोमास- ये भरे हुए, मुलायम एवं दृढ़ सुसाध्य लम्प जो कि किशोरावस्था के अन्त में या आरम्भ में सामान्यतः होते हैं। ये दूसरे प्रकार के अति सामान्य लम्प हैं जो महिलाओं को होते हैं और किसी भी आयु में हो सकते हैं।

### स्तनपान न कराने वाली औरतों में स्तन पीड़ा का अति सामान्य कारण

फाइब्रोकाइसटिक स्तनरोग स्तनपान न कराने वाली औरतों में स्तन पीड़ा का अति सामान्य कारण है। यह सुसाध्य स्थिति है जिसे स्तन का कैंसर मान बैठने की भूल नहीं करनी चाहिए।

### महिलाओं में फाइब्रोकाइसटिक स्तन

फाइब्रोकाइसटिक स्तन की स्थिति सामान्यतः 30 वर्ष या उसके अधिक आयु की औरतों को प्रभावित करती है।

## स्तन कैंसर की आशंका

आशंका वह है जब रोग लगने की सम्भावनाओं में वृद्धि होती है। अध्ययन के परिणामस्वरूप स्तन कैंसर की सम्भावना निम्नलिखित स्थितियों में बताई गई है।

1. स्तन का कैंसर बड़ी उम्र की औरतों को आमतौर पर होता है, 60 से ऊपर सम्भावना और भी बढ़ जाती है।
2. जिस महिला के एक स्तन में कैंसर हो, उसके दूसरे स्तन में भी होने की सम्भावना बढ़ जाती है।
3. यदि माँ, बहन या बेटी को स्तन का कैंसर हो तो महिला को खतरा अधिक रहता है।
4. जिन औरतों का माहवारी चक्र 12 वर्ष की आयु से पहले शुरू हुआ हो उनको भी बड़ा खतरा रहता है।
5. जिन औरतों की कभी सन्तान न हुई हो।
6. जिन औरतों ने जीवनभर कभी कामकाज न किया हो।
7. बहुत अधिक वजन वाली और अतिगरिष्ठ भोजन करने वाली औरतों को खतरा रहता है।

### स्तनपान के दौरान स्तनों में लम्प क्यों बन जाते हैं और उनसे कैसे निपटना चाहिए?

स्तनपान के दौरान स्तनों में लम्प होना सामान्य बात है जो कि किसी छिद्र के बन्द होने से बन जाता है। दूध पिलाने (गर्म पानी से स्नान या सेक) सेक और स्तनों की मालिश करें छाती से निप्पल की ओर गोल गोल कोमलता से अपनी अँगुली के पोरों से करें या पम्प द्वारा निकाल दें। बन्द छिद्र या नली को खोल लेना महत्त्वपूर्ण है नहीं तो स्तनों में संक्रमण हो सकता है। यदि इस सबसे लम्प निकले या आपको फ्लू के लक्षण दिखाई दें तो डॉक्टर को बुलायें।

## लम्प की उपस्थिति को जल्द से जल्द जानने के लिए कदम

उसके लिए जरूरी है कि (1) महिला नियमित रूप से स्वयं स्तनों का परीक्षण करती रहें (2) मैमोग्राम करायें।

## संक्रमण के कारण स्तन का लम्प होना

स्तनपान कराने वाली महिलाओं में स्तन का इन्फैक्शन हो जाना विशेषकर सामान्य है। जब निप्पल की त्वचा में घाव हो जाता है या जैसा कि दूध पिलाने से हो जाता है तब उस घाव में बैक्टीरिया प्रवेश कर जाते हैं जिसके परिणामस्वरूप मवाद बन जाता है। (पास की गहरी थैली) या ऊपर की त्वचा में इन्फैक्शन होने से उसमें लालिमा आ जाती है।

## माहवारी के दौरान स्तनों में बदलाव

माहवारी से तुरन्त पहले औरतें अपने स्तनों में क्रमिक बदलाव महसूस करती है जैसे कि सूजन दर्द, ढीलापन आदि। यह प्राकृतिक है और इस्ट्रोजन एवं प्रोजेस्टीरोन नामक हॉरमोन्स के प्रभाव से होता है।

## प्रसवोपरान्त स्तन में संक्रमण

जब निप्पल में कीटाणु आ जाते हैं और किसी दरार से या स्तनपान के दौरान अन्दर चले जाते हैं तो उसे प्रसवोपरान्त स्तन इन्फैक्शन कहते हैं।

## प्रसवोपरान्त स्तन संक्रमण के लक्षण

इसके स्तनों में सूजन और पीड़ा होती है, ऊपर की त्वचा में लालिमा आ जाती है, साथ में बुखार आ भी सकता है और नहीं भी आ सकता।

## प्रसवोपरान्त स्तन संक्रमण से बचने के उपाय

स्तनपान कराते रहें और एन्टीबॉयटिक के लिए डॉक्टर से सलाह लें।

यदि इलाज तुरन्त न कराया जाए तो स्तनों में मवाद बन सकती है।

## स्तनों की ऐंठन से कैसे बचा जा सकता है?

स्तनों की ऐंठन से बचने के लिए स्तनपान के अन्तराल को कम करना पड़ेगा जैसे कि डेढ़ या दो घन्टे के बाद शिशु के स्तनपान कराते रहें जब तक कि ऐंठन घटने न लग जाए।

## निप्पल में दर्द

जब आप पहले पहल स्तनपान कराना सीखती है तब उन्हें किस तरह शिशु के मुँह में रखा जाए इसमें गलती होने के कारण निप्पल दुखने लगते हैं।

बच्चे के होंठों को सही ढंग से निप्पल के बीचों बीच रखें जहाँ से दूध निकलता है, न कि उसके टिप पर रखें जहाँ कि बहुत-सी नसें समाप्त होती है इस प्रकार दुखने से बच सकती हैं।

## स्तनपान: भ्रांति और तथ्य (Breastfeeding : Illusions and Facts)

माँ का दूध अमृत के तुल्य है, क्योंकि उसमें सभी अमीनो एसिड उपलब्ध होते हैं, जो शिशु के मानसिक एवं शारीरिक विकास के लिए जरूरी हैं। माँ के दूध में सभी पोषक तत्व सरल रूप से उपस्थित होते हैं, जो शिशु के शरीर में पूर्ण रूप से अवशोषित हो जाते हैं। शिशु को जन्म से छः महीने तक सिर्फ माँ का दूध ही दें। बच्चे को दूध पिलाने वाली माता का आहार पौष्टिक होना चाहिए। उसमें किसी किस्म की रोकटोक नहीं लगाना चाहिए। कई परिवारों में सद्यः प्रसूता को केला खाने से रोका जाता है। वजह यह बताई जाती है केला खाने से बच्चे को जुकाम हो जाता है। इस तरह की कई भ्रांतियाँ हैं, जिन्हें दूर कर नवजात शिशु को भरपेट स्तनपान कराया जा सकता है। यहीं से शिशु के स्वस्थ जीवन का आधार रखा जा सकता है। जन्म लेते ही शिशु स्तनपान प्रारंभ कर देता है। गर्भवती महिला को गर्भ के अंतिम महीनों से ही आहार में अधिक कैलोरी, प्रोटीन और वसा बढ़ा देना चाहिए। इससे माता के शरीर में दूध उचित मात्रा में बनता है। नवजात शिशु के समुचित विकास के लिए माता का दूध सर्वोत्तम आहार है। माँ के आहार में सभी प्रोटीन आवश्यक मात्रा में होना चाहिए। स्तनपान कराने वाली स्त्री की अतिरिक्त पोषक तत्वों की जरूरत को पूरा करने के लिए आहार में दूध, फल, अंकुरित अनाज, हरी-सब्जियाँ, पनीर आदि सभी खाद्य पदार्थों को अपने आहार में शामिल करना चाहिए। विशेष रूप से पानी का सेवन अधिक मात्रा में करें, तभी दूध का स्राव पर्याप्त मात्रा में होगा।

## क्या स्तनों से स्राव होना प्राकृतिक है?

यदि स्राव में रक्त या मवाद के जैसा हो तो वह संक्रमण या ट्यूमर के होने जैसी गम्भीर स्थिति का सूचक होता है। इसके लिए डॉक्टर से परामर्श लेना आवश्यक है।

## महिला को पूरी तरह विश्वास कैसे होगा कि उसे लम्प कैंसर नहीं है?

पक्के विश्वास का बस एक ही तरीका है कोशिका के सैम्पल (बायोप्सी) का टेस्ट करायें। बायोप्सी करने के भी कई ढंग हैं। कई बार, एक महीन सुई से किया जाता है (एफ एच ए)। एफ एच ए रक्त

की जाँच जैसा होता है कि जिसमें एक सुई को चुभाकर रक्त बाहर निकाला जाता है। लम्प की सही जगह का निर्धारण करने के लिए या तो लम्प को महसूस करना होता है, अगर वह महसूस न हो पाये तो अल्ट्रासाउण्ड या मैमोग्राम करते हुए एफ एल ए किया जाता है।

> **मैमोग्राम क्या होता है?**
> 
> मैमोग्राम एक रेडियो डॉयग्नोस्टिक विधि है जिसमें महसूस किए जाने से भी पहले स्तन के लम्प को देखा जा सकता है।

## क्या अलग-अलग आकार के स्तनों का होना सामान्य माना जाएगा?

अलग-अलग माप के स्तनों का होना अत्यन्त सामान्य है। यौवनारम्भ में जब स्तनों का विकास होता है तो लड़कियों के स्तनों और निप्पलों का माप अलग-अलग होना सामान्य बात है। हर कोई अलग होता है, किन्हीं दो महिलाओं के स्तन एक जैसे नहीं दिख सकते। वस्तुतः मानवों में विषमता एक सामान्य बात है, जैसा कि उनके हाथ-पैर आदि शारीरिक अंग अपने साथी से अलग आकार और माप के होते हैं। उन्हें एक माप का बनाने के लिए सहायक ब्रा या अन्य विशिष्ट सामग्री की मदद से उन्हें एक जैसा बनाया जा सकता है।

## यदि किसी के स्तन छोटे हों तो उसे क्या करना चाहिए?

स्तन के माप का निर्धारण चर्बी की मात्रा से होता है अतः इन्हें बड़ा करने का एक साधन तो यही है कि अपना वजन बढ़ा लें। प्रोटीन बहुल भोजन जैसे कि दालें- सोयाबीन, राजमा आदि। अण्डे, दूध मांसाहार और चपाती, ब्राउन ब्रेड, चावल, मेवे आदि स्वास्थ्यवर्धक कार्बोहाइड्रेडस को अधिक मात्रा में लेने से बढ़ सकता है। व्यायाम करने से ये देखने में बड़े लगने लगते हैं, चर्बी नहीं बढ़ती, स्तनों के नीचे मांसपेशियाँ बड़ी हो जाती हैं।

## कितनी बार शिशु को स्तनपान कराना चाहिए?

दिन के समय दोनों स्तनों से कम से कम 10-15 मिनट तक हर दो या ती घन्टे के बाद स्तनपान कराना चाहिए। दिन में हो सकता है कि आपको बच्चे को जगाना पड़े (डॉयपर बदलने या बच्चे को सीधा करने अथवा उससे बातें करने से बच्चे को जगाने में मदद मिलती है) ताकि आपकी रातें आराम से गुजरें। जब बच्चे की पोषण परक जरूरतें दिन के समय ठीक से पूरी हो जाती हैं तो फिर वह रात को बार-बार नहीं जगता। कभी-कभी ऐसा भी होता है कि आपके स्तन रात को भर जाते हैं और शिशु सो रहा होता है, आप चाहते हैं कि उसे जगाकर दूध पिला दें। जैसे-जैसे बच्चा बड़ा होता है, दूध पिलाने की अवधि बढ़ती जाती है।

> **स्तनपान कराने में सक्षम बनाएगी जड़ी-बूटी**
> 
> अपने नौनिहालों को पर्याप्त मात्रा में स्तनपान नहीं करा सकने की समस्या से जूझ रही माताओं के लिए मंगोलयाड टोटो जनजाति की महिलाओं द्वारा अपना दूध बढ़ाने के लिए इस्तेमाल की जाने वाली एक जड़ी बूटी ने उम्मीद की एक नई किरण जगा दी है। एएसआई के वैज्ञानिक अमिताभ सरकार ने समीरा दासगुप्ता के साथ इस पौधे का पता लगाया। सरकार ने बताया कि इस जड़ी बूटी को स्थानीय लोग माइरूंसा के नाम से जानते हैं। टोटो महिलाएँ सदियों से इसका

इस्तेमाल कर रही हैं लेकिन बाहरी दुनिया को इस बारे में कोई जानकारी नहीं है। समीरा ने शोध के दौरान पाया कि लतमान के पौधे की पत्तियों को चार पाँच दिन तक उबाल कर या तलकर खाने के बाद माँ अपने बच्चे को अच्छी तरह से स्तनपान कराने में सक्षम हो जाती है।

गौरतलब है कि इस जनजाति की महिलाओं को बच्चों को जन्म देने के बाद आनुवांशिक वजह के चलते दूध की कमी की सामना करना पड़ता है। मंगोलयाड लोग पूर्वी और पूर्वोत्तर भारत के उप हिमालयी इलाके में रहते हैं। सरकार ने बताया कि स्तन में दूध की कमी के चलते नौनिहाल कुपोषण के शिकार हो जाते हैं। गाँव की जनजातीय महिलाओं द्वारा इस्तेमाल किए जाने वाले औषधीय पौधों के सर्वेक्षण के दौरान यह खोज की गई।

# 14
# शिशु में होने वाले रोग व उपचार

जन्म के समय शिशु एक असह्य प्राणी होता है। इस समय वह गर्भाशय के आंतरिक वातावरण से निकलकर बाह्य वातावरण में प्रवेश करता है, जहाँ वातावरण की विभिन्न वस्तुयें प्रत्यक्ष और परोक्ष रूप से उसके स्वास्थ्य को प्रभावित करती हैं। अगर शिशु की समुचित देखभाल की जाती है तो वह वातावरणीय तत्त्वों के कुप्रभाव से बचा रहता है। उसकी देखभाल में थोड़ी भी लापरवाही बरती जाती है तो वह बीमार हो जाता है। इससे उसका विकास प्रभावित होता है। इसलिए शिशु स्वास्थ्य के प्रति लापरवाही नहीं बरतनी चाहिये। रोग चाहे सामान्य हो अथवा तीव्र उसके प्रारम्भिक लक्षण के प्रकट होते ही तुरन्त उसके निदान का प्रयत्न करना चाहिये।

## रोगों के आरंभिक लक्षण (Starting Symptoms of Diseases)

1. भूख कम हो जाना
2. शौच में अनियमितता
3. व्यवहार में परिवर्तन
4. शरीर के तापमान में परिवर्तन
5. क्रियाशीलता में परिवर्तन
6. त्वचा में परिवर्तन
7. चेहरे में परिवर्तन
8. भार में परिवर्तन
9. निद्रा में परिवर्तन
10. आवाज में परिवर्तन
11. बैचेनी
12. माँ के समीप्य को अधिक चाहना।

## शिशुओं में होने वाले सामान्य रोगों का वर्गीकरण

**1. पाचन सम्बन्धी रोग** इसमें डायरिया, पेचिस, कब्ज, पेट में गैस, दूध पलटना, वमन तथा पेट में कीड़े होना आदि रोग आते हैं।

**2. श्वास सम्बन्धी रोग** इसमें जुकाम, खाँसी, निमोनिया, ब्रोकाइटिस, दमा, काली खाँसी, डिप्थीरिया आदि रोग आते हैं।

**3. त्वचा के रोग** इसमें फोड़े-फुन्सी, एलर्जी, दाद, खाज आदि रोग आते हैं।

**4. कुपोषण जनित रोग** इसमें क्वाशरकोर, मरस्मस, रतौंधी, बेरी-बेरी, स्कर्वी, रिकेट्स, घेंघा, एनीमिया आदि आते हैं।

**5. नेत्ररोग** इसमें आँख का दुखना, आँखें लाल होना, खुजली, जलन और आँख से पानी आना आदि आते हैं।

**6. कान के रोग** इसमें कान में दर्द और कान का बहना आदि आता है।

## दस्त (Diarrhea)

अतिसार बच्चों में होने वाला एक सामान्य रोग है। वैसे तो हर उम्र का बालक और वयस्क इससे पीड़ित हो सकते हैं लेकिन शिशुओं में यह रोग अधिक पाया जाता है। विशेष रूप से उन बच्चों को जो ऊपर के दूध लेते हैं।

अतिसार दो तरह के होते हैं (1) असंक्रामक और (2) संक्रामक।

सामान्य रूप से दस्त एक सामान्य रोग है लेकिन यदि उदर में ऐंठन हो, वजन शीघ्रता से घट रहा हो तो उपचार की जरूरत होती है। कृत्रिम दूध पर निर्भर रहने वाले शिशु में इस रोग का पाया जाना एक सामान्य बात है क्योंकि कृत्रिम दूध का संगठन माता के दूध के संगठन से हमेशा भिन्न होता है। कृत्रिम दूध में लेक्टोज या शुक्रोज की मात्रा अधिक होने के कारण तथा बोतल (दूध पिलाने की) की सफाई या सुरक्षा में कमी आने पर संक्रमण हो जाता है और परिणामस्वरूप दस्त होने लगते हैं।

स्वस्थ शिशुओं को सामान्य रूप में दस्त रोग हो जाता है क्योंकि मल निष्कासन की आदत बनने में कुछ समय लगना स्वाभाविक है। दूध आँतों के मार्ग से अतिशीघ्र निकल जाता है जिससे मल ढीला, तरल, अधपचे दूध के दही से युक्त अपरिवर्तनशील पित्त रस के कारण हरे रंग का होता है। यदि श्लेष्मा भी विद्यमान हो तो समझ लेना चाहिए की आँतों की श्लेष्मिक झिल्लियों में जलन पैदा हो गई है। यदि मल में रक्त की उपस्थिति हो तो संक्रमण की सम्भावनाएँ होती हैं। अतिसार के साथ उदर में ऐंठन एवं जलन भी होती है और शिशु पीड़ा के कारण चिल्लाता है। निर्जलीकरण के लक्षण जैसे त्वचा पर झुर्रियों का पड़ जाना, वजन का घटना, Fontanelle का धँस जाना, इस अवस्था में दिखाई देने लगते हैं। संक्षेप में शिशु के अतिसार से पीड़ित होने के तीन मुख्य कारण हैं—

1. दूध पिलाने में दोष दूध के तत्वों अथवा मात्रा के कारण पैदा होता है।
2. अधिक शर्करा के उपयोग से आँतों में उसका खमीरीकरण होता है जिससे वायुविकार तथा दस्त हो जाते हैं।
3. जीवाणु तथा वायरस के जरिए आँतों का संक्रमण भी एक कारण है।

उपचार के रूप में शिशु को कृत्रिम दूध कम मात्रा में पतला बनाकर पिलाना चाहिए जब तक कि दस्त रोग नियन्त्रण में नहीं आ जाता है। अधिक शर्करा के उपयोग से मल कुछ झागदार तथा मलद्वार के आस-पास घाव हो जाता है। इस अवस्था में शर्करा का पूरी तरह उपयोग बन्द कर देना ही सही होता है।

यदि संक्रमण के कारण अतिसार हो रहा है तो शिशु को अन्य शिशुओं से हमेशा अलग रखना चाहिए। जब तक दस्त बन्द नहीं हो जाते दूध पूर्णतः वर्जित है। इस अवस्था में 0.18% सोडियम क्लोराइड, 4% ग्लूकोज, प्रति लीटर में 2 ग्राम पोटैशियम क्लोराइड मिलाकर 2-3 घण्टों में एक बार थोड़ा-थोड़ा करके पिलाना चाहिए। प्रति किलोग्राम वजन के लिए 175 मात्रा में तरल पदार्थ देना

चाहिए। यदि इसके बाद भी निर्जलीकरण की स्थिति बन रही है तो शिराओं द्वारा तरल पदार्थ शिशु को पहुँचाने चाहिए। इस स्थिति में एण्टीबायोटिक दवाईयाँ भी दी जाती हैं।

## लक्षण

इसके प्रमुख लक्षण निम्नलिखित हैं
1. दस्त के साथ वमन भी होता है।
2. शरीर का ताप 100 से 104 डिग्री फॉरनहाइट तक जाता है।
3. उल्टी व दस्त के कारण बच्चे के शरीर से जल तथा लवणों की निरंतर हानि होती है जिसे निर्जलीकरण की समस्या उत्पन्न हो जाती है, जो खतरनाक स्थिति है।
4. प्यास अधिक लगती है।
5. त्वचा सूखी हो जाती है, आँखों के नीचे काले घेरे बन जाते हैं।
6. बच्चा 24 घण्टे में 5 से 30 बार तक मल त्याग कर सकता है।
7. मल एक दम पतला होता है साथ ही उसमें तीव्र गंध व झाग होता है।
8. मल में खून तथा श्लेष्मा भी हो सकती है।
9. बच्चों को मल त्याग करने में अधिक जोर लगाना पड़ता है।
10. मल त्याग से पूर्व तथा बाद में पेट में तीव्र दर्द होता है।
11. बार-बार मल त्याग करने से शिशु एकदम कमजोर हो जाता है।

## कारण

1. बच्चे को ठण्डा व बासी दूध देना।
2. स्तनपान कराने वाली माताओं का अधिक गरिष्ठ तथा मिर्च मसालेयुक्त भोजन खाना।
3. शिशु के शरीर में सर्दी, खाँसी, जुकाम तथा बुखार रोग होना।
4. शिशु के दाँत निकलना।
5. मौसम में अधिक सर्दी व गर्मी का होना।
6. बच्चे के आहार देने के समय में अनियमितता।
7. दूध के बर्तन, बोतल, निपल, स्तन तथा माँ के हाथों का गंदा होना।
8. बच्चे का आवश्यकता से अधिक दूध पी लेना।
9. बच्चे को ऊपर का दूध अधिक वसायुक्त देना।

## उपचार

1. 1 लीटर उबले पानी में एक चुटकी नमक तथा एक मुट्ठी चीनी डालकर घोल बना लें और थोड़ी-थोड़ी देर के बाद शिशु को पिलायें।
2. शिशु की व्यक्तिगत स्वच्छता पर विशेष ध्यान देना चाहिये।
3. शिशु को गर्म व आराम वाली अवस्था में रखना चाहिये।
4. दूध के स्थान पर मड़ा देना चाहिये।
5. बच्चे को तुरंत चिकित्सक के पास ले जाकर उसका समुचित उपचार कराना चाहिये।
6. बच्चे को पूर्ण आराम करने दें।

7. ऊपर का दूध बंद कर दें। केवल माँ का दूध दिया जा सकता है।
8. ऊपर के दूध के स्थान पर दूध फाड़कर उसका पानी दें। जौ का पानी भी दिया जा सकता है।
9. बच्चे को ठोस आहार न दें।
10. दूध के बर्तन, निप्पल और बोतल आदि की स्वच्छता पर ध्यान दें।
11. चावल का माँड़ बच्चों को दें।
12. बच्चे को बार-बार थोड़ी-थोड़ी देर में अच्छी तरह उबालकर ठंडा किया गया पानी पीने को दें जिससे शरीर में जल की हानि को पूरा किया जा सके।

## कब्ज (Constipation)

कब्ज से आशय नियमित रूप से मल त्याग न होना, कम होना तथा कड़ा होना है। स्वास्थ्य की दृष्टि से रोज दिन मल का त्याग होना जरूरी है। पर्याप्त दूध या आहार के सेवन की कमी से शिशु की मल निष्कासन सम्बन्धी आदतों में बदलाव आ जाता है। अनियमित व असमय में सख्त मल निष्कासन कब्ज का लक्षण है। यह रोग अधिकतर मानव निर्मित दूध पर आश्रित शिशुओं में देखने को मिलता है। प्रोटीन की अधिकता के कारण, कम शर्करा के उपयोग के फलस्वरूप एवं गाढ़े दूध के सेवन से भी कब्ज होना सम्भव है। अतः उपचार के रूप में आहार में बदलाव लाकर अधिक तरल पदार्थ रोगी शिशु को देना अच्छा होता है। यदि दर्द अधिक हो तो मिल्क ऑफ मेग्नेशिया कम मात्रा में शिशु को दिया जा सकता है।

## कारण

1. भोजन के समय में अनियमितता।
2. रेशेयुक्त पदार्थों को कम मात्रा में लेना।
3. पाचक रसों का कम मात्रा में बनना।
4. आँतों का कमजोर होना।
5. शिशु का ऊपरी दूध द्वारा पोषित होना।
6. तरल पदार्थों का कम मात्रा में लेना।
7. असंतुलित आहार जैसे अधिक वसा व प्रोटीन, कम कार्बोज, सब्जी तथा फल आदि का लेना।

## लक्षण

1. पेट में तीव्र पीड़ा होना।
2. मल का अत्यधिक कठिनाई से होना।
3. मल त्याग करते समय दर्द के कारण बच्चा रोता है।
4. नियमित मल का त्याग न होना।
5. मल का कठोर और गाँठदार होना।

## उपचार

1. उपचार के लिये ग्लिसरीन की सिरिंज अथवा ग्लिसरीन की बत्ती लगानी चाहिये। लेकिन इसकी नियमित आदत नहीं डालनी चाहिये।

2. शिशुओं को घुट्टी पिलायें।
3. बच्चे को मिल्क ऑफ मैग्नीशिया दें।
4. बच्चों को क्रियाशील रहने दे, शिशुओं को गोद में अधिक न लें, बल्कि लेटकर हाथ-पैर चलाने दें।
5. बच्चे के भोजन के समय में नियमितता रखनी चाहिये।
6. बच्चों को नियमित समय पर मल त्याग के लिये प्रेरित करना चाहिये।
7. बच्चे के आहार में तरल पदार्थों जैसे जल, फलों का रस तथा सब्जियों के सूप की मात्रा बढ़ा देनी चाहिये।

## वायु विकार (Breathing Disorder)

नवजात शिशु को दूध पीना सीखने में समय लगता है। उसके बाद भी बारी-बारी से दूध पीने और श्वास लेने की क्रिया पर नियन्त्रण पाना उसके लिए जल्दी सम्भव नहीं हो पाता है। परिणाम स्वरूप कभी-कभी दूध श्वसन नलिका में प्रवेश कर खाँसी पैदा कर देता है। वैसे भी सामान्य रूप से शिशु दूध पीने के साथ ही साथ अधिक मात्रा में वायु को निगल जाते हैं। यदि आमाशय में पहुँच चुकी वायु को डकारों के जरिए बाहर नहीं निकाला जाता है तो पाइलोरिक संवरणी बन्द रहती है तब आमाशय अपनी क्षमता से ज्यादा फूल जाता है। इस अवस्था में और दूध पीने के लिए उसमें स्थान नहीं बचता है। यही वायु आँतों तक पहुँचकर उनका विस्फारण भी करती है जिससे शिशु के पेट में असहनीय दर्द होता है। इसी को वायु विकार कहते हैं।

कोलिक के कारण वायु विकार से सम्बन्धित रोग भी हो सकते हैं या जलन उत्पन्न करने वाले उत्तेजित पदार्थों (Irritative Stimulus) के सेवन से भी यह सम्भव हो जाता है। दूध पिलाने का गलत तरीका इस रोग के होने का एक दूसरा कारण है। कोलिक के समय बच्चा तेजी से चिल्लाता है, उसका मुँह लाल सुर्ख हो जाता है, मुट्ठियाँ भिंच (बन्द) जाती हैं, हाथ-पैर मुड़ जाते हैं उदर पेशियाँ तन जाती हैं और उदर गेंद की तरह फूल जाता है। इसके उपचार के लिए माता को रोग होने के कारण का पता लगाना चाहिए और उसके निवारण का उपाय भी। पेट पर गर्म सेंक करने से शिशु को दर्द से आराम मिलता है। एण्टी फ्लाय्यूलेन्ट दवाईयों का उपयोग करना भी लाभप्रद होता है।

## अंगोछे के घाव (Diaper Rash)

नवजात शिशु में संक्रमण के प्रति प्राकृतिक रूप से ही कमजोरी रहती है एवं उसमें रोगों को रोकने की क्षमता कम होती है। जो रोग बड़ों के लिए साधारणतः सामान्य माने जाते हैं वे ही शिशुओं के लिए भयानक हैं। स्थानीय स्वच्छता का अभाव, अंगोछे के गीला होने पर तुरन्त उसे न बदलने से, कपड़े (अंगोछे के) में संक्रामक जीवाणुओं की उपस्थिति से, अंगोछा अत्यन्त कसा हुआ (जिसमें वायु प्रवेश न कर सके) होने से प्लास्टिक के अंगोछे के लगातार प्रयोग से, अंगोछे के घाव हो जाते हैं। लेकिन उपचार न करने से ये घाव भयानक रूप धारण कर लेते हैं। मूत्रद्वार एवं गुदा द्वार के पास लालिमा जलन एवं छोटे-छोटे दाने भी हो जाते हैं जिनमें मवाद भर जाता है। यह मुख्यतः स्टेफिलो कॉकस जीवाणुओं के कारण होता है। शिशु की त्वचा बहुत कोमल होती है अतः छिल जाती है और आसानी से घाव का रूप ले लेती है। इसके बाद ऊपरी त्वचा हटकर नीचे की गुलाबी त्वचा ऊपर आ जाती है। इसके बाद संक्रमण होना बहुत आसान है जिसके भयानक परिणाम हो सकते हैं।

उपचार स्वरूप सबसे पहले कारण का पता लगाकर उसके निदान करने की कोशिश करनी चाहिए। मरहम लगाना तथा एण्टी बायोटिक्स दवाइयों का सेवन करना भी लाभप्रद होता है।

## नाभि एवं आँखों का संक्रमण (Infection of Navel and Eyes)

जन्म के बाद शिशु की नाभिरज्जु को काटकर अलग कर देते हैं एवं नाभि का बचा हुआ भाग सातवें दिन तक सूख कर गिर जाता है। उस स्थान पर गुलाबी कोमल त्वचा दिखाई देने लगती है जो धीरे-धीरे सूख कर काली (शरीर के अन्य भागों की त्वचा के रंग की) हो जाती है। लेकिन यह जब तक पूरी तरह अन्य स्थानों की त्वचा के अनुसार नहीं हो जाती है तब उसके आस-पास के स्थान पर नमी तथा ताप की उपस्थिति होती है। यह स्थिति जीवाणुओं के विकास में मदद करती है। अतः इस स्थान पर पूरी तरह से सफाई का ध्यान रखना जरूरी होता है। उस पर पाउडर छिड़कने से घाव सूख जाता है।

स्टेफिलोकाकस तथा अन्य वायरस से आँखों का संक्रमण हो जाता है जिसका कारण सामान्यतः माता की ओर से लापरवाही एवं सफाई की कमी ही होती है। आँखों की दवाइयों आदि (Penicillin Eye Drops) के उपयोग से स्थिति में सुधार सम्भव है। यह दवा प्रथम छः घण्टों में हर पन्द्रह मिनट बाद एवं तदन्तर हर छः घण्टे की अवधि के बाद एक बार आँखों में डालनी चाहिए। संक्रमण के उपचार में निम्नलिखित चार सिद्धान्तों को ध्यान में रखते हुए शिशु की देखभाल करनी चाहिए—

1. शिशु की सामान्य स्वास्थ्य स्थिति (General Condition of Health) को बनाए रखने की कोशिश करनी चाहिए। संक्रमण की प्रकृति के अनुसार शिशु के पोषण की दैनंदिनी (Routine) में बदलाव लाना चाहिए अर्थात् दूध पाचनशील अवस्था में हो, पतला हो। हर बार दूध की मात्रा तथा गाढ़ापन कम होनी चाहिए। यदि अतिसार के समय थकान के कारण शिशु अधिक तरल पदार्थ नहीं ले पाता है तो उसको शिराओं के तरल पदार्थ पहुँचाना चाहिए जिससे शिशु में निर्जलीकरण की स्थिति-पैदा न हो पाये।
2. यदि संक्रमण की स्थिति में फेफड़ों पर दुष्प्रभाव पड़ रहा हो तो पर्याप्त ऑक्सीजन की व्यवस्था भी करवा लेनी चाहिए।
3. निसंक्रमण के लिए आजकल एण्टीबायोटिक्स अचूक दवा के रूप में कार्य करती है। अतः संक्रामक जीवाणुओं की प्रकृति के बारे में जाँच करवाकर उचित एण्टीबायोटिक्स औषधि देने की व्यवस्था करनी चाहिए।
4. शिशु के शारीरिक तापमान को सामान्य बनाए रखने की कोशिश जरूरी है। अतिसार हो तो शिशु को गर्म रखें और यदि उच्च तापक्रम अथवा ज्वर है तो उसे ठण्डा रखने की कोशिश करें।

5. **पीलिया** लाल रक्त कणों के अधिक विघटन से रक्त में बिली रूबिन नामक रज्जक बढ़ जाते हैं जो कि जल में घुलनशील होते हैं। सामान्य रूप से शरीर इनका उपयोग, पित्त रस बनाने के लिए करता है। इसके लिए उपयुक्त एन्जाइम के निर्माण की प्रक्रिया नवजात शिशु में, धीमी अथवा नहीं के बराबर होती है जिससे रक्त पीला हो जाता है। इसे शरीर वैज्ञानिक सम्बन्धी पीलिया (Physiological Jaundice) कहते हैं।

यह स्थिति शिशु के जन्म के दूसरे दिन तक पैदा नहीं होती है और यह दस दिन तक रह सकती है। त्वचा नींबू के रंग के समान पीली हो जाती है लेकिन यकृत और प्लीहा के आकार में बढ़ोतरी नहीं होती है। मल का रंग भी सामान्य ही बना रहता है, भूख मर जाती है, शिशु को नींद ज्यादा आती है। जल्दी ही रक्तदान करने की (Blood Transfusion) जरूरत होती है।

उपचार की दृष्टि से यह जानना जरूरी है कि कब पीलिया उत्पन्न हुआ? पहले चौबीस घण्टों में यदि पीलिया होता है, वह खतरनाक होता है, रक्त के समूह के ABO असमानता के कारण या किसी एन्जाइम की कमी के कारण (Glucose-6-Hydrogenase) हो सकता है।

माता को यदि प्रसव से पहले फीनो वार्बिटोन (Pheno Barbitone) नामक दवा दी जाती है जो शिशु को पीलिया होने की सम्भावना कम हो जाती है क्योंकि यह औषधि शिशु के यकृत में विद्यमान एन्जाइम की प्रक्रिया पर अच्छा असर डालती है। शिशु की आँखों पर पट्टी बाँधकर उसे नीले रंग की रोशनी में रखना चाहिए। नीला रंग त्वचा के पास विद्यमान विलीरुबिन को रंग रहित यौगिकों में बदलता है जो कि मस्तिष्क के लिए भी हानि रहित होता है। लेकिन इस रोशनी का आँखों पर दुष्परिणाम पड़ सकता है। जिसमें नेत्र श्लेष्म की तीव्र प्रतिक्रिया हो जाती है। इस प्रक्रिया को फोटोथेरापी (Photo Therapy) कहते हैं।

## स्तनों की सूजन (Swelling of Breast)

जन्म के बाद प्रथम सप्ताह में शिशुओं के स्तनों में सूजन भी देखने को मिलती है। शिशु चाहे लड़का हो अथवा लड़की, यह रोग दोनों ही में पाया जाता है। अनेक बार चूचुकों में से दूध (Witch's Milk) भी निकलता है जिसको 'विच का दूध' कहते हैं। लड़कियों में गर्भाशय से रक्त स्त्राव भी होते देखा गया है। इसका मुख्य कारण यह है कि माता का हॉर्मोन शिशु के रक्त में प्रवेश करके शारीरिक बदलाव लाता है। इस परिस्थिति हेतु विशेष उपचार की जरूरत नहीं है क्योंकि 6-7 दिनों में यह बीमारी स्वयं ही ठीक हो जाती है। किसी भी अवस्था में शिशुओं के चूचुकों को दबाकर दूध नहीं निकालना चाहिए क्योंकि इससे संक्रमण होने का डर रहता है।

## वमन (Vomit)

सामान्य रूप से शिशु में दूध पिलाने के बाद कम अथवा अधिक मात्रा में वमन करने की सम्भावना रहती है। जरूरत से अधिक दूध पिलाने के बाद शिशु को डकार न दिलाने से वमन हो जाता है। इसका उपचार इसके कारण में ही अन्तर्निहित है कि शिशु को स्तन-पान कराने के उपरान्त अथवा कृत्रिम दुग्ध-पान कराने के बाद डकार दिलाना जरूरी है।

यदि शिशु को लगातार उल्टी हो रही है तो समझ लेना चाहिए कि उसकी पाचन प्रणाली में कहीं न कहीं कुछ रूकावट आ गई है। कभी-कभी शिशु श्लेष्मा का भी उल्टी करता है, इसको

श्लेष्मा-वमन कहते हैं। इसमें खून मिला होता है। इसका मुख्य कारण है, प्रसव के समय किसी पदार्थ (गर्भाशय से सम्बन्धित) के शिशु द्वारा निगल जाने से आमाशय की झिल्लियों पर जलन उत्पन्न हो जाती है। तीव्र स्थिति में आमाशय को नमकयुक्त पानी (Saline Water) से धोया जाता है। संक्रमण के कारण भी उल्टी होती है जिसके साथ ही अतिसार होना भी सम्भव है। मस्तिष्क सम्बन्धी रोग (Meningitis) या गुर्दे के रोग (Pyelonephritis) में उल्टी की मात्रा तथा उल्टी करने की संख्या बढ़ जाती है। अतः ऐसी परिस्थिति में शिशु को चिकित्सक के पास जल्दी ले जाना चाहिए।

## कुपोषण तथा कैलोरी प्रोटीन कुपोषण (Malnutrition and Calorie Protein Malnutrition)

कैलोरी-प्रोटीन कुपोषण को मरास्मस भी कहते हैं। यह 2-4 वर्ष तक के बच्चों को होता है। कैलोरी वजन में कमी, वृद्धि का रुक जाना, दस्त आना, त्वचा का सूख जाना आदि लक्षण पाए जाते हैं। केवल प्रोटीन के कुपोषण से क्वाशियरकार रोग हो जाता है।

एक सप्ताह तक बच्चे को तरल पदार्थों पर रखा जाता है। दूध का पाउडर + शक्कर + पके हुए अनाज + पका केला आदि दिए जाते हैं। दूसरे सप्ताह में वसा, विटामिन 'ए', लोहा (आयरन) एवं फोलिक अम्ल की गोली दी जाती है। नमक की जगह पोटैशियम क्लोराइड एवं मैग्नीशियम क्लोराइड दिया जाता है। यह 4 से 6 सप्ताह तक चलता है।

कुपोषण की स्थिति में सभी पौष्टिक तत्त्वों की कमी आ जाती है। इससे सुस्ती, शारीरिक व मानसिक आलस्य, वजन की कमी, माँसपेशियाँ नर्म व ढीली, त्वचा सुखी, खुरदरी, आँखें चमकहीन, सूजन से युक्त, अधिक थकान महसूस होना, अस्थि विकृति आदि लक्षण पैदा हो जाते हैं।

इसके उपचार के रूप में सन्तुलित भोजन देने के साथ-साथ बच्चे को पौष्टिक तत्त्वों की, जैसे प्रोटीन, कैल्शियम, लोहा, फोलिक अम्ल, विटामिन ए, बी-कॉम्प्लेक्स, सी एवं डी की गोली साँद्र रूप में देना चाहिए। समय-समय पर बच्चे की चिकित्सा सम्बन्धी परीक्षण भी करवाना अच्छा होता है।

## पेट में दर्द (Stomach Pain)

शिशु में पेट दर्द की शिकायत सामान्य रूप से होती है। पीड़ा के बढ़ने पर बच्चा जोर-जोर से रोने लगता है, हाथ-पैर पटकता है और दूध नहीं पीता है।

### कारण
1. आहार में प्रोटीन की अधिकता होना।
2. बच्चे का ऊपर के दूध द्वारा पोषित होना।
3. आहार के साथ तरल पदार्थों को कम मात्रा में देना।
4. पेट में अधिक वायु का भरना।
5. बच्चे को कब्ज की शिकायत होना है।

### उपचार
1. गर्म गुनगुने जल में सोडियम बाइकार्बोनेट डालकर चम्मच या बोतल से पिलायें।
2. हल्के गुनगुने पानी में हींग डालकर इसका लेप नाभि के चारों ओर करें।
3. बच्चों को ग्राइप वाटर पिलायें।

4. शिशु को ऊपर का दूध पतला करके दें।
5. यदि घरेलू उपचारों से लाभ नजर न आये तो तुरंत चिकित्सक को दिखायें।
6. पेट के निचले भाग में सूखे कपड़े या गर्म पानी की बोतल से सिंकाई करें।
7. पेट की हल्की मालिश करें। ऐसा करने से पेट की वायु बाहर निकल जाती है।

## पेट में कीड़े होना (Worms in Stomach)

ज्यादातर बच्चों के पेट में कीड़े पाये जाते हैं। यह कोई असाधरण बात नहीं है। पेट में कीड़े होने पर बच्चे की भूख समाप्त हो जाती है। बालक कुपोषित हो जाता है जिससे उसमें आयु के अनुसार शारीरिक वृद्धि और विकास नहीं हो पाता है।

**कीड़ों के प्रकार** सामान्य रूप से तीन प्रकार के कीड़े शिशु के पेट में पाये जाते हैं (1) गोल कृमि, (2) सूत कृमि और (3) अंकुश कृमि।

**गोल कृमि** इनकी लम्बाई सामान्यतः 8 इंच के होते हैं। ये केंचुये की तरह गोल होते हैं और दोनों सिरे धड़ की अपेक्षा अधिक नुकीले होते हैं। ये आँतों में पाये जाते हैं।

ये कीड़े भोजन, जल और कच्ची साग-सब्जी के माध्यम से आँतों में पहुँच जाते हैं और यहाँ से प्रजनन क्रिया द्वारा इनकी वृद्धि होती है। इनके अण्डे दो माह में पूर्ण वयस्क हो जाते हैं जिसके शरीर में ये कीड़े पहुँच जाते हैं।

### लक्षण

1. बच्चों के हाथ-पैरों का ऐंठना।
2. पित्ती निकलना।
3. यकृत में पहुँचने पर ये पीलिया रोग उत्पन्न करते हैं।
4. पेट में दर्द होने पर जब उल्टी होती है तो कभी-कभी वमन के साथ ये बाहर निकल जाते हैं।
5. ज्वर, खाँसी और बलगम की शिकायत भी पैदा करते हैं।
6. अपच।
7. पेट में दर्द।
8. पेट का फूलना।
9. दाँत किटकिटाना।

**सूत कृमि** इनका आकार छोटा और रंग सफेद होता है। ये छोटी आँत में पाये जाते हैं लेकिन अण्डे गुदा के पास देते हैं जिससे गुदा मार्ग में खुजली होती है। हाथ से खुजाने पर ये अण्डे उंगलियों के सम्पर्क में आ जाते हैं और गंदे हाथों से भोजन व जल को छूने पर दूसरे व्यक्तियों के शरीर में पहुँच जाते हैं।

### लक्षण

1. गुदा मार्ग में खुजलाहट।
2. बच्चे बिस्तर में पेशाब कर देते हैं।
3. बार-बार मल त्याग की इच्छा का होना।

**अंकुश कृमि** यह छोटे आकार का कृमि है। यह आँतों में पाया जाता है। यह आँतों की दीवार से चिपक जाता है तथा रक्त चूसता रहता है जिससे शरीर में रक्त की कमी हो जाती है।

## लक्षण

1. पाचन शक्ति क्षीण हो जाती है।
2. स्मरण शक्ति क्षीण हो जाती है।
3. भूख समाप्त हो जाती है।
4. बच्चा चिड़चिड़ा हो जाता है।
5. ये कृमि शरीर में रक्ताल्पता कमजोरी तथा स्नायु दुर्बलता के लक्षण उत्पन्न करते हैं।
6. बच्चों का विकास रुक जाता है।
7. बच्चे शारीरिक व मानसिक रूप से कमजोर हो जाते हैं।

## शरीर में कीड़ों के प्रवेश के कारण

1. हरी पत्तेदार सब्जियों, जड़ वाली सब्जियों तथा फलों को बिना धोये खाने से।
2. बच्चों के मिट्टी में खेलने से।
3. बच्चों के मिट्टी खाने से।
4. मल त्याग के बाद हाथों को अच्छी तरह न धोने से।
5. गंदे हाथों से भोजन खाने, बनाने तथा परोसने से।
6. गंदे स्थानों, खेतों तथा मिट्टी में नंगे पैर घूमने से।
7. दूषित जल व भोजन का सेवन करने से।

## उपचार

1. गंदे स्थान, खेत व मिट्टी में नंगे पैर न घूमें।
2. पानी उबालकर पियें।
3. बच्चों को अधिक मीठा न खाने दें।
4. मल त्याग के बाद एन्टीसेप्टिक लोशन पानी में डालकर सफाई करें।
5. मल परीक्षण करवायें और चिकित्सक के परामर्शानुसार दवा दें।
6. अपने घर तथा आस-पास के वातावरण की स्वच्छता पर ध्यान दें।
7. बच्चों को मिट्टी न खाने दें।
8. शिशुओं को स्तनपान कराने से पूर्व स्तनों को अच्छी तरह से साफ कर लें।
9. शिशु की बोतल तथा दूध पिलाने के बर्तनों को अच्छी तरह उबाल कर विसंक्रमित करें।
10. बालकों के नाखून अधिक बढ़े न रहने दें।
11. बच्चों में भोजन सम्बन्धी तथा शौचादि सम्बन्धी अच्छी आदतों का विकास करें।

## सर्दी-खाँसी (Cold-Cough)

शिशु कोमल होते हैं तथा उनमें वातावरण के साथ तालमेल बिठाने की क्षमता कम होती है। इसलिए बदलते हुए मौसम में वे विशेष रूप से जाड़ों में सर्दी-खाँसी के शिकार हो जाते हैं। यदि इसमें लापरवाही बरती जाती है तो यह उग्र रूप धारण कर निमोनिया तथा ब्रॉंकाइटिस आदि रोगों को पैदा करते हैं। इसलिए इसे साधारण रोग समझकर इसकी उपेक्षा नहीं करनी चाहिये बल्कि समुचित उपचार करना चाहिए।

## कारण

1. शिशुओं का बिस्तर तथा वस्त्र में मूत्र त्याग करना।
2. शिशुओं व बालकों का जुकाम से संक्रमित व्यक्ति के सम्पर्क में आना।
3. निवास स्थान का बंद व सीलनदार होना।
4. तापमान में एकाएक परिवर्तन होना।
5. व्यायाम तथा खेल क्रियाओं के बाद शिशुओं को नहलाने से।
6. अधिक क्रियाशील रहने के बाद एकदम ठंडा पानी पीने से।
7. शिशुओं को गर्म पानी से नहलाने के बाद हवायुक्त स्थान पर वस्त्र पहनाने से।
8. मौसम का अत्यधिक ठंडा होना।
9. ठंडे मौसम के अनुसार उपयुक्त ऊनी कपड़ों को न पहनना।
10. बच्चों का शीत ऋतु में पानी के साथ खेल करना।

## लक्षण

1. शरीर व सिर में दर्द।
2. हल्का ज्वर।
3. बच्चे की क्रियाशीलता व भूख कम हो जाना।
4. सर्दी अधिक लगना।
5. अधिक छींकें आना।
6. नाक से पानी आना।
7. गले में दर्द होना व गला बैठना।
8. आँखों से पानी आना।

## उपचार

1. मालिश के तुरंत बाद स्नान न करायें।
2. बच्चे को पर्याप्त आराम करने दें तथा उसके बिस्तर को गर्म पानी की बोतल रखकर गर्म करें।
3. बच्चे को हवादार कमरे में न लिटायें।
4. रोगी के रूमाल तथा वस्त्रों को अलग रखें।
5. हल्का सुपाच्य भोजन दें।
6. रोगी को दिन के समय धूप में लिटायें।
7. उबला गुनगुना पानी पीने को दें।
8. यदि तीन चार दिन में जुकाम की तीव्रता कम न हो तो चिकित्सक को दिखायें।
9. रोगी को सर्दी से बचायें।
10. रोगी को नहलायें नहीं बल्कि स्पंज करें।
11. ठंडी चीजें न दें।
12. रोगी को अन्य स्वस्थ व्यक्तियों से दूर रखें।
13. यदि बच्चा समझदार है तो उसे मुँह पर रूमाल रखकर खाँसने व छींकने के लिये कहें।
14. जाड़े के मौसम में बच्चों को पर्याप्त ऊनी कपड़े पहनायें।

## खाँसी

खाँसी आना एक स्वाभाविक प्रक्रिया है। जुकाम से जो कफ बनता है उसके बाहर न निकल पाने के कारण यह आती है। खाँसी के द्वारा बलगम बाहर निकलने का प्रयत्न करता है।

### लक्षण

1. श्वास व नाड़ी की गति बढ़ जाना।
2. छाती व पसलियों में दर्द रहना।
3. बार-बार खाँसी आना।
4. खाँसते समय चेहरा लाल हो जाना।

### उपचार

1. हल्का व सुपाच्य भोजन दें।
2. रोगी को अन्य व्यक्तियों से अलग रखें।
3. रोगी के बलगम आदि को खुला न छोड़ें।
4. शहद में अदरक का रस डालकर दिन में दो तीन बार चटायें।
5. यदि शिशु स्तनपान करता है तो माँ ठंडी चीजों को न खायें।
6. यदि बच्चा बड़ा और समझदार है तो गुनगुने पानी में नमक डालकर कुल्ले करायें।
7. चिकित्सक के परामर्शानुसार दवा दें।
8. उबला गुनगुना पानी पीने दें।
9. छाती व पसलियों पर विक्स या तारपीन का तेल लगायें।
10. छाती व पसली की सूखे कपड़े से सिंकाई करें।
11. ठंडी चीज खाने को न दें।

## निमोनिया (Pneumonia)

यह श्वास नली और फेफड़ों के संक्रमित होने से होता है। इसका सही समय पर उपचार न किया जाये तो भयानक स्थिति पैदा हो जाती है। सर्दी, जुकाम और खाँसी का यदि समुचित इलाज नहीं किया जाता है तो इसका प्रभाव श्वाँस प्रणालियों और फेफड़ों पर पड़ता है। इसलिए सर्दी, जुकाम ब्रोंकाइटिस का, ब्रोंकाइटिस निमोनिया का और निमोनिया क्षय रोग का कारण बन जाता है। अतः इन रोगों का तुरंत निदान जरूरी है। 1 वर्ष तक की आयु के बच्चे इन रोगों से शीघ्र ही प्रभावित हो जाते हैं।

## लक्षण

1. साँस के साथ घरघराहट की आवाज।
2. शरीर के तापमान में वृद्धि।
3. खाँसते समय बच्चे का चेहरा लाल होना।
4. बच्चे के पेट का तेज रफ्तार में ऊपर नीचे चलना।
5. जोर की सूखी खाँसी का आना।
6. साँस लेने में कष्ट तथा साँस लेने में जोर लगाना पड़ता है।

## उपचार

1. उबला हुआ गुनगुना जल पिलायें।
2. लक्षण प्रकट होते ही तुरंत चिकित्सक को दिखायें।
3. बच्चों को ठंड से बचायें। यदि सर्दी है तो पर्याप्त ऊनी वस्त्र पहनायें।
4. उपर्युक्त लक्षण प्रकट होते ही बच्चे को किसी गर्म कमरे में लिटायें।
5. लिटाते समय इस बात का ध्यान रखें कि बच्चे का सिर वायु आवागमन मार्ग की ओर न हो।
6. रोगी को हल्का तरल सुपाच्य भोजन दें।

## फोड़े-फुन्सी (Furuncles)

त्वचा पर छोटे-छोटे मवादयुक्त दाने फोड़े-फुन्सी के रूप में जाने जाते हैं।

## कारण

1. खून की खराबी।
2. कुपोषण।
3. भोजन में अधिक मीठा लेना तथा डायबिटीज रोग।
4. अस्वास्थ्यकर वातावरण और व्यक्तिगत स्वच्छता का अभाव।
5. पुरानी चोट या घाव से निकलने वाली गंदगी भी आस-पास लगकर फोड़े-फुन्सियों को जन्म देती है।

## उपचार

1. गंदे हाथों से फोड़े-फुन्सी न छुयें।
2. घाव व चोट को साफ रखें तथा खुला न छोड़ें।
3. आहार में शर्करा की मात्रा कम कर दें।
4. वातावरणीय तथा व्यक्तिगत स्वच्छता पर ध्यान दें।
5. बच्चों को गंदे स्थान पर न खेलने दें।

## छाजन (Eczema)

यह रोग अधिकांशतः गाल, कोहनी, घुटने के पीछे तथा पैरों में होता है।

### लक्षण

1. त्वचा लाल, मोटी तथा परतदार हो जाती है।
2. त्वचा में तीव्र खुजली व जलन होती है।
3. बच्चों को खुजली के कारण रात्रि में सोने में कठिनाई होती है।

**उपचार** इसके प्रमुख उपचार अग्रलिखित हैं

1. रोगी को पूर्ण आराम देना चाहिये।
2. चिकित्सक के परामर्शानुसार उपचार करना चाहिये।
3. जहाँ खुजली हो वहाँ एण्टीसेप्टिक लोशन से धोना चाहिये।
4. खुजली होने पर खुजाना नहीं चाहिये।

## घमौरी (Prickly head Rashes)

गर्मी के दिनों में शरीर पर छोटे-छोटे दाने निकल आते हैं। इन्हें घमौरी के रूप में जाना जाता है। इनमें खुजली रहती है। खुजली करने पर जलन होने लगती है। यह कोई रोग नहीं हैं। तापमान अधिक होने तथा पसीना अधिक निकलने से यह हो जाती है किन्तु यदि इनका समुचित निदान नहीं किया जाता हैं तो यह अन्य त्वचा रोगों में परिवर्तित हो जाती है।

## उपचार

1. स्नान के बाद शरीर को अच्छी तरह पोंछकर घमौरी नाशक पाउडर लगायें।
2. अधिक घमौरी वाले भाग पर बर्फ मलें।
3. बच्चे को धूप आदि से बचाकर रखें।

4. घमौरियों को खुजलायें नहीं बल्कि हल्के हाथ से सहलायें। खुजाने से त्वचा फट जाती है और खून निकल आता है।
5. बच्चे के शरीर की नियमित सफाई करें। विशेष रूप से उन भागों की सफाई पर अधिक ध्यान दें जहाँ पसीना अधिक आता है।
6. गर्मी अधिक होने पर बच्चों को दिन में दो बार स्नान करायें।
7. हल्के सूती तथा ढीले-ढाले वस्त्र पहनायें। कृत्रिम तंतुओं से निर्मित वस्त्र न पहनायें।

## प्रत्युर्जता (Allergy)

जब शरीर किसी बाह्य पदार्थ को स्वीकार नहीं करता है तो उसे 'एलर्जी' कहते हैं।

### कारण

1. जीवन रक्षक औषधियाँ जैसे पेनसिलीन, टेट्रासाइक्लीन, स्ट्रेप्टोमाइसिन जो विभिन्न रोगों के उपचार की अचूक दवायें हैं। इनके प्रति एलर्जी होने पर ये हृदय, गुर्दे, मस्तिष्क आदि को हानि पहुँचाती है।
2. कुछ व्यक्तियों को धूल, धुयें, तीव्र गंध आदि से एलर्जी होती है जो विभिन्न श्वसन रोगों को जन्म देती है।
3. संश्लेषित वस्त्रों से जैसे नायलोन, डेकरॉन, ऑरलान आदि से जब ये वस्त्र शरीर के प्रत्यक्ष सम्पर्क में आते हैं तो त्वचा रोगों को उत्पन्न करते हैं।
4. कुछ व्यक्तियों को विभिन्न खाद्य पदार्थों जैसे फल, सब्जी, दाल, अण्डा, माँस, मछली, घी, तेल आदि से एलर्जी होती है। जिसके फलस्वरूप मुँह में छाले निकल आते हैं तथा विकार उत्पन्न होते हैं।

### उपचार

एलर्जी के उपचार के लिये सबसे पहले उसके होने के सही कारण का पता करना चाहिये। उसके बाद चिकित्सक का परामर्श लेना चाहिये।

## आँख में पीड़ा (Eyes Pain)

शिशु की आंखों में पीड़ा ज्यादातर स्वच्छता के अभाव में होता है।

### कारण

1. नेत्र रोगी के सम्पर्क में आना।
2. धूल, मिट्टी, गंदगी आदि का आँख में जाना।
3. आँख साफ करने के लिये गंदे हाथ और गंदे वस्त्रों का प्रयोग करने से।
4. नेत्रों की स्वच्छता का अभाव।
5. आस-पास का गंदा वातावरण।
6. कम रोशनी में कार्य करना।

# शिशु में होने वाले रोग व उपचार

## लक्षण

1. पलकों पर सूजन आना।
2. आँखों में दर्द रहना।
3. सोने पर पलकों का चिपक जाना।
4. आँखों का लाल रहना।
5. आँख से पानी व कीचड़ आना।

## उपचार

1. आँख साफ करने के लिये स्वच्छ जल, साफ हाथ और साफ रूई या कपड़े का प्रयोग करें।
2. नेत्रों की धूल, मिट्टी आदि से सुरक्षा करें।
3. रोग की अवस्था में नेत्रों को पूर्ण आराम दिया जाये।
4. नेत्र चिकित्सा करायें।
5. कम प्रकाश में काम न करें।
6. रोगी को तेज प्रकाश व धूप से बचायें।
7. बोरिक लोशन से दिन में 3-4 बार आँखों की सफाई करें।

## रोहें (Goosebumps)

रोहें आँखों के अंदर छोटे-छोटे दाने होते हैं जिनमें खुजली जलन और दर्द होता है। अगर इसका समय में उपचार नहीं किया जाता है तो अंधापन हो सकता है।

**लक्षण** इसके प्रमुख लक्षण निम्नलिखित हैं

1. तीव्र प्रकाश की ओर देखने पर आँखों में चमक लगना।
2. आँखों से निरन्तर पानी बहना।
3. आँखों से कीचड़ आना।
4. नेत्रों के अंदर पलकों पर छोटे-छोटे दाने निकलना।
5. आँखों में खुजली, जलन व दर्द रहना।

**उपचार** इसके प्रमुख उपचार अग्रलिखित हैं

1. गंदे हाथ व रूमाल आँख में न लगायें।
2. चिकित्सक के परामर्शानुसार दवा का प्रयोग करें।
3. नेत्रों की स्वच्छता पर ध्यान दें।
4. दिन में तीन-चार बार बोरिक लोशन से आँखें साफ करें।

## ज्वर (Fever)

ज्वर की अवस्था में शरीर का तापमान सामान्य से अधिक हो जाता है जिसका अहसास शरीर को छूने मात्र से ही हो जाता है। शरीर का सामान्य तापक्रम 98.4 डिग्री फॉरेनहाइट होता है। अगर ताप सामान्य से 1 डिग्री भी अधिक है तो वह ज्वर कहलाता है।

## कारण

1. जुकाम, खाँसी आदि होने पर।
2. मलेरिया, टायफायड, तपेदिक आदि रोग होने पर।
3. टॉन्सिल बढ़ने पर।
4. शारीरिक रूप से कमजोर होने पर।
5. संक्रामक रोग के लक्षण प्रकट होने पर।

## लक्षण

1. प्यास अधिक लगती है।
2. बेचैनी रहती है।
3. बदन व सिर दर्द रहता है।
4. शरीर की क्रियाशीलता में कमी आती है।
5. आँखें लाल व भारी हो जाती है।
6. शरीर का तापमान बढ़ जाता है।
7. पसीना अधिक आता है।

## उपचार

1. अगर पसीना अधिक आ रहा है तो शरीर के साफ कपड़े से 4-4 घन्टे बाद पोंछते रहें।
2. हल्का सुपाच्य भोजन दें।
3. डॉक्टर से परामर्श लें।
4. ज्वर तीव्र होने पर माथे पर ठण्डे पानी पर पट्टियाँ रखें।
5. बच्चे को शांत व आरामदायक वातावरण में लिटायें।
6. बच्चे से अधिक बातचीत न करें उसे अधिक से अधिक आराम करने दें।
7. अगर बुखार ठंड के साथ आता है तो शरीर को पर्याप्त कपड़ों से ढँकें तथा हवा से दूर रखें।

## आक्षेप (Attack)

आक्षेप शिशुओं में होने वाली एक भयंकर बीमारी है। इसमें पहले बच्चे का शरीर काँपता है फिर ऐंठने लगता है। इस रोग में शरीर की पसलियों में बार-बार विमोचन होता है। बच्चा उन्हें रोकने तथा उन पर नियंत्रण पाने में असमर्थ रहता है। इसमें बच्चे का एक ओर का शरीर या सारा शरीर प्रभावित हो सकता है।

## कारण

1. दुर्घटना के फलस्वरूप मस्तिष्क में रक्त-स्राव होने पर।
2. तांत्रिक ऊतकों पर नियंत्रण रखने वाले खनिज लवणों; जैसे कैल्शियम आदि की कमी होने पर।
3. तीव्र ज्वर जैसे मलेरिया, निमोनिया आदि होने पर।
4. मिरगी रोग होने पर।
5. मस्तिष्क में जन्मजात दोष होने पर।
6. अमाशय व आन्त्र शोध होने पर।

# शिशु में होने वाले रोग व उपचार

7. मस्तिष्क को संक्रमण द्वारा क्षति पहुँचने पर।
8. बच्चों को मेनिंजाइटिस रोग होने पर।
8. श्वसन रोगों और काली खाँसी का दौरा पड़ने पर,
9. मस्तिष्क को रक्त आपूर्ति बाधित होने पर।
10. दवा या भोजन द्वारा विषाक्त भोज्य पदार्थ मस्तिष्क में पहुँचने पर।

## लक्षण

1. चेहरा पीला हो जाता है।
2. श्वसन गति बढ़ जाती है।
3. मुट्ठियाँ भिंच जाती हैं।
4. बालक बेहोश हो जाता है।
5. चेतना शून्य होने की दशा में मल-मूत्र त्याग भी हो सकता है।
6. शरीर में कंपकंपी होती है।
7. शरीर ऐंठने लगता है।
8. पुतलियाँ विकृत हो जाती हैं।
9. दाँत भिंच जाते हैं।

## उपचार

1. दाँतों के बीच कपड़े की गद्दी रख दें ताकि जीभ न कटे।
2. यदि कंपन अधिक हो तो हाथ-पाँव की मालिश करें और कम्बल ओढ़ा दें।
3. तुरंत चिकित्सक के पास ले जायें।
4. आक्षेप आने पर सबसे पहले बच्चे को पीठ के बल लिटायें।
5. कपड़े ढीले कर दें।

## चेचक (Chickenpox)

यह एक भयंकर संक्रामक रोग है इसका संक्रमण श्वसन मार्ग से होता है। इस रोग का प्रमुख विषाणु 'वेरियोला वायरस' है।

## लक्षण

1. 8-10 दिनों में इसमें मवाद आता है। इस समय ज्वर फिर तीव्र हो जाता है।
2. 10-11 दिन बाद ज्वर घटने लगता है तथा दानों का सूख जाता है और खुरंट बन जाते हैं।
3. यह खुरंट 21 से 28 दिनों में सूखकर झड़ जाते हैं और त्वचा पर गहरे निशान छोड़ जाते हैं जिन्हें 'मसूरिका चिह्न' कहते हैं।
4. रोग की तीव्रता होने पर कुछ व्यक्ति मर जाते हैं कुछ जीवन भर के लिये अन्धे हो जाते हैं और कुछ में जीवन भर कान बहने का रोग हो जाता है।
5. रोग का प्रारंभ तेज बुखार (103 डिग्री फा. से 104 डिग्री फा.) के साथ होता है।
6. ज्वर के साथ तीव्र सिर दर्द, बदन दर्द, जी मिचलाना, उल्टी आदि के लक्षण प्रकट होते हैं।

7. ज्वर के तीसरे दिन शरीर पर लाल-लाल दाने निकल आते हैं।
8. दाने निकलने के साथ ज्वर की तीव्रता में कमी आ जाती है।
9. 5-6 दिनों बाद दानों में पानी भर जाता है जिससे दाना छाले के समान उभरा दिखायी देता है।

## उपचार

1. सेवा करने वाले व्यक्ति को अन्य व्यक्तियों के सम्पर्क में आने से पहले अपने वस्त्र बदल लेने चाहिये तथा हाथ-मुँह अच्छी तरह धो लेने चाहिये।
2. रोगी को हल्के व सुपाच्य भोजन देना चाहिये।
3. बचाव हेतु शिशु जन्म के तीन से 6 माह के भीतर ही प्रतिरोधक टीका लगवा देना चाहिये। फिर स्कूल जाने की अवस्था में हर तीसरे और पाँचवें साल टीका लगवाना चाहिये।
4. रोगी के ठीक होने के बाद उसकी सभी वस्तुओं को अच्छी तरह उबाल कर विसंक्रमित करना चाहिये। कमरे की सफाई फिनायल से करनी चाहिये।
5. चेचक होने पर उसकी सूचना तुरंत स्थानीय स्वास्थ्य अधिकारी को दें।
6. रोगी को या तो अस्पताल में भरती करायें या फिर घर के अलग कक्ष में उसके लिये व्यवस्था करें।
7. रोगी के पास नीम की पत्तियाँ रखें।
8. रोगी के कमरे में केवल वही व्यक्ति जाये जो उसकी देखभाल कर रहा हो। अन्य किसी को कमरे में नहीं जाने देना चाहिये।
9. रोगी के बिस्तर, वस्त्र, खिलौने, रूमाल, बर्तन, पेन, पेन्सिल आदि सभी वस्तुयें अलग रखें।
10. रोगी को नहलायें नहीं बल्कि स्पंज करें।
11. रोगी को दानों में खुजली आने पर खुजलाने न दें।
12. परिवार के सभी सदस्यों को चेचक का टीका लगवायें।
13. रोगी के मल-मूत्र, बलगम, खुरंट आदि को खुला न फेंके वरन् इकट्ठा करके जला दें।
14. जब तक खुरंट सूखकर झड़ न जाये तब तक रोगी को अन्य व्यक्तियों से न मिलने दें।

## छोटी माता (Smallpox)

छोटी माता भी संक्रामक रोग है जो 10 वर्ष की आयु तक के बच्चों को हो सकता है। 6 माह तक तो माता से प्राप्त प्राकृतिक रोग निरोधक क्षमता होने के कारण शिशुओं पर इसका प्रकोप नहीं होता है किन्तु उसके बाद हो सकता है। इस रोग का जीवाणु 'वैरिसेला वायरस' है। श्वसन मार्ग द्वारा बिन्दुक संक्रमण से तथा रोगी की संक्रमित वस्तुओं से इसका संक्रमण होता है।

## लक्षण

1. ज्वर आने के 24 घंटों के अन्दर शरीर के सम्पूर्ण ढँके भागों में दाने निकल आते हैं।
2. 2-3 दिन में इन दानों में पानी भर जाता है।
3. 6-7 दिन में दाने सूख जाते हैं और उन पर पपड़ी बन जाती है।
4. रोग हल्के ज्वर व कमर दर्द के साथ प्रारंभ होता है।
5. वयस्कों में ज्वर 101 डिग्री फा. 102 डिग्री फा. तक हो सकता है।

## उपचार

1. रोगी के स्वस्थ्य होने पर उसके सभी सामान तथा कक्ष को साबुन, सोडा व गरम पानी से धोयें।

## शिशु में होने वाले रोग व उपचार

2. बिस्तर आदि को 12 घण्टे तेज धूप में रखें।
3. रोगी को पूरी तरह ठीक हो जाने के बाद भी 1 सप्ताह तक स्वस्थ्य व्यक्तियों से अलग रखें।
4. स्वास्थ्य अधिकारी को तुरंत सूचना दें।
5. रोगी की व्यवस्था साफ हवादार कमरे में अलग करें।
6. पित्तिकायें निकलने के समय से लगभग एक सप्ताह तक रोगी को अलग रखें।
7. रोगी के थूक, बलगम तथा अन्य पदार्थों को खुला न फेंकें। जलाकर नष्ट कर दें।

## खसरा (Measles)

खसरा तीव्रता से फैलने वाला रोग है। यह रोग 6 माह से 10 वर्ष की आयु के बच्चों को अधिक होता है। शीत और वसन्त ऋतुओं में इसका प्रसार तेजी से होता है। इसका वायरस द्वारा संक्रमण होता है।

### लक्षण

1. धीरे-धीरे यह दाने सम्पूर्ण शरीर पर फैल जाते हैं।
2. गाल के भीतर एक खास तरह की फुन्सी निकलती है जो शरीर में निकलने वाले दानों से पहले निकलती है। इसे 'कोपलिक स्पोट' कहते हैं। यह इस रोग की खास पहचान है।
3. एक दो दिन तक दानों की तीव्रता रहती है फिर ये सूखने लगते हैं।
4. 8-9 दिन में लगभग सभी दाने सूख जाते हैं और सूखी त्वचा झड़ने लगती है।
5. पहले चार दिन तक जोर की सर्दी लगना।
6. फिर जुकाम, सिरदर्द, खाँसी और हल्का ज्वर होता है।
7. फिर तापमान 100 डिग्री फारेनहाइट से 103 डिग्री फॉरेनहाइट तक पहुँच जाता है।
8. सिरदर्द व बेचैनी रहती है।
9. नाक व आँख से पानी बहता है, छीकें अधिक आती हैं।
10. आँखें लाल रहती हैं, आँखों में कीचड़ आती है।
11. ज्वर के तीसरे चौथे दिन मुँह के भीतरी भाग, चेहरा और कान के पीछे दाने निकल आते हैं।

### उपचार

1. लगभग 7 दिनों तक अन्य बालकों से अलग रखें।
2. बच्चे को पूर्ण विश्राम करने दें। खेलने व स्कूल न जाने दें।
3. रोगी के वस्त्र, बर्तन तथा अन्य सामग्री अलग रखें।
4. रोगी के श्वसन मार्ग से निकले सभी पदार्थों को जलाकर नष्ट कर दें।
5. रोगी को दाने खुजलाने न दें।
6. रोगी को तीव्र प्रकाश से बचायें।
7. स्वच्छता पर विशेष ध्यान दें।
8. रोग ठीक होने पर रोगी के प्रयोग में लाया गया सभी सामान अच्छी तरह विसंक्रमित कर लें।
9. रोग का संदेह होने पर ही रोगी व्यक्ति को तुरंत अलग कर देना चाहिए।
10. रोगी को साफ हवादार कमरे में लिटायें।
11. रोगी को हल्का व सुपाच्य भोजन दें।

12. पानी को उबाल कर पिलायें।
13. रोगी को गर्म कपड़ों से ढँककर रखें तथा हवा से बचायें।

## कुकर खाँसी (Whooping Cough)

कुकर खाँसी श्वसन मार्ग का अत्यंत उग्र और संक्रामक रोग है जो सामान्य रूप से शिशुओं तथा 5 वर्ष तक के बच्चों को अधिक होता है। शिशुओं की 70 प्रतिशत मृत्यु इसी रोग से होती है। इस रोग की प्रमुख पहचान दमतोड़ खाँसी है। खाँसी के साथ-साथ अजीब सी तेज आवाज होती है। हैमाफिलिस परटूसिस जीवाणु द्वारा इसका प्रसार होता है।

### लक्षण

1. खाँसते-खाँसते आँखें लाल हो जाती हैं, वमन हो जाता है और चेहरा नीला पड़ जाता है।
2. खाँसी के बाद अत्यधिक शारीरिक कमजोरी हो जाती है।
3. बच्चों को खाँसते-खाँसते मल-मूत्र त्याग हो जाता है। कभी-कभी आँत भी उतर जाती है।
4. प्रारंभ में जुकाम व गले में दर्द और खाँसी की शिकायत।
5. शरीर का तापमान 100 से 102 डिग्री फारेनहाइट तक हो जाता है।
6. खाँसी तीव्र हो जाती है और एक खास तरह की सूखी दमतोड़ खाँसी आती है।

### उपचार

1. रोगी को मुँह पर रूमाल रखकर खाँसना चाहिये तथा दूर से बात करना चाहिये।
2. रोगी का सभी सामान अलग कर देना चाहिये।
3. रोगी को स्वच्छ खुले हवादार कमरे में रखना चाहिये तथा पूर्ण विश्राम करने देना चाहिये।
4. रोगी के ठीक होने पर सभी वस्तुओं को अच्छी तरह विसंक्रमित करना चाहिये।
5. रोग के ठीक होने के बाद भी एक सप्ताह तक स्वस्थ व्यक्तियों से पृथक रखना चाहिये।
6. रोगी को 6 सप्ताह तक पृथक् रखना चाहिये।
7. स्कूली बच्चों को स्कूल नहीं भेजना चाहिये।
8. रोगी का ठण्ड से बचाव रखना चाहिये।
9. हल्का तरल व सुपाच्य भोजन देना चाहिये। चिकनाई युक्त पदार्थों से परहेज रखना चाहिये।
10. रोगी के बलगम, वमन आदि को नष्ट कर देना चाहिये।

## डिफ्थीरिया (Diptheria)

डिफ्थीरिया वायुजनित संक्रामक रोग है जो अधिकांशतः 5 से 10 वर्ष के बच्चों को होता है। इसे गलघोंटू के नाम से भी जाना जाता है। इस रोग का प्रसार 'कॉर्नीबैक्टीरियम डिफ्थीरी' जीवाणु के द्वारा होता है। यह जीवाणु ग्रसनी, नाक तथा स्वर यंत्र पर प्रभाव डालते हैं। इस रोग का जीवाणु रोगी या रोगवाहक व्यक्ति से, बिन्दुक संक्रमण से तथा रोगी व्यक्ति की वस्तुओं जैसे रूमाल, तौलिया, बर्तन, खिलौने आदि तथा अन्य प्रयोग में आने वाली वस्तुओं से स्वस्थ व्यक्ति तक पहुँचते हैं।

### लक्षण

1. धीरे-धीरे यह झिल्ली ग्रीवा पर फैलकर ग्रसनी या नाक की ओर बढ़ने लगती है।

## शिशु में होने वाले रोग व उपचार

2. गले पर सूजन आ जाती है तथा भोजन को निगलने में कठिनाई होती है।
3. गले में सूजन के साथ ही ज्वर की शिकायत रहती है। ज्वर सामान्यतः 100 डिग्री फा. तक ही रहता है।
4. रोग की तीव्रता पर नाक भी प्रभावित हो जाती है। नाक से गंधयुक्त रक्त मिश्रित तरल स्राव निकलता है।
5. प्रारम्भिक अवस्था में बालक में सुस्ती के लक्षण प्रकट होते हैं तथा सिरदर्द व जी मिचलाता है।
6. भोजन के प्रति अरुचि प्रदर्शित करता है।
7. गले में दर्द की शिकायत रहती है क्योंकि ग्रीवा पर भूरी झिल्ली बनने लगती है।

### उपचार

1. रोगी के गले में आराम पहुँचाने के लिये गुनगुने पानी में कोई भी ऐन्टीसेप्टिक लोशन डालकर गरारे कराने चाहिये।
2. रोगी बच्चे के नाक व गले द्वारा विसर्जित पदार्थों को खुला नहीं फेंकना चाहिये। जलाकर नष्ट कर देना चाहिये।
3. रोगी को यह बताना चाहिये कि वह खाँसते व छींकते समय मुँह पर रूमाल रख लें।
4. रोग ठीक होने के बाद बच्चे के कपड़े, बर्तन, खिलौने आदि सभी वस्तुओं को अच्छी तरह विसंक्रमित कर लेनी चाहिये।
5. सभी नवजात शिशुओं को जन्म के बाद तीसरे, चौथे व पाँचवें माह में डी.पी.टी. का टीका निर्धारित समय पर लगवा देना चाहिये।
6. रोग की संभावना होने पर तुरंत ही बच्चे को चिकित्सक के पास ले जाना चाहिये।
7. रोग की अवधि तक बच्चे को अन्य बच्चों से पृथक स्वच्छ हवादार कमरे में रखना चाहिये।

## फ्लू (Influenza)

इसे फ्लू के नाम से भी जाना जाता है। यह श्वसन मार्ग द्वारा संक्रमित होने वाली तीव्र संक्रामक बीमारी है। यह अधिकांशतः महामारी के रूप में फैलती है। इस रोग का वाहक जीवाणु 'इन्फ्लूऐंजा वायरस' है। वायु द्वारा, बिन्दुक संक्रमण तथा रोगी व्यक्ति की वस्तुओं द्वारा इसका प्रसार होता है।

### लक्षण

1. गले में दर्द, छींके, नाक से स्राव तथा खाँसी की शिकायत रहती है।
2. कभी-कभी उल्टी, पेटदर्द तथा जी मिचलाने की शिकायत भी हो जाती है।
3. रोग के प्रारंभ में कमजोरी, सिर दर्द, शरीर दर्द तथा खाँसी-जुकाम के लक्षण प्रकट होते हैं।
4. कँपकँपी के साथ तेज ज्वर आता है जो 101 डिग्री फा. से 103 डिग्री फा. तक रहता है और 1 से 6 दिन तक रहता है।

### उपचार

1. रोगी को यह सलाह देनी चाहिये कि वह खाँसते, बोलते और छींकते समय मुँह व नाक पर रूमाल रखें।
2. रोगी की व्यक्तिगत स्वच्छता पर पर्याप्त ध्यान देना चाहिये जिससे अन्य जटिलतायें न हों।
3. रोगी की सेवा करने वाले व्यक्तियों को भी संक्रमण रोकथाम के लिये एण्टीबायोटिक औषधियाँ ले लेनी चाहिये।

4. जब यह रोग महामारी के रूप में फैले तो भीड़-भाड़ वाले तथा सार्वजनिक स्थानों पर नहीं जाना चाहिये।
5. रोगी को अलग स्वच्छ हवादार कमरे में रखना चाहिये।
6. यह रोग महामारी के रूप में फैलता है अतः रोग होने की सूचना तुरंत स्वास्थ्य अधिकारी को देनी चाहिये।
7. रोगी के प्रयोग की सभी वस्तुओं का अलग रखना चाहिये।

## तपेदिक (Tuberculosis)

तपेदिक एक विश्वव्यापी जनस्वास्थ्य समस्या है जो शहरों व गाँवों दोनों जगह पर समान रूप से व्याप्त है। इसे क्षयरोग भी कहते हैं क्योंकि इससे शरीर की कोशिकाओं का क्षय होता है। माइक्रोबैक्टीरियम ट्यूबरकुलोसिस से इसका प्रसार होता है।

### लक्षण

1. रोगी के सीने में दर्द रहता है।
2. प्रारंभ में सूखी खाँसी आती है फिर बलगम युक्त खाँसी आती है।
3. बलगम गाढ़ा और रक्तयुक्त होता है।
4. बार-बार खाँसी आने से श्वाँस गति तेज हो जाती है तथा श्वाँस लेने में कठिनाई होती है।
5. यह रोग धीरे-धीरे प्रारंभ होता है। प्रारंभ में सामान्य कमजोरी, थकान, भूख में कमी आदि लक्षण प्रकट होते हैं।
6. रोगी को हल्का बुखार बना रहता है जो शाम के समय अधिक हो जाता है।
7. रात्रि में पसीना अधिक आता है।
8. नाड़ी की गति तेज रहती है।
9. शरीर के भार में निरंतर कमी आती जाती है।

### उपचार

1. रोगी को चिकित्सक के परामर्शानुसार नियमित दवा देनी चाहिये।
2. रोगी को प्रोटीन, कैल्शियम तथा विटामिन ए, डी और सी युक्त आहार देना चाहिये।
3. रोगी के रूमाल, तौलिये आदि को प्रतिदिन विसंक्रमित करना चाहिये।
4. रोग से बचाव हेतु जन्म के बाद सभी बच्चों को बी.सी.जी. का टीका लगवाना चाहिये।
5. रोग की आशंका होते ही रोगी की शीघ्र जाँच करानी चाहिये।
6. रोगी को स्वच्छ, हवादार प्रकाशयुक्त कमरे में रखनी चाहिये।

## टायफाइड (Typhoid)

मियादी बुखार, मोतीझल्ला आदि इसके प्रमुख नाम हैं। यह बीमारी भी हर आयु वर्ग को हो सकती है तथा सही समय पर उपचार के अभाव में जानलेवा भी हो सकती है। सालमोनेल्ला टाइफी नामक जीवाणु इसका वाहक है।

### लक्षण

1. पेट में हल्का दर्द होना, बीमारी बढ़ने पर पूरे पेट से तेज दर्द होना।

2. लिवर, तिल्ली तथा पित्ताशय में सूजन आ जाना।
3. चेहरा सफेद पड़ जाना।
4. कुछ रोगियों के पेट व सीने के निचले हिस्से में बहुत छोटे-छोटे मोती की तरह चमकते दानों पड़ जाना।
5. अचानक बुखार आ जाना। प्रारंभ में यह 101 डिग्री फा. 102 डिग्री फा. तक रहता है। दूसरे सप्ताह में बढ़कर 104 डिग्री फा. तक पहुँच जाता है।
6. कुछ अच्छा न लगना।
7. उल्टी होना, दस्त आना व बाद में कब्ज हो जाना।
8. सिरदर्द, बदन दर्द व हल्की खाँसी रहना।

### उपचार

1. सही समय पर टीकाकरण करवायें। टायफाइड का टीका 2 साल के बाद हर तीन साल के अंतराल पर दिया जाता है।
2. स्वच्छ भोजन व जल का प्रयोग करें।
3. व्यक्तिगत स्वच्छता को महत्व दें।
4. रोगी को हल्का तथा सुपाच्य भोजन दें।
5. जब तक रोगी ठीक न हो जाये नियमित उपचार करवायें।
6. बच्चों में स्वच्छता सम्बन्धी आदतों का विकास करें। शौच के बाद तथा खाने से पूर्व हाथों को अच्छी तरह धोकर साफ करें।
7. खाना पकाने वाले, खाना परोसने वाले व बच्चों को हाथ से खाना खिलाने वाले लोग अपने नाखूनों को बढ़ाकर न रखें।
8. रोगी को अन्य लोगों से अलग रखें जब तक कि उसके मल-मूत्र की जाँच से यह ज्ञात न हो जाये कि उसमें जीवाणु निकलना बंद हो गये हैं।
9. जैसे ही यह ज्ञात हो जाये कि अमुक व्यक्ति जीवाणु वाहक है उससे न तो खाना बनवायें न ही परोसने को कहें।
10. मरीज को खुले स्थान पर शौच न करायें।

## पोलियो (Polio)

पोलियो बच्चों को अपाहिज कर देने वाली बीमारी है। पोलियो एक विषाणुजन्य रोग है। इसका विषाणु मनुष्य की आँतों में पनपता है। आँत से यह खून में जाकर बच्चों के केन्द्रिय तंत्रिका तंत्र में संक्रमण करता है जिसके पश्चात पोलियो हो सकता है। कुछ बच्चे तो हल्की बीमारी और तुरंत उपचार से ठीक हो जाते हैं किंतु अधिकाशतः जीवन भर के लिये अपाहिज हो जाते हैं। इसका जीवाणु पोलियो वायरस है।

### उपचार

1. रोगी के वस्त्र, खिलौने, खाने-पीने के बर्तन आदि सभी अलग रखने चाहिये।
2. रोगी के मल-मूत्र तथा मुँह और नाक से निकले स्रावों को खुला नहीं फेंकना चाहिये।
3. यदि किसी बच्चे में पोलियो के संभावित लक्षण प्रकट हो तो उसे तुरंत चिकित्सक के पास ले जाना चाहिये स्वयं उसके हाथ-पैरों की मालिश नहीं करनी चाहिये।

4. इस रोग से बचाव का उपाय टीकाकरण है। प्रत्येक बच्चे को जन्म के तीसरे, चौथे और पाँचवें माह में पोलियो की खुराक दिलवानी चाहिये तथा निर्धारित अवधि पर दूसरी खुराक दी जानी चाहिये।
5. भोजन, जल और व्यक्तिगत स्वच्छता को महत्त्व देना चाहिये।
6. किसी बच्चे को यदि बुखार, सिर दर्द, जुकाम और गर्दन दर्द की तकलीफ हो तो तुरंत चिकित्सक को दिखाना चाहिये।

## पीलिया (Jaundice)

यह तीव्र संक्रामक बीमारी है, जो यकृत को प्रभावित करती है। यह रोग सभी आयु वर्ग के लोगों को प्रभावित करता है। यह बीमारी रोगी के मल-मूत्र द्वारा प्रदूषित जल व भोजन के माध्यम से फैलती है।

### लक्षण

1. 3-4 दिन बाद पेशाब का रंग पीला पड़ने लगता है।
2. पेशाब के रंग में परिवर्तन के 2-3 दिन बाद ही आँखें और त्वचा में पीलापन दिखायी देने लगता है।
3. यकृत सूज जाता है, दबाने पर दर्द होता है।
4. मल सफेद रंग का होता है।
5. इसकी शुरूआत ज्वर से होती है। ज्वर 90 डिग्री फा. से 104 डिग्री फा. तक रहता है।
6. सिरदर्द, बेचैनी रहती है।
7. जी मिचलाता है, उल्टियाँ होती हैं और खाने से मन पूरी तरह उचट जाता है।

### उपचार

1. भोजन पकाने से पहले, खाने से पहले और शौच के बाद हाथ साबुन या राख से रगड़कर धोयें।
2. खाना पकाने और परोसने वालों के हाथों के नाखून भली-भाँति कटे और साफ हों।
3. भोजन सदैव ढककर रखें जिससे वह धूल, मिट्टी, मक्खी, मच्छर आदि के सम्पर्क में न आये।
4. जहाँ तक संभव हो गर्मी और बरसात में बाजार की वस्तुयें न खायें।
5. व्यक्तिगत स्वच्छता तथा घर की स्वच्छता पर ध्यान दें जिससे संक्रमण न हो।
6. रोगी को अन्य व्यक्तियों से अलग रखें।
7. रोगी के मल मूत्र, वमन आदि को खुला न फेंकें।
8. पानी को उबाल कर पियें।
9. रोगी के आहार पर ध्यान दें, चिकनाईयुक्त चीजें न दें। दालों तथा मलाई रहित दूध व दही अधिक दें जिससे पर्याप्त प्रोटीन मिले। फलों का रस दें।

## हैजा (Cholera)

हैजा दूषित जल द्वारा संवाहित होने वाला तीव्र संक्रामक रोग है। यह रोग सभी आयु वर्ग के लोगों को हो सकता है। समय-समय पर यह महामारी का रूप ले लेता है।

## लक्षण

1. प्यास अधिक लगती है।
2. शरीर का तापमान सामान्य से कम हो जाता है।
3. आँखों के नीचे काले निशान बन जाते हैं। आँखें अंदर की ओर धँस जाती हैं।
4. समुचित उपचार न मिलने पर रोगी की मृत्यु भी हो जाती है।
5. रोग के प्रारंभ उल्टी व दस्त से होता है। रोगी को उल्टी पर उल्टी होती है।
6. दस्तों का रंग चावल के माँड़ के समान सफेद होता है। रोगी को दिन में कम से कम 25 से 30 बार तक दस्त आते हैं।
7. लगातार उल्टी व दस्त से रोगी के शरीर में पानी की कमी हो जाती है जिससे हाथ-पैर ठण्डे हो जाते हैं।
8. पेट में दर्द होता है।

## उपचार

1. दूध भी अच्छी तरह उबाल कर पीना चाहिये।
2. गर्मी के दिनों में कोई भी खाद्य पदार्थ जो थोड़ा-सा खराब हो जाये उसे प्रयोग में नहीं लाना चाहिये।
3. यदि घर में किसी को रोग हो गया है तो तुरंत चिकित्सक को दिखाना चाहिये।
4. रोगी की व्यवस्था अलग स्वच्छ हवादार कमरे में करनी चाहिये।
5. रोगी के मल-मूत्र और वमन को ढक्कनदार पात्रों में रखना चाहिये तथा खुला नहीं फेंकना चाहिये।
6. रोगी के कमरे को प्रतिदिन फिनायल या अन्य किसी विसंक्रामक पदार्थ से धोकर साफ करना चाहिये।
7. रोगी के वस्त्रों, खाने-पीने के बर्तनों तथा अन्य प्रयोग में आने वाली वस्तुओं को प्रतिदिन विसंक्रमित करना चाहिये।
8. रोगी की सेवा करने वाले व्यक्ति को अपने हाथों को साबुन से अच्छी तरह धोकर फिर विसंक्रमित घोल से साफ करना चाहिये।
9. रोगी को पानी अधिक मात्रा में पीने को देना चाहिये।
10. जैसे ही यह ज्ञात हो कि रोग महामारी के रूप में फैल रहा है तो तुरंत ही सुरक्षात्मक उपाय के रूप में टीका लगवा लेना चाहिये।
11. घर की सफाई और व्यक्तिगत स्वच्छता पर ध्यान देना चाहिये।
12. सड़े-गले फलों, बासी भोजन तथा गंदे पानी का प्रयोग नहीं करना चाहिये।
13. फल और सब्जियों को पोटैशियम परमेगनेट से धोकर प्रयोग में लाना चाहिये।
14. हैजे के प्रकोप के समय बाजार की मिठाई, कटे फल, कुल्फी, आइसक्रीम आदि नहीं खानी चाहिये।
15. गर्मी के मौसम में अधिक गरिष्ठ भोजन नहीं लेना चाहिये।

## मलेरिया (Malaria)

मलेरिया मादा एनाफिलीज मच्छर के काटने से फैलता है।

## लक्षण

1. ज्वर की अवस्था में शरीर में तीव्र पीड़ा होती है।
2. पसीना अधिक आने से प्यास अधिक लगती है।
3. ज्वर प्रतिदिन, दूसरे दिन या हर तीसरे दिन आता है।
4. चूँकि इस रोग के जीवाणु यकृत में वृद्धि करते हैं इसलिये धीरे-धीरे यकृत की कार्यक्षमता घटने लगती है।
5. रक्त में लाल कणों की संख्या घटने लगती है।
6. रोगी दिन प्रतिदिन और अधिक कमजोर होता जाता है।
7. रोग का प्रारंभ सामान्य कमजोरी, हाथ-पाँव में दर्द तथा सिर दर्द से होता है।
8. ठण्ड के साथ तीव्र ज्वर आता है जो 103 डिग्री फारेनहाइट तक पहुँच जाता है।
9. ज्वर की अवस्था में रोगी का चेहरा लाल हो जाता है।

## उपचार

1. यदि घर में किसी को रोग हो गया है तो तुरंत स्वास्थ्य अधिकारी को सूचित करना चाहिये।
2. रोगी के रक्त की जाँच कराना चाहिये।
3. जब तक रोगी ठीक न हो जाये उसे पूर्ण आराम देना चाहिये।
4. रोगी को चिकित्सक के परामर्शानुसार नियमित रूप से दवा देनी चाहिये।
5. रोगी को हल्का और सुपाच्य भोजन देना चाहिये।
6. मलेरिया रोग से बचाव हेतु घर तथा आस-पास की स्वच्छता पर ध्यान देना चाहिये।
7. घर में तथा आस-पास मच्छर कम हों ऐसे उपाय करने चाहिये।
8. घर में तथा घर के आस-पास ऐसे गड्ढे हों जहाँ पानी एकत्रित हो जाता हो उन्हें भरवा देना चाहिये।
9. समय-समय पर घर में कीटनाशक पदार्थों का छिड़काव करना चाहिये।
10. सोते समय मच्छरदानी का प्रयोग करना चाहिये।
11. सोते समय शरीर के खुले भागों पर सरसों का तेल लगाना चाहिये।
12. घर की समस्त नालियाँ पक्की और ढलान युक्त होनी चाहिये।

13. कूलर का पानी नियमित बदलते रहना चाहिये।

## फाइलेरिया (Filariasis)

फाइलेरिया भी मच्छरों द्वारा संचारित रोग है। सभी आयु वर्ग के व्यक्ति इससे प्रभावित हो सकते हैं।

### लक्षण

1. रोग का प्रारंभ हल्के ज्वर से होता है।
2. प्रभावित अंगों में सूजन आ जाती है विशेष रूप से हाथ अथवा पैर में।

### उपचार

1. घर में तथा घर के आस-पास पानी एकत्रित नहीं होने देना चाहिये।
2. घर के विभिन्न भागों में समय-समय पर डी.डी.टी. का छिड़काव कराना चाहिये।
3. कमरे के अंदर पानी में मनीप्लांट नहीं लगाना चाहिये।
4. कूलर का पानी समय-समय पर बदलते रहना चाहिये।
5. यदि किसी को रोग हो गया है तो खून की जाँच करा कर उचित उपचार कराना चाहिये।
6. बचाव हेतु सोते समय मच्छरदानी का प्रयोग करना चाहिये।
7. घर में तथा घर के आस-पास मच्छरों से बचाव के उपाय करने चाहिये।
8. घर के खिड़की व दरवाजे जालीदार होने चाहिये।

## डेंगू (Dengue)

डेंगू रोग भी मच्छरों के काटने से होता है। डेंगू के वाहक मच्छर एडीज ईजिप्टाई कहलाता है। भारतवर्ष में यह रोग समय-समय पर स्थानिक रूप से फैलता है।

### लक्षण

1. ज्वर आने के 1-2 दिन बाद मुँह, गर्दन, छाती व बगलों के आस-पास दाने निकल आते हैं।
2. दाने निकल आने पर ज्वर की तीव्रता कम हो जाती है।
3. 12 से 14 घण्टों में ज्वर पुनः तीव्र हो जाता है। तीव्र ज्वर की यह अवधि कम से कम 7 दिन बनी रहती है।
4. प्रारंभ में हल्की सर्दी या कँपकँपी से ज्वर आता है जो 103 डिग्री फा. से 105 डिग्री फा. तक हो जाता है।
5. ज्वर आने पर हाथ-पाँव, कमर तथा सिर में तीव्र पीड़ा होती है।

### उपचार

1. रोगी को अच्छे चिकित्सक को दिखाकर समुचित उपचार करना चाहिये।
2. मच्छरों से बचाव के समुचित उपाय करने चाहिये।
3. रोगी व्यक्ति रोगवाहक होता है अतः उसे भी मच्छरों के काटने से बचाये रखना चाहिये।

## टिटनेस (Tetanus)

टिटनेस त्वचा द्वारा संवाहित होने वाला रोग है। क्लास्ट्रीडियम टिटैनी इस रोग को उत्पन्न करने वाला प्रमुख जीवाणु है जो जानवरों की आँतों और उनके मल-मूत्र से जमीन में पाये जाते हैं। ये जीवाणु ऑक्सीजन की अनुपस्थिति में भी जीवित रहने की क्षमता रखते हैं और तीव्र विष उत्पन्न करते हैं।

### लक्षण

1. मुँह के बाद गर्दन, कमर व पेट की माँसपेशियों में ऐंठन होने लगती है जिससे रोगी का शरीर धनुषाकार हो जाता है।
2. रोग की तीव्रता तथा समुचित उपचार के अभाव में रोगी की मृत्यु हो जाती है।
3. रोग के जीवाणु शरीर में विष उत्पन्न करते हैं जो तंत्रिकाओं को प्रभावित करता है जिससे माँसपेशियों में दर्द के साथ तीव्र संकुचन होता है।
4. सर्वप्रथम जबड़े की माँसपेशियों में संकुचन होता है जिससे रोगी मुँह नहीं खोल पाता है।

### उपचार

1. माँसपेशियों के तनाव को रोकने के लिये रोगी को पौट ब्रोमाइड मिक्चर पिलाना चाहिये।
2. गुदा मार्ग से पैराल्डिहाइड का घोल देना चाहिये। इससे बेचैनी दूर होती है और नींद आती है।
3. रोगी का मुँह न खुलने पर गुदा मार्ग या नाक द्वारा तरल आहार देना चाहिये।
4. भोजन के रूप में ग्लूकोज, अण्डा, दूध, माँस का शोरवा और फलों का रस देना चाहिये।
5. घाव हो तो साफ पट्टी बाँधनी चाहिये।
6. जब भी शरीर के किसी भाग पर चोट लगे या जल गया हो तो टिटनेस का टीका लगवाना चाहिये।
7. गर्भवती महिलाओं को गर्भ के 16 से 36 सप्ताहों में टिटनेस का एक टीका और यदि पहले टीका न लगा हो तो दो टीके लगवाने चाहिये।
8. बच्चों को बचपन में ही टिटनेस का प्रतिरक्षात्मक टीका लगवाना चाहिये।
9. जो व्यक्ति ऐसे कार्य करते हैं जिनमें अधिकतर चोट लगने का खतरा रहता है। उन्हें प्रत्येक पाँचवें वर्ष टीका लगवाना चाहिये।
10. शरीर में चोट आदि लग जाने पर उसे तुरंत एण्टीसेप्टिक लोशन से साफ करना चाहिये।
11. घाव को गंदे हाथों से नहीं छूना चाहिये तथा खुला नहीं रखना चाहिये।

# १५

# नवजात शिशु की मूल आवश्यकताएँ

शिशु को कम से कम लोग छुएं, सम्भव हो तो शिशु को छूने से पहले अच्छी तरह से साबुन से हाथ धो लें उसके कमरे में जाने वालों की संख्या भी कम हो।

**ठंड से बचाव** नवजात शिशु का शरीर, विशेषतः मस्तिष्क ठंड के लिए अति संवेदनशील होता है। अतः यह आवश्यक है प्रसूति तुरन्त बाद से नवजात शिशु को ठंड से बचाने का विशेष ध्यान रखना चाहिए। प्रसव के तुरन्त बाद नवजात शिशु को एक सूखे सूती कपड़े से साफ कर अच्छी तरह से ढक कर रखें। प्रयास रहे की प्रसूति कक्ष का तापमान ठंडा न हो। यदि प्रसूति कक्ष का तापमान कम हो तो शिशु को कम्बल से ढ़ककर उसके पास हीटर या वार्मर रखें। यदि नवजात शिशु के कमरे में वार्मर या हीटर का प्रयोग करते हैं तो ध्यान रखें कि अत्यधिक गर्मी से शिशु जलने न पाये। घर पर भी विशेषतः ठण्ड के दिनों में इस बात का ध्यान रखें कि नवजात शिशु का कमरा प्रायः बन्द रहे एवं शिशु के कमरे का तापमान लगभग 26 से 30 डिग्री सेल्सियस के आस-पास हो।

**स्तनपान** जन्म के पश्चात शीघ्रातिशीघ्र स्तनपान प्रारम्भ करें। प्रथम प्रसव के पश्चात दूध आने में कुछ समय लगता है परन्तु इस हेतु प्रयास प्रारम्भ कर दें। शिशु को स्तनपान कराने के पूर्व स्तनों को अच्छी तरह से साफ कर लें।

**बॉटल फीडिंग** यथा सम्भव शिशु को पहले 5-6 माह तक स्तनपान ही कराएँ। विशेष परिस्थितियों जहाँ ऊपरी दूध देना आवश्यक हो तो कुछ विशेष बातों का ध्यान रखें। बॉटल में जमे हुए दूध में

कीटाणुओं के विकसित होने का खतरा अधिक रहता है। इस कारण यह देखा गया है कि जो बच्चे बॉटल के दूध पर पलते हैं, उनके बीमार पड़ने का खतरा अधिक रहता है। अतः यह आवश्यक है कि दूध पिलाने के पहले बॉटल को साबुन एवं ब्रश के द्वारा अन्दर तक साफ करें। निप्पल को पलट कर साफ करें एवं बॉटल एवं निप्पल को लगभग 20 मिनट से आधे घंटे तक अच्छी तरह धोने के बाद उबाल लें। यथा सम्भव स्टील की कटोरी-चम्मच का उपयोग करें। यदि ताजा दूध लेते हैं तो उसे अच्छी तरह से उबालने के बाद ही उपयोग करें। यदि आप डिब्बे बन्द दूध पाउडर का उपयोग करते हैं तो डिब्बे में दिये हुए निर्देशानुसार ही पाउडर की मात्रा का उपयोग करें। यदि दूध पाउडर की मात्रा कम मिलाएंगे तो बच्चे को समुचित आहार नहीं मिलेगा एवं उसका विकास अवरुद्ध हो जाएगा।

**अनाज खिलाना कब प्रारम्भ करें** 5-6 माह की उम्र के आस-पास बच्चे को ऊपरी भोजन देना प्रारम्भ करना चाहिए। क्योंकि बच्चे के विकसित होते शरीर को अधिक भोजन की आवश्यकता होती है एवं समय के साथ माँ से मिलने वाले दूध की मात्रा कम हो जाती है। अतः आवश्यक है कि 5-6 के माह के आस-पास ऊपरी भोजन प्रारम्भ कर धीरे-धीरे उसकी मात्रा बढ़ाते जायें।

## नवजात शिशु की देखभाल कैसे करें?

नवजात शिशु विशेष तौर से रोगों के प्रति असुरक्षित होते हैं। यदि परिवारों द्वारा सरल व्यावहारिक उपाय अपनाए जाएँ तो रोगों का निवारण और नवजात की मौत को रोका जा सकता है। प्रसव पूर्व अवधि के दौरान गर्भवती महिलाओं को टिटेनस टॉक्साइड का इंजेक्शन दिया जाना चाहिए। यह माता और नवजात में टिटेनस की रोकथाम करने के लिए जरूरी है। गर्भावस्था के दौरान कम से कम तीन बार जाँच अवश्य कराएँ।

1. माताओं को प्रसव स्वास्थ्य केंद्र में ही करवाना चाहिए।
2. शिशु को बहुत सारे व्यक्ति न उठाएँ। शिशु को भीड़-भाड़ के स्थानों पर नहीं ले जाना चाहिए। अतिसार और खाँसी जैसे संक्रामणों से ग्रस्त लोगों को बच्चे को नहीं उठाने दिया जाना चाहिए।
3. नवजात शिशु को सदा गर्म रखा जाना चाहिए। छोटे बच्चे अपने शरीर के तापमान को बनाए नहीं रख सकते हैं। यदि उनको देखरेख के बिना छोड़ा जाए तो उनको तेजी से ठण्ड लग जाएगी और वे हाइपोथर्मिया से मर सकते हैं।
4. जैसे ही शिशु का जन्म हो उसे सूती कपड़े से पोंछना चाहिए। प्रसव के पश्चात सिर की त्वचा को तेजी से सुखाना विशेष तौर पर महत्त्वपूर्ण है। प्रसव के पश्चात् बच्चे को स्तनपान करवाने से भी शिशु को गर्म रखने में सहायता मिलेगी।
5. शिशु को हवा के झोंकों से बचाकर रखना चाहिए, शिशु को पंखे के नीचे और कूलर के सामने नहीं रखा जाना चाहिए। शिशु को रखे जाने वाले कमरे को काफी गर्म रखा जाना चाहिए।
6. जब शिशु बीमार होता है तो अधिकतर माताएँ पहचान सकती है। कुछ में तो चिकित्सा सहायता लेना चाहिए, क्योंकि नवजात की दशा बहुत जल्दी ही खराब हो जाती है। यदि शिशु में कोई खतरे के चिह्न दिखाई दे तो उसे तत्काल ही स्वास्थ्य केंद्र में ले जाया जाना चाहिए।

## नवजात शिशु की मूल आवश्यकताएँ

नवजात शिशु की प्रमुख आवश्यकताएँ
1. भोजन, वस्त्र, विश्राम और निद्रा
2. व्यायाम और मालिश, व्यक्तिगत स्वच्छता और स्नान।

## आहार (Food)

भोजन हर प्राणी की प्राथमिक आवश्यकता है, जो जीवन रक्षा के लिये बहुत जरूरी है। नवजात शिशु को नाल छेदन के बाद जब माँ से पृथक कर दिया जाता है तो वह स्वतंत्र जीव का रूप ले लेता है और उसी समय से वह अपनी भोजन की आवश्यकता को महसूस करने लगता है। प्रकृति ने प्राकृतिक रूप से ही इस आवश्यकता की पूर्ति की व्यवस्था कर दी है। माँ के स्तनों में गर्भाधान के बाद से ही दुग्ध निर्माण की प्रक्रिया शुरू हो जाती है जिससे जन्म के बाद शिशु शीघ्र ही माँ के स्तनपान द्वारा शिशु की भोजन सम्बन्धी आवश्यकता को संतुष्ट कर दिया जाता है। इसके अलावा नवजात शिशु जो कि असहाय होता है, उसमें जन्म से ही चूसने तथा निगलने की स्वाभाविक प्रवृत्ति पायी जाती है जिससे वह स्तनपान द्वारा अपनी भूख को शांत कर लेता है। लेकिन कुछ विशेष परिस्थितियों में जब शिशु को स्तनपान नहीं कराया जा सकता है तो बाहरी दूध से शिशु की भोजन की आवश्यकता को पूरा किया जाता है। शिशु के समुचित विकास और जीवन रक्षा के लिए भोजन परम आवश्यक है।

### नवजात के मलत्याग पर रखें नजर

जन्म के पहले कुछ दिनों तक बच्चा गहरे, लगभग काले रंग (मिकोनियम) का मलत्याग करता है। यह उसकी आँतों में गर्भ में रहने के दौरान जमा हो जाता है। तीसरे दिन से बच्चे का मल हल्के रंग का होने लगता है। पाँचवें दिन से मल का रंग स्तनपान करने वाले शिशु के समान हो जाता है। इसका अर्थ यही है कि बच्चे को पर्याप्त मात्रा में माँ का दूध मिल रहा है। मल हल्का हरा या नारंगी जैसा दिखता है। जिस बच्चे को ऊपरी दूध पर रखा जाता है, उसके मल के रंग में फर्क आता है। देखा गया है कि स्तनपान करते समय बच्चे मलत्याग कर देते हैं। जिन बच्चों को पर्याप्त मात्रा में माँ का दूध नहीं मिल रहा है, उनके मल का रंग भूरा होता है।

## वस्त्र

वस्त्र प्राणी की मूल आवश्यकताओं में से एक है। वस्त्र पहनने का मुख्य प्रयोजन सर्दी, गर्मी तथा अन्य हानिकारक प्रभावों से शरीर की रक्षा करना है। नवजात शिशु जो कि बहुत ही कोमल होता है तथा जिसके शरीर का ताप स्थिर नहीं होता, उसकी स्वास्थ्य रक्षा की दृष्टि से वस्त्रों का महत्त्व और अधिक बढ़ जाता है। शरीर रक्षा के साथ-साथ रंग-बिरंगे वस्त्र शिशुओं को प्रसन्न करते हैं। अच्छी प्रकार से सिले हुये वस्त्र बच्चों के शारीरिक विकास में सहायता प्रदान करते हैं। अनुपयुक्त और बेढंगे वस्त्र शिशुओं के आसन को विकृत कर देते हैं। इसलिए शिशुओं के वस्त्र उपयुक्त और ढीले-ढाले होने चाहिये जिनमें वह सोते और खेलते समय अपने हाथ-पैरों को आसानी से हिला-डुला सकें। शिशुओं के वस्त्रों में दिखावा नहीं होना चाहिये। शिशु का वस्त्र शरीर को आराम पहुँचाने वाला, शरीर की रक्षा करने वाला एवं मौसम के अनुसार शरीर को गर्म तथा ठंडा रखने वाला होना चाहिये।

## शिशु के वस्त्रों का चुनाव

शिशुओं के वस्त्रों का चुनाव करते समय निम्नलिखित बातों को ध्यान में रखना चाहिये

1. शिशुओं के वस्त्रों में इलास्टिक का प्रयोग भी नहीं करना चाहिये। उसके स्थान पर डोरी डालनी चाहिये। इलास्टिक वाले वस्त्र रक्त प्रवाह में बाधा डालते हैं।
2. गर्मी में हल्के रंगों के वस्त्रों का चुनाव करना चाहिये तथा जाड़ों के लिये गहरे रंग के वस्त्रों का चुनाव करना चाहिये।
3. शिशुओं के जाड़ों के ऊनी वस्त्र कोमल, मुलायम तथा भार में हल्के होने चाहिये जिनमें सर्दी से बचाव भी हो तथा शिशु शरीर पर अत्यधिक भार न हो।
4. शिशुओं को सर्दी से बचाव के लिये बहुत अधिक वस्त्र नहीं पहनाने चाहिये। क्योंकि वस्त्रों का अधिक भार हो जाने से शरीर से पसीना अधिक निकलता है और बच्चा बेचैनी का अनुभव करता है क्योंकि पसीना निकलने से शरीर में पानी की कमी तथा तापमान में वृद्धि होती है।
5. शिशुओं को ऊनी कपड़े पहनाने से पूर्व पहले सूती वस्त्र पहनाने चाहिये। यदि ऊनी वस्त्र शिशु की त्वचा के सीधे सम्पर्क में आते हैं तो इससे शिशु की कोमल त्वचा को हानि होती है।
6. शिशुओं के लिये रासायनिक तंतुओं से निर्मित वस्त्रों का चुनाव भी नहीं करना चाहिये।
7. शिशु के लिये वस्त्रों का चुनाव मौसम के अनुकूल करना चाहिये। गर्मी के लिये सूती वस्त्रों का तथा शीत ऋतु के लिये ऊनी कपड़ों का चुनाव करना चाहिये।
8. शिशु के अंदर पहनने वाले वस्त्र सदैव सूती होने चाहिये क्योंकि ये शिशु स्वास्थ्य की दृष्टि से उपयुक्त रहते हैं। सूती वस्त्र आसानी से साफ हो जाते हैं, पसीने को आसानी से सोख लेते हैं तथा शरीर में वायु आवागमन को बनाये रखते हैं जिससे शिशु की कोमल त्वचा को हानि नहीं होती है।
9. शिशु के वस्त्र मुलायम व आरामदायक होने चाहिये।
10. शिशुओं के लिये कसे वस्त्रों का चुनाव नहीं करना चाहिये बल्कि उनके वस्त्र ढीले-ढाले व आरामदायक होने चाहिये।
11. शिशुओं के लिये बहुत महँगे वस्त्रों का चुनाव नहीं करना चाहिये क्योंकि शिशु इतनी तीव्र गति से वृद्धि करते हैं कि उनके वस्त्र बहुत जल्दी छोटे हो जाते हैं।

नवजात शिशु की मूल आवश्यकताएँ 263

12. शिशुओं के वस्त्र पर्याप्त रूप से खुले हुये और आसानी से पहनाये जाने योग्य होने चाहिये।
13. शिशुओं के वस्त्रों में पीछे की ओर बटनों या जीप का प्रयोग नहीं करना चाहिये। वस्त्र सामने खुले हुए होने चाहिये।

## शिशुओं के प्रतिदिन प्रयोग में आने वाले वस्त्र

1. तौलिया
2. रात्रि में पहनने के वस्त्र
3. बनियान
4. फ्राक व झबला
5. मोजा
6. टोपी।

## शिशुओं के वस्त्रों की सिलाई करते समय ध्यान रखने योग्य बातें

1. शिशुओं के वस्त्रों में गला बड़ा रखना चाहिये जिससे पहनने में सुविधा रहे।
2. शिशुओं के वस्त्रों में जिप, इलास्टिक आदि का प्रयोग नहीं करना चाहिये। यदि इलास्टिक डालनी है तो वह बहुत अधिक कसी नहीं होनी चाहिये।
3. जब शिशु घुटनों के बल चलने लगे तो उसके वस्त्र घुटनों से ऊँचे तथा कम फैला बनाने चाहिये जिससे वस्त्र पैरों में न फँसें।
4. शीत ऋतु के लिये इस प्रकार के वस्त्रों को बनाना चाहिये ताकि सम्पूर्ण शरीर ढँका रहे।
5. शिशुओं के वस्त्र उनके शारीरिक विकास को ध्यान में रखकर सिलवाना चाहिये। शिशुओं के वस्त्र इतने लम्बे और बड़े होने चाहिये कि वह कुछ समय तक पहन सकें। फ्रॉक, झबले आदि में नीचे एक दो मोड़ लगा देने चाहिये जिन्हें आवश्यकता पड़ने पर खोलकर बड़ा किया जा सके।
7. शिशुओं के वस्त्र अधिक कसे नहीं बनाने चाहिये अपितु इतने ढीले होने चाहिये कि उनमें अंगों का संचालन आसानी से हो सके। कसे वस्त्र रक्त संचार में बाधा डालते हैं।
8. शिशुओं के वस्त्रों में अधिक झालर, लेस, शो बटन आदि नहीं लगाने चाहिये। ये शिशु शरीर में चुभ सकते हैं।
9. शिशुओं के वस्त्र सदैव आगे से खुले बनाने चाहिये, पीछे से खुले नहीं।

## शिशुओं को वस्त्र पहनाते समय ध्यान रखने योग्य बातें

1. जाड़े में बहुत अधिक मात्रा में वस्त्रों को नहीं पहनाना चाहिये।
2. जाड़ों में सिर पर ऊनी टोपा पहनाते समय नीचे सूती वस्त्र लगा देना चाहिये।
3. दूध पिलाते समय शिशुओं के गले में बिब बाँधनी चाहिये जिससे वस्त्र खराब न हों।
4. शिशु अवस्था से ही लंगोट बाँधकर जाँघिया पहनने की आदत का विकास करना चाहिये। शुरू से आदत पड़ जाने पर बालक स्वयं ही जाँघिया पहनने के लिये प्रेरित रहते हैं।
5. शिशुओं के वस्त्र दूध आदि गिर जाने से तथा मल मूत्र त्याग करने से जल्दी गंदे होते हैं, इसलिये दिन में कम से कम दो बार उनके वस्त्रों को बदलना चाहिये।

6. शिशुओं के वस्त्रों में सेफ्टीपिन का प्रयोग नहीं करना चाहिये।
7. शिशुओं के झबले और ऊनी मोजों की डोरी अच्छी तरह बाँध देनी चाहिये।
8. रात्रि में साफ-सुथरे, हल्के और ढीले-ढाले वस्त्र पहनाने चाहिये।
9. शिशु को अंदर बहुत अधिक कसे व लम्बे वस्त्र नहीं पहनाने चाहिये।

## विश्राम और निद्रा

शरीर की समुचित वृद्धि और विकास के लिये संतुलित व पौष्टिक भोजन की जरूरत के समान ही पर्याप्त निद्रा भी जरूरी है। शिशुओं की वृद्धि ही निद्रा काल में होती है। आरंभ में एक दो महीने तक नवजात शिशु 20 से 22 घण्टे सोते हैं। केवल भूख लगने पर ही जागते हैं या बिस्तर और वस्त्र गीले हो जाने पर या अन्य कोई शारीरिक कठिनाई होने पर जागते हैं। आयु में वृद्धि के साथ-साथ निद्रा की मात्रा में कमी आती है और वे निश्चित समय पर ही सोते और जागते हैं। अगर शिशुओं को उचित निद्रा तथा विश्राम के लिये उपयुक्त शांत वातावरण तथा सुविधा प्राप्त नहीं होती है तो उनका स्वास्थ्य धीरे-धीरे गिरने लगता है जिससे शारीरिक और मानसिक विकास को आघात पहुँचता है। चार माह के शिशु को दिन में कम से कम बीस घण्टे जरूर सोना चाहिये। पाँच से सात माह की आयु में प्रतिदिन 17-18 घण्टे सोना पर्याप्त रहता है। जैसे-जैसे आयु बढ़ती जाती है शिशुओं की सोने की मात्रा कम होती जाती है।

अतः शिशु की निद्रा और पर्याप्त विश्राम के लिये निम्नलिखित बातों पर ध्यान देना बहुत जरूरी है

1. **मानसिक शांति** शिशुओं को सम्पूर्ण दिन में बात-बात पर मानसिक रूप से उत्तेजित नहीं करना चाहिये। विशेष रूप से रात्रि में सोने से पूर्व उन्हें डरावनी चीजों का भय नहीं दिखाना चाहिए।
2. **सुलाने से पूर्व मल-मूत्र त्याग** सुलाने से पूर्व शिशुओं को मल-मूत्र त्याग करवा देनी चाहिये क्योंकि मल-मूत्र त्याग करने पर रात्रि में नींद में बाधा उत्पन्न नहीं होती है।
3. **हल्की मालिश और व्यायाम** 4-5 माह का शिशु अपने हाथों-पैरों को चलाने लगता है और अंगों का संचालन करने लगता है। जिससे सम्पूर्ण दिन के बाद वह शारीरिक थकान का अनुभव करता है। इस थकान को दूर करने के लिए बच्चे की किसी तेल से हल्की मालिश करनी चाहिये।

## नवजात शिशु की मूल आवश्यकताएँ

4. **स्वच्छ एवं हवादार कमरा** शिशु के सोने का कमरा स्वच्छ व हवादार होना चाहिये। मक्खी, मच्छर आदि से बचाव के लिये उसमें समय-समय पर फिनिट या डी. डी. टी. आदि का छिड़काव करते रहना चाहिये।
5. **आरामदायक बिस्तर** बालक का बिस्तर पूर्णतः आरामदायक होना चाहिये। शिशु के ओढ़ने व बिछाने के वस्त्र मौसम के अनुसार व कोमल होने चाहिये जिससे शिशु की कोमल त्वचा को हानि न हो।
6. **पहनने के ढीले-ढाले वस्त्र** शिशुओं को रात्रि में सोते समय ढीले-ढाले और कोमल वस्त्र पहनाने चाहिये। कसे वस्त्र नींद में रुकावट उत्पन्न करते हैं।
7. **सुपाच्य भोजन** शिशुओं का रात्रि का भोजन हल्का व सुपाच्य होना चाहिये। गरिष्ठ भोजन अपाचन का कारण बनता है जिससे निंद्रा भंग होती है।

## शिशुओं में अनिद्रा के कारण

1. अधिक सर्दी अथवा अधिक गर्मी हो।
2. घर में अधिक शोरगुल हो।
3. बिस्तर उपयुक्त न हो।
4. मल-मूत्र त्याग से वस्त्र गीले हो गये हों।
5. अचेतन मन में भय हो।
6. शिशु को अपच हो, अधिक मात्रा में दूध पी लेने से पेट भारी हो गया हो।
7. पर्याप्त मात्रा में दूध न मिलने से शिशु भूखा हो।
8. गर्मी के मौसम में शिशु प्यासा हो।
9. शिशु अस्वस्थ्य हो।

## अनिद्रा को दूर करने के उपाय

1. शिशु का बिस्तर उपयुक्त शांतिमय वातावरण में लगायें।
2. शिशु के कक्ष में धीमा प्रकाश रखें।
3. सोते समय ढीले-ढाले वस्त्र पहनायें।
4. मल-मूत्र त्याग करने पर तुरंत वस्त्र बदल दें।
5. शिशुओं को समय पर आहार दें जिससे अपच न हो।
6. रात्रि में सोने से 1-2 घण्टे पूर्व भोजन दे दें।
7. डर दिखाकर बच्चे के अचेतन मन में भय पैदा न करें बल्कि सोते समय उसे प्यार व पर्याप्त स्नेह दें जिससे सामाजिक सुरक्षा के अहसास व स्नेह के कारण वह चैन से सोये।
8. शिशुओं के सोने के समय में नियमितता लायें। कभी-कभी मातायें शिशुओं को दिन में अधिक देर तक सुलाती हैं, जिससे वे रात्रि में समय पर नहीं सोते हैं।

## व्यायाम एवं मालिश (Exercise and Massage)

शिशुओं के शारीरिक विकास में व्यायाम और मालिश का बहुत महत्त्व होता है। इससे रक्त संचार बढ़ता है, माँसपेशियों में परिपक्वता आती है जिससे धीरे-धीरे शिशु की क्रियाशीलता बढ़ती है।

## मालिश

शिशुओं की मालिश प्रतिदिन एक बार जरूर करनी चाहिये। वैसे एक से अधिक बार भी मालिश की जा सकती है। मालिश के लिये सरसों, तिल, जैतून अथवा अन्य किसी बेबी आयल का उपयोग किया जा सकता है। मालिश से थकावट दूर होती है, रक्त संचार बढ़ता है और शरीर में स्फूर्ति आती है।

### शिशु की मालिश करते समय सावधानी

1. शिशु की मालिश करने के बाद शीघ्र ही नहलाना नहीं चाहिये क्योंकि मालिश करने से रक्त संचार बढ़ता है और शरीर के ताप में वृद्धि होती है।
2. जाड़े के मौसम में मालिश बंद कमरे में या धूप में करनी चाहिए। धूप में मालिश करने से शिशु के शरीर को विटामिन 'डी' की प्राप्ति होती है। बंद कमरे में मालिश करने के बाद वस्त्र पहनाकर थोड़ी देर धूप में लिटाना चाहिये।
3. शिशु की मालिश दूध पिलाने के तुरंत बाद नहीं करनी चाहिये बल्कि मालिश करने के बाद दूध पिलाना चाहिये।
4. शिशु की मालिश प्रतिदिन सुबह का दूध पीने के बाद नहाने से पूर्व करनी चाहिये।
5. शिशु की मालिश के लिये अच्छे किस्म के तेल का प्रयोग करना चाहिये।

## व्यायाम

आरंभ से ही शरीर के जिस अंग का उपयोग नहीं किया जाता है, वही अंग अपनी कार्यक्षमता खो देता है, इसलिए शिशु शरीर के सर्वांगीण विकास के लिये शिशु के हर अंग का पर्याप्त व्यायाम कराना चाहिये।

मानव शरीर की सभी माँसपेशियाँ अस्थियों से जुड़ी रहती हैं। इसलिए जब वे क्रियाशील होते हैं तो उनके तनाव और खिंचाव के परिणामस्वरूप माँसपेशियों और अस्थियों दोनों की ही वृद्धि एवं पुष्टि होती है जिससे उनमें बल और क्रियाशील आ जाती है। इसके अलावा हृदय की गति तथा रक्त प्रवाह में भी व्यायाम द्वारा स्फूर्ति आती है। व्यायाम से पाचन में भी सहायता मिलती है जिससे कब्ज की भी शिकायत दूर हो जाती है और भूख भी पर्याप्त मात्रा में लगती है।

स्वस्थ शिशु सदैव क्रियाशील रहता है उसकी इस स्वाभाविक चेष्टा से ही पर्याप्त व्यायाम हो जाती है। इसलिए शिशु के स्वाभाविक व्यायाम के लिये उसकी स्वाभाविक क्रियाओं में अवरोध पैदा नहीं करना चाहिये। शिशु को हर समय गोद में नहीं रखना चाहिये बल्कि उसे लेटकर स्वयं हाथ-पैर चलाने देना चाहिये।

## व्यक्तिगत स्वच्छता और स्नान

शिशु स्वास्थ्य के लिए व्यक्तिगत स्वच्छता बहुत ही महत्त्वपूर्ण है। शिशु की व्यक्तिगत स्वच्छता में शिशु-स्नान और शरीर के विभिन्न अंगों की स्वच्छता आती है। अगर शैशवावस्था से ही माता-पिता शिशु स्वच्छता के प्रति लापरवाही बरतते हैं तो आगे चलकर शिशु के अस्वस्थ और रोग ग्रस्त होने की संभावनायें तीव्र हो जाती हैं।

शिशु-शरीर को स्वस्थ और निरोगी बनाये रखने के लिये स्नान जरूरी है। स्नान से शरीर के रोम छिद्र खुल जाते हैं और शिशु प्रसन्नचित रहता है। इसलिए प्रारंभ से ही शिशुओं को नहलाना चाहिये। नवजात शिशु बहुत अधिक कोमल होता है। इसलिए इस कार्य में सावधानी बरतनी चाहिये।

# नवजात शिशु की मूल आवश्यकताएँ

**स्नान के प्रकार**  शिशु को तीन तरह से स्नान कराया जाता है
- क. धूप स्नान या तैलीय स्नान,
- ख. अर्द्ध स्नान तथा
- ग. पूर्ण स्नान या जल स्नान।

## स्नान से लाभ

1. स्नान से शिशु प्रसन्नचित रहता है।
2. स्नान से रक्त संचार में वृद्धि होती है।
3. स्नान से शरीर साफ व स्वच्छ हो जाता है। फलस्वरूप संक्रमण से बचाव होता है और शरीर स्वस्थय रहता है।
4. पसीने, दूध व मूत्र आदि की दुर्गन्ध दूर हो जाती है।

### शिशु को स्नान कराते समय ध्यान रखने योग्य बातें

1. शिशु को तेज हवादार खुले स्थान पर नहीं नहलाना चाहिये।
2. नहलाने के लिये टब का प्रयोग करना चाहिये जिससे शिशु के चोट लगने का भय नहीं रहता है।
3. माता के नाखून अधिक बड़े नहीं होने चाहिये। ये शिशु को नहलाते समय हानि पहुँचा सकते हैं।
4. स्नान कराते समय जाँघ, बगल, कान के पीछे आदि सिलवट वाले स्थानों की सफाई अच्छी तरह करनी चाहिये।
5. स्नान कराने से पूर्व सभी आवश्यक सामग्री यथास्थान एकत्र कर लेनी चाहिये।
6. स्नान कराने के बाद साफ और सूखे तौलिये से शिशु-शरीर को भली-भाँति पोंछ लेना चाहिये।
7. शिशु का तौलिया अलग होना चाहिये। इसका प्रयोग अन्य न करें।
8. शिशु-शरीर को पोछने के बाद शरीर के सभी भागों विशेषकर जोड़ वाले भागों पर अच्छी तरह पाउडर लगा देना चाहिये।
9. पाउडर लगाने के बाद मौसम के अनुसार आरामदायक वस्त्र पहनकर दूध पिलाना चाहिये।
10. शिशु को प्रतिदिन निर्धारित समय पर ही नहलाना चाहिये।
11. शिशु को स्नान कराने के लिये पानी गुनगुना होना चाहिये। इसका तापमान शरीर के तापमान से अधिक नहीं होना चाहिये। सामान्यतः 85 डिग्री फॉरेनहाइट से 95 डिग्री फॉरेनहाइट तापमान उपयुक्त रहता है। गर्मी के मौसम में ताजे पानी का प्रयोग भी किया जा सकता है।
12. शिशु की त्वचा कोमल होती है। अतः नहलाने के लिये किसी अच्छे बेबी साबुन का प्रयोग करना चाहिये।
13. शिशु को स्नान कराने से पूर्व माँ को अपने हाथ साबुन से भली-भाँति साफ कर लेने चाहिये।
14. मालिश करने तथा दूध पिलाने के तुरन्त बाद स्नान नहीं कराना चाहिये।

# बाल-मृत्यु की समस्या

सामान्यतः जन्म से दो वर्ष तक की आयु के बच्चों को शिशु कहा जाता है। अतः बाल-मृत्यु से तात्पर्य जन्म से पूर्व गर्भ में मर जाने वाले, जन्म के समय मर जाने वाले और जन्म के पश्चात् दो वर्ष के अंदर मर जाने वाले बालकों से है।

## बाल-मृत्यु-दर

बाल-मृत्यु-दर से तात्पर्य है कि किसी देश या स्थान पर एक वर्ष में कुल कितने बच्चे जन्म लेते हैं और उनमें से प्रति हजार बच्चों में से कितने बच्चे एक वर्ष के अंदर मर जाते हैं।

मृत्यु-दर को ज्ञात करने के लिये सर्वप्रथम एक वर्ष में उत्पन्न होने वाले तथा मरने वाले बच्चों की संख्या ज्ञात करनी चाहिये। तत्पश्चात् मृत्यु संख्या 1000 से गुणा करके उसमें जन्म संख्या से भाग दे देना चाहिये। ऐसा करने से मृत्यु-दर ज्ञात हो जायेगा। जैसे किसी देश में एक वर्ष में 1500 बच्चे पैदा हुये और एक वर्ष की आयु पूरी करने से पहले 300 बच्चे मर गये तो मृत्यु-दर ज्ञात करने के लिए 300 में 1500 से भाग देंगे। प्राप्त भागफल को 1000 से गुणा करेंगे। प्राप्त परिणाम मृत्यु-दर है। इस तरह से शिशु-मृत्यु-दर 200 प्रति हजार हुई।

## बाल मृत्यु के कारण

1. निर्धनता।
2. अशिक्षा व अज्ञानता।
3. बाल विवाह।
4. बेमेल विवाह।
5. बहुपत्नी विवाह।
6. शिशु जन्म सम्बन्धी अनुचित मूल्य।
7. अंधविश्वास, कुप्रथायें और सामाजिक रीति-रिवाज।
8. माताओं की आधुनिकता।
9. असंतुलित और अपर्याप्त भोजन।
10. अनुपयुक्त आवास।

## बाल-मृत्यु की समस्या

11. नवजात शिशुओं के जन्मजात दोष।
12. संक्रमण।
13. आकस्मिक दुर्घटनायें।
14. गर्भावस्था में समुचित देखभाल का अभाव।
15. माता-पिता का स्वास्थ्य।
16. चिकित्सा सुविधाओं का अभाव।
17. प्रसव के समय दुर्घटनायें।
18. बालपोषण की गलत विधियाँ।
19. माता-पिता की अज्ञानता।
20. मातृ व शिशु कल्याणकारी संस्थाओं व सुविधाओं का अभाव।
21. बच्चे का समय पूर्व जन्म होना।
22. स्त्री का जल्दी-जल्दी गर्भधारण करना।
23. माताओं का कामकाजी होना तथा बच्चों का पालन-पोषण नौकरों द्वारा होना।

## बाल मृत्यु को रोकने के उपाय

1. परिवार नियोजन को बढ़ावा दिया जाये।
2. शिशु-पालन तथा मातृ-सुरक्षा की उचित शिक्षा प्रदान की जाये।
3. रोगों से बचाव हेतु शिशुओं का समय पर टीकाकरण कराया जाये।
4. बाल कल्याण केन्द्रों की स्थापना की जाये।
5. मातृ एवं शिशु कल्याणकारी योजनाओं और संस्थाओं का विस्तार किया जाये।
6. मातृ एवं शिशु कल्याण सम्बन्धी शिक्षा का प्रसार किया जाये।
7. आम जनता के जीवन स्तर को ऊँचा उठाने का प्रयास किया जाये।
8. शिशु पालन गृहों की स्थापना की जाये।

# 17
# परिवार नियोजन

किसी भी राष्ट्र की सच्ची सम्पदा की माप वहाँ के स्वस्थ लोगों की प्रतिशत संख्या से आंकी जाती है। वहाँ विद्यमान प्राकृतिक सम्पदा जैसे भूमि, जल स्रोत, वन, खान आदि की पर्याप्तता से सच्ची सम्पदा का आकलन नहीं होता है।

भारत में आबादी की तुलना में उपजाऊ भूमि बहुत कम है। अल्पायु में विवाह करने से बच्चों की संख्या में ही वृद्धि नहीं होती बल्कि मातृ-शिशु मृत्यु-दर में भी वृद्धि हुई है।

परिवार-नियोजन हर मानव का जन्म-सिद्ध अधिकार है। प्रत्येक दम्पति को यह अधिकार मिलना चाहिए कि वे अपने बच्चों की संख्या तथा उनके बीच की अवधि के अन्तर का निर्णय स्वयं करें।

देश के आर्थिक स्तर में विकास तभी हो सकती है जब परिवार-नियोजन एवं आर्थिक-नियोजन साथ-साथ चले।

## परिवार-नियोजन की आवश्यकता

पति-पत्नी के द्वारा, अपने सामने उपलब्ध सामाजिक, आर्थिक तथा स्वास्थ्य परिस्थितियों को ध्यान में रखते हुए, परिवार के सदस्यों के सुख एवं शान्ति के लिए, उनके शारीरिक एवं मानसिक स्वास्थ्य के लिए, परिवार के आकार को जान-बूझ कर छोटा बनाए रखना तथा दो बच्चों के बीच अंतराल को अधिक से अधिक लम्बी अवधि बनाए रखने का प्रयास करना ही परिवार नियोजन कहलाता है।

बच्चों का जन्म सुनियोजित ढंग से होना चाहिए भाग्य, अंधविश्वास अथवा अन्य कारकों पर निर्भर होकर नहीं। परिवार कल्याण की योजना तभी सफल हो सकती है जब छोटे परिवार के परिणामस्वरूप स्वस्थ माताएँ स्वस्थ बच्चों को जन्म दें एवं परिवार के सभी सदस्यों के स्वास्थ्य का स्तर ऊँचा तथा संतोषप्रद हो।

बच्चों की अधिक संख्या का कुप्रभाव माता पर भी पड़ता है। उदाहरण के लिए शारीरिक एवं मानसिक थकान, हर बच्चे के जन्म के पश्चात् बढ़ता ही जाता है। पिछले गर्भधारण एवं प्रसव के परिणामों से सचेत होने से पूर्व ही यदि वह पुनः गर्भवती हो जाती है तो उसका प्रभाव माँ एवं भ्रूण, दोनों पर गंभीर रूप से पड़ता है। कहने का आशय यह है कि माता को पिछले परिणामों से सबक ग्रहण करने के लिए पर्याप्त समय ही नहीं मिल पाता है। उसमें हर बच्चे के लालन-पालन के लिए आवश्यक शारीरिक शक्ति नहीं रह पाती है।

नवजात शिशु पर भी माता के स्वास्थ्य का प्रभाव पड़ता है। माता के निम्न स्वास्थ्य स्तर के

कारण शिशु में भी संचित पोषक तत्त्व अल्प मात्रा में होते हैं, न जिससे वह बहुत जल्द ही संक्रामक और अन्य बीमारियों से ग्रसित हो जाता है। माता द्वारा उसे कम देखभाल प्राप्त होते हैं। उसे अपनी प्रसुप्त क्षमताओं के विकास के लिए कम या नहीं के बराबर मौका मिल पाता है। रोगों से लड़ने की क्षमता भी कम ही रहती है इससे शिशु-मृत्यु दर बढ़ जाती है।

माता के निम्न पोषण स्तर के कारण मृत-शिशु का जन्म हो सकता है अथवा जन्म के बाद शिशु के बचने की संभावना कम हो जाती है। पोषण के अलावा अन्य कारणों जैसे दो शिशुओं के मध्य का अंतराल यदि 9 अथवा 10 माह हो, टॉक्सीमिया अपरा की अव्यवस्था, रक्त स्राव, भ्रूण का गर्भाशय में उल्टा होकर रहना आदि से भी शिशु-मृत्यु-दर बढ़ जाती है। कुछ अन्य व्याधि भी शिशु-मृत्यु-दर को बढ़ाने में महत्त्वपूर्ण होते हैं।

## परिवार-नियोजन के लाभ

1. माता के स्वास्थ्य का स्तर उन्नत होता है। मातृ-मृत्यु दर घट जाती है। माता के पोषण के स्तर में आश्चर्यजनक बदलाव आते हैं। गर्भपात अथवा अन्य गर्भकालीन विषमताओं से मुक्त रह सकती हैं। माता का मानसिक संतुलन बना रहता है। परिवार में तनाव कम हो जाता है।
2. दो बच्चों के बीच की अवधि के बढ़ने से माता अपने बच्चों का लालन-पालन सही एवं अच्छे तरीके से कर सकती है। गर्भधारण तथा प्रसवोपरान्त उसे पुनः स्वास्थ्य लाभ करने के लिए समय मिल जाता है।
3. भ्रूण के स्वास्थ्य के स्तर में भी सुधार होता है। शिशु-मृत्यु दर घट जाती है। शिशु की असामान्य अथवा विकृत होने की सम्भावना नहीं के बराबर रहती है। माता की जैसे-जैसे आयु बढ़ती है वैसे-वैसे शिशु में विकृतियाँ पैदा होने की सम्भावना रहती है। वंश परम्परा सम्बन्धी रोगों से पीड़ित व्यक्तियों द्वारा विकृत बच्चे ही पैदा होते हैं, इसलिए ऐसे व्यक्तियों का शल्य चिकित्सा द्वारा उपचार करके बच्चों के जन्म को रोक सकते हैं। विक्षिप्त एवं कोढ़ी मनुष्यों की जबरन शल्य चिकित्सा करवानी चाहिए।
4. भ्रूण तथा शिशु के स्वास्थ्य को उन्नत बना सकते हैं। परिवार का आकार यदि छोटा है तो हर बच्चे की पोषण सम्बन्धी आवश्यकताओं की पूर्ति हो जाती है जिससे उनमें रोगरोधी क्षमता पैदा होती है। उनकी वृद्धि एवं विकास सही ढंग से हो पाता है। परिवार-नियोजन से कुपोषण, मानसिक तनाव, बाल अपराध आदि कम हो जाते हैं।
5. बच्चों का बौद्धिक स्तर छोटे परिवार में उन्नत रहता है। अनुसन्धानों से पता चला है कि बड़े परिवारों के बच्चों की बुद्धि लब्धि कम होती है।
6. सामाजिक तथा आर्थिक उन्नति का मूल आधार परिवार-नियोजन ही है। परिवार में बच्चों की कम संख्या का आशय यह है कि हर बच्चे के लिए उचित सुविधाएँ प्रदान कर सकें। यदि बच्चे कम संख्या में होंगे तो पर्याप्त पोषण की सुविधाएँ शिक्षा, पर्यावरण की स्वच्छता, मकान का सही प्रबन्ध, कम भीड़, अधिक आय, नगरीकरण, उद्योग, रोजगारी, उच्च स्वास्थ्य का स्तर आदि प्राप्त कर सकते हैं।
7. छोटे परिवार के कारण जीवन की गुणवत्ता एवं जीवन के प्रति अच्छे दृष्टिकोण आते हैं। व्यक्ति के चारित्रिक तथा नैतिक विकास का मौका मिलता है जिससे उसकी आंतरिक उन्नति होती है। फलस्वरूप सामाजिक शान्ति तथा स्थिरता बनी रहती है। उचित पोषण, शिक्षा आदि के कारण बाल-अपराधों की संख्या कम हो जाती है।

8. राष्ट्रीय आहार उत्पादन तथा वितरण प्रणाली सशक्त बनती है जिससे राष्ट्र विकास की ओर तीव्र गति से बढ़ने लगता है।

उपयुक्त लाभों की प्राप्ति के लिए लड़कों तथा लड़कियों के विवाह की आयु को बढ़ाना जरूरी है। लड़कियों की उम्र 18 वर्ष होनी चाहिए तथा लड़कों की उम्र 21 वर्ष हो। इस उम्र को सवैधानिक मान्यता भी दी गई है। परिवारों की पोषण स्थिति को सुधारने के लिए विभिन्न पोषण सम्बन्धी कार्यक्रम चलाने चाहिए तथा मुफ्त में आहार का वितरण होना चाहिए। इसके अलावा नारी के स्तर में उन्नति होनी चाहिए। नारी के स्थान एवं भूमिका के विषय में विधायक दृष्टिकोण को जनता में जागृत करना चाहिए। नारी शिक्षा, नौकरी आदि के लिए उचित मौका प्रदान करने चाहिए इससे परिवार-नियोजन की सफलता पर विधायक परिणाम एवं प्रभाव पड़ते हैं। सामाजिक एवं राजनैतिक स्थिरता के लिए उपर्युक्त कारकों की महत्त्वपूर्ण भूमिका है।

## परिवार-नियोजन की विधियाँ

परिवार-नियोजन को दो भागों में विभक्त कर सकते हैं, जैसे स्थायी तथा अस्थायी विधियाँ। एक आदर्श, उत्तम गर्भनिरोधी विधि वह होती है, जो प्रभावशाली ढंग से गर्भधारण को रोके, उपयोग के लिए अधिक कुशलता की आवश्यकता न हो, सुविधापूर्ण हो, लम्बी अवधि तक, बिना निरीक्षण, परीक्षण के भी सफल एवं प्रभावशाली बनी रहे, सस्ती हो, उत्क्रमणीय चिकित्सक के परामर्श की माँग कम से कम हो।

### I. अस्थाई विधियाँ

**(क) रासायनिक विधियाँ**

(अ) झागदार गोलियाँ
(ब) जैली तथा पेस्ट
(स) युग्मनज विरोधी
(द) रोपण विरोधी
(य) वीर्योत्पत्ति विरोधी
(र) अण्डोत्सर्ग विरोधी कारक
(ल) गर्भनिरोधी टीका
(व) नासिका फुव्वारा तथा
(श) ट्रैफिक लाइट नियन्त्रण

**(ख) यांत्रिक-विधियाँ**

(अ) डायाफ्राम तथा पैसरी,
(ब) आंतरिक गर्भाशयी साधन तथा
(स) शिश्नावरण।

**(ग) व्यवहार सम्बन्धी विधियाँ**

(अ) ब्रह्मचर्य
(ब) मैथुन-अवरोध
(स) सुरक्षित अवधि
(द) प्राकृतिक गर्भनिरोधी विधियाँ।

### (घ) गर्भाधान के बाद की विधियाँ
(अ) मासिक चक्र का नियन्त्रण,
(ब) गर्भपात तथा
(स) मासिक स्राव को प्रेरित करना।

### (ड.) मिश्रित विधि
(अ) यांत्रिक तथा रासायनिक का मिश्रण

### II. स्थायी विधियाँ
(ब) नसबन्दी    पुरुष नसबन्दी
                  स्त्री नसबन्दी
(अ) लेसर किरणों का उपयोग।

## अस्थायी विधियाँ

**(क) रासायनिक विधियाँ** इस विधि के अन्तर्गत रासायनिक पदार्थों का प्रयोग किया जाता है। यह विधि विश्वसनीय जरूर है लेकिन इसके कुछ दुष्परिणाम बाद में हो सकते हैं।

झागदार गोलियाँ शुक्राणुनाशक दवा होती है। इन गोलियों को उँगलियों की मदद से योनि में प्रविष्ट करते हैं। नमी के सम्पर्क में आने पर ये गोलियाँ झाग पैदा करती हैं। प्रत्येक गोली का आकार 25 पैसे के सिक्के के समान होता है। सम्भोग के पांच से दस मिनट पूर्व इस गोली को साफ पानी से नम करके योनि में प्रविष्ट किया जाता है। गोली ताप एवं नमी के कारण घुलकर, कार्बन डाई-ऑक्साइड निकालती है, जो झाग बन जाती है। यह झाग शुक्राणुओं की सक्रियता का नाश करता है। ये गोलियाँ बहुत सस्ती होती हैं। इन गोलियों में फीनाइल मरकुरिक एसीटेट नामक रासायनिक पदार्थ होता है। ये गोलियाँ सामान्य रूप से सुरक्षित एवं हानिरहित होती हैं लेकिन ग्रीवा और योनि में पर्याप्त नमी की सामान्य रूप से उस भाग में जलन, पीड़ा होती है तथा गोली भी पूर्ण रूप से घुल नहीं पाती है। उचित संग्रह के अभाव में गोलियों का नाश हो जाता है। लगभग एक चौथाई लोगों में यह असफल रहती है। प्रयोगकर्त्ता कई बार योनि में अधिक तरलता एवं चिपचिपाहट की शिकायत करते हैं। कई बार योनि में सूजन भी हो जाती है।

जैली, पेस्ट अथवा क्रीम भी रासायनिक शुक्राणुनाशक पदार्थ होते हैं। इन्हें एक विशेष पिचकारी द्वारा योनि में प्रविष्ट कराया जाता है। ये दवाइयाँ योनि में वीर्यपात होने पर उसके शुक्राणुओं को निष्क्रिय करके नष्ट कर देती हैं।

इससे गर्भधारण नहीं हो सकता है। शारीरिक तापमान के कारण ये दवाइयाँ योनि में फैल जाती हैं। लेकिन इनके साथ डायफ्राम अथवा शिश्नावरण का प्रयोग करना सुरक्षित रहता है। अगर योनि में जलन अनुभव हो तो इनका प्रयोग ठीक नहीं रहता है।

सेण्ट स्क्वेयर नामक घुलनशील कागज जिस पर यूरिया का आवरण होता है, गर्भ-निरोध के लिए प्रयुक्त होता है। यह 2 इंच का पतला, सेल्यूलोज का बना कागज होता है जिस पर यूरिया का गाढ़ा आवरण होता है। इसे सम्भोग से पहले योनि में गहराई तक प्रविष्ट कराया जाता है। यूरिया शरीर में घुल कर, मूत्र द्वारा निकल जाता है। इससे शुक्राणुओं का नाश हो जाता है।

हार्मोन की बनी कुछ गोलियों के सेवन से अण्डोत्सर्ग देर से कराया जा सकता है। इस तरह प्राकृतिक चक्र के स्थान पर एक कृत्रिम चक्र स्थापित हो जाता है। इसके लिए प्रोजेस्टीरोन, ईस्ट्रोजन, स्टीराइड का उपयोग किया जाता है। इन्हें नियमित रूप से लेना आवश्यक होता है। उल्टी आना, जी मिचलाना, स्तनों

की सूजन और पीड़ा, शारीरिक बालों की वृद्धि आदि प्रभाव दिखाई दे सकता है। लेकिन यह शत प्रतिशत सफल होती है। ये गोलियाँ महँगी होती हैं। अधिक समय तक प्रयोग करने से स्तनों के कैंसर, यकृत की बीमारियाँ, सूजन मधुमेह, हृदय के रोग, एलर्जी, कुपोषण, सिर दर्द आदि पैदा हो जाते हैं।

इन गोलियों को 21 दिन तक लेने की जरूरत होती है। जी मिचलाने के लक्षण को कम करने के लिए रात को दूध के साथ अथवा अन्य एण्टासिड के साथ गोली लेनी चाहिए। ग्रामीण स्त्रियों अथवा अशिक्षित स्त्रियों के लिए यह विधि उपर्युक्त नहीं है। हर वर्ष उन स्त्रियों का पूर्ण परीक्षण होना चाहिए जो लगातार गोलियों का प्रयोग करती हैं।

युग्मनज विरोधी गोलियों को सम्भोग के बाद एक से दो दिन तक लिया जाता है। इससे स्त्रियों के मासिक चक्र में कोई बदलाव नहीं आता है। रोपण विरोधी कारक हार्मोन के बने होते हैं यथा स्टीराइड, लेकिन इसका प्रभाव हानिकारक होता है। वीर्योत्पत्ति विरोधी कारक भी स्टीराइड हार्मोन के ही बने होते हैं जिसे पुरुष प्रयोग में लाता है। इससे शुक्राणुओं का नाश हो जाता है। गोलियों के प्रयोग से कुछ स्त्रियों के वजन में वृद्धि हो जाती है।

गर्भ-निरोधी टीके को दिल्ली के अखिल भारतीय आयुर्विज्ञान संस्थान के डॉ. तलवार ने निर्मित किया। यह मानव के अपरा से उत्पन्न होने वाले गोनेडोट्रोपिन हार्मोन से बनता है। गर्भवती स्त्रियों के मूत्र में यह हार्मोन प्रचुर मात्रा में पाया जाता है। गर्भवती स्त्रियों के मूत्र को टिटनस टॉक्साइट के साथ मिलकर इन्जेक्शन दिया जाता है, जो 5 माह तक स्त्री को गर्भधारण से रोकता है। उसके उपरान्त उसे पुनः इन्जेक्शन लेने की जरूरत पड़ती है।

नासिक फुव्वारा का आविष्कार भी दिल्ली के अखिल भारतीय आयुर्विज्ञान संस्थान द्वारा ही किया गया है। इसमें यौन स्टीराइड होती है। यह गर्भधारण को नियन्त्रित करता है।

ट्रैफिक लाइट नियंत्रण की विधि आस्ट्रेलिया के मेलबोर्न में उपयोग में लाई गई। यह 5 सेन्टीमीटर लम्बी कागज की पेन्सिल होती है जिस पर भरपूर रासायनिक पदार्थों का लेप होता है, यह पेन्सिल असुरक्षित काल में लाल बन जाती है एवं सुरक्षित काल में हरी ही रहती है। इस परीक्षण के लिए स्त्री को चाहिए कि वह पेन्सिल को अपने मूत्र के साथ सम्पर्क में लाएँ। यह सबसे सरल, सस्ती एवं आसान विधि है।

**(ख) यांत्रिक विधियाँ** शिश्नावरण जिसे "निरोध" के नाम से जाना जाता है सबसे लोकप्रिय तरीका है। दो प्रकार के आवरण होते हैं लैटेक्स तथा चमड़े के। लैटेक्स आवरण का प्रयोग ज्यादातर किया जाता है। एक आवरण की लम्बाई 17.5 सेन्टीमीटर एवं व्यास 4.4 सेन्टीमीटर होती है। यह एक थैली के समान होता है जिसे सम्भोग से पहले पुरुष अपने लिंग पर चढ़ा लेता है। इसके कारण वीर्य, योनि में प्रविष्ट नहीं हो पाता है बल्कि थैली के अन्दर ही रह जाता है। यह एक विश्वसनीय साधन है तथा आसानी से प्रयोग में लाया जा सकता है। इसके कई बार फटने से योनि में वीर्य स्थापित हो जाता है, कुछ दम्पत्ति इसे काम तुष्टि में बाधक समझते हैं। यह परिवार कल्याण केन्द्रों, सार्वजनिक स्वास्थ्य केन्द्रों तथा उपकेन्द्रों में मुफ्त मिलता है अगर एक ही थैली को कई बार उपयोग किया जाता है तो उसमें छेद होने का अथवा फटने की भी सम्भावना हो जाती है। इसके परीक्षण के लिए थैली में 300 मिली लीटर पानी भरकर लटकाया जाता है जिससे छेद का पता लगता है। इसका अधिक प्रचलन है। इसके प्रयोग से कोई दुष्परिणाम नहीं होते हैं। इससे यौन रोगों से भी रक्षा होती है।

डायफ्राम तथा पैसरी कृत्रिम रबड़ अथवा प्लास्टिक के बने होते हैं। इसका व्यास 5 से 10 सेन्टीमीटर तक होता है। इसका किनारा स्प्रिंग अथवा लोहे का बना होता है। इसे सम्भोग से पहले योनि में प्रविष्ट किया जाता है एवं सम्भोग के 5-6 घंटे बाद निकाला जाता है। पैसरी मुलायम रबड़ की

# परिवार नियोजन

कटोरी-सी होती है। इसे योनि में प्रविष्ट करके गर्भाशय के मुँह को ढक दिया जाता है। यह अलग-अलग नाप की होती है।

डॉक्टर की सलाह के अनुसार ही इसे खरीदना चाहिए। डायफ्राम के साथ, अधिक सुरक्षा की दृष्टि से जैली अथवा क्रीम का भी प्रयोग करना चाहिए। इससे शुक्राणु मर जाते हैं एवं डायफ्राम को योनि में प्रवेश कराते समय भी सहायता मिलती है। सही नाप की पैसरी का उपयोग अगर नहीं किया जाए तो गर्भधारण हो सकता है। यह ग्रामीण अशिक्षित स्त्रियों के लिए उपयोगी नहीं है। इसमें एक खतरा यह भी है कि यह अपने स्थान से हट सकता है।

आंतरिक गर्भाशयी साधन के अन्तर्गत मुख्यतः लूप, कॉपर-टी, कॉपर-7, Y- साधन, नोवा-टी आदि आते हैं।

### नवजात पर पर्याप्त ध्यान के बाद ही गर्भधारण उचित

दो साल से कम उम्र का बच्चा पूरी तरह माँ पर निर्भर रहता है। अगर इस दौरान वह फिर गर्भवती हो जाती है तो बच्चे पर ठीक से ध्यान नहीं दे पाएगी। ऐसी माँ के शरीर में आयरन और इसी तरह के अन्य पौष्टिक तत्त्व पर्याप्त मात्रा में नहीं होते। अगर वह प्रसव के दो साल के भीतर फिर गर्भवती हो जाती है तो उसे और उसके पेट में पल रहे बच्चे दोनों को जानलेवा बीमारियों का खतरा रहता है। इसलिए जब बच्चा 4 या 6 महीने का हो जाए और दलिया, दाल, खिचड़ी जैसे अर्ध-तरल पदार्थ खाने लगे तो अनचाहे गर्भ को रोकने के लिए गर्भ-निरोधक के किसी तरीके का इस्तेमाल किया जाना चाहिए।

जर्मनी के एक चिकित्सक रिचर्ड रिचर्टर ने 1909 ई. में प्रथम आन्तरिक गर्भाशय साधन को मानव गर्भ-निरोधी साधन के रूप में प्रयुक्त किया। वह गोल आकार का, रेशमी कीड़े की आँतों का बना हुआ था लेकिन बाद में रेशमी धागे, चाँदी के तार, चाँदी के छल्ले, पॉलीथीन अथवा प्लास्टिक के छल्ले का प्रयोग होने लगा। यह विधि एकदम आसान, सुविधाजनक, प्रभावशाली होती है जिसमें बार-बार याद रखने अथवा तैयार होने की आवश्यकता नहीं पड़ती है। अब तक 75 प्रकार के आन्तरिक गर्भाशयी साधनों का उपयोग किया जा चुका है जिनके आकार व आकृति अलग-अलग होते हैं यथा-लूप, सर्पाकार, छल्ले कुण्डली, ताँबे के लेप अथवा तरल पदार्थ भरे साधनों अथवा धनुषाकार साधन आदि।

लिप्पी के लूप का प्रयोग सबसे ज्यादा लोकप्रिय रहा है। इसका आकार दो 'S' के समान होता है जो पॉलीथीन अथवा प्लास्टिक का बना हानिरहित साधन होता है। यह धागों के साथ जुड़ा हुआ होता है, जो योनि से बाहर निकले रहते हैं।

यह लूप वर्षों तक गर्भाशय में रह सकता है। यह सबसे सरल, प्रयोग के लिए आसान, समय बचाने वाला साधन होता है। यह सस्ता भी होता है। लेकिन कई स्त्रियों में इसके प्रयोग से मासिक रक्त-स्राव की मात्रा बढ़ जाती है। ऐसी स्थिति में संक्रमण हो सकता है अथवा यह बाहर निकल सकता है। इससे स्त्रियों में अनीमिया अथवा खून की कमी भी हो सकती है। कॉपर-T तथा कॉपर-7 का प्रयोग भी पर्याप्त लोकप्रिय हो रहा है। ये प्रतिदिन 2 माइक्रोग्राम प्राजेस्टीरोन को 5 साल तक छोड़ते रहते हैं जिससे मासिक रक्त-स्राव की मात्रा का नियन्त्रण हो जाता है। यह अस्थायी विधि है, संतान की इच्छा होने पर लूप अथवा कॉपर-टी को निकलवाया जा सकता है। ये आसानी से अपने आप निकल नहीं सकते क्योंकि उनका आकार ही ऐसा होता है कि वे गर्भाशय में ही बने रहते हैं। अतः इन्हें डॉक्टर से निकलवाया जा सकता है। कॉपर-टी का आविष्कार ICMR द्वारा किया गया।

**(ग) व्यवहार सम्बन्धी विधियाँ** ब्रह्मचर्य सामान्य जनता के लिए व्यावहारिक नहीं हो सकता है

क्योंकि संयम के लिए आवश्यक है कि स्त्री-पुरुषों में प्रबल आत्म-नियंत्रण दोनों में हो। अतः केवल 15-20 % लोगों के लिए संयम सम्भव हो सकता है। इससे नाड़ी-विकृतियाँ, मनोविकार आदि बीमारियाँ हो सकती हैं। अगर वे अपनी इच्छा से संयम के मार्ग को अपनाते हैं तो इससे अधिक दुष्परिणाम नहीं हो सकते हैं।

बाह्य स्खलन अथवा मैथुन-अवरोध में वीर्यपात योनि में न होकर बाहर होता है। इसके लिए कृत्रिम साधन अथवा पूर्व तैयारी की जरूरत नहीं होती है। इस पर व्यय नहीं होता है। लेकिन इस विधि में पुरुष के आत्म-नियंत्रण की क्षमता अद्भुत होनी चाहिए अन्यथा वीर्यपात योनि द्वार पर भी हो सकता है। इस स्थिति में गर्भ ठहरने का भय रहता है। इससे कई लोगों में मूत्र, नाड़ी एवं मन सम्बन्धी बीमारियाँ हो जाती हैं। इस विधि में एक कमी यह है कि पुरुष जननेन्द्रिय से बहने वाली मैथुन-पूर्व स्राव में भी शुक्राणुओं की उपस्थिति हो सकती है, इसलिए यह सुरक्षित विधि नहीं है।

सुरक्षित अवधि अथवा ऋतु-चक्र विधि इस तथ्य पर आधारित है कि असुरक्षित काल में सम्भोग नहीं करने से गर्भधारण नहीं हो सकता है। असुरक्षित काल का तात्पर्य महीने के उन दिनों से है जब स्त्री की अण्डवाहिनी से अण्डाणु निकलकर गर्भाशय में प्रवेश कर सकता है और शुक्राणु से मिलकर गर्भ स्थापित कर सकता है। हर महीने में कुछ दिन ऐसे होते हैं जब सम्भोग के बाद गर्भ ठहरने की सम्भावना नहीं रहती है। इस अवधि को ही सुरक्षित अवधि कहते हैं। इसकी गणना स्त्री के ऋतु-चक्र की तिथि के आधार पर की जाती है। यथा-यदि मासिक स्राव 20 तारीख को शुरू होने वाला है तो इसके 11 दिन पहले की तारीख 9 होगी। अब तारीख से 9 दिन और पीछे 5 दिन और पीछे की गिनती करें और उन 5 तारीखों को नोट कर लें अर्थात् 5, 4, 3, 2 से किसी भी दिन स्त्री के अण्डाशय से अंडाणु निकलकर गर्भाशय में प्रवेश कर सकते हैं। सुरक्षा के लिए इन पाँच दिनों के साथ 3 दिन और जोड़ लें क्योंकि शुक्राणु 2 दिनों तक तथा अण्डाणु एक दिन तक जीवित रह सकते हैं। इस प्रकार 5, 4, 3, 2, 1, 30, 29, एवं 28 ऐसे तारीख हैं जिनमें गर्भ ठहरने की संभावना रहती है। इसे ही असुरक्षित काल कहते हैं।

लेकिन इस तरीके के प्रयोग से सम्भोग के मौके कम रह जाते हैं। इसके अलावा कुछ औरतों के मासिक धर्म भी अनियमित होते हैं। इनके लिए भी यह तरीका उपयुक्त नहीं है। अन्य प्राकृतिक विधियों BBT विधि आती है-प्रोजेस्टीरोन की अधिकता के कारण अण्डोत्सर्ग के समय शारीरिक तापमान $0.3^0$-$0.5^0$ C बढ़ जाता है। नई दिल्ली की राष्ट्रीय भौतिक प्रयोगशाला द्वारा एक फिल्म तैयार की गई है जिसे तरल-क्रिस्टलीस तापीय कागज (Liquid Crystal Thermal Flim) कहते हैं। यह स्त्री के शरीर के सम्पर्क में आने पर यह बता सकता है कि उसमें अण्डोत्सर्ग हुआ है अथवा नहीं। अगर अण्डोत्सर्ग का समय आता है तो सम्पर्क से उसका रंग बदल जाता है क्योंकि शारीरिक तापमान बढ़ जाता है।

अण्डोत्सर्ग से पूर्व ग्रीवा में भी बदलाव आ जाता है। ग्रीवा अधिक नर्म हो जाती है, श्लेष्मा का स्राव भी बढ़ जाता है आदि अण्डोत्सर्ग के उपरान्त स्राव गाढ़ा हो जाता है। अतः यह विधि प्राकृतिक गर्भ-निरोधी विधियों में बहुत अधिक सरल है।

कुल मिलाकर व्यवहार सम्बन्धी विधियाँ सामान्य जनता के लिए उपयुक्त नहीं हैं। यह मात्र शिक्षित, आत्म-नियन्त्रण में दक्ष लोगों के लिए सरल हो सकती है।

**(घ) गर्भाधान के बाद की विधियाँ** 'मासिक स्राव का नियन्त्रण' उस विधि को कहते हैं जिसमें स्त्री अपने नियमित मासिक चक्र के न आने पर चिकित्सक के पास जाकर गर्भाशय के पदार्थों को यान्त्रिक विधि से निकलवा लेती है। इसमें कुछ स्त्रियाँ पहले गर्भावस्था के परीक्षण भी

# परिवार नियोजन

करवा लेती हैं। इस विधि में ग्रीवा को विस्फारित करके गर्भशयी आन्तरिक पदार्थों को चूसने की मशीन द्वारा निकालते हैं। इस तरह की क्रिया बार-बार करने से बाद में गर्भ नहीं ठहरता है तथा प्रायः गर्भपात हो जाता है, समय से पूर्व प्रसव आना, बन्ध्यता, मासिक चक्र की अव्यवस्था आदि कठिनाइयाँ पैदा हो जाती हैं।

मासिक स्राव को प्रेरित करने के लिए हार्मोन का प्रयोग किया जाता है। इसके लिए गर्भाशय के अन्दर 1-5 मिली ग्राम का प्रोस्टा ग्लॉडिन करवाया जाता है। इसके तुरन्त बाद गर्भाशय की माँसपेशियों का संकुचन-विमोचन होने लगता है। प्रथम संकुचन 7 मिनट तक रहता है। इस विधि के प्रयोग के 7 दिनों में ही रक्त-स्राव होने लगता है।

**(ड.) मिश्रित विधि** — यह विधि यान्त्रिक एवं रासायनिक दोनों विधियों को मिलाकर बनायी जाती है। पैसरी या डायफ्राम के साथ जैली का प्रयोग या शिश्नावरण के साथ झागदार गोलियों का प्रयोग आदि।

गर्भपात की परिभाषा इस प्रकार दी जा सकती है — भ्रूण का निकास जब 28 सप्ताह से पहले होता है तथा भ्रूण का वजन एक किलोग्राम से कम होता है, उस स्थिति को गर्भपात अथवा विफल प्रसव कहते हैं। भारत में प्रति वर्ष 6 मिलियन गर्भपात होते हैं जिसमें 4 मिलियन प्रेरित होते हैं तथा 2 मिलियन प्राकृतिक होते हैं। गर्भपात से कई समस्याएँ पैदा हो सकती हैं। जैसे — रक्त-स्राव, सदमा, विषाक्तता, गर्भाशय में छेद होना, तीव्र रक्त अल्पता तथा भविष्य में वन्धता का भय आदि। कानून के अनुसार 20 सप्ताह तक ही गर्भपात करवा सकते हैं, उसके बाद करवाना अपराध माना जाता है। गर्भपात का आधार चिकित्सा सम्बन्धी हो सकता है यथा — स्त्री की किसी बीमारी के कारण गर्भपात आवश्यक हो जाता है।

वंश परम्परा सम्बन्धी समस्याएँ यथा — स्त्री के परिवार में विकलांग अथवा मानसिक विकृतियों का इतिहास है तब भी गर्भपात करवाने की स्वीकृति होती है। मानवीय कारणों से भी गर्भपात करवाते हैं यथा — बलात्कार से उत्पन्न गर्भ, सामाजिक कारण यथा अविवाहित स्त्री का गर्भधारण आदि में भी गर्भपात करवाने की स्वीकृति रहती है।

गर्भपात — (1) विस्फारण एवं खुरचने की विधि तथा (2) वेक्यूम निकास जिसमें विशेष चूसने वाली मशीन की सहायता से गर्भाशय के पदार्थों को बाहर निकाला जाता है। यह विधि कम खतरनाक होती है। विस्फारण एवं खुरचने की विधि में पदार्थों को तथा दीवारों को खुरच कर बाहर निकाला जाता है। इसमें पीड़ा अधिक होती है एवं खतरा भी रहता है।

## स्थायी विधियाँ

पुरुष तथा स्त्री नसबन्दी को क्रमशः वैसेक्टामी तथा ट्यूबेक्टामी के नाम से जाता है। इस प्रक्रिया को यद्यपि स्थाई कहा जाता है लेकिन यह उत्क्रमणीय होती है। पुरुष नसबन्दी के लिए आवश्यक है कि उसकी उम्र 25 वर्ष से अधिक हो, स्त्री की उम्र 20 वर्ष से अधिक एवं 45 वर्ष से कम हो। उनके कम से कम दो बच्चे हों, छोटे बच्चे की उम्र भी कम से कम 2 साल हो। इसके लिए पति-पत्नी, दोनों की स्वीकृति जरूरी होती है।

पुरुष के वृषण कोष में एक या दो चीरा लगाया जाता है तथा एक सेन्टीमीटर के शुक्रवाहिनी के भाग को काट कर निकाल दिया जाता है। शुक्रवाहिनी के कटे हुए दोनों सिरों को अलग-अलग बाँध दिया जाता है। पुरुष नसबन्दी सरल सस्ती, व शीघ्र होती है, कुछ घण्टों में ही पुरुष अपने कार्य पर जा सकता है। एक स्त्री नसबन्दी में जितना व्यय होता है उसमें 5 पुरुष नसबन्दी कराई जा सकती है। वैसेक्टामी के बाद भी पुरुष के हार्मोन तथा वृषण के अन्तराकाशी कोष सामान्य रूप से कार्य करते हैं। इसमें शुक्राणुओं का नाश स्थानीय फैगोसाइट के कारण हो जाता है।

वैसेक्टमी बहुत सरल तथा 15-20 मिनट में हो जाती है लेकिन कभी-कभी कुछ समस्याएँ पैदा हो सकती हैं, यथा आपरेशन के बाद संक्रमण होने का भय रहता है। सही एण्टीबायोटिक्स के उपयोग से इसे रोका जा सकता है। कुछ लोगों में कटे हुए दोनों सिरे प्राकृतिक कारणों से पुनः जुड़ जाते हैं एवं उससे निकले शुक्राणु प्रायः विकृत होते हैं जिससे इसका दुष्प्रभाव युग्मनज पर पड़ता है। कुछ मनोवैज्ञानिक परिवर्तन भी होते हैं, यथा लैंगिक इच्छा में कमी आ जाती है। सिर दर्द एवं अनिद्रा, थकान आदि। यह समस्या सही परामर्श से दूर हो सकती है। 15 दिनों तक व्यक्ति को वजन नहीं उठाना चाहिए एवं साइकिल नहीं चलानी चाहिए। वीर्य का नियमित परीक्षण करवाना चाहिए। ऑपरेशन के बाद 15 दिन संयम बरतना चाहिए।

स्त्री नसबन्दी, पुरुष नसबन्दी से भिन्न होती है। यह इतना सरल नहीं है। इसे किसी भी समय किया जा सकता है लेकिन प्रसव के 3-4 दिन बाद करना ज्यादा सुविधाजनक होता है। इस ऑपरेशन में दोनों अण्डवाहिनियों को काट कर बाँध दिया जाता है। ऑपरेशन के उपरान्त स्त्री को एक दो सप्ताह तक आराम करने की जरूरत होती है।

स्त्री नसबन्दी के दो तरीके होते हैं, उदर के ऊपरी भाग से एवं योनिमार्ग से। उदर पर से किए जाने वाले ऑपरेशन को लेपरोस्कोपी तथा योनिमार्ग द्वारा की जाने वाली नसबन्दी को कल्डोस्कोपी के नाम से जाना जाता है। प्रथम विधि में उदर पर 2.5 से 3 सेमी. तक चीरा लगाया जाता है तथा अण्डवाहिनियों को पहचान कर उन्हें काट कर सिरों को बाँध दिया जाता है। इन सिरों पर कैप (Cap), किल्प (Clip), डाट (Plug) लगाए जा सकते हैं अथवा रासायनिक पदार्थों की सहायता से बन्द किया जाता है। रासायनिक पदार्थों में ज्यादातर सिल्वर नाइट्रेट (Silver Nitrate-$AgNO_3$) का उपयोग किया जाता है। यह पीड़ा रहित, सस्ती विधि है। क्लिप भी स्टील अथवा प्लास्टिक का बना होता है लेकिन इसमें असफलता की भी सम्भावना रहती है।

लेसर की किरणों से भी अण्डवाहिनियों के सिरों को बन्द कर सकते हैं। इस प्रक्रिया में किरणों के तीव्र ताप के कारण नलिका के कोष जल जाते हैं।

लेपरोस्कोपी एक जैव-भौतिक विधि है। इसमें से एक फाइबर-ऑप्टिक रोशनी उत्पन्न होती है, जो उदर से प्रवेश करके अण्डवाहिनी के स्थान को खोज लेती है। लैपरोस्कोप के पोर (Tip) को उदर-प्रदेश में एक छोटे से छेद द्वारा प्रवेश कराया जाता है। नलिका को उठा कर उसे किन्हीं माध्यमों से अथवा बिजली के करंट से बन्द किया जाता है। बिजली से कोषीय निर्जलीकरण हो जाता है तथा नलिका का कोना पड़ जाता है। यह विधि अधिक प्रचलित नहीं है, क्योंकि बिजली के प्रयोग से खतरा पैदा हो सकता है। उसमें चिंगारी उत्पन्न होकर आस-पास के तन्तुओं को भी जला सकती है। आजकल निम्न थर्मल करंट का भी प्रयोग होता है।

हिस्टेरोस्कोप में कम उपकरणों की आवश्यकता होती है लेकिन इसमें रक्त-स्राव एवं असफलता की सम्भावना रहती है। हिस्टेरोस्कोप को योनिमार्ग से अण्डवाहिनी के मुँह तक लाया जाता है। इसके पश्चात् एक बिजली से चालित को-एग्युलेटिंग करण्ट से नलिका के मुंह को बन्द किया जाता है।

## मूल्यांकन (Evaluations)

स्त्री नसबंदी में कुछ कठिनायाँ पैदा हो जाती हैं, जैसे संक्रमण, ज्वर, नीचे के उदर में पीड़ा, मूत्र सम्बन्धी संक्रमण, पीठ में दर्द आदि। किसी-किसी में मासिक धर्म की अव्यवस्था भी हो जाती है।

www.ingramcontent.com/pod-product-compliance
Lightning Source LLC
Chambersburg PA
CBHW050342230426
43663CB00010B/1958